Cinquième édition

MISE AU POINT

Grammaire française, vocabulaire et textes

Michel A. Parmentier

BISHOP'S UNIVERSITY

NELSON EDUCATION

NELSON / EDUCATION

Mise au point : Grammaire française, vocabulaire et textes
Cinquième édition
by Michel A. Parmentier

Associate Vice-President, Editorial Director:
Evelyn Veitch

Editor-in-Chief, Higher Education:
Anne Williams

Executive Editor:
Cara Yarzab

Executive Marketing Manager:
Kelly Smyth

Senior Developmental Editor:
Katherine Goodes

Content Production Manager:
Tannys Williams

Manufacturing Coordinator:
Loretta Lee

Proofreader:
Michel Gontard

Indexer:
Julie Fournier

Interior Design:
Fernanda Pisani

Cover Design:
Eugene Lo

Cover Image:
Open Studio

Compositor:
Nelson González

Printer:
Edwards Brothers

Library and Archives Canada Cataloguing in Publication

Parmentier, Michel Alfred, 1950–
    Mise au point : grammaire française, vocabulaire et textes / Michel A. Parmentier.—5e éd.

Includes bibliographical references and index.
ISBN-10: 0-17-610345-7
ISBN-13: 978-0-17-610345-3

1. French language—Textbooks for second language learners—English speakers. 2. French language—Grammar. 3. Reading Comprehension—Problems, exercises, etc. 4. French language—Vocabulary—Problems, exercises, etc. I. Title.

PC2117.P37 2006   448.2'421
C2006-902076-0

AVANT-PROPOS

M *ise au point, 5ᵉ édition* a été conçu à l'intention des étudiants de niveau postsecondaire qui ont préalablement acquis des connaissances de base en français. La démarche suivie consiste à s'appuyer sur ces acquis pour amener les étudiants à un nouveau palier d'assimilation et d'utilisation de la langue. Ce souci de véritable progression plutôt que de simple révision conduit tout autant à l'élargissement systématique du vocabulaire – trop souvent négligé au niveau intermédiaire – qu'à l'approfondissement des connaissances grammaticales.

Chacun des quinze chapitres comprend trois volets – grammaire, lecture et vocabulaire – qui forment un ensemble dont la cohésion est assurée par le thème du vocabulaire. En effet, avant de faire l'objet d'une présentation et d'une exploitation systématiques, le vocabulaire apparaît déjà dans les exemples et les exercices de la partie grammaticale; quant au texte de la lecture, il illustre l'un des aspects du thème en question. La succession des chapitres n'est plus, au niveau intermédiaire, astreinte à des impératifs de stricte progression : comme les chapitres sont pour la plupart indépendants les uns des autres, les utilisateurs pourront modifier la séquence proposée pour l'adapter à leurs besoins propres.

La section *Grammaire* porte sur les principales rubriques (deux par chapitre dans la plupart des cas) qu'il est généralement convenu d'aborder à ce niveau. À ces rubriques viennent s'adjoindre des remarques subsidiaires portant tantôt sur des idiotismes ou des constructions qui dérivent des structures préalablement étudiées, tantôt sur des points de grammaire (telle la question des prépositions précédant l'infinitif) dont l'assimilation est facilitée par un traitement autonome.

À un niveau qui se veut authentiquement « intermédiaire », il convient de dépasser les simplifications qui étaient nécessaires et efficaces au niveau dit « débutant » afin de ne pas maintenir les étudiants au plan d'une connaissance simpliste et artificiellement étroite du français. C'est dans cette perspective qu'a été élaborée, tout au long du volume, la présentation de la grammaire.

Toutes les explications sont accompagnées d'exemples rédigés, dans la mesure du possible, à partir du vocabulaire du chapitre. C'est aussi le cas des exercices qui portent sur chacun des points étudiés dans la section *Grammaire*. Ces exercices seront faits et corrigés en classe : ils permettront de vérifier si les structures présentées ont été correctement assimilées. D'autres exercices, que les étudiants pourront préparer indépendamment, sont proposés dans un *Cahier* distinct dont il est question plus loin.

La *Lecture* porte sur tel ou tel aspect du thème du vocabulaire. Elle sert donc à fournir un contexte authentique d'emploi de celui-ci, mais aussi et surtout à stimuler une participation active des étudiants à l'exploitation pédagogique menée par le biais de questions de compréhension puis de discussion d'ensemble. Pour cette cinquième édition, six nouveaux textes ont été choisis, la plupart extraits de numéros récents de périodiques français et québécois. Il s'agit de textes qui, tout en demeurant accessibles, sont susceptibles d'éveiller l'intérêt et de susciter la discussion. Un *Lexique*, situé en fin de volume, donne des traductions contextuelles des mots et locutions dont la méconnaissance pourraient faire obstacle à la bonne compréhension des lectures (un chiffre renvoie au chapitre où se trouve le mot en question).

Le *Vocabulaire* présent dans l'ensemble du chapitre est regroupé dans une section à part et subdivisé en divers groupes sémantiques par des procédés typographiques. On y retrouve des locutions et des mots qui, tout en appartenant au langage courant, dépassent les limites du vocabulaire dit fondamental. Les thèmes de vocabulaire relèvent à la fois de préoccupations matérielles et intellectuelles qui sont ancrées dans la vie quotidienne. Les exercices qui accompagnent cette section permettront d'assurer l'assimilation du vocabulaire. L'utilisation de ce dernier dans des activités dirigées est prise en charge par des sujets de conversation et de composition sur lesquels chaque chapitre se termine.

Mise au point, 5e édition est accompagné d'un *Cahier d'exercices écrits* qui viennent compléter les exercices de grammaire du présent manuel.

Un *Corrigé* des exercices de grammaire et de vocabulaire est également disponible sur demande pour les enseignants, comme il l'est pour le *Cahier d'exercices écrits*.

Je tiens à remercier tous les utilisateurs des éditions antérieures qui ont bien voulu communiquer aux éditeurs des suggestions qui nous ont été d'une aide inestimable dans la préparation de cette nouvelle édition de *Mise au point*, et tout particulièrement Marie-Josée Hamel (Dalhousie University), Marilyn Kidd (Huron University College), Anne Scott (University of British Columbia), Nadia Anton (University of Calgary) et Alain Thomas (University of Guelph). Merci également à toute l'équipe de Nelson Canada, en particulier à Tony Luengo, Katherine Goodes et Tannys Williams.

Michel A. Parmentier
Bishop's University

Note de l'éditeur aux enseignant(e)s et aux étudiant(e)s

Ce manuel est un élément essentiel de votre cours. Si vous êtes enseignant(e), vous avez sans doute examiné attentivement un certain nombre de manuels avant d'arrêter votre choix sur celui qui vous a paru le meilleur. Nous vous savons gré d'avoir retenu *Mise au point* dans sa cinquième édition, car ni l'auteur ni l'éditeur n'ont ménagé le temps ni l'argent nécessaires pour produire un ouvrage de qualité.

Si vous êtes étudiant(e), nous sommes convaincus que ce manuel vous permettra d'atteindre les objectifs fixés pour votre cours. Mais ce n'est pas là sa seule fonction. Après la fin de votre cours, cet ouvrage aura sa propre place dans votre bibliothèque personnelle : prenez-en soin.

En outre, il faut vous rappeler que toute photocopie d'une œuvre protégée par le droit d'auteur prive l'auteur des revenus qui lui sont dus. Ceci risque de le faire renoncer à une nouvelle édition de son ouvrage, voire à la publication d'autres ouvrages. Dans cette éventualité, nous sommes tous perdants : étudiant(e)s, enseignant(e)s, auteur(e)s et éditeur(e)s.

À la fin de ce manuel, vous trouverez une carte-réponse qui vous permettra d'exprimer votre opinion sur différents points. N'hésitez pas à nous la renvoyer; cela nous aidera à poursuivre la publication d'ouvrages pédagogiques de qualité.

TABLE DES MATIÈRES

Abréviations

f.	féminin
m.	masculin
pl.	pluriel
fam.	langue familière
fig.	sens figuré
q.	québécisme
≠	différent ou contraire de

CHAPITRE 1

GRAMMAIRE

I. LE PRONOM PERSONNEL SUJET
A. Formes et emplois
B. Place du pronom sujet

II. LE PRÉSENT DE L'INDICATIF
A. Formes
B. Emplois

III. L'IMPÉRATIF
A. Formes
B. Emplois

IV. LOCUTIONS, TOURNURES, DISTINCTIONS
A. **Être en train de** + *infinitif*
B. Le futur proche
C. Le passé récent
D. **Depuis / pendant / pour**
E. **Il y a... que / il y a**

LECTURE
Tu parles-tu le Français du Québec ? (*Partir*)

VOCABULAIRE
Langue et communication

Conversations, exposés, compositions

GRAMMAIRE

 ## I LE PRONOM PERSONNEL SUJET

A. Formes et emplois

	singulier	pluriel
1re personne	je (j')	nous
2e personne	tu	vous
3e personne	il, elle, on	ils, elles

1. **Je** s'emploie devant une consonne, **j'** devant une voyelle ou un **h** muet :

   > **je** regarde, *mais* **j'**écoute, **j'**habite

2. **Tu** et **vous**

   Le pronom **vous** ne s'emploie pas seulement lorsqu'on s'adresse à un groupe de personnes, mais aussi lorsqu'on s'adresse à une seule personne avec qui on veut se montrer poli ou garder ses distances, et lorsqu'on s'adresse à un(e) inconnu(e).

   Par opposition, **tu** est la forme familière que l'on emploie avec des amis, des camarades, des membres de sa famille, de façon générale, des personnes avec qui on se sent à l'aise.

3. Le pronom **il** est neutre quand il s'emploie comme sujet de verbes impersonnels :

   > il pleut   il faut   il vaut mieux

   ou comme *sujet apparent* du verbe **être** pour annoncer ce qui suit (le sujet réel) :

   > Il est évident qu'ils ne comprennent pas le chinois.

   > Il n'est pas toujours facile de donner un conseil.

   Comparez avec les phrases suivantes :

   > Qu'ils ne comprennent pas le français est évident.

   > Donner un conseil n'est pas toujours facile.

4. Le pronom indéfini **on**

    a) **On** s'emploie uniquement comme sujet du verbe et le verbe est toujours à la troisième personne du singulier.

    b) **On** s'emploie quand le sujet de l'action est indéterminé, général ou sans importance. Son équivalent anglais *one* est beaucoup moins fréquent; en fait, **on** peut correspondre à plusieurs termes en anglais (*anyone, everyone, people*), à des pronoms personnels (*we, you, they*) ou encore à un passif (voir le chapitre 13) :

        D'où je viens, on parle un dialecte.
        They / we / people speak a dialect back home.

        On peut voir la tour d'ici.
        You can see the tower from here.
        The tower can be seen from here.

    c) Dans la langue parlée, **on** s'emploie fréquemment à la place de **nous** :

        Jacques et moi, on apprend l'espagnol.

    Il s'agit d'un emploi de la langue *familière*; il faut se méfier de cet emploi, surtout lorsqu'on écrit, afin d'éviter les ambiguïtés du type suivant :

        Paul et moi, on suivait cette année-là un cours de géographie dans une salle de classe bondée et surchauffée où on étouffait et où on s'ennuyait ferme.

    (S'il est clair que le premier « on » est employé dans le sens de « nous », le lecteur ne sait plus si les deux autres « on » renvoient encore à « Paul et moi » ou désignent l'ensemble de ceux qui se trouvent dans la salle.)

    d) L'adjectif *attribut* qui se rapporte à **on** (après **être**, **devenir**, **rester**, par exemple) est au masculin singulier :

        On est actif quand on a vingt ans.

    Quand **on**, employé dans un texte écrit où l'on cite les paroles de quelqu'un (dialogue de roman par exemple), renvoie à un groupe de femmes, l'adjectif est au féminin pluriel, et au masculin pluriel si **on** renvoie à un groupe d'hommes ou un groupe mixte :

        On est émancip**ées**, nous les femmes.

        On était tous fatigu**és** ce soir-là.

    e) **On** est souvent précédé de **l'** après un mot qui se termine par une voyelle comme **si**, **que**, **et**, sauf si le mot qui suit commence par un **l** :

        Si l'on veut !

        Le dialecte que l'on parlait autrefois a disparu.

    Cet emploi est facultatif, il appartient surtout à la langue soutenue et correspond à un souci d'*euphonie*.

B. Place du pronom sujet

Le pronom sujet se place devant le verbe (ou l'auxiliaire aux temps composés) sauf :

1. Dans une question où l'on utilise l'inversion :

> Êtes-vous bilingues ?

> Vos amis vous donnent-ils des conseils ?

2. Dans une *proposition incise* qu'on place soit après, soit au milieu d'une citation :

> « Je vous le ferai savoir », m'a-t-elle répondu.

> « Je suis innocent », a-t-il déclaré, « et vous faites une grave erreur ».

3. Après les expressions **peut-être**, **sans doute**, **à peine... que**, **encore**, **aussi** (dans le sens de **c'est pourquoi**) placées au début de la phrase ou de la proposition :

> Peut-être l'accusé dit-il la vérité.

> Sans doute n'est-elle pas bavarde, mais elle est sympathique.

> À peine rentre-t-il de voyage qu'il repart à nouveau !

> C'est facile, si l'on veut : encore faut-il le savoir !

> Il a des difficultés à s'exprimer, aussi reste-t-il silencieux.

REMARQUES

Il faut distinguer **l'inversion simple** de **l'inversion complexe**.

1 Lorsque le sujet est un pronom, l'inversion est simple :

- à un temps simple, le verbe précède le pronom sujet :

> Ne parles-tu pas plusieurs langues ?

- à un temps composé, c'est l'auxiliaire qui précède le pronom sujet :

> Avez-vous raconté cette histoire à vos amis ?

- à la troisième personne du singulier, si le verbe ou l'auxiliaire se termine par **a** ou **e**, on intercale **t** :

> N'utilise-t-elle pas le courrier électronique ?

> Où a-t-il appris l'espagnol ?

> **2** Lorsque le sujet est un nom, l'inversion est complexe. Dans ce cas, le nom sujet précède le verbe, mais on place après le verbe (ou l'auxiliaire aux temps composés) le pronom sujet qui représente le nom :
>
> Peut-être votre interlocuteur a-t-il mal compris.
>
> Pourquoi mes parents m'auraient-ils menti ?

II LE PRÉSENT DE L'INDICATIF

A. Formes

1. Verbes réguliers en -er

Tous les verbes dont l'infinitif se termine en **-er** sont réguliers, sauf **aller** (et **envoyer** au futur et au conditionnel). Les terminaisons du présent sont :

-e	je parl**e**
-es	tu chant**es**
-e	il, elle, on étudi**e**
-ons	nous ni**ons**
-ez	vous déclar**ez**
-ent	ils, elles discut**ent**

Verbes à changements orthographiques au présent

a) Devant les terminaisons muettes (**-e**, **-es**, **-ent**) :

– les verbes dont l'infinitif se termine en **e** ou **é** + consonne + **er**, comme *mener, lever, acheter* ou *répéter, espérer, préférer* : le **e** ou le **é** prennent l'accent grave (**è**) :

je m**è**ne	je rép**è**te
tu m**è**nes	tu rép**è**tes
il, elle, on m**è**ne	il, elle, on rép**è**te
nous menons	nous répétons
vous menez	vous répétez
ils, elles m**è**nent	ils, elles rép**è**tent

– certains verbes en **-eler** et **-eter**, comme *appeler* et *jeter* prennent une double consonne :

j'appel**l**e	je je**tt**e
tu appel**l**es	tu je**tt**es
il, elle, on appel**l**e	il, elle, on je**tt**e
nous appelons	nous jetons
vous appelez	vous jetez
ils, elles appel**l**ent	ils, elles je**tt**ent

– les verbes en **-yer** comme ***essayer, employer, ennuyer*** changent le **y** en **i** (ce changement est facultatif pour les verbes en **-ayer**) :

| j'essaie ou j'essaye | j'emploie | j'ennuie |
| nous essayons | nous employons | nous ennuyons |

b) À la première personne du pluriel :

– les verbes en **-cer** : le **c** prend la *cédille*[1]

| nous commen**ç**ons | nous annon**ç**ons |

– les verbes en **-ger** on place un **e** entre le **g** et le **ons** :

| nous mang**e**ons | nous voyag**e**ons |

2. Verbes réguliers en -ir

Les verbes réguliers en **-ir** prennent les terminaisons suivantes :

-is	je réfléch**is**
-is	tu ag**is**
-it	il, elle, on obé**it**
-issons	nous chois**issons**
-issez	vous démol**issez**
-issent	ils, elles réuss**issent**

Le verbe **haïr** ne prend pas de tréma aux trois personnes du singulier du présent :

je hais, tu hais, il / elle / on hait, nous haïssons, vous haïssez, ils / elles haïssent

On trouve dans ce groupe beaucoup de verbes dérivés d'adjectifs :

blanc	→	**blanchir**
noir	→	**noircir**
beau	→	**embellir**
vieux	→	**vieillir**

Ces derniers expriment un changement d'état :

Elle rougit facilement. (*elle* **devient** *rouge*)

Tu salis ton pantalon. (*tu le* **rends** *sale*)

---

1. **Devant les** lettres **e** et **i**, les lettres **c** et **g** correspondent respectivement aux sons [s] et [ʒ]; par contre, devant **o, a** et **u**, elles correspondent aux sons [k] et [g]. Comme les verbes en **-cer** et **-ger** conservent toujours les sons [s] et [ʒ], on place une cédille sous la lettre **c** pour indiquer qu'elle se prononce [s] et on place un **e** après la lettre **g** pour que celle-ci soit prononcée [ʒ].

3. Verbes en -re

Les verbes réguliers en **-re** prennent les terminaisons

-s	je répon**s**
-s	tu perd**s**
*	il, elle, on rend
-ons	nous défend**ons**
-ez	vous descend**ez**
-ent	ils, elles vend**ent**

* La majorité des verbes réguliers du troisième groupe se terminent en **-dre** : ils ne prennent pas de terminaison à la troisième personne du singulier; ceux qui se terminent en **-pre** (**rompre, interrompre**) prennent un **-t** :

il romp**t**, elle interromp**t**.

4. Verbes irréguliers

L'infinitif de ces verbes peut être en **-ir**, **-oir**, ou **-re**.
REVOIR LE PRÉSENT DE CES VERBES À L'APPENDICE A.

B. Emplois

Le présent de l'indicatif s'emploie pour exprimer :

1. Une action qui s'accomplit au moment où l'on parle :

    Le professeur **donne** des explications aux étudiants (*en ce moment même où je parle*).

2. Un état :

    Mireille **est** blonde.

3. Un fait habituel ou général :

    Il **va** au restaurant tous les jours.

    Mon frère **fume** la pipe.

4. Une vérité permanente (dans l'esprit de celui ou de celle qui parle). C'est le présent des définitions, des proverbes :

    Deux et deux font quatre.

    L'argent ne fait pas le bonheur.

5. Un passé récent, en particulier avec des verbes de déplacement comme **arriver, rentrer, sortir, venir** :

    Vous avez de la chance de me trouver ici : j'arrive à l'instant.

6. Un futur proche s'il s'agit d'un projet ou d'une certitude :

> Je prends l'avion pour Toronto dans deux jours.
>
> Nous revenons demain.

7. Des événements passés que l'on veut rendre plus vivants, plus dramatiques dans une narration au passé. C'est le *présent de narration* ou *présent historique* que l'on trouve surtout dans les écrits littéraires :

> Charles avait trop bu au cours de la réception et, aussitôt rentré chez lui, il s'est écroulé sur un divan. Le lendemain matin, il se **réveille** avec un mal de crâne épouvantable, **avale** cinq aspirines et se **met** la tête sous la douche pendant dix minutes.

8. La *continuité* d'une action ou d'un état dont on précise :

   – la durée jusqu'au moment présent :

   > Elle apprend l'italien depuis trois mois.

   – ou le début dans le passé (date, heure, moment) :

   > Il est à Ottawa depuis le mois de septembre.
   >
   > J'attends le médecin depuis dix heures trente.
   >
   > Nous nous inquiétons à son sujet depuis qu'il a perdu son emploi.

REMARQUES

La question de l'emploi du présent pour exprimer la continuité d'une action ou d'un état qui a commencé dans le passé et qui se continue dans le présent appelle plusieurs remarques.

1 Le français marque ici un contraste avec l'anglais : on considère en français que l'action est en cours au moment où l'on parle et l'on utilise donc le présent, alors qu'en anglais on envisage plutôt l'action comme ayant commencé dans le passé et l'on emploie un temps du passé (*present perfect* ou *present perfect progressive*). Ainsi, aux quatre exemples donnés plus haut correspondraient les phrases anglaises :

> *She has been learning Italian for three months.*
>
> *He has been in Ottawa since September.*
>
> *1 have been waiting for the doctor since ten thirty.*
>
> *We have been worrying about him since he lost his job.*

Il est essentiel de prendre conscience de cette différence afin d'éviter le réflexe qui consisterait à transposer le *present perfect* des phrases anglaises en un passé composé en français.

2 La préposition **depuis** peut être suivie de l'expression soit d'une date ou d'une heure, soit d'une durée, là où l'anglais emploie soit *since*, soit *for*.

Toutefois, le français dispose de plusieurs tournures lorsqu'on veut insister sur la durée plutôt que sur le début de l'action :

– **il y a** + expression de durée + **que** (+ présent) :

   Il y a trois mois **qu**'elle apprend l'italien.

– **cela (ça) fait… que** :

   Cela fait trois mois **qu**'elle apprend l'italien.

– **voici / voilà… que** :

   Voici trois mois **qu**'elle apprend l'italien.

Considérons la phrase :

   J'attends depuis deux heures.

Cette phrase est ambiguë (*since two o'clock / for two hours*) : on emploiera donc l'une des tournures ci-dessus pour exprimer la durée quand on veut éviter l'ambiguïté.

3 **Depuis que** est une conjonction qui introduit une proposition subordonnée :

   Il se tait depuis que son père l'a grondé.

4 On remarquera que tous les exemples donnés antérieurement sont des phrases affirmatives. Une phrase négative avec **depuis**, **il y a… que**, etc., indique que l'action ne s'est pas produite depuis un certain moment du passé jusqu'au moment présent. Il est alors possible d'employer soit le *passé composé* (c'est le cas le plus fréquent), soit le présent. Le choix du temps du verbe marque une différence de sens : le passé composé indique que l'action qui a été interrompue peut reprendre, alors qu'on emploie le présent lorsqu'on considère que l'interruption de l'action est définitive ou peut se prolonger indéfiniment. Comparez :

   Il y a deux jours que je n'ai pas fumé (*mais il est possible que je recommence n'importe quand*).

   Il y a deux jours que je ne fume plus. (= *J'ai cessé de fumer il y a deux jours.*)

5 Les formes interrogatives correspondantes sont :

– **depuis quand** (quelle heure, quel jour, quelle date, etc.) :

   Depuis quand attendez-vous ? — Depuis midi trente.

– **depuis combien de temps** (combien de temps y a-t-il que, combien de temps cela fait-il que, etc.) :

   Cela fait combien de temps que tu attends ? — Cela fait dix minutes.

 L'IMPÉRATIF

A. Formes

1. Le mode impératif ne comporte que trois formes, qui sont identiques aux formes correspondantes (**tu, nous, vous**) du présent de l'indicatif sauf que l'on omet le **s** des terminaisons en **-es** et **-as** de la 2e personne du singulier.

parler	réfléchir	répondre
parle	réfléchis	réponds
parlons	réfléchissons	répondons
parlez	réfléchissez	répondez

aller	venir	ouvrir
va	viens	ouvre
allons	venons	ouvrons
allez	venez	ouvrez

2. Les verbes **avoir** et **être** prennent les formes du présent du *subjonctif* (mais à la 2e personne du singulier, on omet le **s** pour **avoir**); **savoir** et **vouloir** ont des formes particulières (seule la 2e personne du pluriel de **vouloir** est couramment employée).

avoir	être	savoir	vouloir
ai**e**	sois	sach**e**	(veuille)
ayons	soyons	sachons	(veuillons)
ayez	soyez	sachez	veuillez

3. *L'impératif passé*, plutôt rare, est formé de l'impératif de l'auxiliaire suivi du participe passé du verbe. Il s'emploie pour une action qui doit être accomplie dans un avenir qui est précisé :

> **Sois rentré** avant minuit.

> **Ayez terminé** ce travail pour samedi.

B. Emplois

On emploie l'impératif pour exprimer :

• un ordre ou une interdiction :

> Écoute ce qu'il dit.

> Ne discutons pas de cette question, c'est inutile.

> Répondez à ma question.

- une demande, une prière, un souhait, un conseil, une suggestion :

> Promets d'être prudent.
>
> Donnez-nous la paix et le bonheur.
>
> Faites de beaux rêves.
>
> Dites la vérité, c'est toujours préférable.

- une supposition :

> Essaie de lui donner un conseil, il ne t'écoutera pas.

Dans ce dernier cas, l'impératif correspond à une proposition avec si et le présent de l'indicatif, l'autre proposition étant au futur : *Si tu essaies de lui donner un conseil...*

REMARQUES

1 Pour formuler un ordre ou une demande de façon plus polie, on emploie **veuillez** + *infinitif*, en particulier dans la correspondance :

> Veuillez entrer.
>
> Veuillez me faire parvenir un exemplaire de ce livre.
>
> Veuillez agréer l'expression de mes remerciements.

2 Dans les avis officiels, les formulaires administratifs, les modes d'emploi, l'impératif est souvent remplacé par l'infinitif, qui est plus impersonnel :

> Inscrire le nom de famille en majuscules.

3 On peut également employer le futur pour exprimer une demande ou un ordre :

> Vous me remettrez votre dissertation samedi.

IV LOCUTIONS, TOURNURES, DISTINCTIONS

A. Être en train de + *infinitif*

Pour insister sur le déroulement d'une action, on fait précéder l'infinitif du verbe qui dénote cette action par le verbe **être** au présent de l'indicatif (ainsi qu'à l'imparfait ou au futur) et la locution **en train de** :

> Je suis en train d'écrire une lettre.
> *I am writing a letter.*

Nous étions en train de discuter quand Sylvie s'est soudain mise à pleurer.

Ne me téléphone pas après minuit, car je serai sans doute en train de dormir.

Cette tournure correspond à la forme progressive (*-ing*) en anglais, mais contrairement à l'anglais, elle n'est jamais indispensable : employez-la uniquement quand vous voulez insister sur le déroulement de l'action.

B. *Le futur proche*

1. **Aller** + *infinitif*

Le verbe **aller** au présent suivi de l'infinitif s'emploie pour exprimer qu'un événement se déroulera dans un avenir plus ou moins rapproché :

Je vais te dire la vérité.
I am going to tell you the truth.

Elle va être ici demain.

Je vais suivre un cours d'espagnol l'an prochain.

2. **Devoir** + *infinitif*

Le verbe **devoir** s'emploie au présent de l'indicatif, suivi d'un infinitif, pour exprimer qu'une action aura lieu dans un avenir rapproché, tout en introduisant une nuance d'intention ou de suppositions[2] :

Nous devons nous voir demain.
We are supposed to meet tomorrow.

Le président doit prononcer un discours dans trois jours.

Ils doivent nous faire savoir l'heure de leur arrivée.

C. *Le passé récent* : venir de + *infinitif*

Pour indiquer le caractère récent d'une action, on emploie **venir de** (au présent) suivi de l'infinitif :

Ma mère vient de me téléphoner.
My mother has just called me.

Je viens de lui parler il y a à peine cinq minutes.

---

2. **Devoir** au présent peut parfois avoir le sens d'une obligation (*I must, I have to*). Voir le chapitre 15.

D. Depuis / pendant / pour

Ces trois prépositions peuvent s'employer devant une expression de durée, mais elles expriment chacune une idée différente. Comme elles correspondent toutes trois à la préposition *for* en anglais, il est important de distinguer comment elles s'emploient respectivement.

1. **Depuis**, devant une expression de durée, indique que l'action a commencé dans le passé et continue dans le présent (lorsque le verbe est au présent[3]) :

   > Il travaille depuis deux jours.
   > *He has been working for two days.*

2. **Pendant** s'emploie dans un contexte passé pour indiquer que l'action s'est terminée dans le passé (la durée de l'action est envisagée globalement) :

   > Il a travaillé pendant deux jours.
   > *He worked for two days.*

   (Notez l'emploi du passé composé en français et du *simple past tense* dans la phrase anglaise correspondante.)

   Pendant peut également s'employer quand le verbe est au présent (habitude) et au futur :

   > Il lit pendant une heure tous les soirs.

   > Nous resterons à New York pendant une semaine.

   On peut omettre **pendant** lorsqu'il s'agit d'une expression de durée précise qui suit immédiatement le verbe. Comparez :

   > J'ai dormi deux heures la nuit dernière.

   > et

   > J'ai dormi pendant la représentation.

   > J'ai dormi cet après-midi pendant deux heures.

3. **Pour**, devant une expression de durée, exprime une *intention*, un projet et s'emploie surtout avec des verbes comme **aller**, **venir**, **partir**, **sortir**, **louer**, **prêter** :

   > Je sors pour une heure. (= J'ai l'intention d'être sorti pendant une heure.)

   > À la fin du mois, je viendrai chez vous pour le week-end.

   > Il était parti à Vancouver pour quinze jours, mais il est rentré après une semaine.

   > J'ai prêté mon livre à Pierre pour la fin de semaine mais il ne me l'a pas encore rendu.

---

3. Sur l'**emploi** de **depuis** dans un contexte passé, voir le chapitre 2.

E. Il y a / Il y a… que

La locution **il y a** (sans **que**) s'emploie devant une expression de temps pour indiquer que l'action a été accomplie ou était en train de s'accomplir à un certain moment du passé. Le verbe est alors au passé composé ou à l'imparfait :

> J'ai mangé il y a une heure.
> *I ate an hour ago.*

> Nous habitions Montréal il y a dix ans.
> *We lived in Montreal ten years ago.*

Il est possible d'employer dans le même sens la structure **il y a… que** à condition que le verbe soit au passé composé (action accomplie) :

> Il y a une heure que j'ai mangé.
> *I ate an hour ago.*

REMARQUE

Il ne faut pas confondre la structure précédente avec :

– **il y a… que + présent (= depuis + présent)**

> Il y a une heure que je mange.

> *I have been eating for an hour.*

– **il y a… que + passé composé dans une phrase négative**

> Il y a une heure que je n'ai pas mangé.

> *I have not eaten for an hour.*

Exercices

I. Le pronom personnel sujet

A. Reformulez les phrases suivantes en utilisant **on**.

1. Après le film, nous échangeons des impressions.
2. Quelqu'un a déjà traduit ce livre en anglais.
3. Les gens ne disent pas toujours la vérité.
4. Dans la classe, nous sommes presque tous bilingues.
5. Beaucoup de gens parlent français en Louisiane.
6. Où allons-nous ce soir ?
7. Tout le monde veut trouver le bonheur, c'est naturel.

B. Reformulez les phrases suivantes sans utiliser **on**.

1. Il était temps que tu arrives : on a faim !
2. On pose souvent cette question.
3. On vit, on meurt : c'est aussi simple que cela !
4. Savez-vous où l'on pourrait avoir une conversation tranquille ?
5. On va peut-être bientôt trouver un remède contre cette maladie.

C. Changez la phrase selon le modèle.

> *Modèle :* Il a déclaré : « Je dis la vérité. »
> « Je dis la vérité », a-t-il déclaré.

1. Les étudiants ont dit : « Nous vous le promettons. »
2. Elle affirme : « Je n'ai pas menti. »
3. Le directeur suggère : « Pourquoi ne pas en discuter ? »
4. Son amie a répondu : « Je n'ai fait aucune promesse. »
5. J'ai demandé : « Peut-on exprimer par des mots une telle émotion ? »

D. Changez les phrases selon le modèle.

> *Modèle :* Ton père est peut-être en train de dormir.
> Peut-être ton père est-il en train de dormir.

1. Le policier peut sans doute nous renseigner.
2. Cet élève a peut-être des difficultés à s'exprimer.
3. Ce candidat fait peut-être un peu trop de promesses.
4. Vous êtes sans doute fatigués après ce long voyage.

II. Le présent de l'indicatif

A. Donnez le présent des verbes à la personne indiquée entre parenthèses.

1. interrompre (on)
2. étudier (nous)
3. rejeter (tu)
4. descendre (nous)
5. obéir (elles)
6. bâtir (nous)
7. réfléchir (vous)
8. haïr (je)
9. répondre (il)
10. espérer (tu)
11. rougir (ils)
12. acheter (je)
13. rendre (tu)
14. jeter (il)
15. appeler (vous)

B. Mettez les verbes irréguliers suivants à la personne indiquée.

1. ouvrir (tu)
2. offrir (nous)
3. courir (je)
4. aller (ils)
5. faire (vous)
6. avoir (elle)
7. dire (vous)
8. vouloir (elles)
9. croire (vous)
10. pouvoir (je)
11. prendre (nous)
12. mettre (on)
13. connaître (vous)
14. voir (tu)
15. devoir (on)

C. Complétez les phrases suivantes en mettant le verbe au présent.

1. Vous _____ (lire) des romans policiers.

2. Nous _____ (comprendre) le français.

3. M. Laplanche _____ (permettre) à son fils d'emprunter la voiture.

4. Elle _____ (donner) la permission de sortir à sa fille.

5. Vous _____ (faire) beaucoup de promesses ?

6. Est-ce que vous _____ (tenir) toutes vos promesses ?

7. Je _____ (décrire) la situation telle que je la vois.

8. Certaines personnes _____ (croire) à la réincarnation.

9. Vous _____ (connaître) sans doute plusieurs langues ?

10. Mon amie _____ (savoir) suffisamment d'espagnol pour se faire comprendre.

11. Vous ne _____ (dire) pas pourquoi vous êtes là.

12. Son grand-père _____ (répéter) toujours les mêmes conseils.

13. Je _____ (sortir) tous les soirs depuis un mois.

14. Nous _____ (perdre) trop de temps !

15. Mes parents _____ (recevoir) des invités ce soir.

16. Vous _____ (rougir) facilement.

17. Tu _____ (vivre) dans le confort.

18. Elle n' _____ (ouvrir) pas souvent la bouche.

19. Vous _____ (boire) du thé ou du café ?

20. Les gens _____ (mentir) parfois pour ne pas blesser les autres.

D. Composez des phrases simples au présent à partir des éléments donnés (vous pouvez en ajouter d'autres) en utilisant des sujets variés (pronoms, noms propres).

1. être _____ en vacances

2. faire _____ la conversation

3. dormir _____ huit heures par nuit

4. répéter _____ le même conseil

5. dire _____ des choses intéressantes

6. boire _____ de l'alcool

7. bâtir _____ une école

8. comprendre _____ les explications

9. perdre _____ trop de temps

10. promettre _____ de ne pas faire de bêtises

11. recevoir _____ des invités

12. vivre _____ dans le confort

13. lire _____ les journaux

14. rougir _____ dans des circonstances embarrassantes

15. découvrir des _____ idées nouvelles

E. Répondez aux questions suivantes en employant le présent et **depuis** + *une date* ou *une heure*.

1. Depuis quand étudiez-vous le français ?

2. Depuis quand existe-t-il des bombes atomiques ?

3. Depuis quand l'homme peut-il voler ?

4. Depuis quelle heure êtes-vous en classe ?

5. Depuis quelle année le gouvernement actuel est-il au pouvoir ?

F. Répondez aux questions en employant le présent et **il y a** + *une expression de durée* + **que**…

1. Depuis combien de temps habitez-vous cette ville ?

2. Depuis combien de temps l'espèce humaine existe-t-elle ?

3. Depuis combien de temps connaissez-vous le professeur ?

4. Depuis combien de temps faites-vous des études ?

5. Depuis combien de temps utilise-t-on des ordinateurs ?

G. Posez la question qui correspond à la réponse donnée en employant **depuis quand** ou **depuis combien de temps**.

1. Je fume depuis cinq ans.

2. Sa voiture est au garage depuis la semaine dernière.

3. Il y a un mois que nous sommes en vacances.

4. Sylvie fait de la traduction depuis 2002.

5. Cela fait une heure qu'ils discutent.

6. Elle vit seule depuis son divorce.

H. Transformez les phrases en les mettant à la forme affirmative et au présent.

Modèle : Je n'ai pas joué au hockey depuis un an.
Je joue au hockey depuis un an.

1. Il n'a pas neigé depuis trois jours.

2. Je n'ai pas regardé la télévision depuis ce matin.

3. Il y a un mois qu'il n'a pas fait soleil.

4. Voilà deux heures que ce chien n'a pas aboyé.

5. Les prix n'ont pas augmenté depuis l'été dernier.

6. Cela fait plusieurs semaines que Marc n'a pas travaillé.

III. L'impératif

A. Vous êtes le professeur. En employant la forme de politesse (2e personne du pluriel), dites à un(e) étudiant(e) :

1. de traduire cette phrase.
2. de prendre la parole.
3. d'exprimer clairement sa pensée.
4. de ne pas garder le silence.
5. de répondre à la question.
6. de préparer un exposé.

B. Vous invitez un(e) camarade à une soirée. En employant l'impératif à la 2e personne du singulier, dites-lui :

1. de promettre de venir.
2. d'apporter des disques.
3. d'amener son ami(e).
4. de ne pas arriver en retard.
5. de noter votre adresse.
6. de téléphoner s'il / si elle ne peut pas venir.

C. Vous et vos amis êtes témoins d'un accident de la route. Que faut-il faire ? Employez la 1re personne du pluriel de l'impératif.

1. Avertir la police.
2. Appeler une ambulance.
3. Aider les gens à sortir de leur voiture.
4. Ne pas déplacer les blessés graves.
5. Envelopper les blessés dans des couvertures.
6. Donner des soins d'urgence.

D. Remplacez l'impératif par **veuillez** + *infinitif*.

1. Répondez dès que possible.
2. Faites savoir à la direction quand vous partirez.
3. Parlez à voix basse.
4. Exprimez-vous plus clairement.
5. Suivez les directives qu'on vous a données.

E. Transformez les phrases suivantes en utilisant le verbe indiqué entre parenthèses à l'impératif.

1. Je vous prie de me fournir ces renseignements au plus tôt. (vouloir)
2. Il ne faut pas que tu mentes. (mentir)

3. Je ne veux pas que vous donniez des conseils inutiles. (donner)

4. Il faudrait raconter à vos parents ce qui s'est passé. (raconter)

5. Je vous dis que votre opinion ne m'intéresse pas. (savoir)

F. Complétez les phrases suivantes à l'aide d'un verbe (choisi dans la liste) que vous mettrez à l'impératif.

faire, poser, promettre, venir, discuter, nier

1. Vous êtes en retard, _____ vite.

2. Ne _____ pas. Je sais que tu as volé cet argent.

3. _____ la conversation avec les invités pendant que je prépare le repas.

4. _____ la question au professeur. Elle saura vous répondre.

5. Ne _____ pas avec lui de ce sujet, ça le met en colère.

6. Si tu veux emprunter la voiture, _____ -moi d'être prudent.

IV. Locutions, tournures, distinctions

A. Vous êtes assis(e) dans un café et vous regardez autour de vous : qu'est-ce que les gens sont en train de faire ? Remplacez le verbe au présent par la tournure **être en train de** + *infinitif* :

1. Le monsieur à la table voisine commande une consommation.

2. Les jeunes filles en face racontent leurs aventures de voyage.

3. Le serveur prend une commande.

4. Une dame seule écrit une lettre.

5. Des jeunes gens rient et échangent des plaisanteries.

6. Plusieurs personnes lisent le journal.

B. Vous parlez avec un ami au téléphone. Posez-lui des questions selon le modèle en employant le verbe au présent.

Modèle : Paul est en train de travailler.
Cela fait combien de temps qu'il travaille ?

1. Nous sommes en train de discuter.

2. Mes parents sont en train de faire la cuisine.

3. Je suis en train de lire.

4. Ma sœur est en train d'écouter la radio.

5. Mon frère est en train de faire ses devoirs.

C. Remplacez le verbe par **aller** + *infinitif*.

1. Je pars cet après-midi.

2. Ma sœur ne rentre pas demain.

3. Vous revenez nous voir la semaine prochaine ?

4. Je vous rappelle dans quelques minutes.

5. Nous ne sortons pas tout de suite.

6. Ils arrivent bientôt.

D. Répondez aux questions en employant **devoir** + *infinitif* selon le modèle.

>*Modèle :* Ta sœur est rentrée ? (à onze heures)
>Non, elle doit rentrer à onze heures.

1. Avez-vous rencontré le directeur ? (demain matin)

2. Êtes-vous allés voir ce film ? (cette fin de semaine)

3. Tes amis sont-ils arrivés de Winnipeg ? (dans deux jours)

4. Ton frère est-il parti pour Vancouver ? (la semaine prochaine)

5. Tu as amené ton chien chez le vétérinaire ? (à la fin du mois)

E. Répondez aux questions en employant **venir de** + *infinitif* selon le modèle.

>*Modèle :* Tu manges bientôt ?
>Je viens de manger.

1. Hélène part bientôt ?

2. Vous finissez votre travail ?

3. Tes amis rentrent bientôt du Nouveau-Mexique ?

4. Tu fais tes bagages ?

5. Les enfants rentrent bientôt ?

F. Remplacez les tirets par **depuis, pendant** ou **pour**.

1. Le samedi, il lit les journaux _____ deux heures.

2. Elle part demain en vacances _____ un mois.

3. Il apprend l'espagnol _____ deux ans et il le parle couramment.

4. Je m'en vais à Montréal _____ deux jours.

5. Nous attendons une réponse _____ déjà un mois.

6. Il faut faire la queue _____ des heures pour acheter des billets quand ce pianiste donne un concert.

7. Nous nous connaissons _____ l'hiver dernier.

8. D'accord, je te prête ma machine à écrire _____ la fin de semaine, mais pas plus longtemps.

9. Mon frère est insomniaque et se lève très souvent _____ la nuit.

10. J'étudie le piano _____ longtemps : maintenant, j'arrive à jouer du Messiaen.

G. Répondez selon le modèle en employant **il y a** ou **il y a... que**.

> *Modèle :* Est-ce que le facteur est passé ? (dix minutes)
>> Il est passé il y a dix minutes. / Il y a dix minutes qu'il est passé.

1. Ton père est rentré ? (une demi-heure)

2. Est-ce que Maryse a téléphoné ? (deux heures)

3. As-tu mangé ? (une heure)

4. As-tu vu ce film ? (longtemps)

5. Est-ce que le professeur a donné un devoir ? (trois jours)

Tu parles-tu¹ le français du Québec ?

Extrait d'un magazine français consacré aux voyages, l'article suivant vise à donner à des touristes français potentiels un avant-goût du parler populaire au Québec. Le texte en « québécois » tend par conséquent à accentuer l'effet d'exotisme et la « traduction » qui suit y contribue, puisqu'elle n'est pas écrite à un niveau de langue équivalent — populaire — mais dans une langue plutôt soignée. Ceci dit, la comparaison entre les deux textes reste amusante et pleine d'intérêt.

Écouter jaser nos cousins du Québec est un régal sans égal. Entre vieilles expressions françaises et apports d'origine anglaise, il faut parfois réfléchir à trois fois pour saisir le sens d'une phrase, mais le petit jeu amuse tout le monde. En guise de test-amuse-gueule, ce court texte rédigé par un Yvon Simard, originaire du Saguenay, et sa... « traduction ».

Fin de semaine au Saguenay

Depuis que je suis tombé en amour, tous les vendredis soirs, je saute dans mon char, pis je monte au Saguenay pour trouver ma blonde, pis foirer avec la gagne de chums. Là-bas, les Bleuets y sont pas achalés, ils lâchent leur fou facilement. Je m'arrête dans une binerie sur le bord de la route pour me sucrer le bec avec la tarte aux bleuets qui est écœuramment bonne. Juste avant de repartir, je prends du gaz parce que ce serait ben plate de rester pogné sur le chemin à me faire manger par les maringouins. Je planche pour arriver au plus vite et être là avant la noirceur. Tiens ben ta tuque et tes bobettes que je me dis, ça va y aller par là ! La radio joue au boutte, je suis aux petits oiseaux. Dernier tournant, je vois la maison de ma blonde. La patate fait boum boum en la voyant qui descend de la galerie pour me donner un petit bec dans le cou et me demander dans le creux de l'oreille : « Tu m'aimes-tu ? » Je lui réponds : « Fais pas simple, tu sais ben que je t'haïs pas, pantoute. »

Autrement dit...

Week-end au Saguenay

Depuis que je suis amoureux, tous les vendredis soirs, je prends ma voiture et je me rends dans la région du Saguenay pour retrouver ma petite amie et ma bande de copains. Pour les Bleuets², tout est prétexte à faire la fête et à se libérer de leurs inhibitions. Je fais halte dans un petit restaurant sur le bord de la route

22

pour casser la croûte et je me régale d'une part d'excellente tarte aux myrtilles. Avant de reprendre mon chemin, je fais le plein d'essence car ce serait vraiment dommage de tomber en panne dans cet endroit désert et de me faire dévorer par les moustiques. J'appuie sur l'accélérateur car je veux arriver avant la nuit. Accroche-toi bien, me dis-je tout en restant prudent. La radio à fond, je suis aux anges. En prenant le dernier virage, j'aperçois, le cœur battant, la maison de ma petite amie, je la vois qui s'avance vers moi pour m'embrasser tendrement et me chuchoter à l'oreille : « Tu m'aimes ? » Je lui réponds : « Évidemment, et tu le sais très bien. »

Yvon Simard — *Partir*

---

1. A common way of phrasing questions in Quebec, with "tu" being tagged to the verb (or the auxiliary verb in compound tenses).
2. Surnom des gens de la région.

Petit lexique québécois / français / anglais

achalé	gêné	*inhibited*
un bec	un baiser, une bise	*kiss*
une binerie	une gargote	*cheap restaurant (beanery)*
une blonde	une petite amie, copine	*girl-friend*
des bobettes	une culotte, un slip	*briefs, panties*
un bleuet	une myrtille	*blueberry*
au boutte	à fond	*full blast*
un char	une voiture	*car*
un chum	un copain, petit ami	*(boy-)friend*
écœuramment	terriblement	*incredibly*
être aux petits oiseaux	être aux anges	*to be ecstatic*
Fais pas simple !	Ne fais pas l'innocent(e) !	*Don't act simple-minded!*
foirer	s'amuser, faire la fête	*to party*
une gagne	une bande	*gang*
une galerie	un balcon, une véranda	*porch*
le gaz	l'essence	*gas*
lâcher son fou	se défouler	*to let off steam, to have fun*
un maringouin	un moustique	*mosquito*
pantoute	pas du tout	*not at all*
plancher	appuyer sur l'accélérateur	*to step on it*
plate	embêtant	*annoying*
pogné	pris, coincé	*stuck*
se sucrer le bec	manger des choses sucrées	*to eat sweet things*
Tiens bien ta tuque !	Accroche-toi bien !	*Hold on to your hat!*
tomber en amour	tomber amoureux(-euse)	*to fall in love*

Compréhension du texte

1. Où va le narrateur le vendredi soir et pourquoi ?
2. Qui sont les Bleuets et qu'est-ce qui les caractérise ?
3. Où le narrateur s'arrête-t-il en route et que fait-il ?
4. Quelle précaution prend-il ? Qu'est-ce qu'il veut éviter ?
5. De quelle façon conduit-il et comment se sent-il ?
6. Quelle est sa réaction en voyant sa petite amie et comment celle-ci le reçoit-elle ?

Questions d'ensemble

1. Quels mots et quelles expressions employés au Québec ont un sens très inattendu pour des Français ?
2. Quels mots et quelles expressions seraient jugés pittoresques, archaïques ou poétiques par des Français ?
3. Quels mots et quelles expressions constituent des « apports d'origine anglaise » ?
4. D'après votre expérience, les différences entre « français québécois » et « français de France » sont-elles aussi marquées que dans l'aperçu qui en est donné dans cet article ?
5. Quelle variété de français pensez-vous qu'il soit préférable d'apprendre lorsqu'on étudie le français langue seconde au Canada ?

Vocabulaire

Langue et communication

1. La langue

le langage ≠ **une langue** (le français, l'anglais)
langue officielle   langue maternelle   langue d'usage
un dialecte   un jargon de métier (m.) (*trade, profession*)
les niveaux de langue (m.) (*level*) : **l'argot** (m.) (*slang*),
la langue familière (*colloquial*), **courante** (*informal*), **soutenue** (*formal*), **littéraire**

2. La communication

communiquer sa pensée
échanger des **impressions** (f.), des **idées** (f.)
exprimer des **opinions** (f.), des **sentiments** (m.) (*feelings*)
discuter de qqch.   **avoir une discussion au sujet de** (*about*)
engager (*to start*), **faire la conversation avec** qqn

3. D'une langue à l'autre

apprendre, étudier une langue seconde / une langue étrangère
comprendre le français   **se faire comprendre en** espagnol
être **bilingue** : **parler couramment** (*fluently*) **deux langues**
être **polyglotte** : savoir plus de deux langues
traduire de l'anglais **vers** le français, **traduire** un livre **en** chinois
la traduction   un traducteur, une traductrice
interpréter, faire de l'interprétation, être interprète (m./f.)

4. Emplois de la parole

affirmer qqch. (*to declare, to assert*) ≠ **nier** (*to deny*)

déclarer qqch. **à** qqn   **faire une déclaration**
demander qqch. **à** qqn   **poser une question à** qqn
répondre à qqn **que...   faire / donner une réponse à** qqn
faire savoir à qqn **que** (*to inform s. o.*)

conseiller qqn (*to advise*)   **donner un conseil à** qqn
remercier qqn (*to thank*)   **exprimer ses remerciements** (m.) **à** qqn

renseigner qqn (*to provide information*)   **donner un renseignement à** qqn

conseiller à qqn **de** faire qqch.
défendre à qqn **de** faire qqch. (*to forbid*)
permettre à qqn **de** faire qqch. (*to allow*)   **donner la permission**
promettre à qqn **de** faire qqch.   **faire une promesse**
proposer à qqn **de** faire qqch.   **faire une proposition**
décrire   **faire la description** d'un paysage (*landscape*)

raconter une histoire (*to tell a story*)   **faire le récit d'**événements

5. Comportements

mentir (*to lie*)   **dire un mensonge**   être **menteur**
dire la vérité   **être sincère**
être **bavard** (*talkative*)   **avoir la parole facile** (*an easy flow of words*)
s'exprimer avec aisance ≠ **avec difficulté**
parler peu   **être avare de paroles** (*to be sparing of ones words*)
être, rester **silencieux**   garder **le silence** = **se taire**

Exercices

A. Faites de courtes phrases pour illustrer la différence entre :

    1. langage   *et*   langue

    2. langue seconde   *et*   langue étrangère

    3. langue officielle   *et*   langue d'usage

    4. échanger   *et*   exprimer

    5. conseiller   *et*   proposer

    6. permettre   *et*   promettre

    7. interprète   *et*   traducteur

B. Remplacez le mot ou l'expression qui ne convient pas.

    1. L'explorateur a fait la description de ses aventures.

    2. Les gens qui disent des mensonges sont des bavards.

    3. Il s'exprime avec aisance, c'est pourquoi il reste toujours silencieux.

    4. J'aime les discussions intellectuelles où l'on peut échanger des sentiments.

    5. Tu devrais renseigner ton père quand il te donne de bons conseils.

C. Remplacez les mots ou expressions en italique par leur contraire.

    1. Je vous *déconseille* fortement de devenir interprète.

    2. Son père lui *permet* d'emprunter la voiture.

    3. Je crois que l'accusé est en train de *dire un mensonge*.

4. Cet enfant s'exprime *avec difficulté.*

5. Ma grand-mère est une femme qui *est avare de paroles.*

D. Complétez la locution verbale à l'aide du substantif qui correspond au verbe donné.

1. déclarer   faire une _____

2. traduire   faire (de) la _____

3. converser   faire la _____

4. affirmer   faire une _____

5. conseiller   donner un _____

6. promettre   faire une _____

7. renseigner   donner un _____

8. répondre   donner une _____

E. Que faire dans cette situation ? (Formez une phrase en utilisant un verbe ou une locution verbale choisie parmi les « emplois de la parole ».)

    Modèle : Un ami vous rend service.
                Je remercie cet ami.

1. Vous ne comprenez pas les explications du professeur.

2. Votre père vous demande d'être prudent quand vous conduisez.

3. Un étranger que vous croisez dans la rue vous demande le chemin de la gare.

4. Votre petit frère veut emprunter votre bicyclette.

5. Un ami qui est en période de dépression vous demande ce qu'il doit faire.

Conversations, exposés, compositions

1. Un médecin doit-il toujours dire la vérité à ses patients ou doit-il parfois leur mentir dans leur propre intérêt ?

2. Énumérez les raisons pour lesquelles vous étudiez le français.

3. Dans quelles circonstances avez-vous la parole facile ?

4. Peut-on dire que les animaux (abeilles, oiseaux, chimpanzés) ont un langage ?

5. Quels emplois de la parole vous semblent les plus fréquents dans les discours politiques ?

6. Quels sont les avantages du bilinguisme ? A-t-il des inconvénients ?

7. Vous préparez un voyage qui vous permettra de visiter plusieurs pays francophones. Où voulez-vous aller ? Que pensez-vous trouver et faire dans ces divers pays ?

CHAPITRE 2

GRAMMAIRE

I. LE PASSÉ COMPOSÉ
 A. Formes
 B. Emplois

II. L'IMPARFAIT
 A. Formes
 B. Emplois

III. DISTINCTIONS
 Fois, temps, heure, moment

LECTURE
 Informer ou faire peur ? (Nicholas Bérubé)

VOCABULAIRE
 La presse écrite

Conversations, exposés, compositions

GRAMMAIRE

 ## LE PASSÉ COMPOSÉ

A. Formes

Le passé composé est formé du présent de l'indicatif de l'auxiliaire **avoir** ou **être** et du *participe passé* du verbe.

1. Le participe passé

a) Verbes réguliers :

terminaisons		exemples		
— en **er**	**-é**	par**ler**	→	par**lé**
— en **ir**	**-i**	fi**nir**	→	fi**ni**
— en **re**	**-u**	ren**dre**	→	ren**du**

b) Verbes irréguliers :

Voici les participes passés des verbes **avoir** et **être** ainsi que des 20 verbes irréguliers les plus fréquemment employés (pour les autres, consultez l'appendice A) :

être	→	été		avoir	→	eu
faire	→	fait		devoir	→	dû
vouloir	→	voulu		tenir	→	tenu
aller	→	allé		croire	→	cru
prendre	→	pris		partir	→	parti
mettre	→	mis		connaître	→	connu
venir	→	venu		sortir	→	sorti
pouvoir	→	pu		falloir	→	(il a) fallu
dire	→	dit		écrire	→	écrit
savoir	→	su		mourir	→	mort
voir	→	vu		vivre	→	vécu

2. Les verbes conjugués avec l'auxiliaire être

À l'exception des verbes pronominaux (voir le chapitre 4), les seuls verbes conjugués avec **être** sont les verbes intransitifs suivants :

> aller[1] ≠ venir (revenir, devenir, intervenir, parvenir, survenir)
> arriver ≠ partir (repartir)
> entrer ≠ sortir (rentrer / ressortir)
> monter ≠ descendre (remonter / redescendre)
> mourir ≠ naître
> passer
> rester
> retourner
> tomber

Quand un verbe se conjugue avec **être**, le participe passé s'accorde en genre et en nombre avec le sujet :

> Je suis sorti(e) samedi soir.
>
> Hélène est allée au Japon.
>
> Nous sommes passés(es) par la rue Saint-Denis.
>
> Mes sœurs sont venues me voir à l'hôpital.

REMARQUES

1 Le verbe **demeurer** se conjugue avec **être** lorsqu'il est synonyme de **rester** :

> Elle est demeurée souriante malgré ses malheurs.

Il se conjugue avec **avoir** lorsqu'il est synonyme d'**habiter** :

> J'ai déjà demeuré en banlieue de Montréal.

2 Les verbes **descendre**, **monter**, **passer**, **rentrer**, **retourner** et **sortir** peuvent être transitifs et avoir ainsi un complément d'objet direct; dans ce cas, ils se conjuguent avec l'auxiliaire **avoir**.

> Elle est descendue au sous-sol. / Elle a descendu ses livres.
>
> Je suis monté au sommet. / J'ai monté la côte à pied.
>
> Nous sommes passés par là. / Nous avons passé la soirée ensemble.
>
> Ils sont rentrés tard. / As-tu rentré ton vélo ?
>
> Pierre est retourné au parc. / Elle a retourné la crêpe dans la poêle.
>
> Es-tu sortie hier soir ? / As-tu sorti les poubelles ?

---

1. Dans la langue parlée familière, le passé composé du verbe **être** s'emploie souvent dans le sens d'aller : Tu as déjà été à Vancouver ? — Non, mais j'ai déjà été à San Francisco.

3. Les verbes conjugués avec l'auxiliaire avoir

Tous les autres verbes se conjuguent avec **avoir**.

Le participe passé (sauf **été** du verbe **être**) s'accorde avec le complément d'objet direct, mais seulement si celui-ci précède le verbe. Il existe trois cas où le complément d'objet direct précède le verbe :

- un pronom personnel objet direct :

    Je l'ai **mise** sur la table, la revue.

    Elle **nous** a entendu**s**.

    Ces cravates, je **les** ai achet**ées** à New York.

- le pronom relatif **que** (l'accord se fait avec l'*antécédent* de **que**) :

    Rends-moi les revues **que** je t'ai prêt**ées**.

- l'adjectif interrogatif (ou exclamatif) **quel** + nom ou le pronom **lequel** :

    Quels ennuis il a eu**s** !

    Quelles nouvelles avez-vous reç**ues** de votre fils ?

    Laquelle as-tu choisi**e** ?

REMARQUE

Le participe passé ne s'accorde pas dans les cas suivants :

- avec le pronom **en** :

    J'aime les fleurs : j'en ai encore acheté ce matin même.

- s'il s'agit d'un verbe impersonnel (qui se conjugue à la troisième personne du singulier avec **il** comme sujet) :

    Quelle énergie il a fallu pour réaliser ce projet !

- s'il s'agit du verbe **faire** directement suivi d'un infinitif (voir le chapitre 13) :

    Ma voiture, je ne l'ai jamais fait réparer.

B. Emplois

On emploie le passé composé pour présenter des événements passés qu'on envisage du point de vue du présent (le moment où l'on parle) : les faits passés sont donc vus comme achevés et limités dans leur durée à un moment ou à une période déterminée du passé.

1. Des événements associés à un moment (un point) du passé

a) Avec les verbes qui dénotent une action instantanée, le moment où l'action s'est produite n'a pas besoin d'être précisé :

> J'ai ouvert le journal.

Ceci est également vrai des verbes qui marquent un début ou une fin :

> Le bébé s'est endormi.

> Nous avons atteint notre objectif.

b) Le moment où l'action a eu lieu peut être précisé sous forme :

– de l'heure :

> Il a éteint la télévision à minuit.

– d'un adverbe ou d'une locution adverbiale (**tout de suite, tout à coup**) :

> J'ai tout de suite ouvert le journal.

– d'une autre action simultanée ou immédiatement antérieure :

> Il a ouvert la télé en entrant. (= dès qu'il est entré)

Dans ce dernier cas, un rapport de cause à effet est souvent implicitement établi entre la première et la seconde action :

> Quand le chien a aboyé, l'enfant a pris peur.

c) Lorsqu'on précise le moment où se situe l'action, les verbes **être**, **avoir** et ceux qui désignent un état mental (**penser, croire, espérer, pouvoir, vouloir**), qui sont normalement associés à une durée, marquent au passé composé le *début* d'un nouvel état ou processus :

> À huit heures, j'ai eu envie de partir.

> Soudain, elle a pensé à son mari.

> Après son départ, j'ai voulu aller me coucher.

2. Des événements associés à une durée limitée, soit dans son début, soit dans son terme (sa fin), soit dans sa totalité

a) Un événement qui s'est produit une seule fois :

– envisagé par rapport à son début :

> **À partir de** ce moment-là, il a fait du journalisme.

– envisagé par rapport à son terme :

> Nous sommes restés chez nos amis **jusqu'à** huit heures.

– envisagé dans sa totalité :

> J'ai lu le journal (**pendant**) **une demi-heure**.
>
> Il a travaillé **longtemps** comme éditorialiste.

On emploie toujours le passé composé avec à **partir de**, **jusqu'à**, **pendant** + une indication précise de durée, et **longtemps** pour désigner un événement passé unique (l'imparfait indiquerait une action répétée).

REMARQUE

Il n'est pas nécessaire de préciser les limites de l'espace de temps durant lequel l'événement s'est déroulé : l'emploi du passé composé avec des verbes qui évoquent une idée de durée marque à lui seul qu'il s'agit d'une durée limitée, que le fait passé est achevé. Ainsi :

> Il a plu ce matin.

Cette phrase laisse entendre qu'il **a cessé** de pleuvoir à un certain moment.

De même, avec les verbes d'état d'esprit :

> J'ai voulu devenir journaliste.

La phrase laisse entendre que ce souhait ou cette volonté a cessé à un certain moment du passé et qu'un autre état a succédé à celui-ci.

---

b) Un fait habituel au cours d'une période précisément limitée du passé ou un événement qui s'est répété un nombre de fois déterminé :

> J'ai acheté cette revue toutes les semaines pendant un an.
>
> Elle a interviewé le directeur de l'usine trois fois.

* * *

Le passé composé s'emploie donc pour exprimer des événements qui, *vus du présent*, sont associés à un moment précis ou à une durée limitée, localisée, dans le passé. C'est le temps de la *narration*, celui que l'on emploie pour raconter une série d'événements successifs.

Le passé composé s'emploie aussi :

1. dans le sens d'un futur antérieur pour souligner qu'un fait sera achevé dans un avenir très proche :

> Attends-moi : j'ai bientôt terminé mon travail.

2. pour exprimer une vérité générale ou un fait d'expérience, en conjonction avec **toujours** ou **ne... jamais** :

> Il y a toujours eu des guerres.

> Deux et deux n'ont jamais fait trois.

II L'IMPARFAIT

A. Formes

L'imparfait de tous les verbes (y compris les verbes irréguliers) se forme de la façon suivante :

a) pour obtenir le **radical** du verbe à l'imparfait, on enlève la terminaison - **ons** de la 1re personne du pluriel de l'indicatif présent :

	infinitif	1re personne du pluriel (présent)	radical de l'imparfait
verbes réguliers	parler	nous parlons	parl-
	rougir	nous rougissons	rougiss-
	répondre	nous répondons	répond-
verbes irréguliers	voir	nous voyons	voy-
	prendre	nous prenons	pren-
	faire	nous faisons	fais-

b) à ce radical, on ajoute les terminaisons suivantes :

-ais	→	je parlais
-ais	→	tu rougissais
-ait	→	il, elle, on répondait
-ions	→	nous voyions
-iez	→	vous preniez
-aient	→	ils, elles faisaient

Exception

Le radical de l'imparfait du verbe **être** est **ét-** :

j'étais	nous étions
tu étais	vous étiez
il, elle, on était	ils, elles étaient

Les formes de l'imparfait des verbes impersonnels **falloir** (*il faut*) et **pleuvoir** (*il pleut*) sont :

il fallait   il pleuvait

ORTHOGRAPHE :

1. Verbes réguliers en **-cer** et **-ger**

   Devant les terminaisons qui commencent par **ai** :

   – le **c** devient **ç**;

je commen**ç**ais	(nous commencions)
tu avan**ç**ais	(vous dénonciez)
il, elle, on mena**ç**ait	ils, elles renon**ç**aient

   – on ajoute **e** entre **g** et la terminaison :

je mang**e**ais	(nous arrangions)
tu nag**e**ais	(vous rangiez)
il, elle, on voyag**e**ait	ils, elles déménag**e**aient

2. Verbes dont le radical de l'imparfait se termine en **i** ou en **y**

   Notez l'orthographe des 1re et 2e personnes du pluriel :

étudier	nous étud**ii**ons	vous étud**ii**ez
rire	nous r**ii**ons	vous r**ii**ez
payer	nous pa**yi**ons	vous pa**yi**ez
croire	nous cro**yi**ons	vous cro**yi**ez

B. Emplois

L'imparfait s'emploie pour présenter une action (ou un état) passée dans sa continuité, sans marquer le terme de cette action. On envisage l'action du point de vue du passé, c'est en quoi l'imparfait est une sorte de « présent dans le passé » (au moment où je parle, je ne peux percevoir la fin des événements dont je parle). Il peut s'agir d'un fait unique ou d'un fait répété, mais toujours dans une période de temps dont on ne marque pas la fin.

1. Une action présentée dans son déroulement ou un état présenté dans sa continuité

Jacques enseignait les mathématiques.

Autrefois, il était enseignant.

Par opposition au passé composé qui laisse entendre que l'action ou l'état a cessé à un moment du passé, l'imparfait ramène l'esprit (*flashback*) à un moment indéterminé du passé d'où l'on décrit l'action ou l'état en cours. Très souvent, l'imparfait est ainsi utilisé pour décrire des actions ou des états continus qui servent de décor, de contexte à des actions ponctuelles (au passé composé) :

Pierre était enseignant quand je l'ai rencontré.

Même une action que l'on associe à un moment très bref peut servir de contexte à une autre action :

Le téléphone sonnait quand je suis arrivé.

On peut insister sur la durée en employant « être en train de » à l'imparfait :

Elle était en train de s'endormir quand le téléphone a sonné.

L'action peut également être décrite par rapport à un moment qui est précisé :

À dix heures, il pleuvait.

Elle peut aussi être décrite par rapport à une autre action (ou état) qui se déroule en même temps :

Il lisait le journal pendant que sa femme regardait la télévision.

Dans un contexte passé, les verbes **avoir** et **être** ainsi que les verbes d'état d'esprit ont tendance à s'employer à l'imparfait (à moins que l'on ne veuille marquer le début ou la fin de l'état) :

Quand j'étais adolescent, je voulais devenir journaliste.

2. Un fait présenté dans sa répétition au cours d'une période indéterminée

* avec un verbe qui désigne une action instantanée :

    Il se couchait à minuit.

    (L'emploi de l'imparfait indique à lui seul qu'il s'agit d'une action répétée.)

* avec un verbe qui évoque une idée de durée :

    À partir de huit heures du matin, il travaillait.

    Il étudiait jusqu'à onze heures du soir.

    Il écoutait la radio pendant deux heures tous les soirs.

- pour exprimer que la répétition d'une action un nombre de fois déterminé était elle-même habituelle :

> Il téléphonait à sa mère trois fois par semaine.

REMARQUE

Il est possible dans tous ces cas d'employer le passé composé (en marquant la répétition d'une autre façon dans le cas des verbes « instantanés » : *souvent, toujours, quelquefois*, etc.) si l'on veut sous-entendre que la répétition de l'action a eu lieu au cours d'une période limitée, achevée :

> Il s'est souvent couché à minuit.

La phrase laisse alors entendre que l'action s'est répétée jusqu'à un certain moment du passé, mais que la situation a changé ensuite. Évidemment, si l'on précise l'intervalle de temps au cours duquel l'action s'est répétée, on emploie le passé composé :

> Pendant un mois, elle a étudié jusqu'à onze heures du soir.

---

* * *

Ainsi, comme le présent, l'imparfait s'emploie pour décrire des actions envisagées dans leur déroulement ou leur répétition, mais dans le passé. Il se comporte également comme un *présent dans le passé* lorsqu'on l'emploie pour exprimer :

a) Un passé récent (avec les verbes de déplacement) ou un futur proche (pour exprimer un projet ou une certitude) dans le passé :

> Je rentrais à peine quand le téléphone a sonné.

> Je l'ai rejoint à temps : il prenait l'avion le lendemain.

D'ailleurs, les tournures **venir de** et **aller** + *infinitif* sont toujours à l'imparfait pour exprimer le passé récent ou le futur proche dans le passé :

> Je venais de rentrer quand le téléphone a sonné.

> Il allait prendre l'avion le lendemain.

b) Une action (ou un état) commencée antérieurement et qui se continue à un certain moment du passé :

– soit lorsqu'on indique le début de l'action :

> Elle dormait *depuis* la veille au soir quand nous l'avons finalement réveillée.

– soit lorsqu'on indique la durée :

> Il neigeait *depuis* plusieurs heures, mais nous avons quand même décidé de sortir.

> *Il y avait* des mois *qu'*il faisait des recherches lorsqu'il a fait sa découverte.

> *Cela faisait* quelques minutes *que* je parcourais le journal quand mon train est arrivé.

c) Enfin, de même que l'on peut employer le *présent de narration* dans un récit au passé pour rendre ce récit plus vivant, il existe un emploi de l'imparfait (l'imparfait « pittoresque ») pour exprimer un seul fait qui a eu lieu à un moment précis du passé : l'imparfait est substitué au passé composé auquel on s'attend pour attirer l'attention sur l'action racontée :

> Je me suis dépêché : j'ai pris un taxi, j'ai acheté mon billet à l'aéroport, je suis monté dans l'avion. À six heures, j'**arrivais** à Toronto.

 DISTINCTIONS

Les mots **fois**, **temps**, **heure** et **moment** correspondent dans certains de leurs emplois au mot anglais *time*. Voici comment les utiliser.

A. Fois

Le mot **fois** s'emploie pour indiquer la fréquence d'une répétition.

1. Précédé d'un nombre :

une fois, deux fois, cent fois, la première fois, la seconde fois

> Ce magazine paraît quatre fois par an.

> C'est la troisième fois que j'ai un accident d'automobile.

2. Précédé d'un adjectif démonstratif ou indéfini :

cette fois-ci (-là), chaque fois, plusieurs fois

> Cette fois-ci, je ne te prête plus ma voiture.

> J'ai relu l'article plusieurs fois.

> Chaque fois que je la croisais dans la rue, elle me souriait.

3. Dans certaines expressions comme :

- **à la fois** = simultanément

> Il travaille sur plusieurs articles à la fois.

- **il y avait une fois**, **il était une fois** (au début d'un conte) :

    Il y avait une fois une princesse qui vivait...

4. Comme composante des adverbes **autrefois** et **quelquefois (parfois)** :

    Je fais quelquefois des mots croisés.

    Autrefois il était reporter, puis il est devenu rédacteur en chef.

B. Temps

1. La durée :
   - **avoir, donner, laisser, prendre le temps de** + *infinitif* :

       Je n'ai pas le temps de lire les journaux.

       Prenez le temps de vous détendre.

   - **passer le (son) temps, perdre du (son) temps à** + *infinitif* :

       Il passe tout son temps à travailler.

       Nous avons passé notre temps à réparer la radio.

   - **gagner / perdre du (son) temps** :

       Elle a perdu beaucoup de temps pendant ses études, car elle ne savait pas vers quoi s'orienter.

       L'ordinateur permet de gagner du temps.

   - **pendant ce temps, la plupart du temps, tout ce temps** :

       J'ai préparé le repas tout seul. Où étais-tu tout ce temps ?

2. Le moment ou l'époque :
   - **en ce temps-là, au temps de** :

       Au temps des pionniers, la vie était difficile.

       En ce temps-là, il n'y avait pas d'électricité.

   En ce temps-là est synonyme de **à cette époque**.

   - **de temps en temps, de temps à autre** :

       Il m'arrive de temps en temps d'aller au théâtre.

   - **en même temps (que)** :

       Ils parlaient tous en même temps et je ne comprenais rien à ce qu'ils disaient.

   En même temps est synonyme de **à la fois** dans cet emploi.

L'expression peut aussi avoir le sens de **par la même occasion** :

> Je suis allé chez Hélène et j'en ai profité en même temps pour passer chez le marchand de journaux.

On peut aussi l'employer avec **que** :

> Elle s'est inscrite à l'université en même temps que moi.

C. Moment

Moment désigne une durée relativement courte.

1. Au même moment, en ce moment, à ce moment-là :

- **au même moment** a un sens analogue à **en même temps** mais s'emploie pour une durée plus courte, un instant :

> J'ai fermé les yeux et, au même moment, le téléphone a sonné.

- **en ce moment** = maintenant :

> En ce moment, je suis des cours du soir.

- **à ce moment-là** = en ce temps-là :

> J'ai rencontré Henri il y a trois ans; à ce moment-là, il s'occupait de politique.

2. Au moment de + *nom* ou *infinitif*, **au moment où** + *subordonnée à l'indicatif* :

> Le suspect prétend qu'il était chez lui au moment du crime.

> Elle a eu un malaise au moment de partir.

> J'allais sortir au moment où tu as téléphoné.

D. Heure

1. Quelle heure est-il ?

2. Être, arriver, commencer, etc. à l'heure :

À l'heure s'emploie lorsqu'on évoque un moment précis où il est convenu ou habituel que quelque chose se passe :

> La politesse exige que l'on arrive à l'heure à ses rendez-vous.

Il ne faut pas confondre avec **à temps** qui a le sens de *suffisamment tôt* ou *pas trop tard* :

> Le médecin est arrivé juste à temps pour sauver le blessé.

Cette distinction vaut également pour les expressions **il (c') est l'heure de** et **il est temps de** :

C'est l'heure d'aller dormir, les enfants.

Il est temps d'aller dormir si vous voulez vous lever tôt demain.

Exercices

I. *Le passé composé*

A. Mettez les verbes des phrases suivantes au passé composé.

1. Le journaliste rédige son article.
2. Les journaux à gros tirage influencent l'opinion publique.
3. Nous écrivons une lettre ouverte au journal local.
4. Tu ne rends pas ses magazines à Pierre.
5. Je prends un abonnement à une revue scientifique.
6. La presse avertit le public de la menace de pollution croissante.
7. Les journaux mettent le public au courant des scandales politiques.
8. Que dit le critique dans le compte rendu de cette représentation théâtrale ?
9. Je parcours l'éditorial en vitesse.
10. Grâce à cette série de reportages exceptionnels, les ventes du journal augmentent considérablement.
11. Je crois à l'honnêteté de la plupart des journalistes.
12. Ce reportage divulgue des secrets militaires.
13. J'apprends beaucoup en lisant cette revue.
14. Elle sort acheter un magazine au kiosque à journaux.
15. Le correspondant permanent à Washington mène une enquête sur cette question.
16. Elle fait des recherches avant de rédiger son article.
17. Nous réunissons une documentation importante pour préparer cet article de vulgarisation.
18. Suis-tu l'actualité sportive ?
19. Le reporter recueille des témoignages.
20. Lisez-vous la critique du dernier film de Fellini ?

B. Auxiliaire *avoir* ou *être* ? Mettez les verbes des phrases suivantes au passé composé.

1. Ce critique d'art devient ennuyeux.
2. Je passe chez le marchand de journaux.
3. Ma sœur sort ses vieilles revues.

4. L'envoyé spécial arrive à Bagdad.

5. Je descends ma collection de magazines au sous-sol.

6. Mon père me passe la page des sports.

7. Il monte me voir dans ma chambre.

8. La pile de journaux tombe à terre.

9. Il sort du bureau à cinq heures.

10. Je retourne à la bibliothèque.

C. Mettez chacun des verbes au passé composé et dites s'il s'agit d'un fait :

    a) associé à un moment précis ;

    b) associé à une durée limitée ;

    c) répété un nombre de fois précis ou au cours d'une période limitée.

1. Le reporter (mener) _____ une enquête pendant un mois sur les mobiles de ce crime. Il (interroger) _____ plusieurs témoins, il (interviewer) _____ l'inspecteur de police et il (consulter) _____ les dossiers des suspects.

2. Je (apprendre) _____ la nouvelle ce matin quand je (ouvrir) _____ le journal.

3. Je (suivre) _____ longtemps l'actualité politique; puis, je _____ (partir) vivre à l'étranger et je (cesser) _____ de me tenir au courant.

4. Je (relire) _____ cet article trois fois et je (finir) _____ par le comprendre.

5. Elle (prendre) _____ un abonnement au journal régional, mais elle (décider) _____ de l'annuler quand elle (déménager) _____ en Colombie-Britannique.

6. Il (acheter) _____ le journal tous les jours pendant deux mois.

7. Je (vouloir) _____ devenir journaliste, puis je (penser) _____ devenir écrivain. Finalement, je (trouver) _____ ma voie : je (rencontrer) _____ un photographe de presse qui me (impressionner) _____ beaucoup; c'est alors que je (savoir) _____ vers quelle profession me diriger.

8. Les sondages (influencer) _____ les résultats des dernières élections.

II. L'imparfait

A. Mettez les verbes entre parenthèses à l'imparfait.

1. Est-ce qu'il (neiger) _____ quand tu es parti de Vancouver ?

2. Je (ne pas savoir) _____ ce qu'il (falloir) _____ faire.

3. Nous (vivre) _____ en Suisse à cette époque.

4. Ce (être) _____ ma sœur qui (conduire) _____ quand nous avons eu l'accident.

5. Chaque fois qu'il (boire) _____ il (devenir) _____ irascible.

6. Comme il (pleuvoir) _____ et que nous (ne pas avoir) _____ envie de sortir, nous avons joué aux échecs.

7. Nous (prendre) _____ parfois le café avec le professeur après le cours.

8. Je (vouloir) _____ venir vous voir plus tôt, mais je (devoir) _____ terminer plusieurs travaux.

9. Les employés (finir) _____ à cinq heures, mais le patron (rester) _____ dans son bureau jusqu'à six heures.

10. Est-ce que vous (ne pas vendre) _____ des magazines français autrefois ?

B. Remplacez *hier* par *autrefois* et mettez les verbes à l'imparfait pour indiquer la répétition.

1. Hier, nous avons fini de travailler à trois heures.

2. Hier, elle a lu le journal de la première à la dernière page.

3. Hier, j'ai jeté un coup d'œil à la rubrique des sports.

4. Mes parents ont acheté *Le Nouvel Observateur* hier.

5. As-tu dîné au restaurant hier ?

6. Hier, j'ai nagé seulement dix minutes.

7. Hier, ma sœur est restée à la bibliothèque jusqu'à onze heures du soir.

8. As-tu pris l'autobus hier pour aller à l'université ?

9. Vous êtes arrivés à l'heure hier.

10. Hier, j'ai pris mon petit déjeuner à six heures du matin.

C. Mettez les verbes au temps du passé (passé composé ou imparfait) qui convient.

1. Nous (aller) _____ sortir quand tu (arriver) _____.

2. Je (attendre) _____ Henri depuis une demi-heure quand sa mère (téléphoner) _____ pour me dire qu'il (être) _____ malade.

3. Quel temps (faire) _____ il quand tu (atterrir) _____ à New York ?

4. Autrefois, le journal local ne (paraître) _____ que deux fois par semaine; il (commencer) _____ à paraître tous les jours il y a seulement deux ans.

5. On (venir) _____ de publier une interview de cet écrivain âgé quand il (mourir) _____.

6. Il (publier) _____ un article dans lequel il (dénoncer) _____ l'incapacité du gouvernement de réduire le chômage.

7. Il y (avoir) _____ un an qu'elle (chercher) _____ du travail comme journaliste quand on lui (offrir) _____ finalement un poste.

8. Je (admirer) _____ cet éditorialiste parce qu'il (ne pas hésiter) _____ à dévoiler les scandales politiques.

D. Mettez les verbes de ce texte au temps du passé qui convient.

Samedi dernier, il (pleuvoir) _____. Je (ne pas avoir) _____ envie de me lever et je (rester) _____ au lit toute la matinée. Ma sœur, qui (être) _____ debout depuis huit heures, (venir) _____ voir si je (être) _____ malade. Je (profiter) _____ de l'occasion et je lui (demander) _____ de m'apporter un café et le journal. Comme elle (être) _____ de bonne humeur, elle (accepter) _____. Je (lire) _____ le journal pendant une heure ; il (ne pas y avoir) _____ de nouvelles bien intéressantes, mais un long article sur la Chine (attirer) _____ mon attention. L'auteur de cet article (raconter) _____ son voyage à Pékin et (décrire) _____ la ville et ses habitants.

À midi, je (sortir) _____ du lit, je (prendre) _____ ma douche, je (mettre) _____ mes vêtements et je (aller) _____ au restaurant du coin. Comme tous les samedis, je (retrouver) _____ plusieurs copains du voisinage qui (manger) _____ et (discuter) _____. D'habitude, nous (parler) _____ des derniers résultats sportifs et de ce que nous (aller) _____ faire le soir, mais ce jour-là, quand je (entrer) _____, la conversation (sembler) _____ beaucoup plus sérieuse. Ils me (apprendre) _____ que notre ami Jean-Pierre (être) _____ gravement malade et qu'on le (garder) _____ à l'hôpital. Paul (avoir) _____ l'idée d'aller lui rendre visite et nous (trouver) _____ son idée excellente. Je (téléphoner) _____ à l'hôpital pour demander quelles (être) _____ les heures de visite : comme nous (ne pas pouvoir) _____ le voir avant trois heures, nous (rester) _____ au restaurant jusqu'à deux heures, puis nous (partir) _____. Nous (passer) _____ par une librairie pour lui acheter des magazines et des livres de poche. Quand nous (demander) _____ le numéro de sa chambre à l'infirmière de garde, elle nous (dire) _____ que nous (ne pas pouvoir) _____ le voir parce qu'il (aller) _____ être opéré une heure plus tard. Alors, nous (rentrer) _____ chacun chez nous : nous (ne plus avoir) _____ envie de sortir ce soir-là. Pour ma part, je (dîner) _____ à la maison avec ma sœur et mes parents et je (passer) _____ la soirée à regarder la télévision avec eux.

III. Distinctions

Remplacez les tirets par les expressions suivantes :

gagner du temps	à l'heure
au même moment	à la fois
en ce temps-là	en ce moment
passer le temps	autrefois
la première fois	prendre du temps
de temps en temps	pendant ce temps

1. Ce journaliste écrit des articles _____ amusants et brillants.

2. Moi, je suis des cours du soir. Et toi, qu'est-ce que tu fais _____ ?

3. Je ne me tiens pas beaucoup au courant de l'actualité, mais j'ouvre un journal _____.

4. Elle est très ponctuelle d'habitude ; je suis sûr qu'elle va arriver _____.

5. Je parlais au téléphone avec un ami et, _____, le rôti a brûlé.

6. _____ il était idéaliste, mais la vie a fait de lui un cynique.

7. Si nous y allons en avion plutôt qu'en train, ça nous permettra de _____.

8. Quand je l'ai rencontré pour _____ il m'a semblé sympathique, et j'ai voulu mieux le connaître.

9. Sois patient si tu veux apprendre le chinois parce que ça va _____.

10. Avant la guerre, il était bûcheron. _____, on abattait encore les arbres à la hache.

11. En t'attendant, j'ai regardé des magazines pour_____.

12. Elle est entrée et, _____, le chien a sauté sur elle.

Informer ou faire peur ?

*Tireur embusqué, rage au volant, enlèvements, drogue...
Les histoires qui font peur sont aux médias
d'information ce que la caféine est au café : un
ingrédient clé qui stimule les neurones... et qui fidélise la
clientèle. Mais comme c'est le cas pour la caféine, les
excès sont-ils nocifs ?*

Aux États-Unis, la grippe fait chaque année autant de victimes que les meurtres. Environ 20 000 personnes succombent à chacun de ces fléaux.

Pourtant, l'attention que les médias leur porte est extrêmement différente. Pouvez-vous imaginer un spécial « grippe » sur CNN, avec médecins invités et familles des victimes ? À la une[1] du *New York Times* : « Week-end meurtrier : la grippe fait cinq morts » ? La grippe laisse indifférent, alors que les meurtres — horribles, imprévisibles, impardonnables — font peur.

« Depuis toujours, faire peur aux gens est la meilleure façon de capter leur attention, affirme Barry Glassner, auteur du livre *The Culture of Fear : Why Americans are Afraid of the Wrong Things*, un ouvrage sur le phénomène des peurs dans les médias. En soi, il est tout à fait normal que les médias parlent de ce qui nous fait peur. Le problème survient lorsqu'ils abusent de cette peur, et lorsqu'ils la créent, bien souvent sans s'en rendre compte. »

Un des exemples favoris de M. Glassner est l'importance de la couverture médiatique réservée aux homicides. Durant les années 1990, le taux d'homicide a baissé de 20 % aux États-Unis. Mais au cours de cette période, le nombre de reportages sur des meurtres diffusés aux bulletins de nouvelles des grandes chaînes a bondi de 600 %. « Résultat : dans les sondages, les gens sont persuadés que les meurtres sont plus nombreux qu'avant, dit-il. Cette distorsion de la réalité influence tout, des choix politiques jusqu'à l'économie. »

Les seins meurtriers

Autre sujet controversé : les implants mammaires en silicone. Selon les spécialistes, ils ne sont pas dangereux. Le *Journal of the National Cancer Institute* a passé en revue plus de 100 études sur leur prétendue toxicité, et en est arrivé à la conclusion qu'il n'y avait aucun lien entre les implants mammaires et le cancer du sein. Dans cette foulée, le *Journal of the American Medical Association* a affirmé que c'était plutôt les habitudes de vie des femmes qui portent des implants qui causaient problème. En effet, ces dernières ont tendance à boire plus, à utiliser plus de teinture pour cheveux et à prendre la pilule anticonceptionnelle davantage que les autres femmes.

Mais ces conclusions n'ont pas fait les manchettes. « Le problème, c'est que les nouvelles qui font peur se retrouvent en une, mais que les nouvelles qui dégonflent le ballon de la peur sont placées au fond des journaux, explique M. Glassner. Résultat : les gens ont des peurs irrationnelles, qui sont déconnectées des dangers réels qui les entourent. »

Sujets futiles

D'où vient le problème ? M. Glassner montre du doigt un certain laxisme chez les journalistes, qui n'ont pas le temps ou l'énergie requis pour fouiller autre chose que les petits bobos du quotidien. « Il est infiniment plus simple de parler de la rage au volant que de commencer à vous poser des questions sur le fait que des millions d'Américains n'ont aucune assurance médicale, ou pourquoi des millions d'enfants arrivent à l'école le ventre vide. »

Cette situation fait l'affaire de bien du monde[2], à commencer par les politiciens, soutient-il. « Les politiciens, c'est bien connu, adorent commenter les choses sans importance : ce n'est pas dangereux, et ça ne leur coûte pas de vote. Récemment, aux États-Unis, les médias ont beaucoup parlé d'enlèvements. Alors vous aviez Bush qui prenait un air attristé et qui disait qu'il dénonçait les enlèvements et qu'il allait s'attaquer au problème. Sauf qu'une semaine après, tout le monde a déjà oublié... »

Canadiens mieux informés

Au Canada, la population est mieux informée que chez nos voisins du sud au sujet des crimes. Une étude sur le sujet publiée l'an dernier par Statistique Canada signale qu'après 10 ans de décroissance du taux d'homicide, les Canadiens sont de plus en plus nombreux à affirmer que la criminalité est en baisse.

Mais Julian Roberts, professeur au département de criminologie de l'Université d'Ottawa, et auteur de l'étude, croit que la lentille des médias continue de déformer notre vision de la société. « Durant nos recherches, nous avons demandé aux gens de nous nommer les principaux crimes commis au Canada, dit-il. Les réponses étaient effrayantes : meurtres, viols, attaques à main armée... Dans les faits, ces crimes sont rares, si on compare leur nombre à la quantité de vols dans les maisons et de vols à l'étalage. De telles réponses ne sont pas étonnantes. Les gens tirent 90 % de leurs informations des médias. Et dans les médias, on ne parle pas des vols dans les maisons. »

Mettre en perspective

« Les journaux sont incapables apparemment de faire la distinction entre un accident de bicyclette et le déclin d'une civilisation », a un jour écrit l'auteur Georges Bernard Shaw. Cette maxime est encore trop souvent vérifiable de nos jours, disent les experts. D'ailleurs ce n'est pas tant le sensationnalisme que l'absence de perspective qui les agace. Il faudrait que les médias aient plus souvent le réflexe de situer une nouvelle dans un contexte général, plutôt que de la balancer telle quelle aux yeux du monde[3], disent-ils.

« Je ne blâme pas les journalistes, explique M. Roberts. C'est correct de parler d'un accident, mais c'est aussi correct de rappeler aux gens que les accidents sont en baisse. Les médias - de peur de minimiser leur nouvelle- le font rarement. »

C'est la façon dont les journalistes travaillent qu'il faudrait revoir, croit Barry Glassner. « Les journalistes observent les événements autour d'eux, puis essayent de tirer des conclusions et d'identifier des nouveaux problèmes de la société, dit-il. C'est un jeu risqué. Pourquoi constamment chercher de nouveaux problèmes - de nouvelles peurs ? Ils devraient plutôt se pencher sur ceux qu'on connaît déjà mais qui ne se règlent pas. »

Nicholas Bérubé — *La Presse*

_____

1. **la une** : la première page d'un journal.
2. **fait l'affaire de bien du monde** : présente des avantages pour beaucoup de gens.
3. **la balancer telle quelle aux yeux du monde** : communiquer au public cette nouvelle à l'état brut.

Compréhension du texte

1. Quel est l'avantage que représentent pour les médias les « histoires qui font peur » ?

2. De quel point de vue la grippe mérite-t-elle autant l'attention des médias que les meurtres ? Pourquoi la grippe laisse-t-elle les médias indifférents ?

3. Qu'est-ce qui est normal selon Barry Glassner et quand y a-t-il un problème ?

4. Qu'est-ce qui fait apparaître l'écart entre la réalité et l'image que les médias en donnent ?

5. Y a-t-il un rapport entre les implants mammaires et le cancer du sein selon les scientifiques ? Pourquoi ces conclusions sont-elles mal connues du public ?

6. En quoi consiste le laxisme des journalistes ?

7. Comment les politiciens profitent-ils de cette situation ?

8. Qu'est-ce qui semble indiquer que les Canadiens ont également une vision déformée de la réalité ? Quelle en est la cause ?

9. Qu'est-ce qui agace particulièrement les experts ? Donnez-en un exemple.

10. Que font actuellement les journalistes selon Barry Glassner et qu'est-ce qu'ils devraient faire au lieu de cela ?

Questions d'ensemble

1. Résumez les reproches qui sont adressés aux médias et aux journalistes. Pensez-vous que ces reproches soient justifiés ?

2. Qu'est-ce qu'il serait souhaitable que les médias fassent pour corriger cette situation selon l'article ?

3. Trouvez d'autres exemples de déformation de la réalité par les médias.

4. La responsabilité de cette situation revient-elle aux médias ou au public selon vous ?

VOCABULAIRE

LA PRESSE ÉCRITE

1. Les journalistes s'informent

une agence d'informations
consulter un document, un dossier (*file*), un expert
se documenter sur un sujet   **réunir une documentation sur** qqch.
mener une enquête = faire, effectuer des **recherches** (f.)
examiner, **étudier** une question, un problème
fouiller (chercher) dans les **archives** (f.)
interroger un témoin (*witness*)   **recueillir des témoignages** (m.)
interviewer   demander **une entrevue**
faire **un sondage d'opinion** (*poll*)

2. La presse communique des informations

alerter   annoncer   avertir (*to warn*)
publier un communiqué = une déclaration officielle
dévoiler un scandale   **divulguer** un secret
diffuser (*to broadcast*)   donner une grande **diffusion** à qqch.
exposer au grand jour = mettre en plein jour
influencer l'opinion publique   **commenter** un événement
mettre le public **au courant** de qqch. = informer
rédiger un article = écrire   la **rédaction** d'un texte
rendre publiques des informations (f. pl.)
rejoindre (*to reach*) un grand nombre de lecteurs
vulgariser = **répandre** (*to spread*) des connaissances (f. pl.) =
   mettre des connaissances **à la portée** du grand public

3. Publications périodiques

un journal d'opinion, d'information, humoristique, populaire, etc.
un journal **à grand tirage** (*circulation*)
un magazine   un magazine illustré
une revue scientifique, médicale, littéraire
un quotidien   ⎱
un hebdomadaire   **paraît** (est publié)   ⎰ chaque jour
un mensuel   ⎰   chaque semaine
   chaque mois
la presse locale, régionale, nationale

4. Contenu

un article de fond (*leading article*)
la chronique (*column*) littéraire, financière, etc.
un compte rendu (*report*)   le compte rendu d'un livre (*review*)
la critique musicale, artistique
un éditorial
les faits divers (m.) = accidents, crimes, etc.
une nouvelle (*a piece of news*)   les nouvelles (*news*)
un reportage (*report or set of articles on a topical subject*)

5. Les journalistes

chroniqueur(-euse)   **le critique** (m.)   **éditorialiste** (m./f.)
correspondant(e) permanent(e) ≠ **envoyé(e) spécial(e)**
photographe de presse (m./f.)   **reporter** (m.)
directeur(-trice) du journal   **rédacteur(-trice) en chef** (*editor*)

6. Lire la presse

s'informer   **se tenir au courant** des événements (m. pl.)
suivre l'actualité (f.) politique, sportive
être **abonné(e)** à un journal   **prendre, souscrire un abonnement à**
acheter un magazine au **kiosque à journaux**, chez le **marchand de journaux**

lire en diagonale = lecture rapide, distraite
feuilleter = tourner les pages au hasard
parcourir (*to skim through*) un journal, un article

se plonger dans le journal = être **absorbé(e)** dans sa lecture
lire **de A à Z, de bout en bout, d'un bout à l'autre, de la première à la dernière page**

Exercices

A. Complétez la phrase à l'aide d'un substantif qui correspond à l'un des verbes de la liste suivante :

divulguer, vulgariser, diffuser, témoigner (s')abonner, sonder

1. As-tu vu les résultats du dernier _____ d'opinion sur la popularité des candidats aux prochaines élections ?

2. La presse a donné une grande _____ à la disparition mystérieuse de cet écrivain célèbre.

3. La _____ de ces secrets militaires constitue une menace à la sécurité de l'État.

4. Tu devrais souscrire un _____ à ce magazine : il mérite d'être lu régulièrement.

5. Le reporter a recueilli les _____ des survivants de la catastrophe aérienne.

6. Les revues de _____ scientifique mettent à la portée du grand public les découvertes les plus récentes.

B. Employez les mots (ou expressions) suivant(e)s dans de courtes phrases pour illustrer leur différence :

un journal	et	une revue
un rapport	et	un reportage
un critique	et	la critique
mettre au courant	et	se tenir au courant
lire en diagonale	et	lire de bout en bout

C. Complétez la phrase à l'aide du participe passé de l'un des verbes ci-dessous :

paraître, feuilleter, rédiger, influencer, interroger, dévoiler

1. Le reporter a _____ les témoins de l'attentat terroriste.

2. Plusieurs scandales politiques ont récemment été _____ par la presse.

3. As-tu lu l'article sur l'ouverture de la nouvelle école qui a _____ hier dans le journal local ?

4. Ce compte rendu est bien mal écrit : on sent qu'il a été _____ à la hâte.

5. On prétend que les derniers sondages ont _____ les intentions de vote des électeurs.

6. En attendant mon tour chez le dentiste, j'ai _____ plusieurs magazines en jetant un coup d'œil aux illustrations.

D. Comment s'appelle...

1. quelqu'un qui reçoit régulièrement un journal à domicile ?

2. la partie d'un journal consacrée à un sujet particulier (littéraire, politique, etc.) ?

3. la quantité totale des exemplaires d'un journal ?

4. l'ensemble des incidents qui se sont déroulés dans une journée et qui sont relatés dans un journal d'information ?

5. un reporter chargé d'envoyer des nouvelles d'un endroit éloigné où il se trouve de façon temporaire ?

Conversations, exposés, compositions

1. Quel est le journal, le magazine ou la revue que vous lisez le plus fréquemment ? Dites quels sont les mérites de ce périodique, pourquoi il vous intéresse, en quoi vous le trouvez supérieur à d'autres.

2. Quel est le rôle de la presse dans notre société ?

3. Préférez-vous suivre l'actualité en regardant la télévision ou en lisant la presse ?

4. La presse est-elle objective, en général, selon vous ? Est-ce qu'elle doit l'être ?

5. Préférez-vous un article écrit d'un point de vue neutre ou un article dans lequel le journaliste prend position et exprime ses opinions sur le sujet ? Quels sont les avantages et les inconvénients de chacune de ces approches ?

6. Relatez un fait divers (accident, crime, etc.) en employant l'imparfait et le passé composé.

7. Faites le compte rendu d'un film que vous avez vu récemment. Dites ce qui vous a plu ou déplu. Employez l'imparfait et le passé composé.

CHAPITRE 3

GRAMMAIRE

I. LE PASSÉ SIMPLE
  A. Formes
  B. Emplois

II. LE PLUS-QUE-PARFAIT
  A. Formes
  B. Emplois

III. LE PASSÉ ANTÉRIEUR ET LE PASSÉ SURCOMPOSÉ
  A. Formes
  B. Emplois

IV. CONSTRUCTIONS, DISTINCTIONS
  A. **Après** + *infinitif passé*
  B. Verbes + **à** ou **de** + *infinitif*

LECTURE

« Chez Pixar, nous sommes tous des enfants » (John Lasseter)

VOCABULAIRE

Télévision, cinéma, théâtre

Conversations, exposés, compositions

GRAMMAIRE

I LE PASSÉ SIMPLE

A. Formes

1. Verbes réguliers

Au *radical de l'infinitif* des verbes réguliers, on ajoute les terminaisons suivantes :

a) Verbes en **-er**[1]

-ai	je parl**ai**
-as	tu chant**as**
-a	il, elle, on étudi**a**
-âmes	nous ni**âmes**
-âtes	vous déclar**âtes**
-èrent	ils, elles discut**èrent**

b) Verbes en **-ir** et **-re**

-is	je réfléch**is**	je répond**is**
-is	tu ag**is**	tu perd**is**
-it	il, elle, on obé**it**	il, elle, on rend**it**
-îmes	nous chois**îmes**	nous défend**îmes**
-îtes	vous fin**îtes**	vous descend**îtes**
-irent	ils, elles réuss**irent**	ils, elles vend**irent**

---

1. **Les verbes en -cer** et **ger** : devant les terminaisons qui commencent par **a** (toutes, sauf 3e personne du pluriel), **c** devient **ç** et **g** est suivi de **e** : **il commença**, mais **ils commencèrent**, **je mangeai**, *mais* **ils mangèrent**.

2. Verbes irréguliers

a) Avoir et être

avoir	être
j'**eus**	je **fus**
tu **eus**	tu **fus**
il, elle, on **eut**	il, elle, on **fut**
nous **eûmes**	nous **fûmes**
vous **eûtes**	vous **fûtes**
ils, elles **eurent**	ils, elles **furent**

b) Les verbes **tenir**, **venir** et leurs composés (appartenir, devenir)

Leurs terminaisons ont **in** à toutes les personnes :

terminaisons	tenir	venir
-ins	je **tins**	je **vins**
-ins	tu **tins**	tu **vins**
-int	il, elle, on **tint**	il, elle, on **vint**
-înmes	nous **tînmes**	nous **vînmes**
-întes	vous **tîntes**	vous **vîntes**
-inrent	ils, elles **tinrent**	ils, elles **vinrent**

c) Les autres verbes irréguliers

Leurs terminaisons ont soit un **i**, soit un **u** à toutes les personnes :

* Terminaisons en **i** :

terminaisons	infinitif		passé simple
is	faire	→	je **fis**
is	prendre	→	tu **pris**
it	mettre	→	il, elle, on **mit**
îmes	dire	→	nous **dîmes**
-îtes	voir	→	vous **vîtes**
irent	suivre	→	ils, elles suiv**irent**

Autres verbes :

conduire : il conduisit, *écrire* : il écrivit, *ouvrir* : il ouvrit, *partir* : il partit, *rire* : il rit, *sortir* : il sortit

- Terminaisons en **u** :

terminaisons	infinitif		passé simple
-us	vouloir	→	je voul**us**
-us	pouvoir	→	tu p**us**
-ut	savoir	→	il, elle, on s**ut**
-ûmes	devoir	→	nous d**ûmes**
-ûtes	croire	→	vous cr**ûtes**
-urent	connaître	→	ils conn**urent**

Autres verbes :
boire : il but, *courir* : il courut, *plaire* : il plut, *pleuvoir* : il plut,
falloir : il fallut, *vivre* : il vécut, *mourir* : il mourut

B. Emplois

Le passé simple est le temps du récit des événements passés. Dans l'usage moderne, il a pratiquement disparu de la langue parlée, mais il continue à s'employer dans la *langue écrite soutenue* : récits historiques, textes littéraires et aussi journalistiques. Dans la langue courante, parlée et écrite, il est remplacé par le passé composé.

Le passé simple s'emploie avec les mêmes valeurs que le passé composé par rapport à l'imparfait. C'est le temps qui s'emploie naturellement dans la *narration* d'événements et il faut pouvoir le reconnaître. Il donne aux événements un caractère objectif, historique, détaché du moment où l'on écrit. Par opposition à cet usage, le passé composé s'emploie pour le récit d'événements qui ont encore un rapport avec le présent.

II LE PLUS-QUE-PARFAIT

A. Formes

Le plus-que-parfait est composé de l'auxiliaire **avoir** ou **être** à l'imparfait et du participe passé du verbe.

verbes conjugués avec *avoir*	verbes conjugués avec *être*
j'avais mangé	j'étais arrivé(e)
tu avais fini	tu étais sorti(e)
il, elle, on avait entendu	il, elle, on était descendu(e)
nous avions fait	nous étions allés(es)
vous aviez voulu	vous étiez venu(s)(e)(es)
ils, elles avaient pris	ils, elles étaient nés(es)

B. Emplois

1. Le plus-que-parfait s'emploie surtout pour marquer l'*antériorité* d'une action ou d'un état par rapport à un autre fait passé. Il peut s'agir de faits isolés ou répétés.

   a) Des faits isolés

   - dans des propositions ou des phrases coordonnées ou juxtaposées :

     Mon père **avait promis** de téléphoner, mais il ne l'a pas fait.

     Le professeur **avait fait** du théâtre dans sa jeunesse. Quand nous lui avons parlé de notre projet de monter une pièce, il s'est montré enthousiaste.

     On voit d'après le second exemple que le plus-que-parfait est fréquemment employé au début d'un récit pour caractériser une situation qui sert de décor au récit.

   - dans des phrases complexes comprenant une proposition principale et une proposition subordonnée :

     J'ai reconnu cet acteur parce que je l'**avais** déjà **vu** dans d'autres films.

     Elle n'**avait** pas encore **fait** de cinéma quand on lui a proposé ce rôle.

     Nous avons assisté à une représentation de la pièce dont tu nous **avais parlé**.

   b) Des faits répétés

   On met le verbe de la proposition subordonnée au plus-que-parfait; le verbe de la proposition principale est alors à l'imparfait :

     Lorsqu'elle **avait vu** un film d'épouvante, elle faisait des cauchemars.

     Après que les enfants **étaient allés** se coucher, nous allumions la télévision.

2. On peut également employer le plus-que-parfait pour marquer que l'action était déjà terminée à un certain moment du passé :

     Hier soir, j'ai travaillé toute la soirée et à onze heures, j'**avais fini** mes devoirs.

3. On emploie le plus-que-parfait avec **depuis** (**il y avait… que, cela faisait… que**) pour une action négative commencée dans le passé qui se continue à un certain moment du passé (comparez avec l'emploi de l'imparfait dans une phrase affirmative avec **depuis** au chapitre 2) :

> Elle n'**avait** pas **fait** de cinéma **depuis** deux ans quand on l'a choisie pour être la vedette de ce film.

> **Il y avait** deux mois **que** je n'avais pas regardé la télévision quand j'ai vu ce film chez des amis.

> Je suis allé voir un film de Truffaut la semaine dernière; **cela faisait** dix ans **que** je n'en **avais** pas **vu**.

III LE PASSÉ ANTÉRIEUR ET LE PASSÉ SURCOMPOSÉ

A. Formes

1. Le **passé antérieur** est formé du *passé simple* de l'auxiliaire *avoir* ou *être*, suivi du participe passé du verbe.

verbes conjugués avec *avoir*	verbes conjugués avec *être*
j'**eus** mangé	je **fus** parti(e)
tu **eus** fini	tu **fus** entré(e)
il, elle, on **eut** vendu	il, elle, on **fut** descendu(e)
nous **eûmes** écrit	nous **fûmes** restés(es)
vous **eûtes** vu	vous **fûtes** venu(s)(e)(es)
ils, elles **eurent** fait	ils, elles **furent** sortis(es)

2. Le **passé surcomposé** est formé du *passé composé* de l'auxiliaire *avoir* ou *être*, suivi du participe passé du verbe. Il comprend donc *deux* participes passés.

verbes conjugués avec *avoir*	verbes conjugués avec *être*
j'**ai eu** mangé	j'**ai été** parti(e)
tu **as eu** fini	tu **as été** rentré(e)
il, elle, on **a eu** vendu	il, elle, on **a été** descendu(e)
nous **avons eu** pris	nous **avons été** montés(es)
vous **avez eu** connu	vous **avez été** allé(s)(e)(es)
ils, elles **ont eu** couru	ils, elles **ont été** arrivés(es)

B. Emplois

1. Le passé antérieur et le passé surcomposé s'emploient dans une proposition subordonnée commençant par une conjonction de temps (**quand**, **lorsque**, **dès que**, **aussitôt que**, **après que**) pour marquer l'antériorité par rapport à l'action passée dénotée par le verbe de la proposition principale.

Le passé antérieur, comme le passé simple, appartient à la langue écrite soutenue; il est remplacé dans la langue courante par le passé surcomposé :

- langue soutenue :

  Quand il **eut fini** d'écrire ce scénario, il **prit** sa retraite.
  passé antérieur   *passé simple*

- langue courante :

  Quand il **a eu fini** d'écrire ce scénario, il **a pris** sa retraite.
  passé surcomposé   *passé composé*

Ces deux temps marquent aussi l'antériorité dans une proposition principale commençant par **à peine (...) que** :

  À peine fut-elle entrée en scène que les spectateurs applaudirent.

2. Cet emploi du passé antérieur et du passé surcomposé correspond à des actions uniques, isolées. Par opposition, le plus-que-parfait (en conjonction avec l'imparfait) marque la répétition, comme il a été noté plus haut :

- actions isolées :

  Dès qu'il $\left\{ \begin{array}{l} \text{eut} \\ \text{a eu} \end{array} \right\}$ éteint la télé, il $\left\{ \begin{array}{l} \text{se coucha.} \\ \text{s'est couché.} \end{array} \right.$

- actions répétées :

  Dès qu'il avait éteint la télévision, il se couchait.

3. Le passé surcomposé est lui-même fréquemment remplacé par le passé composé, en particulier après les conjonctions **dès que**, **aussitôt que**, **après que**, lesquelles marquent par elles-mêmes l'antériorité. Ainsi, on dira soit :

  Après qu'il a eu mangé, il s'est senti mal.

soit :

  Après qu'il a mangé, il s'est senti mal.

Ceci est particulièrement vrai dans le cas des verbes pronominaux qu'on évite qu'il est impossible d'employer au passé surcomposé :

  Dès qu'il s'est couché, il s'est endormi.

4. Le passé antérieur et le passé surcomposé s'emploient aussi dans des propositions indépendantes ou principales où ils montrent non l'action, mais son résultat ; ils sont alors accompagnés d'un adverbe ou d'une locution adverbiale du type **vite**, **bientôt**, **en un instant**, etc.

Nous $\left\{\begin{array}{l}\text{eûmes}\\\text{avons eu}\end{array}\right\}$ vite compris de quoi il s'agissait.

Il $\left\{\begin{array}{l}\text{eut}\\\text{a eu}\end{array}\right\}$ bientôt fait de rassembler les acteurs sur la scène.

IV CONSTRUCTIONS, DISTINCTIONS

A. Après + *infinitif passé*

Lorsque le sujet d'une proposition subordonnée commençant par la conjonction **après que** est le même que le sujet de la proposition principale, on peut remplacer la conjonction par la préposition **après** et le verbe conjugué par l'infinitif passé. L'infinitif passé est formé de l'auxiliaire **avoir** ou **être** à l'infinitif et du participe passé du verbe. L'accord du participe passé s'opère selon les règles habituelles.

***Exemples* :**

Après que nous avons eu quitté le cinéma, nous sommes allés au restaurant.

→ Après **avoir quitté** le cinéma...

Après qu'il l'eut vue, il fit une critique de la pièce.

→ Après l'**avoir vue**...

B. Verbes + à ou de + *infinitif*

Ne sont présentés ici que les verbes actifs les plus fréquemment employés. Voir le chapitre 4 pour les verbes pronominaux suivis de **à** ou **de** + *infinitif*. Pour la liste de l'ensemble de ces verbes, consultez l'appendice B. Les synonymes sont regroupés.

1. Verbes + à + *infinitif*

a) Même sujet :

apprendre	Il a appris à jouer la comédie.
arriver **parvenir** **réussir**	Nous n'arrivons pas à comprendre cette pièce.
chercher	Elle cherche à donner la meilleure interprétation.
commencer	Il commença très jeune à écrire des pièces.
consentir	L'auteur a consenti à récrire certains dialogues.

continuer	Vous continuez à regarder ce feuilleton ?
hésiter	J'ai longtemps hésité à acheter une télé.
{ **penser** **songer**	As-tu jamais pensé à devenir actrice ?
tarder	Ne tardez pas à aller voir ce film.
tenir	Je tiens toujours à lire le roman avant de voir le film qui en est tiré.
travailler	Elle travaille à améliorer sa diction.
viser	Le décorateur visait à reproduire un salon du XVIIIᵉ siècle.

b) Sujets différents (l'infinitif a un sujet qui est différent du sujet du verbe principal; le sujet de l'infinitif est complément d'objet direct ou indirect du verbe principal) :

aider qqn	Il aide sa sœur à répéter son rôle.
{ **apprendre à qqn** **enseigner à qqn**	Elle enseigne à ses élèves à critiquer les films.
décider qqn	J'ai décidé mon frère à m'accompagner au théâtre.
encourager qqn	Il encourage son fils à devenir décorateur.
inviter qqn	Il a invité ses amis à aller le voir jouer dans cette pièce.

c) Particularités :

- **avoir à** + *infinitif* / **avoir** (qqch.) **à** + *infinitif* = **devoir** :

  Tu n'as pas à avoir le trac : la pièce va être un succès !

  C'est un jeune comédien et il a encore beaucoup à apprendre.

- **avoir du mal / des difficultés à** + *infinitif* :

  J'étais assis au fond et j'ai parfois eu du mal à entendre les acteurs.

- **passer du temps à / mettre du temps à** :

  La troupe a passé six semaines à répéter la pièce.

  Il a mis dix minutes à enlever son maquillage.

2. Verbes + de + *infinitif*

a) Même sujet :

accepter	il accepta de produire un documentaire.
{ **arrêter** **cesser**	Mes voisins n'ont pas cessé de parler pendant la projection.

décider	Le metteur en scène a décidé de tourner à l'extérieur.
essayer **tâcher**	Nous avons essayé de rencontrer la vedette.
éviter	Évitez de regarder les émissions banales.
finir	Ils n'ont pas encore fini de répéter.
jurer **promettre**	Elle a juré au régisseur d'être à l'heure pour la répétition.
menacer	Il a menacé son fils de le priver de télévision.
mériter	Ce film méritait de recevoir un prix.
oublier	J'ai oublié d'apporter mes lunettes au cinéma.
refuser	Il refuse de jouer des rôles de second plan.
regretter	Je regrette d'être allé voir ce film.
rêver	Nous avons tous rêvé de faire du cinéma.
risquer	Un tel film risque de faire scandale.
tenter	Il a tenté de réaliser un documentaire intelligent sur cette question controversée.

b) Sujets différents :

accuser qqn	Othello accuse Desdémone de l'avoir trompé.
charger qqn	Il a chargé son imprésario de régler les détails du contrat.
commander **ordonner à qqn**	Elle leur ordonne d'éteindre la télé à dix heures.
conseiller **recommander à qqn**	J'ai conseillé à Sylvie d'aller voir ce film.
défendre à qqn	Son père lui a défendu d'aller au cinéma.
dire à qqn	Elle a dit à sa maquilleuse de se dépêcher.
dissuader qqn	Son professeur l'a dissuadé de faire du théâtre.
empêcher qqn	Le bruit de la télé m'empêche de dormir.
féliciter qqn	On l'a félicité d'avoir si bien joué.
permettre à qqn	Il permet à sa fille de regarder les dessins animés.
prier qqn	J'ai prié la vedette de me donner son autographe.
remercier qqn	Je te remercie de m'avoir conseillé ce film.
reprocher à qqn	On reproche parfois aux acteurs d'être vaniteux.

c) Locutions idiomatiques avec **avoir** :

avoir besoin	Les acteurs ont besoin de se concentrer avant la représentation.
avoir envie	As-tu envie de voir un film ce soir ?
avoir hâte	J'ai hâte de le voir interpréter ce rôle.
avoir (de) la chance	Tu as de la chance d'avoir du talent.
avoir l'air	Ce genre de films a l'air de plaire au public.
avoir l'habitude	Nous avons l'habitude de regarder les nouvelles à la télé.
avoir l'intention	Elle a l'intention de devenir metteur en scène.
avoir peur	J'ai bien peur de ne pas pouvoir aller au cinéma avec toi demain soir.
avoir raison	Il a eu raison de refuser ce rôle.
avoir tort	Tu as tort de dénigrer la télévision.

Exercices

I. Le passé simple

A. Remplacez le passé simple par le passé composé.

1. Il ne comprit pas le film.
2. Nous allâmes au cinéma.
3. Les acteurs entrèrent en scène.
4. Elles firent la queue pendant une heure.
5. Il vint à la représentation avec nous.
6. Je lus plusieurs scénarios.
7. Louis Jouvet fut un grand acteur.
8. Sa femme voulut faire du théâtre.
9. Il mit son costume.
10. Nous eûmes des difficultés à rencontrer la vedette.
11. Beaucoup de romanciers écrivirent aussi des pièces de théâtre.
12. Molière vécut au XVIIᵉ siècle.
13. La pièce plut au public.
14. Ils finirent de répéter à minuit.
15. Mes parents connurent bon nombre de comédiens.
16. Il entendit les applaudissements du public.

B. Remplacez le passé composé par le passé simple.

1. Elles sont allées au cinéma.

2. Ses amis sont venus la féliciter dans sa loge.

3. Les spectateurs ont applaudi à tout rompre.

4. La pièce a fait un four.

5. Le metteur en scène a été ridiculisé par les critiques.

6. Les comédiens ont dû se résigner à l'échec de la pièce.

7. Il a fallu faire la queue pour acheter un ticket.

8. Il a fini par abandonner son rêve de devenir vedette.

9. Elles ont vu un film d'épouvante qui les a choquées.

10. Ses amis ont pu assister à la répétition générale.

C. *Emploi de l'imparfait et du passé simple.* Choisissez pour chaque verbe des phrases suivantes la forme du passé simple ou de l'imparfait qui convient.

1. Cette actrice (fut / était) très jeune quand elle (connut / connaissait) le succès.

2. Ce soir-là, ils (décidèrent / décidaient) d'aller au cinéma et (prirent / prenaient) un taxi pour ne pas être en retard, mais comme il y (eut / avait) une foule qui (attendit / attendait) sur le trottoir, ils (durent / devaient) faire la queue pendant une demi-heure avant de pouvoir entrer.

3. Quand elle (vit / voyait) pour la première fois un film de Chaplin, elle (eut / avait) quinze ans ; c'est alors qu'elle (voulut / voulait) faire carrière dans le cinéma.

4. Ils (furent / étaient) longtemps passionnés de théâtre. Ils y (allèrent / allaient) tous les samedis et (essayèrent / essayaient) de voir toutes les nouvelles pièces à l'affiche. Puis, ils (durent / devaient) quitter la grande ville et il leur (fallut / fallait) trouver d'autres distractions.

5. Ce feuilleton (passa / passait) à la télé pendant trois ans. Henri (refusa / refusait) de le regarder, car il le (trouva / trouvait) ennuyant, mais ses enfants (restèrent / restaient) rivés devant le petit écran tous les vendredis soir.

II. Le plus-que-parfait

A. Mettez les verbes entre parenthèses au plus-que-parfait.

1. Le scénario qu'il (écrire) fut rejeté.

2. Elle voulut revoir en version française le film qu'elle (voir) en version originale.

3. Les comédiens étaient furieux parce que le public les (siffler).

4. Elle (jouer) seulement des rôles de second plan quand ce metteur en scène l'a découverte.

5. Je n'ai pas voulu accompagner mes amis au théâtre : je (assister) déjà à une représentation de cette pièce qui me (décevoir).

6. Chaque fois que son fils (voir) un film d'épouvante, il lui demandait de laisser une lampe allumée dans sa chambre.

B. Mettez l'un des deux verbes au plus-que-parfait, l'autre au passé composé.

1. Je (ne pas aller) au cinéma depuis longtemps quand mes amis m'y (entraîner).

2. Le professeur nous (emmener) voir la pièce que nous (étudier) en classe.

3. Durant l'entrevue, John Ford (parler) des films qu'il (tourner) au cours de sa carrière.

4. Je (vouloir) faire un documentaire sur cette région isolée des États-Unis que je (visiter) l'année précédente.

5. Nous (aimer) le roman, mais le film qu'on en (tirer) était décevant.

6. La troupe (consacrer) beaucoup d'efforts à cette pièce d'avant-garde qui, néanmoins, (faire) un four.

III. Le passé antérieur et le passé surcomposé

A. Mettez les verbes entre parenthèses au passé antérieur ou au passé surcomposé, selon le temps du verbe de la proposition principale.

1. Quand il (finir) ses études, il décida de tenter sa chance dans le cinéma.

2. Le public se mit à siffler dès qu'il (entrer) en scène.

3. Aussitôt que nous (dîner), mes hôtes m'ont invité à regarder la télévision avec eux.

4. Après que le cinéma parlant (faire) son apparition, les films muets cessèrent d'attirer le public.

5. Lorsqu'il (lire) le scénario, le metteur en scène a proposé au scénariste d'y apporter un certain nombre de modifications.

6. Par bonheur, l'incendie ne se déclara qu'après que les spectateurs (quitter) la salle.

7. Dès que le rideau (tomber), il se leva et se précipita vers la loge de la vedette pour la féliciter.

B. Changez les temps des verbes dans les phrases suivantes pour marquer la répétition (le passé surcomposé devient un plus-que-parfait, le passé composé un imparfait).

1. Quand nous avons eu fini de répéter, nous sommes allés prendre un verre ensemble.

2. Dès qu'il a eu revêtu son costume, il est entré dans la peau de son personnage.

3. Il a envoyé ses enfants au lit après qu'ils ont eu regardé les dessins animés.

4. Lorsqu'elle a eu dîné, elle a regardé son feuilleton favori.

5. Aussitôt qu'il a eu terminé le film, il en a commencé un autre.

IV. Constructions, distinctions

A. Transformez les phrases d'après le modèle.

> *Modèle :* Pierre a regardé la télé, ensuite il est allé dormir.
> Après avoir regardé la télé, Pierre est allé dormir.

1. Ma voisine est allée au ciné-club, ensuite elle est rentrée chez elle.

2. Nous avons regardé le film, ensuite nous en avons discuté.

3. Le metteur en scène a réuni les acteurs sur le plateau, ensuite il leur a expliqué ce qu'il voulait.

4. Il a réalisé des documentaires pendant plusieurs années, ensuite il a fait des longs métrages.

5. Elle est devenue une vedette, ensuite elle a abandonné sa carrière.

6. Ils sont allés fumer une cigarette pendant l'entracte, ensuite ils ont regagné leur place.

B. Remplacez le verbe en italique par les autres verbes (ou locutions verbales) proposés en faisant tous les changements nécessaires.

1. Il *continua* à faire du théâtre.

renonça	accepta	eut envie
décida	hésita	commença

2. Il *a invité* ses amis à aller voir ce film.

a dissuadé	a décidé	a encouragé
a recommandé	a conseillé	a dit

3. Elle *essayait* d'obtenir des rôles intéressants.

cherchait	visait	avait l'intention
parvenait	méritait	avait du mal

4. Ils *empêchent* leurs enfants de regarder la télévision.

encouragent	défendent
permettent	habituent

5. Mon petit frère *refuse* de nous accompagner au théâtre.

consent	évite	a l'habitude
accepte	hésite	décide

6. Elle *apprit* à jouer la pantomime.

cessa	songea	réussit
eut peur	essaya	passa un certain temps

7. Elle *a tenté* de monter une pièce de Marguerite Duras.

| a travaillé | est parvenue | a consenti |
| a refusé | a songé | a passé six mois |

8. Le public *a appris* à apprécier les films de Goddard.

| a commencé | a mis du temps |
| a eu des difficultés | a tardé |

9. Ils *ont de la chance* de faire du cinéma.

| rêvent | tentent | ont envie |
| tiennent | cessent | décident |

« *Chez Pixar, nous sommes tous des enfants* »

Il a été élu, par le magazine américain Premiere, l'homme le plus puissant de Hollywood. Devant Spielberg, Cruise et les autres. À 47 ans, l'âme de Pixar, le père de Toy Story, de Monstres et Cie, du Monde de Nemo et, aujourd'hui, des Indestructibles, films qu'il a réalisés ou produits, transforme tout ce qu'il touche en or et en billets verts. Quand, après un passage peu enthousiasmant chez Disney, John Lasseter débarque chez Lucasfilm, la société de George Lucas, au début des années 1980, il conçoit le futur de l'animation en se consacrant aux images de synthèse.[1] Il se sent seul mais s'accroche. En 1986, Steve Jobs, le fondateur d'Apple, rachète la division ordinateurs de Lucasfilm et la baptise Pixar. John Lasseter le suit. Dix ans plus tard, le triomphe mondial de Toy Story donne raison à ses ambitions. Si Lasseter, bavard et enthousiaste, avoue être obsédé par son art, il l'est tout autant par sa philosophie du travail.

Il n'est pas exagéré de dire que Pixar, né en 1986, a révolutionné le cinéma d'animation. Comment cette aventure a-t-elle commencé ?

L'évolution du dessin animé s'est déroulée en plusieurs étapes. Lorsque Walt Disney a commencé à travailler, dans les années 1930, une seule idée le guidait : produire et réaliser des films qu'il avait envie, lui, de regarder. Soit des histoires destinées autant aux adultes qu'aux enfants. Il n'était d'ailleurs pas le seul, puisque chez Warner Bros. Chuck Jones [le créateur de Bugs Bunny et de Daffy Duck], un de mes mentors, envisageait sa carrière en s'adressant quasi exclusivement aux adultes. Tout a changé avec le formidable essor de la télévision dans les années 1960. Au départ, les dessins animés y étaient également réservés aux adultes et donc présentés le soir, comme *The Jetson* ou *La Famille Pierrafeu*.[2] Mais, rapidement, ils ont été reprogrammés pour les enfants en fin d'après-midi ou le samedi matin. L'animation ne s'est alors plus adressée qu'au jeune public. La conséquence ne s'est pas fait attendre : le genre a décliné. Quand j'ai commencé à travailler chez Disney, à la fin des années 1970, nous étions loin de l'âge d'or.

Mais, petit à petit, le genre a été revalorisé.

Pour moi, le deuxième virage s'est produit en 1977, avec La Guerre des étoiles, de George Lucas. Je me suis alors rendu compte que jamais aucun autre film n'avait tant diverti un public si divers : avec ce film, Lucas avait réussi à reconstruire le lien entre les générations. Ce fut pour moi une révélation : j'ai immédiatement voulu faire la même chose dans le cinéma d'animation. Je n'ai pas été le seul à sentir ce changement puisque, après le creux des années 1960 et 1970, sont apparus *Qui veut la peau de Roger Rabitt ?*, *La Petite Sirène*, *La Belle et la Bête* ou *Le Roi Lion*. Le genre était reparti. Nous avons ouvertement joué cette carte chez Pixar avec *Toy Story*, en 1995 : des dessins animés sans qu'aucun public soit exclu.

Mais, de Toy Story *au* Monde de Nemo, *c'est quand même bien l'enfance qui demeure le thème principal de votre travail.*

C'est vrai. Ce travail me permet de rester l'enfant que j'ai été. Adolescent, j'avais un secret : je continuais à adorer mes anciens jouets et, dès que je rentrais du lycée, je me précipitais devant la télé pour regarder les dessins animés. A l'époque, je ne l'ai avoué à personne, de peur d'être ridiculisé, mais lorsque j'ai commencé à étudier à CalArts [l'institut de Californie pour les arts] j'ai découvert avec bonheur que je n'étais pas le seul. Chez Pixar et ailleurs, nous sommes tous des enfants qui n'ont jamais vraiment grandi. Mon bureau est rempli de jouets du sol au plafond.

Entrons dans le détail de votre travail. Comment construisez-vous cet univers qui a fait votre marque de fabrique[3] ?

L'histoire est toujours au cœur de chacun de nos projets. C'est elle qui décide de tout, notamment des personnages. Mais, pour la mettre en valeur - et c'est peut-être là que réside notre différence - nous créons un monde dans lequel tous ces éléments vont se développer. Celui des *Indestructibles*, par exemple, peut être défini d'un seul mot : « cool ». Cette ambiance nous permet de propulser le récit dans la bonne direction. Nous élaborons ce que nous appelons un « scénario des couleurs » grâce auquel nous créons la palette émotionnelle du récit et qui établit un parallèle entre l'esthétique et la psychologie des personnages. Nous ne cherchons jamais à rendre l'univers de nos films réaliste, mais nous voulons qu'il soit crédible. Rien ne doit gêner le spectateur ni lui rappeler que ce qu'il voit est passé par des ordinateurs.

Mais les progrès technologiques ne vont certainement pas s'arrêter...

Sans doute. On voit mal[4] les ingénieurs déclarer : « Voilà, c'est fini, jamais une puce n'aura plus de mémoire que celle-là, jamais un ordinateur ne sera plus rapide que celui-là. » Non, bien sûr. Pour autant,[5] nous ne commençons jamais un film en nous disant : « Bon, quelle nouvelle technologie allons-nous pouvoir inventer ? » L'histoire, qui est notre point de départ, contient souvent des éléments que nous ne savons pas encore montrer à l'écran. À partir de là, nous réfléchissons à la manière d'y parvenir. C'est donc toujours le récit qui est l'élément moteur, mais la technologie nous inspire. L'art pose un défi à la technologie, et la technologie, de son côté, nourrit l'art. C'est un merveilleux mouvement de balancier.

La réputation de Pixar est d'être un studio d'animation unique en son genre. A quoi cela est-il dû ?

C'est très simple : Pixar est le seul studio dirigé par des créatifs. Partout ailleurs, ce sont des administratifs qui choisissent les projets, désignent le réalisateur et décident comment le film doit être fait. Chez nous, ce n'est pas le cas. Notre succès nous a permis de gagner notre autonomie et, du coup, aucun bureaucrate n'intervient. Ce fonctionnement est même l'un de nos principes fondateurs. Tous nos collaborateurs sont des passionnés d'animation et ne veulent rien faire d'autre. Ici, le metteur en scène est entouré d'équipes qui l'aident, le soutiennent et le critiquent quand c'est nécessaire. À Pixar, je veux travailler avec des artistes qui portent en eux une histoire et un univers. À moi de leur donner les moyens de réussir. Evidemment, un dialogue permanent est nécessaire : en tant que vice-président du département créatif, je suis là pour les protéger, mais aussi pour leur parler si quelque chose ne va pas. Pas d'ego, chez nous ! En fait, Pixar ressemble au groupe de jeunes animateurs passionnés qui s'est formé à CalArts, et dont je faisais partie : rien d'autre que l'animation ne comptait.

Vu de l'extérieur, Pixar apparaît comme un refuge pour des talents non conventionnels porteurs d'une vision personnelle de leur art.

On peut l'envisager ainsi. En ce sens, l'exemple de Brad Bird, l'auteur des *Indestructibles* [il avait réalisé *Le Géant de fer*], est très représentatif de cette façon d'être. Je l'ai connu à CalArts, en 1975, dès la première année d'études, dans un cours intitulé « L'animation de personnages » qui, depuis, est devenu incontournable pour quiconque étudie l'animation et par lequel sont passés tous les grands animateurs actuels. La passion de Brad pour son art m'a toujours impressionné. Elle ne supporte aucun compromis et seule compte la qualité du travail. Hollywood ne fonctionne pas nécessairement selon ce critère. Lorsque lui et moi avons travaillé chez Disney, à l'époque de *Rox et Rouky* [1981], je sentais Brad très frustré. Moi, je suis parti pour travailler chez Lucasfilm, et puis Pixar a été créé. J'ai toujours voulu que Brad nous y rejoigne, je savais qu'il serait là chez lui. C'est maintenant chose faite. Il n'a pas eu de bureaucrate qui regardait par-dessus son épaule. Il n'avait jamais connu cela auparavant.

Qu'est-ce qui vous motive aujourd'hui pour aller encore de l'avant ?

L'une des philosophies de Pixar est de donner à ses membres l'occasion de travailler sur des projets dont ils puissent être fiers. J'ai récemment rencontré à Sonoma, où j'habite, une famille qui m'a parlé avec beaucoup d'émotion de leur grand-mère, qui avait été l'une des coloristes de *Blanche-Neige et les sept nains*. Cela m'a beaucoup touché. J'aimerais qu'il se passe la même chose ici. Un autre aspect spécifique à Pixar, c'est d'être le seul studio à ne pas fonctionner par contrat avec nos animateurs. Je souhaite m'entourer de gens qui veulent travailler avec nous plutôt que de gens qui doivent travailler pour nous. Nos animateurs seraient probablement mieux payés ailleurs et auraient plus de loisirs, mais ils ne seraient sans doute pas aussi libres de créer. L'un des aspects de mon travail consiste à vérifier que tout ce que nous faisons atteint le plus haut niveau de qualité possible. C'est pour cela que nous cherchons systématiquement ce qui n'a jamais été fait. Cela demande plus d'investissement, mais c'est aussi infiniment plus satisfaisant.

Pensez-vous que le cinéma d'animation soit le reflet de son époque au même titre[6] que tout autre film ?

Que nous soyons artistes ou cinéastes, nous vivons dans le monde tel qu'il est aujourd'hui, nous savons tout ce qu'il s'y passe, et cela a bien sûr une influence sur la façon dont nous traitons tel ou tel sujet. Je ne pense pas que nos films soient ouvertement politiques, mais il y a toujours, dans nos histoires, un certain degré de réalité. Dans Les Indestructibles, par exemple, nous évoquons des problèmes propres à la société américaine, comme la prolifération des procès qui, véritablement, mène à des abus. Ainsi notre super-héros est-il poursuivi pour avoir sauvé un type qui ne voulait pas l'être. L'autre thème du film, celui qui le parcourt de bout en bout,[7] nous a été inspiré par le discours inaugural de Nelson Mandela quand il a été élu président de l'Afrique du Sud. Il avait déclaré qu'il ne fallait pas être jaloux de ceux qui possédaient un talent particulier, qu'il ne fallait pas les brimer dans leur démarche mais, au contraire, les encourager pour qu'ils puissent nous entraîner. Cela dit, nous voulons réaliser des films qui puissent toucher toutes les générations et qui soient intemporels. Nous évitons donc des blagues liées spécifiquement à notre époque, à la politique ou à une situation sociale précise. Nous nous efforçons de développer au contraire un humour qui naisse[8] des personnages, de leurs relations avec les autres ou des émotions qu'ils éprouvent. Cela permet aux histoires de durer. J'aime rêver que nos petits-enfants verront nos films avec autant de plaisir que le public d'aujourd'hui.

Maintenant que l'on sait comment vous travaillez, quelles sont, pour vous, les qualités d'un bon créateur de dessins animés ?

Le bon créateur est avant tout un observateur. C'est l'une des choses essentielles que nous ont inculquées les vétérans de Disney lorsque nous étions encore apprentis. Ils se promenaient partout avec des carnets à dessin et leur regard s'arrêtait à chaque seconde sur un événement particulier. Beaucoup de ce que l'on voit à l'écran - les mouvements, le comportement des personnages, les péripéties - provient de ce que l'on a vu dans la vie quotidienne. On en revient à ce que je disais au début : ce sens de l'observation est lié à l'émerveillement propre à l'enfance. Et cela permet, notamment, de montrer au spectateur quelque chose qui lui est familier mais qu'il n'aura pourtant jamais vu de cette manière. Dans *Toy Story*, il s'agissait de recréer, pour les adultes, les jouets avec lesquels ils s'amusaient enfants, en racontant la vie intime de ces objets. Pour *Les Indestructibles*, Brad s'est emparé d'un genre surexploité par Hollywood, le super-héros, mais il l'a totalement remis à plat[9] pour le renouveler en inventant l'histoire d'une famille très ordinaire : le père a un boulot ennuyeux, la mère élève les enfants, le frère et la sœur se chamaillent. N'importe quelle famille peut s'y retrouver. L'idée, qui fait référence au discours de Mandela, consiste à imaginer des enfants aux talents extraordinaires mais qu'ils n'ont jamais pu exploiter. À partir de là, Brad a créé un univers irréel et l'a rendu réel en y mettant une part de son enfance et, sans doute, de celle des spectateurs : sa passion pour tous ces films des années 1960 avec des agents secrets, des espions ou des gangsters qui vivent dans des endroits fabuleux et supercool. Par exemple, l'île extraordinaire où habite l'ennemi de notre super-héros. Il y a là un petit détail typique du sens de l'humour et de la précision de Brad : l'île s'appelle Nomanisan, ce qui donne Nomanisan Island, jeu de mots sur l'expression « *no man is an island* ». C'est typique de Brad, il adore ce genre de trouvailles. (…)

John Lasseter (Propos recueillis par Denis Rossano) — *L'Express*

---

1. **images de synthèse** : images produite par ordinateur à partir de modèles virtuels d'objets.
2. **La Famille Pierrafeu** : The Flintstones.
3. **marque de fabrique** : la marque de son originalité.
4. **on voit mal** : il est difficile d'imaginer.
5. **pour autant** : cela dit, malgré tout cela.
6. **au même titre** : de la même manière.
7. **le parcourt de bout en bout** : est présent tout au long.
8. **qui naisse** : qui soit engendré.
9. **remis à plat** : entièrement revu.

Compréhension du texte

1. Quelles ont été les étapes de la carrière de John Lasseter ?

2. Quelle a été l'évolution du dessin animé entre 1930 et la fin des années 70 ? Quel rôle a joué la télévision ?

3. Qu'est-ce que La Guerre des étoiles a apporté de neuf ? Quelles en ont été les conséquences ?

4. Quel était le secret de Lasseter quand il était adolescent ? Qu'est-ce qu'il a découvert à CalArts ?

5. Pourquoi trouve-t-il son bonheur dans son travail ?

6. En quoi réside la différence du studio Pixar dans la création d'un film ?

7. Qu'est-ce que le « scénario des couleurs » ?

8. Comment l'équipe Pixar conçoit-elle le rapport entre l'histoire à raconter et la technologie ?

9. Qu'est-ce qui fait de Pixar un studio unique en son genre ?

10. Quels rapports Lasseter entretient-il avec les artistes qui travaillent pour lui ?

11. Qu'est-ce qui caractérise un artiste comme Brad Bird ?

12. Quelle est la motivation essentielle des gens qui travaillent pour Pixar ?

13. Est-ce que les films de Pixar reflètent la réalité contemporaine ou est-ce qu'ils n'ont aucun rapport avec elle ?

14. Qu'est-ce qui permet aux histoires de durer ?

15. Quelle est la première qualité d'un bon créateur et comment est-ce qu'on l'acquiert ?

16. Dans le film *Les Indestructibles*, qu'est-ce qui appartient à la réalité banale et qu'est-ce qui appartient au monde du merveilleux ? Quel « message » le film veut-il faire passer ?

Questions d'ensemble

1. Quelles sont les qualités de John Lasseter qui l'aident dans son travail de créateur ?

2. Quelle conception du travail a-t-on chez Pixar ? Quels en sont les avantages et les inconvénients pour les employés ?

3. Si vous aviez été l'interviewer, quelle autre question auriez-vous posée ?

VOCABULAIRE

TÉLÉVISION, CINÉMA, THÉÂTRE

1. La télévision

un poste = **un récepteur** = **une télé**
allumer ≠ **éteindre**   **un câblosélecteur**
le petit écran = la télévision   **téléspectateur(-trice)**
une chaîne = **un canal**   **la télévision par câble**
une émission (*program, broadcast*)   **une émission de variétés**
une émission en direct (*live*) ≠ **en différé**
diffuser (*to broadcast*) une émission
passer à la télévision (l'émission passe à 22 h)
un feuilleton (*serial*)   **un épisode** de feuilleton

2. Le cinéma

producteur(-trice)   **produire un film**   **la production**
réalisateur(-trice) = **metteur en scène** (m.)
tourner (*to shoot*) un film   **le tournage**   **le plateau** (*set*)

l'opérateur(-trice) = **le caméraman**   **la prise de vue(s)** (*shot, shooting*)
le plan (*shot*)   **le gros-plan** (*close-up*)
le scénariste   **scénario tiré d'un roman**
l'adaptation d'un roman, d'une pièce de théâtre
l'intrigue (*plot*)   **les dialogues** (m. pl.)
acteur(-trice)   **la vedette** = acteur ou actrice principal(e)

un film **mettant en vedette...** (*featuring*)
un / des dessin(s) animé(s) = un film d'animation
un reportage   **un documentaire**   **un film muet**
un court métrage ≠ **un long métrage**
un film policier / un film d'épouvante, d'horreur / un film d'avant-garde

un film **en version originale / doublé / sous-titré, avec sous-titres**
passer, jouer un film   **une salle** de cinéma
une séance de cinéma   **spectateur(-trice)**   **une place**
l'écran (*screen*)   **la projection**
le guichet (*ticket booth*)   **faire la queue** (*to stand in line*)

3. Le théâtre

monter une pièce (*to stage a play*)   **la mise en scène**
le régisseur (*stage manager*)   **la distribution** (*cast*)
le metteur en scène   **une troupe théâtrale**
la scène (*stage*)   **le décor**   **les costumes** (m. pl.)

le maquillage (*make-up*)   **l'éclairage** (*lighting*)
l'auteur = le dramaturge
un acte   **une scène**   **une réplique** (*cue*)   **le dénouement**

une tragédie   **une comédie**   **une pièce classique / moderne**
comédien(-enne)   **interpréter, jouer un rôle**   **un(e) interprète**
répéter (*to rehearse*)   **une répétition**
la répétition générale (*dress rehearsal*)
les coulisses (f. pl.) (*wings, backstage*)
la loge d'un(e) artiste (*dressing-room*)

entrer en scène   **avoir le trac** (*stage fright*)
le public   **assister à une représentation** (*to attend a show*)
l'entracte (*intermission*)   **applaudir** ≠ **siffler / huer** (*to boo, hoot*)
faire, être un four (*to be a flop*)   **un succès** (*hit*)

Exercices

A. Complétez les phrases par le mot ou l'expression qui convient.

1. Le scénario de ce nouveau film est _____ d'un roman de Margaret Atwood.

2. Je me sers de mon câblosélecteur pour changer de _____.

3. Avant d'entrer en scène, les comédiens attendent dans les _____.

4. Nous avons été obligés de _____ pendant une demi-heure avant de pouvoir acheter notre billet.

5. J'ai manqué le dernier _____ du feuilleton que je suis régulièrement depuis trois mois.

6. Quel est le nom du metteur en scène qui a _____ cette pièce ?

7. La plupart des spectateurs quittent la salle et se retrouvent au foyer durant _____.

8. La vedette est tombée gravement malade au milieu du _____ du film et il a fallu la remplacer et tout reprendre depuis le début.

B. Remplacez le mot ou l'expression en italique par un synonyme.

1. Qui est *l'acteur principal* de ce film ?
2. Il paraît que les enfants passent en moyenne de vingt à trente heures par semaine devant *le petit écran*.
3. Même les comédiens les plus célèbres avouent qu'ils *ont peur* avant une représentation.
4. Cette actrice serait parfaite pour *jouer le rôle* de Lady Macbeth.
5. Fellini est *un metteur en scène* italien très connu.
6. On passe beaucoup de *films d'animation* pour les enfants le samedi matin à la télé.

C. Faites de courtes phrases pour illustrer la différence entre :

une distribution	*et*	une troupe
une réplique	*et*	un dialogue
une répétition	*et*	une représentation
la scène	*et*	le décor

D. Remplacez le mot ou l'expression qui ne convient pas.

1. L'acteur a si mal joué que tous les spectateurs l'ont applaudi.
2. Ce réalisateur voulait monter un film d'avant-garde.
3. Après la pièce, je suis allée féliciter la vedette dans son guichet.
4. C'est une pièce difficile qui a exigé de nombreux tournages.
5. Le championnat de boxe de la semaine dernière passe ce soir en direct à la télé.
6. Les documentaires sont généralement des longs métrages.

E. Complétez chaque phrase à l'aide d'un substantif correspondant à l'un des verbes suivants :

applaudir, maquiller, interpréter, dénouer, adapter

1. Le _____ d'une comédie est toujours heureux.
2. Ce jeune acteur donne une _____ nouvelle du personnage d'Hamlet.
3. Le public a manifesté son enthousiasme par un tonnerre de _____.
4. Le film *L'étranger* est une _____ d'un roman d'Albert Camus.
5. Grâce au _____, cette actrice de trente ans en paraissait soixante.

Conversations, exposés, compositions

1. Quel genre d'émissions regardez-vous à la télévision ? Quelles sont les émissions que vous ne regardez jamais ?

2. Quelles sont les critiques les plus courantes dont la télévision fait l'objet ? Quelles sont parmi ces critiques celles avec lesquelles vous êtes d'accord et celles avec lesquelles vous êtes en désaccord ?

3. La télévision payante et les vidéocassettes menacent-elles la survie du cinéma ? Quels sont les films que vous préférez regarder à la télévision et ceux que vous préférez aller voir au cinéma et pourquoi ?

4. Expliquez les différences entre le travail des acteurs qui tournent un film et celui des acteurs qui jouent au théâtre.

5. Aimez-vous le théâtre ? Avez-vous jamais joué dans une pièce ? Quel genre de pièces préférez-vous (pièces classiques, d'avant-garde, tragédies, etc.) ?

6. Vous formez avec vos camarades de classe une équipe qui va tourner un film : établissez une liste des participants essentiels au travail de l'équipe, choisissez chacun une des activités et dites en quoi vont consister vos fonctions particulières au cours du tournage.

7. Rédigez la critique d'un film ou d'une pièce que vous avez vu récemment en examinant particulièrement les aspects techniques.

8. Décrivez une salle de spectacle (théâtre, cinéma, opéra, concert) qui vous a impressionné(e).

CHAPITRE 4

GRAMMAIRE

 ## I LES VERBES PRONOMINAUX

Les verbes pronominaux sont précédés d'un pronom réfléchi de la même personne que le sujet. Le pronom réfléchi a tantôt une fonction (complément d'objet direct ou indirect), tantôt il n'en a pas.

A. Formes et place du pronom réfléchi

1. Formes

a) Quand le verbe pronominal se conjugue, le pronom réfléchi est toujours à la même personne que le sujet.

	singulier	pluriel
1ʳᵉ personne	me (m')	nous
2ᵉ personne	te (t')	vous
3ᵉ personne	se (s')	se (s')

Exemples :

> Je **me** promène.
>
> Tu **t'**habilles.
>
> Il, elle, on, Paul, le facteur **se** reposait.
>
> Nous **nous** sommes arrêtés.
>
> Vous **vous** amusez.
>
> Ils, elles, les enfants **se** dépêchaient.

b) L'infinitif est précédé du pronom **se** sauf s'il est complément d'un verbe conjugué. En ce cas, il se met à la même personne que le sujet de ce verbe :

> Que veut dire le verbe **s'**évanouir ?
>
> **Se** brosser les dents après les repas est une bonne habitude.
>
> *mais :*
>
> J'ai essayé de **m'**arrêter.
>
> Nous devons **nous** préparer.

c) Au participe présent (et au gérondif), le pronom réfléchi se met à la même personne que le sujet du verbe de la proposition principale :

> **M'**étant blessé, j'ai dû aller à l'hôpital.
>
> Nous avons bavardé tout en **nous** promenant.

2. Place du pronom réfléchi

a) À l'**impératif affirmatif**, le pronom réfléchi *suit* immédiatement le verbe (**te** devient **toi**) :

> Habille-**toi**.
>
> Dépêchons-**nous**.
>
> Levez-**vous**.

b) Dans tous les autres cas, le pronom réfléchi *précède immédiatement le verbe*[1] (ou l'auxiliaire **être** aux temps composés) :

Temps simples	Je **me** maquille. Elle ne **se** plaint pas. Les enfants **se** disputent-ils souvent ? Ne vous connaissiez-**vous** pas à cette époque ?
Temps composés	Tu **t'**es sali. Nous ne **nous** sommes pas arrêtés à temps. **S'**est-on occupé de vous ? Ne **t'**étais-tu pas bien amusé ?
Impératif négatif	Ne **te** blesse pas avec ce couteau.

B. Classification des verbes pronominaux

Les verbes pronominaux se divisent en :

- verbes réfléchis et réciproques ;

- verbes non réfléchis ;

- verbes pronominaux à sens passif.

1. Verbes réfléchis et réciproques

Ce sont des verbes *transitifs* (ils ont un complément d'objet direct ou indirect) ; ils ont le *même sens* à la forme pronominale qu'à la forme simple.

---

1. Le pronom réfléchi peut cependant être séparé du verbe par un autre pronom : voir *L'ordre des pronoms objets* au chapitre 5.

a) *Les verbes réfléchis*

L'action exprimée par le verbe se réfléchit sur l'agent (le sujet) de l'action, celui-ci étant représenté par le pronom réfléchi. Le pronom réfléchi est complément d'objet direct ou indirect du verbe :

complément d'objet direct	Je **me** lave. (Je lave **qui** ? — Moi-même.)
complément d'objet indirect	Je **me** suis promis de cesser de fumer. (J'ai promis **à qui** ? — À moi-même.)

b) *Les verbes réciproques*

Ils expriment une action que deux ou plusieurs sujets exercent l'un sur l'autre ou les uns sur les autres et s'emploient donc seulement au pluriel. Le pronom réfléchi est ici encore soit complément d'objet direct, soit complément d'objet indirect :

complément d'objet direct	Ils **se** regardaient sans rien dire. (Ils regardaient **qui** ?)
complément d'objet indirect	Nous **nous** écrivons chaque semaine. (Nous écrivons **à qui** ?)

REMARQUE

Il peut arriver qu'un verbe pronominal employé au pluriel puisse être interprété dans le sens réfléchi ou dans le sens réciproque. Ainsi :

Vous vous nuisez.

Ils se parlent.

En général, le contexte permet de décider du sens. Lorsqu'on juge nécessaire d'éviter une ambiguïté possible, on peut employer :

a) pour insister sur le sens *réfléchi* :

- un pronom disjoint (voir le chapitre 5) suivi de **mêmes** (et précédé de **à** lorsque le pronom réfléchi est complément d'objet indirect) :

Vous vous nuisez à vous-**mêmes**.

Ils se parlent à eux-**mêmes**.

b) pour insister sur le sens *réciproque* :

- **mutuellement, réciproquement** :

Ils s'aident mutuellement.

- **entre nous, vous, eux, elles** (pronoms disjoints) :

Les partis politiques se battent entre eux.

– **l'un(e) l'autre, les un(e)s les autres** (si une préposition est nécessaire, elle se place avant **l'autre** ou **les autres**; on effectue une contraction s'il y a lieu) :

> Aimez-vous les uns les autres.
>
> Nous nous sommes promis l'un à l'autre de nous revoir.
>
> Ils se sont rapprochés les uns des autres.

2. Verbes pronominaux non réfléchis

Le pronom réfléchi de ces verbes qui sont *intransitifs* (ils n'ont pas de complément d'objet) n'a pas le rôle d'un complément d'objet direct ou indirect : il ne peut être dissocié par l'analyse du verbe dont il fait partie intégrante.

Les verbes non réfléchis se divisent en deux groupes :

a) Les verbes qui existent seulement à la forme pronominale (ils sont *essentiellement pronominaux*), par exemple :

s'abstenir (de + inf.)	*to refrain*
s'écrouler	*to collapse*
s'efforcer (de + inf.)	*to do one's upmost to*
s'enfuir	*to run away*
s'envoler	*to fly away*
se méfier (de + nom)	*to mistrust*
se moquer (de + nom)	*to make fun of*
se soucier (de + nom)	*to worry; to be concerned about*
se souvenir (de + nom ou inf.)	*to remember*
se suicider	*to commit suicide*

b) Les verbes pronominaux à sens idiomatique (ils ont une signification différente de celle du verbe à la forme simple), par exemple :

agir	*to act*	s'agir	*to be about; to concern*
aller	*to go*	s'en aller	*to leave*
apercevoir	*to see; to catch a glimpse of*	s'apercevoir de	*to realize*
attendre	*to wait*	s'attendre à	*to expect*
douter	*to doubt*	se douter de	*to suspect*
ennuyer	*to annoy; to bore*	s'ennuyer	*to be bored*
entendre	*to hear*	s'entendre (avec)	*to get along with*

faire	to do	se faire à	to get used to
imaginer	to imagine	s'imaginer	to fancy; to think (wrongly) that...
mettre	to put	se mettre à	to begin
passer	to pass; to go by	se passer de	to do without
plaindre	to pity	se plaindre de	to complain
plaire	to please	se plaire à	to enjoy
prendre	to take	s'y prendre	to go about something
servir	to serve	se servir de	to use
tromper	to deceive	se tromper	to make a mistake; to be wrong about something
trouver	to find	se trouver	to be (in a place, in a situation)

3. Verbes pronominaux à sens passif

On emploie fréquemment la forme pronominale d'un certain nombre des verbes comme substitut du passif (voir le chapitre 13), lorsque l'action peut se concevoir sans agent (c'est l'action qui est mise en relief plutôt que l'agent : dans la phrase active correspondante, le sujet serait **on**). Le sujet du verbe étant une chose, le verbe s'emploie toujours à la troisième personne.

Exemples :

De nouveaux immeubles se construisent partout.

(= On construit de nouveaux immeubles partout.)

Cette expression ne s'emploie plus.

Les explosions s'entendaient de loin.

Ces nouveaux modèles se vendent bien.

Voici les verbes les plus courants qui s'emploient ainsi :

s'acheter	se diviser	se parler
s'appeler	s'employer	se perdre
s'apprendre	s'entendre	se porter
se comprendre	s'exprimer	se pratiquer
se concevoir	se faire	se réaliser
se construire	se former	se remarquer
se corriger	se lire	se remplacer
se couper	se nommer	se vendre
se dire	s'obtenir	se voir

C. L'accord du participe passé des verbes pronominaux

Tous les verbes pronominaux se conjuguent avec l'auxiliaire **être**.

1. Le participe passé des verbes *à sens réfléchi* ou *réciproque* s'accorde avec le complément d'objet direct si celui-ci précède le verbe (c'est donc la même règle que pour les verbes simples conjugués avec **avoir**).

   Souvent, c'est le pronom réfléchi qui est le complément d'objet direct; pour déterminer si c'est le cas, il suffit de rétablir la construction active avec l'auxiliaire **avoir** :

   a) *le pronom réfléchi est l'objet direct* → accord

   > Elle s'est lavé**e**. (Elle a lavé **qui** ? — Elle-même.)

   b) *le pronom réfléchi n'est pas l'objet direct* → pas d'accord

   > Elle s'est lavé les mains. (Elle a lavé **quoi** ? — Ses mains.)

   > Ils se sont téléphoné. (Ils ont téléphoné **à qui** ?)

   Le complément d'objet direct peut aussi précéder le verbe sous forme :

   – d'un pronom personnel :

   > Ces promesses, ils se **les** étaient échangé**es** il y a longtemps.

   – d'un pronom relatif (**que**) :

   > Les lettres **que** nous nous étions écrit**es**.

   – d'un pronom interrogatif ou d'un nom précédé d'un adjectif interrogatif :

   > **Quels cadeaux** les enfants se sont-ils donné**s** ?

   > **Lesquels** se sont-ils donné**s** ?

2. Le participe passé des verbes pronominaux *non réfléchis* et à *sens passif* s'accorde avec le sujet :

   > Elle s'est dépêché**e**.

   > Elles se sont mis**es** au travail.

   > Mes rêves se sont réalisé**s**.

   > Ces maisons se sont construit**es** rapidement.

   Exceptions : Le participe passé des verbes pronominaux *non réfléchis* suivants est invariable :

se plaire	Nous nous sommes plu à Vancouver.
se rendre compte	Ils ne se sont pas rendu compte de l'erreur.
se rire	Elle s'est ri des difficultés.

II Constructions, Distinctions

A. Verbes pronominaux + à ou de + *infinitif*

Pour la liste de l'ensemble de ces verbes, consultez l'appendice B.

1. Verbes pronominaux + à + *infinitif*

s'amuser	Quand elle n'étudie pas, elle s'amuse à faire de la menuiserie.
s'apprêter	Je m'apprêtais à aller à la bibliothèque quand tu as téléphoné.
s'attendre	Je m'attends à travailler beaucoup dans ce cours intensif.
se décider	Il s'est décidé à poursuivre des études.
s'engager	Le gouvernement s'est engagé à subventionner les recherches.
s'habituer	T'es-tu habitué à prendre des notes en français ?
se mettre	Quand vas-tu te mettre à rédiger ta thèse ?
se préparer	Préparez-vous à passer un examen difficile.
se résigner	Je me suis résigné à abandonner mon cours de chimie.

2. Verbes pronominaux + de + *infinitif*

s'agir	Pour réussir aux examens, il s'agit simplement d'étudier de manière régulière.
s'arrêter	Arrête-toi de te faire du souci; tu as certainement réussi à l'examen.
se charger	L'un de nous s'est chargé de prier le professeur de reprendre ses explications que nous n'avions pas comprises.
se contenter	Elle ne se contente pas d'être une bonne étudiante, elle est aussi une athlète de premier ordre.
se dépêcher	Dépêche-toi d'envoyer ta demande d'admission.
s'efforcer	Il faut s'efforcer de se concentrer pendant un examen.
s'excuser	Le professeur s'est excusé d'être arrivé en retard.
s'occuper	Qui s'occupe de conseiller les étudiants ?
se permettre	Elle s'est permise de suggérer au professeur de modifier son plan de cours.
se réjouir	Je me réjouis de constater que tu fais des progrès.
se rappeler	Rappelez-vous d'apporter votre dictionnaire pour l'examen de traduction.
se souvenir	Mon père ne se souvient pas d'avoir suivi ce genre de cours à l'époque où il était étudiant.

B. Distinctions, précisions

1. ça se fait / se faire à / s'en faire

- **ça (cela) se fait** : ce qui est conforme aux règles sociales :

  Ça se fait d'apporter des fleurs quand on est invité à dîner ?

  Faire attendre les gens, ça ne se fait pas !

- **Comment ça se fait ?** = pourquoi :

  Tu es en retard. Comment ça se fait ?

- **se faire à** = s'habituer à :

  Tu t'habitues dans cette université ? — Ça va, je m'y fais.

- **s'en faire** = se faire du souci, s'inquiéter :

  Ne t'en fais pas, l'examen sera facile.

2. se souvenir / se rappeler

- **se souvenir** et **se rappeler** sont synonymes, mais **se souvenir** est suivi de la préposition **de** dans les deux cas suivants :

  a) + *nom* :

  Te souviens-tu de
  Te rappelles-tu } Paul / tes vacances en Italie ?

  b) + *infinitif passé* :

  Elle ne se souvient pas d'
  Elle ne se rappelle pas } avoir rencontré mon ami.

- devant l'infinitif présent exprimant une action qui est encore à accomplir, **se rappeler** est suivi de la préposition **de** (dans le sens de *penser à, ne pas oublier de*) :

  Rappelle-toi d'acheter le journal en rentrant.

3. s'y prendre / s'en prendre à

- **s'y prendre** a le sens de *procéder, agir* :

  Comment t'y es-tu pris pour avoir une aussi bonne note ?

- **s'en prendre à quelqu'un** a le sens de *tenir quelqu'un pour responsable* :

  Ne t'en prends pas au professeur si tu échoues à l'examen; comme tu n'as pas travaillé, tu ne dois t'en prendre qu'à toi-même.

4. se passer / se passer de

- **se passer** + *adverbe* ou *locution adverbiale* de manière, de lieu, de temps = *se dérouler* ou *se produire* :

  L'examen s'est bien passé ? — Ça s'est passé sans problème.

- **se passer de** + *nom* ou *infinitif* = *ne pas avoir besoin de* ou *s'abstenir de* :

  Il n'arrive pas à se passer de tabac.

  Il voudrait bien se passer de fumer.

Exercices

I. Les verbes pronominaux

A. Répondez aux questions par des phrases complètes.

a) *Présent*

1. Est-ce que tu te spécialises en études françaises ?
2. Est-ce que tu t'exprimes facilement en français ?
3. Est-ce que vous vous amusez pendant les vacances ?
4. Est-ce que les verbes irréguliers s'apprennent facilement ?
5. À quelle heure te lèves-tu généralement ?
6. Vers quelle heure le soleil se couche-t-il ces jours-ci ?
7. Comment s'habille-t-on en hiver ?

b) *Imparfait*

1. Est-ce que tu t'ennuyais à l'école secondaire ?
2. Est-ce que tu te promenais avec tes parents quand tu étais jeune ?
3. Est-ce qu'on s'écrivait plus souvent quand le téléphone n'existait pas ?
4. Est-ce que les gens se mariaient plus jeunes autrefois ?

c) *Passé composé*

1. Quand t'es-tu inscrit(e) à ce cours ?
2. À quelle heure t'es-tu levé(e) ce matin ?
3. T'es-tu déjà servi(e) d'un ordinateur ?
4. T'es-tu jamais perdu(e) dans un bois ?

B. Donnez la forme du pronom réfléchi qui convient.

1. Elle refuse de _____ maquiller.
2. Nous allons _____ marier bientôt.
3. Vous ne devez pas _____ disputer pour si peu.

4. Ils ont décidé de _____ inscrire à un cours du soir.

5. J'ai hâte de _____ coucher.

6. Ne veux-tu pas venir _____ promener avec nous ?

C. Mettez les phrases à la forme interrogative en employant l'inversion.

1. Tu te sens bien.

2. Vous vous écrivez souvent.

3. Les étudiants ne s'ennuient pas dans ce cours.

4. Il s'est amélioré.

5. Ils ne se sont jamais bien entendus.

6. Tu ne t'étais pas rasé.

7. Son père s'intéressait à ses études.

8. Elle ne s'attendait pas à recevoir une bonne note.

D. Mettez les impératifs à la forme affirmative.

1. Ne t'arrête pas.

2. Ne vous plaignez pas.

3. Ne nous réjouissons pas.

4. Ne vous mettez pas au travail tout de suite.

5. Ne t'attends pas à un examen facile.

6. Ne nous approchons pas.

7. Ne t'endors pas.

8. Ne vous lavez pas la tête avec ce shampooing.

E. Ajoutez à la phrase *l'un(e) l'autre, les un(e)s les autres* en insérant au besoin la préposition qui s'impose.

> *Modèle :* Les deux adversaires se sont réconciliés.
> Les deux adversaires se sont réconciliés l'un avec l'autre.

1. Mes parents se comprennent.

2. Les jours se succédaient de façon monotone.

3. Hélène et Henri se sont plu tout de suite.

4. Nous nous sommes tous regardés.

5. Les deux boxeurs se battaient.

6. Les quatre hôtesses de l'air se sont demandé comment réagir face à cette situation.

7. Lucie et Claire se promènent.

F. *Verbes essentiellement pronominaux.* Complétez les phrases à l'aide d'un des verbes suivants à l'infinitif (mettez le pronom à la forme qui convient) :

se souvenir de, se taire, se méfier de, s'envoler, se dépêcher, se soucier

1. Si tu t'approches trop près, les oiseaux vont _____.
2. Tu dois _____ si tu ne veux pas être en retard.
3. C'est quelqu'un que j'ai rencontré il y a très longtemps; je n'arrive pas à _____ son nom.
4. Tu as raison de _____ cet individu : il n'a pas l'air honnête.
5. Nous n'avons pas besoin de _____ ces détails qui sont sans importance.
6. Vous feriez mieux de _____ si vous n'avez rien d'intelligent à dire.

G. *Verbes pronominaux à sens idiomatique.* Remplacez le mot ou l'expression en italique par un verbe choisi dans la liste suivante :

se trouver, se mettre à, se douter, se servir de, se tromper, s'en aller

1. Tu *pars* déjà ?
2. J'ai appris à *utiliser* un ordinateur.
3. Il a déjà *commencé* à envoyer des demandes d'admission à plusieurs universités.
4. Le professeur *soupçonne* que Christophe a plagié.
5. Où est *situé* le Pavillon des sciences ?
6. Je crois que tu *as fait une erreur.*

H. Dites le contraire en employant un des verbes suivants :

se plaindre de, s'entendre, s'attendre à, se rappeler, s'ennuyer

1. *J'ai oublié* comment elle s'appelle.
2. Ce sont des gens qui *se disputent continuellement entre eux.*
3. Nous *nous sommes bien amusés* à la discothèque.
4. Elle est *très satisfaite de* ses professeurs.
5. Je *n'avais pas prévu* ce genre de difficultés.

I. *Verbes pronominaux à sens passif.* Transformez les phrases selon le modèle.

Modèle : On divise les verbes pronominaux en diverses catégories.
Les verbes pronominaux se divisent en plusieurs catégories.

1. On comprend facilement les raisons de son échec.
2. Les gants sont des objets qu'on perd souvent.
3. On ne dit pas ce genre de choses.
4. On remarque aisément les erreurs du voisin.
5. On lit beaucoup cette revue dans les milieux intellectuels.

6. On achète ce genre de vêtements en hiver.

7. On peut apprendre n'importe quelle langue.

8. On vend ses disques partout.

J. Identifiez la catégorie du verbe pronominal (réfléchi ou réciproque; non réfléchi; à sens passif) et justifiez l'accord ou l'absence d'accord du participe passé.

1. Les actrices se sont maquillées.

2. Les garçons se sont rasé la moustache.

3. Elle s'est moquée de ses parents.

4. Ils se sont donné des coups.

5. As-tu lu les lettres que Vincent Van Gogh et son frère se sont écrites ?

6. Sylvie s'est-elle doutée de quelque chose ?

7. Elles se sont parlé mais elles ne se sont pas comprises.

8. Est-ce qu'elle s'est rendu compte que son mari était ivre ?

9. Ses livres se sont vendus rapidement.

10. Quels disques vous êtes-vous achetés ?

II. Constructions, distinctions

A. Remplacez les tirets par la préposition qui s'impose.

1. Elle s'est habituée _____ travailler à la bibliothèque.

2. Je n'ai pas le temps de prendre un café avec toi : je m'apprête _____ partir.

3. Le professeur s'efforce _____ faire parler tous les étudiants.

4. Je dois me résigner _____ passer mes fins de semaine à étudier.

5. Dépêche-toi _____ lire le livre que je t'ai prêté : j'en ai besoin.

6. Attendez-vous _____ devoir lire un grand nombre de livres pour ce cours.

7. Nous nous sommes mis _____ suivre des cours intensifs.

8. Je me permets _____ vous rappeler qu'il faut remplir un formulaire d'inscription.

9. Je m'excuse _____ vous avoir fait attendre.

10. Ils se préparent _____ passer un examen.

B. Dans chaque phrase, remplacez les mots en italique par un des verbes pronominaux de la liste suivante, suivi de la préposition qui convient :

s'engager, se charger, s'apprêter, s'efforcer, se décider,

se réjouir, se permettre, s'arrêter

1. Tu devrais *cesser de* te faire du souci et essayer de te détendre.

2. J'*ose* vous faire cette suggestion.

3. Nous *avons promis* de participer à l'organisation d'un club d'étudiants étrangers.

4. Mon frère a finalement *pris la décision* de préparer une maîtrise.

5. Il *essaie de toutes ses forces* de réussir.

6. Elle *était sur le point de* partir quand le téléphone a sonné.

7. Je *suis content de* voir que tu réussis.

8. Il *a pris la responsabilité de* commander des livres pour toute la classe.

L'éducation pour tous ?

Il y a les faits, indéniables : les résidants du Québec bénéficient des frais de scolarité les moins élevés au Canada. Les étudiants ontariens inscrits à un programme universitaire de premier cycle en arts paient le double de ce que déboursent leurs compatriotes québécois. Dans le contexte nord-américain, dit Andrée Mayer-Périard, présidente de la Fédération des étudiants universitaires du Québec, le modèle universitaire québécois est sans doute le moins pire[1].

La générosité apparente du système, aidée par le gel des frais de scolarité et la pression constante des associations étudiantes, s'explique par un parti pris égalitariste. « Le pari, c'est d'allier accessibilité et qualité », explique Roch Denis, le recteur de l'Université du Québec à Montréal. « Le défi de société est de permettre aux milliers de jeunes qui ont du talent d'accéder à l'université. »

La création du réseau des universités du Québec dans les années 1960 apporta un complément aux universités de tradition plus ancienne telles Laval ou McGill. C'était pour le gouvernement le moyen d'affirmer que tous les Québécois, indépendamment de leur situation géographique, devaient pouvoir s'instruire à moindres frais et sans trop s'éloigner de chez eux. « Au Québec, il n'y a pas de limites a priori, toutes les universités ont des éléments de recherche », assure Pierre Lucier, le président du réseau des universités du Québec. « Dans les régions les plus éloignées, les universités offrent les programmes de base mais s'engagent aussi dans certains créneaux comme les sciences de la mer à Rimouski. » Le réseau des universités du Québec n'est pas une exception sur le continent. Les *State Universities* américaines fonctionnent également à partir d'un corps central et de plusieurs campus répartis sur le territoire de l'État.

Par contre, explique Dan Lang, professeur en éducation à l'Université de Toronto, en Ontario, comme dans le reste du Canada, ce sont plutôt les impératifs économiques ou la détermination des communautés qui justifient l'implantation d'une université. S'inscrire à l'université y est perçu comme une décision individuelle, poursuit Dan Lang, mesurée en termes de coût et d'anticipation d'un salaire plus élevé, par exemple. D'où l'idée que l'augmentation des frais de scolarité est un mal nécessaire et de courte durée.

Au Québec, en théorie, l'investissement public dans l'éducation mène à des gains de croissance économique. L'université étant vue comme un enjeu collectif et social de première importance, son financement par des fonds publics devrait aller de soi[2]. Or, dénonce Roch Denis : « L'État québécois a tendance à se désengager (...) C'est anormal, les fonds privés doivent être un complément et non un substitut des fonds publics. »

« Le système québécois veut donner une chance égale à tous, mais il ne réussit pas sur toute la ligne[3], déplore Andrée Mayer-Périard. Le système d'aide financière génère beaucoup d'endettement, jusqu'à 22 ou 25 000 $ pour certains finissants. » Malgré les efforts de l'Université du Québec pour ouvrir l'université au grand public, elle reste une tradition récente et une dépense que beaucoup ne peuvent se permettre aisément. D'après Statistique Canada, au Québec, seuls 19 % des ménages gagnant moins de 30 000 $ mettent de l'argent de côté en prévision des études de leurs enfants. Invitant le gouvernement à ne pas revenir sur ses engagements, Roch Denis rappelle l'adage : « Si vous trouvez que l'éducation coûte cher, essayez l'ignorance. »

Marie Valla — *Voir*

_____

1. **le moins pire** : le moins mauvais (québécisme).
2. **aller de soi** : aller sans dire, être évident.
3. **sur toute la ligne** : entièrement.

Compréhension du texte

1. De quoi bénéficient les étudiants québécois par rapport aux étudiants du reste du Canada ?

2. Qui est Andrée Mayer-Périard ? En employant l'expression « le moins pire », quel jugement porte-t-elle sur les autres modèles universitaires que celui du Québec ?

3. Pourquoi le système est-il généreux ? Qu'est-ce qui « aide » cette générosité ?

4. En quoi consiste le défi pour la société québécoise ?

5. Quand le réseau des universités du Québec a-t-il été créé ? Quelle était l'intention du gouvernement de l'époque ?

6. Qu'est-ce qui est caractéristique de toutes les universités québécoises ?

7. Quel est, aux États-Unis, l'analogue du réseau des universités du Québec ?

8. Dans le reste du Canada, quels sont les facteurs qui justifient l'implantation d'une université ?

9. Pourquoi l'augmentation des frais de scolarité est-elle mieux acceptée dans le reste du Canada, selon Dan Lang ?

10. Selon quelle logique le financement par des fonds publics devrait-il aller de soi ?

11. Que fait l'État québécois selon Roch Denis et pourquoi est-ce « anormal » ?

12. Pourquoi le système québécois ne réussit-il pas à donner une chance égale à tous malgré ses bonnes intentions ?

13. Qu'est-ce qui fait obstacle aux efforts pour ouvrir l'université au grand public ?

14. Quel argument utilise Roch Denis en s'adressant au gouvernement ?

Questions d'ensemble

1. Dégagez ce qu'est la situation actuelle au Québec en ce qui concerne l'accessibilité aux études universitaires.

2. Quelles sont les forces en présence et leurs intérêts respectifs ?

3. Précisez le contraste dont l'article fait état entre le Québec et le reste du Canada quant aux attitudes envers les études supérieures. Quelle est votre opinion à ce sujet ?

4. Selon vous, serait-il souhaitable que l'État intervienne davantage pour faciliter l'accessibilité ? Est-il normal que les frais de scolarité augmentent ou faudrait-il les réduire, voire les supprimer ? Est-il normal que l'endettement des étudiants augmente ? Existe-t-il d'autres façons d'aider les étudiants à financer leurs études ? D'autres façons de financer les universités elles-mêmes ?

VOCABULAIRE

LES ÉTUDES

1. Progression générale

l'école secondaire (4-5 ans)
le certificat de fin d'études secondaires

le cégep (Collège d'enseignement général et professionnel)
(2-3 ans, le cégep existe seulement au Québec)
le D.E.C. = diplôme (m.) d'études collégiales

les études supérieures
1) le premier cycle → le baccalauréat
2) les cycles supérieurs (*graduate studies*)
- le deuxième cycle → la maîtrise
- le troisième cycle → le doctorat

2. Admission, inscription, programmes

une université   un collège communautaire
faire une demande d'admission (*to make an application for*)
le Bureau des admissions   le Bureau du registraire
remplir les conditions d'admission = répondre aux exigences (*to fulfil*)
consulter l'annuaire (*calendar*)   l'année universitaire (*academic*)
le semestre   le trimestre (*session, term*)
remplir un formulaire (*to fill out a form*)
s'inscrire à une université, un programme, un cours
les droits (m. pl.), les frais (m. pl.) d'inscription (*registration fees*)
les droits, les frais de scolarité (*tuition fees*)
conseiller(-ère) pédagogique (*academic / student advisor*)
l'aide (financière) aux étudiants
une bourse (d'études) (*bursary or scholarship*)
le relevé de notes (*transcript*)
un(e) étudiant(e) adulte / étranger(-ère) / à plein temps / à temps partiel
une faculté (de droit, de médecine, de sciences sociales, etc.)
le recteur = le président   un doyen (*dean*)
un département   un(e) directeur(-trice) de département
le programme d'études (*curriculum*)
un programme spécialisé (*honours*)   une majeure   une mineure
le domaine, le champ d'études = la discipline

se spécialiser (en)   **la spécialisation** (*major subject*)
faire un baccalauréat spécialisé ou **général**

3. Les cours

l'horaire des cours (*schedule*)   **un préalable** (*prerequisite*)
un cours obligatoire / à option (*optional*) **/ au choix** (*elective*)
un cours à unités (f.) (*credit course*) **/ sans unité** (*non-credit*)
un cours d'introduction, d'initiation   **un survol** (*survey*)
un cours magistral (*lecture; lecture course*)   **un séminaire**
un cours intensif / du soir / par correspondance
suivre (*to take*) **un cours**   **assister à** (*to attend*) **un cours**
un plan de cours (*outline*)
laisser tomber, abandonner un cours
passer (*to take*) **un examen**   **réussir à** ≠ **échouer à un examen**
un examen final, de fin d'année   **la note** (*grade*) **finale**

4. Général

le corps professoral (*faculty*)
faire, donner un cours   **faire une conférence** (*to give a lecture*)
l'enseignement (m.) (*teaching; learning*)
la formation (*education; training*)
l'éducation permanente (*continuing education*)
la cité universitaire = le campus   **un pavillon** (*hall, building*)
une résidence universitaire
un institut de recherche (f.)   **faire des recherches**

un laboratoire   **un(e) chercheur(-euse)**
poursuivre des études supérieures / des études approfondies
approfondir sa connaissance d'un sujet (*to deepen one's understanding*)
faire des progrès   **se passionner pour**
avoir des difficultés (en maths, etc.)   **s'améliorer** (*to improve*)
recevoir de bonnes notes   **plagier**   **le plagiat**

Exercices

A. Remplacez le mot ou l'expression qui ne convient pas.

1. Le doyen du département de sociologie m'a conseillé de faire une maîtrise.

2. Ce sont surtout les étudiants à temps complet qui suivent les cours du soir, car ils travaillent généralement durant la journée.

3. Il a obtenu son baccalauréat après avoir passé trois ans au cégep.

4. Elle a envoyé sa demande d'admission au Bureau du recteur.

5. Au début du trimestre, le professeur a distribué un plan de conférence.

B. Faites de courtes phrases pour illustrer la différence entre

la faculté	*et*	le corps professoral
passer un examen	*et*	réussir à un examen
recevoir des notes	*et*	prendre des notes
éduquer	*et*	enseigner

C. Complétez les phrases à l'aide d'une expression choisie dans la liste suivante :

domaine, relevé, cycle, droits, consulter, remplir, unité, institut

1. Au moment de l'inscription, il faut _____ un formulaire détaillé.

2. Les notes finales sont inscrites sur le _____ de notes de l'étudiant.

3. Est-ce que les _____ de scolarité sont élevés en Ontario ?

4. Les chercheurs travaillent dans un _____ de recherche.

5. La maîtrise est un diplôme de _____ supérieur.

6. Avant d'envoyer des demandes d'admission un peu partout, tu devrais _____ les annuaires des universités.

7. Il suit seulement des cours sans _____ simplement parce que ces cours l'intéressent.

8. Dans quel _____ est-ce que tu te spécialises ?

D. Complétez la phrase à l'aide de l'adjectif qui correspond à l'un des substantifs suivants :

professeur, université, trimestre, collège, finance

1. Le baccalauréat est un diplôme _____.

2. Je bénéficie de l'aide _____ aux étudiants.

3. Le recteur a convoqué une assemblée générale du corps _____.

4. Dans notre université, le calendrier des cours suit un système _____.

5. Combien d'années durent les études _____ dans les cégeps ?

E. Complétez la phrase à l'aide d'un substantif qui correspond à l'un des verbes suivants :

plagier, inscrire, enseigner, améliorer, noter, échouer

1. Pourquoi avez-vous choisi de devenir _____ si vous n'avez aucune patience avec les jeunes ?

2. Les examens de fin d'année sont très difficiles et le pourcentage de _____ est très élevé.

3. Le professeur l'a accusé de _____ : son exposé ressemblait presque mot pour mot à un article publié il y a dix ans.

4. Les cours commencent immédiatement après les journées de _____.

5. Il y a une grande _____ dans son travail; ses notes sont bien meilleures qu'avant.

6. Au début du cours, la professeure nous a demandé de choisir entre deux systèmes de _____.

Conversations, exposés, compositions

1. Quels ont été vos critères pour choisir l'établissement où vous étudiez actuellement ? Exposez-les par ordre d'importance.

2. Qu'est-ce qui vous a fait choisir le programme de cours auquel vous êtes actuellement inscrit(e) ? Qui vous a conseillé(e) ? De quelle façon vous êtes-vous renseigné(e) sur ce programme ?

3. Êtes-vous satisfait(e) de la formation que vous recevez actuellement en fonction de vos objectifs de carrière ? Précisez les raisons de votre insatisfaction.

4. Êtes-vous pour ou contre les examens ? Fournissez des arguments à l'appui de la position que vous adoptez.

5. À quelle faculté êtes-vous inscrit(e) ? En quoi vous spécialisez-vous ? Quelle est la proportion des cours obligatoires dans votre programme d'études ?

6. Demeurez-vous en ville ou dans une résidence universitaire ? Dites pourquoi et précisez les avantages et les inconvénients de votre choix.

7. Quels aspects du système d'enseignement dans lequel vous vous trouvez actuellement aimeriez-vous changer ? Pour quelles raisons, et quels seraient les changements que vous apporteriez si c'était possible ?

8. Quelles sont selon vous les causes et les conséquences de la « dévalorisation » des diplômes ?

CHAPITRE 5

GRAMMAIRE

I. LES PRONOMS PERSONNELS OBJETS DIRECTS ET INDIRECTS
   A. Formes et place
   B. L'emploi des pronoms objets directs
   C. L'emploi des pronoms objets indirects

II. LES PRONOMS *EN* ET *Y*
   A. Le pronom **en**
   B. Le pronom y

III. L'ORDRE DES PRONOMS OBJETS
   A. Devant le verbe
   B. Après le verbe

IV. LES PRONOMS PERSONNELS DISJOINTS
   A. Formes
   B. Emplois

V. EXPRESSIONS VERBALES IDIOMATIQUES AVEC *EN, Y* ET *LE*

LECTURE
   Quand l'homme apprend le temps partiel (Sophie Perrin)

VOCABULAIRE
   L'emploi

Conversations, exposés, compositions

GRAMMAIRE

 ## I LES PRONOMS PERSONNELS OBJETS DIRECTS ET INDIRECTS

A. Formes et place

1. Placés *devant* le verbe, les pronoms personnels objets directs et indirects ont les formes suivantes :

objet direct	objet indirect	pronom réfléchi
me (m')	me (m')	me (m')
te (t')	te (t')	te (t')
le, la (l')	lui	se (s')
nous	nous	nous
vous	vous	vous
les	leur	se (s')

REMARQUES

1 Le pronom réfléchi des verbes à sens réfléchi ou réciproque (voir le chapitre 4) peut être complément d'objet direct ou indirect du verbe : il est présenté ici à titre de rappel.

2 La forme des pronoms objets ne diffère qu'à la 3e personne du singulier et du pluriel (**le, la, les / lui, leur / se**).

2. Les pronoms objets ne sont placés *après* le verbe qu'à l'*impératif affirmatif* : les pronoms de la 1re et de la 2e personne du singulier (**me** et **te**) prennent alors la forme tonique **moi** et **toi** (sauf s'ils précèdent le pronom **en**; voir plus loin *L'ordre des pronoms*) :

Tu **me** regardes.   *mais*   Regarde-**moi**.

3. Sauf quand le verbe est à l'impératif affirmatif, les pronoms objets sont placés *immédiatement devant* :

– le verbe conjugué aux temps simples (forme affirmative, négative ou interrogative), ainsi que devant **voici**, **voilà** :

Il **le** regarde.	Tu **lui** donnes de l'argent.
Ne **la** regarde pas.	Nous ne **leur** parlons pas.
L'écoutais-tu ?	Ne **lui** plaisait-il pas ?
Les voici enfin !	**Me** voilà !

– l'auxiliaire, aux temps composés :

Il **les** a vus.   Tu ne **m'**as pas averti.   **Les** as-tu pris ?

– l'infinitif dont ils sont l'objet :

Je veux **la** rencontrer.

Il ne s'attendait pas à **vous** voir.

Voulez-vous **lui** parler ?

REMARQUE

Si l'infinitif est complément des verbes **faire** et **laisser** ou d'un verbe de perception (**écouter, entendre, regarder, sentir, voir**), le pronom complément de l'infinitif est alors placé devant ce verbe, non pas devant l'infinitif :

Je leur **fais** écouter un disque.

Nous **les** regardons travailler.

(Le cas où l'infinitif a *deux* pronoms objets est à voir au chapitre 14.)

---

4. Lorsque plusieurs verbes *coordonnés* (par **et**, **mais**, **ou**) ayant le même sujet ont également le même pronom objet :

– on répète le pronom objet aux temps simples (ainsi qu'à l'infinitif) :

Ses enfants, elle **les** aime mais ne **les** comprend pas.

Je veux **lui** parler et **lui** donner des conseils.

– on le répète aux temps composés si l'on répète aussi l'auxiliaire :

Je **les** ai vus et **les** ai entendus.

– si on ne répète pas l'auxiliaire (ce qui est plus fréquent), on ne répète pas non plus le pronom :

> Je **les** ai vus et entendus.

B. L'emploi des pronoms objets directs

1. **Me**, **te**, **nous** et **vous** *représentent* des personnes. **Le**, **la**, **les** *remplacent des noms* de personnes ou de choses précédés :

– d'un article défini (**le**, **la**, **les**) :

> As-tu rencontré *le patron* ? — Oui, je **l'**ai rencontré.

> Je connais *les conditions de travail* dans cette entreprise et je **les** trouve excellentes.

– d'un adjectif démonstratif (**ce**, **cet**, **cette**, **ces**) :

> J'ai posé ma candidature à *ce poste* et je **l'**ai obtenu.

– d'un adjectif possessif (**mon**, **ma**, **mes**, **ton**, etc.) :

> Elle a établi *son curriculum vitæ* et **l'**a envoyé à plusieurs employeurs.

REMARQUES

La forme du nom féminin est parfois complètement différente de celle du masculin:

1 Ce sont *seulement* les noms qui sont à la fois compléments d'objet direct *et* précédés d'un article défini, d'un adjectif démonstratif ou d'un adjectif possessif qui peuvent être remplacés par les pronoms **le**, **la**, **les**. Les noms compléments d'objet direct précédés d'autres déterminants (article indéfini, partitif, etc.) sont remplacés par le pronom **en** :

> Elle aime **son** milieu de travail et **le** trouve très stimulant.

mais :

> Il cherchait **un** nouvel emploi et **en** a trouvé **un**.

2 Notez l'accord du participe passé aux temps composés :

> Suzanne, est-ce qu'on **t'**a engag**ée** ?

> Le patron a convoqué ses employés et **les** a félicit**és**.

2. Le pronom **le** ne remplace pas seulement un nom complément d'objet direct; c'est aussi un pronom neutre qui remplace :

a) un adjectif ou un nom employé comme adjectif attribut (c'est-à-dire sans article, après un verbe comme **être** ou **devenir**) :

Tu n'es pas fatigué ? Moi, je **le** suis.

Son père était ingénieur et il a voulu **le** devenir aussi.

Elle était célibataire et elle **l'**est restée.

b) une proposition (qui serait complément d'objet direct du verbe) :

Les ouvriers sont en grève. — Oui, je **le** sais.
(**le** remplace : (Je sais) que les ouvriers sont en grève.)

Sais-tu si tu obtiendras une promotion ? — Je **l'**ignore.
Vous voulez trouver un emploi ? — Oui, je **le** souhaite.

Le peut également *annoncer* une proposition :

Comme vous **le** savez, *les débouchés sont rares dans ce domaine.*

C. Emploi des pronoms objets indirects

1. Ils représentent des personnes ou remplacent des noms de personnes compléments d'objet indirect du verbe et précédés de la préposition **à** (**obéir à**, **parler à**, **plaire à**, **répondre à**, **téléphoner à**, etc.) :

As-tu parlé à tes collègues ? — Oui, je **leur** ai parlé.

Tu dois **m'**obéir.

As-tu vu *Hélène* récemment ? — Non, mais je **lui** ai téléphoné.

2. Bon nombre de verbes se construisent avec deux objets, l'un qui est complément d'objet direct, l'autre complément d'objet indirect :

Je **t'**ai acheté des fleurs.

Ils **nous** donnent des conseils.

Elle **leur** écrivait des lettres.

3. Avec certains verbes, on ne peut pas employer le pronom objet indirect pour remplacer **à** + *un nom de personne*; il faut conserver **à** et remplacer le nom par un pronom disjoint, par exemple :

Est-ce que tu tiens *à tes amis* ? — Oui, je tiens beaucoup **à eux**.

À ce sujet, voir plus loin *Les pronoms disjoints*.

II LES PRONOMS *EN* ET *Y*

En et **y** ont tantôt la valeur de pronoms personnels compléments, tantôt de pronoms neutres, tantôt d'adverbes. Ils se placent avant et après le verbe de la même façon que les pronoms personnels objets.

REMARQUES

1 Aux temps composés, il n'y a pas d'accord avec le pronom **en** :

Elle a reçu *des offres d'emploi*, mais moi, je n'**en** ai pas reçu.

2 On n'emploie pas le pronom **y** devant le futur et le conditionnel du verbe **aller** pour éviter la répétition du son [i] :

Iras-tu à New York ? — Oui, j'irai. / J'irais si j'avais de l'argent.

Comparez avec :

Vas-tu au bureau ? — Oui, j'**y** vais.

3 À la 2e personne de l'impératif affirmatif des verbes en **-er**, on ajoute **s** à la terminaison devant **y** et **en** :

Vas-y. Achètes-en.

A. Le pronom *en*

1. Il remplace un nom complément d'objet direct précédé :

a) d'un des articles **du, de la, de l', des** :

Il cherche *du travail*, mais il n'**en** trouve pas.

Vas-tu prendre *des vacances* ? — Oui, je vais **en** prendre bientôt.

b) un article indéfini singulier (**un, une**), d'un nombre (**cinq, cent**) ou d'une expression de quantité. Il faut alors répéter l'article, le nombre ou l'expression de quantité après le verbe :

As-tu passé *une entrevue* ? — J'**en** passe **une** demain.

Combien d'employés avez-vous ? — Nous **en** avons **cinquante**.

As-tu vu *beaucoup d'offres d'emploi* dans les petites annonces ? — Non, je n'**en** ai pas vu **beaucoup**, seulement **quelques-unes**.

> **REMARQUES**
>
> **1**   Dans une phrase négative, on omet **un, une** :
>
> > Penses-tu recevoir **une augmentation de salaire** ? — Je n'**en** recevrai sans doute jamais.
>
> **2**   Quand **en** remplace un nom précédé de l'adjectif **quelques,** on emploie le pronom **quelques-un(e)s** :
>
> > On m'a fait **quelques offres d'emploi** et mon frère aussi **en** a reçu **quelques-unes.**
>
> **3**   **En** peut s'employer avec un adjectif (après le verbe) qui doit être précédé d'un déterminant (article, nombre, expression de quantité) :
>
> > Ce candidat a-t-il **des références** ? — Il **en** a **plusieurs, excellentes.**
> >
> > Si tu t'adresses à **une agence de placement,** essaie d'**en** choisir **une bonne.**

2. **En** remplace un nom complément d'objet indirect précédé de la préposition **de** (avec des formes verbales comme **parler de, avoir besoin de, être heureux de, se servir de,** etc.).

a) *des noms de choses :*

> As-tu besoin *de vacances* ? — Oui, j'**en** ai grand besoin.
>
> Le patron a-t-il parlé de ta promotion ? — Non, il n'**en** a pas parlé.
>
> Êtes-vous satisfaite de votre salaire ? — J'**en** suis très satisfaite.

b) *des noms de personnes :*

Pour remplacer un nom de personne, on emploie **de** + *pronom disjoint* :

> *Sylvie* est entrée et Marc s'est approché **d'elle.**

Cependant, il est possible d'employer **en** pour remplacer **de** + *un nom de personne* :

– *de sens collectif :*

> Il n'aime pas les fonctionnaires et il **en** parle souvent en termes peu flatteurs.

– *de sens indéfini :*

> Te souviens-tu *du candidat* qui est venu passer une entrevue il y a un mois ? — Oui, je m'**en** souviens vaguement.

3. **En** est un pronom neutre lorsqu'on l'emploie pour remplacer une proposition ou encore un infinitif (seul ou suivi d'un complément) :

> Te souviens-tu de ce que tu as appris? — Je m'**en** souviens.
>
> Tes parents sont-ils fiers que tu aies trouvé un emploi ? — Ils **en** sont très fiers.
>
> As-tu envie de travailler ? — Oui, j'**en** ai envie.
>
> Qui se charge de répartir le travail ? — C'est le patron qui s'**en** charge.

Dans tous ces exemples, l'infinitif ou la proposition dépend d'un verbe ou d'une locution verbale, (comprenant un nom ou un adjectif) qui se construit avec la préposition **de** lorsque son complément est un nom ou un pronom :

> Je me souviens **de** ma vieille école.   Je suis fier **de** toi.
>
> Elle a envie **d'**un bon café.   Il se charge **de** ce travail.

Lorsque la forme verbale dont dépend une proposition ou un infinitif précédé de la préposition **de** ne se construit pas avec **de** + *un nom* ou *un pronom*, on ne peut pas remplacer la proposition ou l'infinitif par **en**. On les remplace par **le faire** ou par **faire cela** (ou on ne les remplace pas). Ainsi :

– **refuser de** + *infinitif*, mais **refuser quelque chose** (sans **de**) :

> Peut-on refuser de *travailler le samedi* ? — Oui, on peut refuser (**de le faire**).

– **avoir raison de** + *infinitif*, mais cette locution verbale n'est jamais suivie d'un nom :

> Ont-ils raison de *demander une augmentation de salaire* ? — Oui, ils ont raison (**de faire cela**).

– **oublier de** + *infinitif*, mais **oublier quelque chose** :

> As-tu oublié de *soumettre ta candidature* ? Oui, j'ai oublié (**de le faire**).

4. **En** remplace un nom de lieu précédé de la préposition **de** :

> Est-il sorti *du bureau* ? — Il n'**en** est pas encore sorti.
>
> Sont-ils revenus de *Vancouver* ? — Non, ils **en** reviennent demain.

5. **En** peut remplacer l'adjectif possessif lorsque celui-ci modifie un nom désignant un objet ou une abstraction; le nom est alors précédé de l'article défini :

> J'aimerais acheter *cette chemise*, mais **les** manches **en** sont trop longues.
>
> *La crise économique* a duré longtemps et **les** conséquences **en** ont été désastreuses.

B. Le pronom *y*

1. **Y** remplace *un nom de chose* complément d'objet indirect d'un verbe qui se construit avec la préposition à :

> Vous avez *un horaire de travail difficile*, je crois. — Oui, mais je m'**y** suis habitué.
>
> As-tu répondu à *sa lettre* ? — Non, mais je vais **y** répondre bientôt.

Y ne peut pas remplacer un nom de personne :

> Il s'habitue à ses collègues.   Il s'habitue **à eux**.
>
> Elle a répondu à son patron.   Elle **lui** a répondu.

2. Le pronom **y** s'emploie comme pronom neutre pour remplacer une proposition ou un infinitif qui dépend d'une forme verbale qui se construit avec **à**, si cette forme verbale se construit également avec **à** + *nom* ou *pronom* :

> Est-ce que tu t'attends à *ce qu'on t'embauche* ? — Oui, je m'**y** attends. (*s'attendre à qqch.*)
>
> Est-ce qu'elle tient à *obtenir de l'avancement* ? — Elle n'**y** tient pas beaucoup. (*tenir à qqch.*)

Si le verbe dont dépend la proposition ne se construit pas avec **à** + *nom* ou *pronom*, on remplace la proposition ou l'infinitif par **le faire (faire cela)** ou on ne les remplace pas du tout :

> Hésites-tu à *t'adresser à un bureau de placement* ? — Oui, j'hésite encore (**à le faire**).
>
> Est-ce qu'on t'a appris à *établir un curriculum vitæ* ? — Oui, on m'a appris **à faire cela**.

3. **Y** remplace également une préposition (**à**, **chez**, **dans**, **devant**, **sous**, **sur**, etc.) suivie d'un nom de lieu ou encore un adverbe de lieu (**y** est alors l'équivalent de l'adverbe **là**) :

> Je vais à *l'usine*, j'**y** serai jusqu'à cinq heures.
>
> Est-ce que le dossier est *sur le bureau* ? — Il **y** est.
>
> Sylvie est-elle *en haut* ? — Non, elle n'**y** est plus.

> **REMARQUE**
>
> On emploie également les adverbes **(là-)dedans, dehors, devant, derrière, (là-)dessous, (là-)dessus** pour remplacer un nom précédé d'une préposition **(dans, hors de, devant, derrière, sous, sur)** :
>
> Les enfants sont-ils derrière la maison ? — Oui, ils jouent derrière.
>
> Le chat aime se coucher sur ce fauteuil; il est toujours dessus.

III L'ORDRE DES PRONOMS OBJETS

A. Devant le verbe

me te se nous vous	+	le la les	+	lui leur	+	y	+	en

Exemples de combinaisons :

a) objet indirect + objet direct :

> Il **me la** donne.
>
> Cette blouse, elle **se** l'est achetée hier.
>
> Vous ne **nous les** avez pas envoyés.

b) objet direct + objet indirect :

> **La lui** as-tu donnée ?
>
> Je vais **les leur** emprunter.

c) objet indirect + **en** :

> Il **s'en** est donné, de la peine !
>
> Elle **m'en** a beaucoup parlé.
>
> Vous **leur en** avez prêté.

d) objet direct + **y** :

> Mes collègues **nous y** ont amenés.
>
> Je vais **vous y** conduire.

e) **y + en** (seulement avec l'expression **il y a**) :

Il **y en** a.   Il n'**y en** a pas.   **Y en** a-t-il ?

B. Après le verbe (à l'impératif affirmatif)

1. Schéma général :

objet direct	+	objet indirect	+	y	+	en

2. Combinaisons possibles :

a) le, la, les + moi, toi, lui, nous, vous, leur

Dis-**le-moi**. Donnez-**la-moi**.

Emprunte-**le-nous**.

Envoyons-**les-leur**.

b) m', t', lui, nous, vous, leur + en

Donne-**m'en**.

Achète-**t'en** deux.

Apportez-**nous-en** plusieurs.

Envoie-**leur-en** beaucoup.

c) La combinaison pronom objet direct + **y** est théoriquement possible après le verbe mais fort peu employée. On substitue plutôt à **y** un adverbe de lieu :

Place-le **là**.

Conduis-moi **là-bas**.

Mettez-vous **là**.

REMARQUES

1 Les pronoms placés après le verbe sont reliés à celui-ci (et sont aussi reliés entre eux) par un *trait d'union* (sauf pour les combinaisons **m'en, t'en, s'en**).

2 L'ordre des pronoms à l'impératif négatif reste le même que l'ordre des pronoms devant le verbe :

Ne **me la** donne pas.   Ne **nous les** demandez pas.

IV LES PRONOMS PERSONNELS DISJOINTS

A. Formes

Les pronoms disjoints sont séparés du verbe. On les appelle aussi pronoms *toniques* (ou *accentués*). Ils représentent des personnes ou remplacent des noms de personnes.

Leurs formes sont les suivantes :

singulier	pluriel
moi	nous
toi	vous
lui, elle, soi*	eux, elles

* **Soi** correspond à un sujet indéfini : **on, chacun, tout le monde**, etc.

B. Emplois

1. Après une préposition

   a) Après **de** :

   Après une forme verbale qui se construit avec la préposition **de**, on emploie le pronom disjoint pour représenter une personne ou pour remplacer un nom de personne (comparez avec l'emploi de **en** plus haut) :

   As-tu besoin de **moi** ?

   J'aimerais rencontrer Alain : tu m'as tellement parlé de **lui**.

   b) Après **à** :

   Avec certaines formes verbales qui se construisent avec **à**, on ne peut pas employer le pronom objet indirect, il faut employer **à** + *pronom disjoint* :

   – **être à** (pour indiquer la possession) :

   C'est à Hélène, ce stylo ? — Non, ce n'est pas **elle**, c'est à **moi**.

   – **être habitué à** :

   Tes collègues sont sympathiques ? — Pas vraiment, mais je suis habitué à **eux**.

– **penser à / songer à** :

J'ai pensé à **toi** pendant ton absence.

Le directeur a songé à **vous** pour ce travail.

– **renoncer à** :

Il a dû renoncer à **elle** quand son père s'est opposé à leur mariage.

– **tenir à** :

Elle rend souvent visite à ses grands-parents et tient beaucoup à **eux**.

C'est aussi le cas avec certains verbes de mouvement :

Je suis allée à **lui** et lui ai adressé la parole.

Elle a couru à **lui** quand elle l'a vu arriver.

J'attire les enfants : ils viennent spontanément à **moi**.

Quand l'objet direct du verbe est **me**, **te**, **se**, **nous** ou **vous** :

– avec les verbes pronominaux :

Je me suis habitué à **elle**.

Il s'intéresse à **toi**.

Adressez-vous à **lui**.

Ne te fie pas à **eux**.

– avec des verbes comme **présenter**, **recommander** :

Présente-moi à **elle**.

C'est mon ancien patron qui m'a recommandé à **lui**.

c) Après les autres prépositions (ou locutions prépositionnelles) **à côté de**, **avec**, **chez**, **devant**, **derrière**, **grâce à**, **pour**, **près de**, **à propos de**, **sans**, **sur**, **sous**, etc. :

Je me suis assise à côté de **lui**.

Venez avec **nous**.

Nous allons dîner chez **eux**.

J'ai obtenu ce poste grâce à **elle**.

Vous pouvez compter sur **moi**.

Il faut avoir confiance en **soi**.

2. Pour accentuer :

– un pronom sujet ou objet :

> **Moi**, je travaille.
>
> Tu les connais, **eux** ?

– un nom sujet :

> Ta camarade a trouvé un emploi, **elle**.

– l'impératif :

> **Vous**, venez ici.
>
> **Toi**, tais-toi !

3. Dans une phrase elliptique, sans verbe :

> Qui a fait ça ? —– **Pas moi** !
>
> Qui doit s'en occuper ? — **Eux**.
>
> Il est occupé et **nous** aussi.

4. Dans la tournure **c'est / ce sont... qui / que** pour mettre en relief un pronom :

– un pronom sujet (avec **c'est... qui**) :

> Il a téléphoné.   →   C'est **lui** qui a téléphoné.
>
> Elles font tout ici.   →   Ce sont **elles** qui font tout ici.

– un pronom objet direct (**c'est ... que**) :

> Je viens vous voir.   →   C'est **vous** que je viens voir.

– un pronom objet indirect (**c'est + à +** *pronom disjoint* **+ que**) :

> Vous devez lui parler.   →   C'est à **lui** que vous devez parler.
>
> Il t'obéit.   →   C'est à **toi** qu'il obéit.

5. Avec le mot **seul** (à la place du pronom sujet) :

> **Elle** seule est capable de cela.
>
> **Eux** seuls ne peuvent pas venir.

6. Après **que** :

– dans une comparaison :

> Elle gagne un meilleur salaire que lui.

– dans la restriction (**ne... que**) :

> Je n'aime que **toi**.
>
> Elle n'a confiance qu'en **lui**.

7. Sujets ou objets multiples (coordonnés par **et** ou par **ni... ni**) :

a) Sujets :

> Pierre et **moi** (nous) allons travailler ensemble.
>
> Toi et **elle** (**vous**) travaillez trop.
>
> Hélène et **lui** partent en vacances demain.
>
> Ni **vous** ni **lui** n'avez obtenu d'augmentation.

b) Objets :

> Je les ai rencontrés, **elle** et **lui**.
>
> Il ne connaît ni **toi** ni **elle**.
>
> Je veux (vous) parler à Richard et à **toi**.

8. On peut renforcer le pronom disjoint par **même(s)** :

> Je vais le faire **moi-même**.
>
> Ne vous en prenez qu'à **vous-même**.
>
> Ils ne savent pas **eux-mêmes** ce qu'ils veulent.

Cette tournure s'emploie aussi pour préciser le sens réfléchi d'un verbe pronominal :

> Il se parle à **lui-même**.
>
> Il faut s'aider **soi-même**.
>
> Elles se nuisent à **elles-mêmes**.

V EXPRESSIONS VERBALES IDIOMATIQUES AVEC *EN*, *Y* ET *LE*

1. Avec *en*

– **en avoir assez (de)** : *être à bout de patience, ne plus pouvoir supporter*

> J'en ai assez de ce travail et de mes collègues.
>
> Il en a assez de faire des heures supplémentaires.

Dans la langue familière, on emploie aussi **en avoir plein le dos, en avoir par-dessus la tête, en avoir marre.**

— **en être** : *être arrivé à un certain point*

> Où en êtes-vous dans votre rapport ? — J'en suis à la moitié.
>
> Je ne sais plus où j'en suis.

— **s'en moquer** : *ne pas s'inquiéter, ne pas prendre quelque chose au sérieux*

> Le patron peut bien me congédier, je m'en moque.

On emploie aussi **s'en ficher** dans la langue familière.

— **en vouloir à qqn (de)** : *avoir du ressentiment envers qqn, lui reprocher quelque chose*

> Il en veut à son collègue d'avoir été promu à sa place.

La forme pronominale est également employée :

> Je m'en veux de cet échec.

— **ne plus en pouvoir (de)** : *être à bout de force, ne plus être capable*

> Je n'en peux plus : je suis trop fatigué pour continuer.
>
> Elle n'en peut plus de chercher du travail en vain.

— **s'en tirer** : *se sortir d'une situation difficile; échapper à la mort (maladie, accident)*

> Tu vas t'en tirer, ce n'est qu'un moment difficile à passer.
>
> On l'a opérée d'urgence après l'accident mais elle ne s'en est pas tirée.

— **en venir à (en arriver à)** : *atteindre un certain point*

> Il en est venu à cette solution après bien des difficultés.
>
> Désespérés, certains chômeurs en arrivent à envisager le suicide.

2. Avec y

— **y aller** : *commencer, se décider à faire quelque chose*

> Allons-y ! Il n'y a pas de temps à perdre.
>
> N'aie pas peur de poser ta candidature. Vas-y !

— **s'y connaître (en)** : *avoir des connaissances; être un expert*

> Je n'arrive pas à réparer ma voiture. Tu t'y connais, toi, en mécanique ?

– **y être** :

- • Sujet = une personne : *être prêt; avoir compris*

   Tu y es ? Alors, suis-moi.

   Ce n'est pas ce que je veux dire. Tu n'y es pas du tout.

- • **Ça y est !** *(C'est fait)*

   As-tu établi ton curriculum vitæ ? — Oui, ça y est.

- • **y être pour quelque chose** : *avoir une part de responsabilité*

   Je suis convaincu qu'il y est pour quelque chose dans cette décision.

   Mais non, il n'y est pour rien.

– **y pouvoir quelque chose** : *être capable de faire quelque chose*

   D'accord, il y a du chômage; mais est-ce que le gouvernement y peut quelque chose ? Moi, je pense qu'il n'y peut rien.

3. Avec *le (l')*

– **l'échapper belle** : *éviter une catastrophe de justesse*

   L'auto l'a renversé mais il n'a pas été blessé; on peut dire qu'il l'a échappé belle !

– **l'emporter sur (qqch., qqn)** : *se montrer supérieur, vaincre*

   Son optimisme l'a finalement emporté sur ses doutes.

   Notre équipe de football l'a emporté sur l'équipe adverse.

Exercices

I. *Les pronoms objets directs et indirects*

A. Répondez aux questions affirmativement en remplaçant les mots en italique par le pronom qui convient.

1. Est-ce qu'il veut embaucher *mon frère* ?
2. Avez-vous parlé *au patron* ?
3. Est-ce qu'ils ont posé des questions *à la candidate* ?
4. Tu attends *tes collègues* ?
5. A-t-il envoyé *son curriculum vitæ* à plusieurs employeurs ?
6. Vous avez écrit *à la directrice* ?

7. Est-ce que tu as regardé *les ouvriers* travailler ?

8. Est-ce que ce genre de travail plaît *aux gens ambitieux* ?

9. Vas-tu demander une augmentation *à ton patron* ?

10. N'avez-vous pas entendu *le président de la compagnie* prononcer son discours ?

11. Est-ce que tu téléphoneras *à cet employeur* ?

12. Il refuse d'obéir *à ses supérieurs* ?

13. Est-ce qu'elle essaie de trouver *l'emploi idéal* ?

14. Êtes-vous prêts à embaucher *cette candidate* ?

B. Remplacez le nom par le pronom qui convient, puis le verbe par les autres verbes entre parenthèses en faisant les autres changements nécessaires.

1. Il parle à ses employés. (écouter, répondre, encourager)

2. Elle respecte sa patronne. (obéir, observer, aider)

3. J'attends ma collègue. (téléphoner, écrire, observer)

C. Complétez la phrase par le pronom qui convient.

1. Elle aime son milieu de travail et _____ trouve très stimulant.

2. Écoute-_____ quand je te parle !

3. Il _____ a demandé si j'avais de l'expérience et je _____ ai répondu que non.

4. Estimez-vous heureux qu'on ne _____ ait pas congédié !

5. Vos vacances, _____ avez-vous déjà prises ?

6. Tu devrais demander au centre de main-d'œuvre qu'on _____ aide à trouver un emploi.

D. Refaites les phrases en employant l'impératif et en remplaçant les mots en italique par le pronom qui convient.

1. Je veux que vous téléphoniez *à cet employeur*.

2. Il faut envoyer *votre demande* au plus tôt.

3. Tu dois établir *ton curriculum vitae*.

4. Je voudrais que nous parlions *aux autres membres du syndicat*.

5. Il faut poser *ta candidature* dans les plus brefs délais.

6. Vous devriez embaucher *cette candidate*.

E. Mettez les phrases impératives suivantes à la forme négative.

1. Répondez-nous tout de suite.

2. Envoyez-moi votre demande.

3. Écoutons-les.

4. Téléphone-lui.

5. Congédiez-le.

F. Répondez aux questions affirmativement en employant le pronom neutre **le**.

    1. Tes collègues sont-ils sympathiques ?

    2. Penses-tu que les ouvriers vont faire la grève ?

    3. Est-ce qu'il sait qu'il va être congédié ?

    4. Est-ce que ton frère aussi est ingénieur ?

    5. Est-elle restée célibataire toute sa vie ?

    6. Croyez-vous avoir une chance d'être engagé ?

II. Les pronoms en et y

A. *Le pronom **en**.* Remplacez les mots en italique par **en**.

    1. Il est sorti *du bureau* à trois heures trente.

    2. Avez-vous déjà trouvé *du travail* ?

    3. Parlez de *vos difficultés* au représentant syndical.

    4. Il est revenu *de son entrevue* découragé.

    5. J'ai reçu une grosse *augmentation de salaire*.

    6. Il a embauché trois nouveaux *employés*.

    7. Nous n'avons pas besoin *de vacances*.

    8. Il n'a reçu aucune *offre d'emploi*.

    9. Je connais quelques *fonctionnaires*.

B. Répondez aux questions négativement en remplaçant les mots en italique par **en** ou par **le, la, les**.

    1. Es-tu satisfaite de *tes conditions de travail* ?

    2. A-t-elle pris *sa retraite* ?

    3. Ton père a-t-il toujours été *fonctionnaire* ?

    4. Est-ce qu'ils font trop d'*heures supplémentaires* ?

    5. Est-ce que ta collègue a obtenu *une promotion* ?

    6. Le syndicat a-t-il présenté d'*autres revendications* ?

    7. Pensez-vous *qu'elle va partir* ?

    8. Est-ce que les ouvriers ont peur *de se retrouver en chômage* ?

    9. Est-ce que tu connais *des chômeurs* ?

   10. Ce candidat possède-t-il *les qualités requises* ?

C. *Le pronom **y**.* Répondez aux questions affirmativement en employant **y**.

    1. Avez-vous répondu *à toutes les questions du formulaire* ?

    2. Est-ce qu'elle s'est inscrite au centre de main-d'œuvre ?

    3. Le patron est-il dans son bureau ?

    4. As-tu réfléchi à ton avenir ?

    5. Jouez-vous aux échecs pendant vos heures de loisir ?

    6. Est-ce qu'elle tient à son emploi ?

    7. Travaillez-vous en ville ?

    8. Passent-ils leurs vacances au bord de la mer ?

D. Remplacez les mots en italique par le pronom qui convient (**y** ou **lui / leur**).

    1. Comme il refusait d'obéir *au règlement,* on l'a congédié.

    2. J'ai envoyé ma demande *au directeur.*

    3. A-t-elle téléphoné à *sa collègue* ?

    4. Ne répondez pas *à cette offre d'emploi.*

    5. Il a parlé *à ses collègues.*

    6. J'ai soumis mon rapport *à mon supérieur.*

    7. Elle n'a pas obéi *à la patronne.*

    8. Pense *à tes prochaines vacances.*

E. Répondez affirmativement aux questions en remplaçant les mots en italique par **y** ou **en** ou par **à le faire / de le faire**.

    1. As-tu besoin *de trouver un emploi* ?

    2. A-t-il déjà songé *à prendre sa retraite* ?

    3. Est-ce qu'elle hésite *à accepter cette offre d'emploi* ?

    4. Est-ce que tu tiens *à travailler à ton compte* ?

    5. S'attend-elle *à ce qu'on l'engage* ?

    6. Es-tu content *qu'on t'offre cette promotion* ?

    7. Ont-ils renoncé *à trouver du travail* ?

    8. Est-ce qu'il a refusé *de la congédier* ?

    9. As-tu l'habitude *d'arriver au bureau en retard* ?

   10. A-t-elle promis *de te donner une augmentation* ?

F. Remplacez les mots en italique par le pronom qui convient.

    1. Ils ont envie *de prendre des vacances.*

    2. Il pense tout le temps *à son travail.*

    3. Elle est heureuse *d'avoir obtenu une promotion.*

    4. La directrice fait confiance *à ses employés.*

    5. Les grévistes ont présenté *leurs revendications.*

    6. On a signé *la convention collective.*

    7. De nombreux candidats se sont présentés *au concours.*

    8. Je ne m'attendais pas *à recevoir une augmentation.*

    9. Elle s'habitue mal *à son nouvel horaire.*

   10. Je ne veux pas faire *d'heures supplémentaires.*

11. Ils veulent prendre *leur retraite* à soixante ans.

12. Il a renoncé *à chercher un emploi.*

III. L'ordre des pronoms

A. Remplacez les mots en italique par le pronom qui convient.

1. Il doit m'envoyer *sa demande d'emploi.*

2. Le patron va nous donner *une augmentation de salaire.*

3. T'a-t-il parlé *de son milieu de travail* ?

4. Son ancien professeur me recommande *cette candidate.*

5. Choisissez un autre *métier* !

6. Le directeur nous a invités *à la réception.*

7. Elle s'intéresse *à son travail.*

8. Te souviens-tu *de ce que je t'ai dit* ?

B. Remplacez les mots en italique par les pronoms qui conviennent.

1. Il a envoyé *sa demande au directeur de l'usine.*

2. On a offert *les postes aux candidats les plus qualifiés.*

3. Elle a accordé *un congé de maternité à sa secrétaire.*

4. Nous avons fait passer *une entrevue à cette candidate.*

5. Elle conduit *son mari à l'usine* tous les matins.

6. Est-ce qu'il a parlé *des conditions de travail aux candidats* ?

7. Il a demandé au *patron ce qu'il devait faire.*

8. Nous garantissons *la sécurité d'emploi à nos employés.*

9. Il faut fournir *des références à l'employeur.*

10. Ne donnez pas *trop de responsabilités à ces débutants.*

C. Mettez les phrases à la forme affirmative.

1. Ne le lui dis pas.

2. Ne la leur confiez pas.

3. Ne me les prêtez pas.

4. Ne lui en donne pas.

5. Ne nous en envoie pas.

6. Ne nous les donnez pas.

D. Remplacez les mots en italique par le pronom qui convient.

1. Apportez-moi *votre curriculum vitae.*

2. Fournissez-lui *des références.*

3. Laissez-leur un peu *d'espoir de trouver du travail.*

4. Dites-moi *ce que vous faites en ce moment.*

5. Donnons-lui *une chance*.

6. Fournissez-moi quelques *références*.

7. Allez me chercher le *dossier de cette employée*.

8. Trouvez-moi *son numéro de téléphone*.

IV. Les pronoms disjoints

A. Répondez à la question affirmativement en employant soit **en**, soit **de** + *un pronom disjoint*.

1. As-tu peur *de ton patron* ?

2. Avez-vous envie *de cette promotion* ?

3. Te souviens-tu *de la personne dont je te parle* ?

4. Avez-vous besoin *de nouveaux employés* ?

5. Est-ce que je t'ai déjà parlé *de Paul Benoît* ?

6. Est-ce qu'ils se moquent encore *de cette pauvre Madame Armand* ?

7. Est-ce que je t'ai parlé *de ma mère* ?

8. Avez-vous parfois besoin *du syndicat* ?

B. Remplacez les mots en italique par **y, lui, leur, à lui, à elle(s), à eux**.

1. Est-ce que tu t'intéresses *aux possibilités d'avancement* ?

2. C'est sa secrétaire qui répond *au téléphone*.

3. Je suis allé *au bureau* à pied.

4. Ils en ont parlé *au responsable syndical*.

5. Il tient beaucoup *à son excellente secrétaire*.

6. Nous avons refusé d'obéir *aux ordres de la direction*.

7. Quand j'ai appris que ce poste était vacant, j'ai tout de suite pensé *à votre frère*.

8. C'est le patron lui-même qui a répondu *aux grévistes*.

9. Je ne tiens pas tellement *à cette promotion*.

C. Complétez la phrase par le pronom disjoint qui convient.

1. Mes collègues sont sympathiques et je me suis vite habituée à _____.

2. Tu peux compter sur _____ : je t'aiderai à trouver un emploi.

3. Hélène n'était pas encore rentrée que j'ai téléphoné chez _____.

4. Mon ancien professeur m'a beaucoup aidé. C'est grâce à _____ que j'ai obtenu ce poste.

5. _____ et son mari sont tous deux fonctionnaires mais elle occupe un poste plus important que _____.

6. _____, vous pouvez partir, mais _____, je reste.

7. C'est mon seul ami. _____ seul me comprend.

8. Sois tranquille : je n'en ai parlé à personne d'autre que _____.

9. C'est _____ qui m'avez conseillé de poser ma candidature.

10. Lui et _____ travaillons ensemble.

11. Être égoïste, c'est ne penser qu'à _____ .

12. Aie confiance en _____-même.

V. Expressions idiomatiques

Complétez les phrases par l'expression (au présent) qui convient :

en être, s'y connaître, l'emporter, s'en tirer, y être,
en avoir assez, en venir, en vouloir

1. Il y a six mois que je suis en chômage. Je _____ parfois à me demander si je trouverai jamais un autre emploi.

2. Parmi les revendications des grévistes, la question des salaires _____ sur toutes les autres.

3. Elle vient d'être congédiée et elle _____ au responsable syndical de ne pas l'avoir défendue.

4. Elle se demande pourquoi elle est toujours épuisée. Moi, je crois que son horaire de travail _____ pour beaucoup.

5. Pour ce poste, nous avons embauché quelqu'un qui _____ en informatique.

6. Vous pouvez lui confier les tâches les plus délicates, elle _____ toujours sans difficulté.

7. Il veut quitter son emploi; il _____ de travailler pour un salaire de misère.

8. Je n'ai pas terminé de rédiger mon rapport, je _____ seulement à la moitié.

Quand l'homme apprend le temps partiel

« Libération » a enquêté aux Pays-Bas, où un homme sur cinq opte pour le temps partiel, et en France, chez les pionniers du temps partiel au masculin.

Amsterdam de notre correspondante

Ils s'appellent Joost, Richard, Foppe, Albert-Jan et Richie. Ils ont entre 30 et 45 ans, un emploi qui leur plaît et qu'ils ont choisi d'exercer à temps partiel... sans se sentir devenir des femmes pour autant. Aux Pays-Bas, un homme sur cinq travaille à temps partiel, une exception très néerlandaise dans une Europe où les « TP » sont majoritairement des femmes peu qualifiées.

Loin de dissimuler leur statut, ils revendiquent ce nouveau mode de vie : « *Je suis fier de m'occuper aussi de mes enfants* », affirme Joost Reus, 36 ans, ingénieur à l'Institut d'agronomie à Utrecht, en congé le mercredi. « *Je ne veux pas vivre seulement pour mon travail* », confirme Richard Wieland, médecin à Apeldoorn, trois enfants, aussi à quatre jours. « *Les gens sont plutôt jaloux quand je leur dis que j'ai mon vendredi* », précise Foppe Hoogeveen, professeur d'économie. « *Le temps libre compte plus que l'argent* », revendique Albert-Jan Huizing, responsable informatique[1] à la Bourse d'Amsterdam, qui, depuis la naissance de sa première fille il y a sept ans, est tous les lundis chez lui.

Aux Pays-Bas, les hommes à temps partiel s'assument. Un sondage montrait même l'an dernier que 13 % d'entre eux souhaiteraient travailler encore moins. Le grand syndicat du pays, le FNV, se frotte les mains[2]. La campagne qu'il avait lancée au début des années 90 en faveur de la diminution du temps de travail masculin semble un succès. À l'époque, le FNV placardait des affiches avec les slogans : « *Chéri, ton repas est froid* », ou encore « *Bonjour, je suis ton père* », suivi du mot d'ordre : « *Pensez au travail à temps partiel.* » Pour les syndicats des autres pays européens, cet encouragement à travailler moins était une hérésie.

L'enfant déclencheur. Dix ans plus tard, pas si sûr... même si faire baisser le curseur « temps de travail » n'est pas possible dans toutes les entreprises. Albert-Jan, par exemple, était dans l'informatique au moment de la naissance de sa fille. Avec sa femme, également à temps plein, ils ont décidé de « *partager les plaisirs comme les charges* » et de travailler, de concert, quatre jours par semaine. Dans l'informatique c'était niet[3], alors Albert-Jan s'est fait engager à la Bourse.

Souvent, c'est l'arrivée du premier enfant qui motive le passage à temps partiel. Aux Pays-Bas, on ne laisse pas un bambin en crèche toute la semaine. Et comme les femmes travaillent de plus en plus, les hommes prennent le relais. « *Ma femme travaille trois jours, moi quatre. Et deux jours par semaine, nos deux enfants sont à la crèche. C'est l'idéal* », affirme l'ingénieur Joost, véritable homme au foyer[4], qui affirme repasser lui-même ses pantalons... certes, devant la télévision. Mais à côté des enfants — le hobby n°1 de l'informaticien Albert-Jan —, il y a d'autres bonnes raisons de travailler moins. Richie, employé trois jours par semaine aux PTT[5], passe ses deux jours libres à bûcher son diplôme d'instituteur. Richard, médecin, fait du bénévolat dans un centre pour personnes en difficulté. « *Notre société est devenue tellement individualiste, nous ne faisons plus rien les uns pour les autres. J'essaye de rompre avec cette tendance.* »

Plaisir du temps libre. Foppe Hoogeveen, professeur d'économie, occupe son temps libre de façon sportive et culturelle : « *Je nage beaucoup, je vois mes amis, je vais à des concerts de jazz, je joue aux échecs...* » Parfois, le temps en plus est juste une façon de vivre mieux : « *Au lieu de manger des plats surgelés tous les soirs, on fait des vrais repas, même en semaine* », raconte Richie. « *Mon lundi de libre me donne l'occasion d'aller régulièrement chez le dentiste ou le docteur, ce que je négligeais avant* », reconnaît Albert-Jan.

Ces hommes se sentent-ils pour autant « *en dehors du coup*[6] » parce qu'ils travaillent moins ? « *Le phénomène est socialement totalement accepté ici* », estime le professeur Foppe. Il faut dire que l'enseignement est, avec le secteur de la santé et de l'hôtellerie, la branche d'activité où les hommes travaillent le plus à mi-temps : un tiers d'entre eux ont déjà adopté cette forme de travail. « *D'ailleurs, si je travaille moins, c'est aussi pour travailler mieux. Avant, j'étais stressé et irritable avec les élèves.* » Et Joost, l'ingénieur agronome, précise : « *La plupart de mes collègues se mettent à travailler moins quand ils ont un enfant. Dans notre entreprise, nous sommes déjà à 36 heures hebdomadaires, donc la différence avec 32 heures est mince. Quatre jours, c'est faisable. Trois, ce serait trop peu.* »

Compensation. Question[7] organisation, en revanche, les hommes à temps partiel sont plus forts que les autres. Obligés. Ritchie, qui partage son poste avec une collègue, en sait quelque chose : « *Je dois lui transmettre tout ce que je sais. Notre communication est très intense : par e-mail, mémo, téléphone portable. Cela demande un effort particulier, mais aux PTT, on a tous les moyens techniques appropriés !* » Plus on monte dans la hiérarchie, plus la gymnastique est difficile. Albert-Jan est à la tête d'une équipe de vingt informaticiens à la Bourse. Le lundi, chez lui, il est sans cesse dérangé, par téléphone ou par fax. « *J'ai même dû organiser plusieurs fois une réunion de travail chez moi ! Parfois, les gens trouvent ça bizarre. Je suis leur chef et je travaille moins qu'eux. Pour compenser, j'ai tendance à en faire encore plus quand je suis présent et à travailler à la maison. C'est une bonne affaire pour l'entreprise : je suis payé 80 % et je travaille à 100 % !* », raconte-t-il. Question argent, le moins perçu[8] ne semble pas poser de problème aux intéressés... il faut dire que la plupart avaient déjà de bon salaires. Et puis, lorsque la femme travaille, que l'impôt baisse d'autant, c'est jouable. Sans doute aussi qu'aux Pays-Bas, le statut social est moins lié à l'argent qu'ailleurs. Les différences de richesses sont moins visibles. Moins d'argent, mais pas moins homme pour autant ? « *Non, pas moins homme, mais peut-être plus humain* », résume l'idéaliste médecin Richard.

Sophie Perrier — *Libération*

1. **responsable informatique** : chef des services informatiques.
2. **se frotte les mains** : se réjouit ; est très satisfait.
3. **niet** : « non », en russe.
4. **homme au foyer** : l'expression consacrée étant « femme au foyer », pour désigner la femme qui n'occupe pas un emploi.
5. **PTT** : les postes et télécommunications.
6. **en dehors du coup** : à l'écart de la réalité sociale dominante.
7. **question** : pour ce qui est de ; en ce qui concerne.
8. **le moins perçu** : le salaire inférieur; la diminution du revenu.

Compréhension

1. Qu'y a-t-il d'exceptionnel aux Pays-Bas par rapport au reste de l'Europe ?

2. Quelle est l'attitude de ces hommes envers leur statut de travailleurs à temps partiel ?

3. Pourquoi le FNV se réjouit-il ? En quoi ce syndicat est-il différent de ceux des autres pays européens ?

4. Pourquoi Albert-Jan a-t-il opté pour le temps partiel ? Qu'est-ce qu'il a été obligé de faire à la suite de cette décision ?

5. Comment les parents s'organisent-ils pour s'occuper de leurs jeunes enfants aux Pays-Bas ?

6. À part passer du temps avec les enfants, qu'est-ce que le temps partiel permet de faire ?

7. Est-ce que les hommes qui travaillent à temps partiel se sentent marginaux par rapport au reste de la société néerlandaise ?

8. Quelles sont les professions où le temps partiel est le plus fréquent ?

9. Pourquoi faut-il être mieux organisé lorsqu'on travaille à temps partiel ?

10. Comment Albert-Jan s'y prend-il pour concilier le temps partiel et ses responsabilités professionnelles ?

11. Comment expliquer que la diminution du revenu qu'entraîne le choix du temps partiel ne semble pas poser de problèmes aux personnes interviewées ?

Questions d'ensemble

1. Quelles conditions particulières aux Pays-Bas semblent encourager la réussite du temps partiel au masculin ? Ce modèle vous semble-t-il exportable en Amérique du Nord ?

2. À quelles catégories socio-professionnelles appartiennent les hommes interrogés dans cet article ? Croyez-vous que leur expérience pourrait être généralisée à l'ensemble des travailleurs masculins ?

3. Quel est le but de cet article, compte tenu qu'il s'adresse à un public français ? Quels sont les principaux arguments utilisés ?

Vocabulaire

L'emploi

1. Chercher un emploi

les aptitudes (f. pl.) (*skills*)   **les capacités** (f. pl.) (*abilities*)
les qualités requises (*qualifications*)   **l'expérience** (f.)
fournir des références (f. pl.)   **établir son curriculum vitae**
faire une demande d'emploi (*job application*) = **poser sa candidature à**
se porter candidat(e) à un poste (*to apply for a position*)
se présenter à un concours (*to enter a competition*)
consulter les petites annonces (*classified ads*)
passer une entrevue
un poste vacant = une vacance   **une offre d'emploi**
un employeur   **un(e) patron(-ne)** (*boss*)
le marché du travail   **les débouchés** (m. pl.) (*job prospects*)
un bureau / une agence de placement (m.) (*employment*)
un centre de main-d'œuvre (f.) (*manpower*)

2. Les conditions de travail

travailler à temps plein, à temps partiel
faire **des heures supplémentaires** (*overtime*)
le lieu de travail   **le milieu de travail**
un travail **agréable, exigeant** (*demanding*), **épuisant** (*exhausting*)
la charge de travail (*workload*)   **un horaire de travail** (*schedule*)
la sécurité d'emploi   obtenir **une promotion**
les possibilités (f. pl.) **d'avancement** (m.) (*advancement opportunities*)

les avantages sociaux (*fringe benefits*)
un congé (*leave*)   **le congé annuel = les vacances** (*annual vacation*)
un jour férié (*legal holiday*)
une assurance-vie, –maladie (*health*), **–invalidité** (*disability*)
la retraite (*retirement*)   **prendre sa retraite**   **un(e) retraité(e)**

3. Catégories

un(e) ouvrier(-ère) (*blue collar worker*)
un(e) employé(e) (*employee; clerk*)
un(e) employé(e) de bureau (*office worker*)

un **cadre**, une **femme cadre** (*executive*)   **cadre moyen, cadre supérieur**

un(e) fonctionnaire (*civil servant*)   **la fonction publique**

travailler à son compte (*to be self-employed*)
un(e) travailleur(-euse) indépendant(e) = artisan, commerçant(e)

exercer une profession libérale (*to be a professional*)
avoir, exercer **un métier** (*trade*), **une profession**
suivre une carrière   **avoir une bonne situation**

4. La rémunération

le salaire (ouvriers, employés, etc.)   **un(e) salarié(e)**
le traitement (fonctionnaires, enseignants, etc.)
les appointements (m. pl.) (cadres)
les honoraires (m. pl.) (professions libérales)

toucher un salaire (un traitement, des honoraires)
le salaire minimum   le salaire / le traitement **annuel**
recevoir une augmentation de salaire (*raise*)

5. Les relations de travail

les travailleurs(-euses) (*workers, in the general sense; labour*)
le patronat (*employees as a group*)
régler (*to settle*) **un conflit de travail** (*labour dispute*)
un syndicat (*union*)   **être syndiqué(e)**
une convention (*agreement*) **collective**   **une revendication** (*demand*)
faire la grève (*to go / to be on strike*)   **un(e) gréviste**

l'embauche (*hiring*)   **embaucher = engager**
congédier = renvoyer (*to discharge, release*)   **le congédiement**
la mise à pied (*lay-off*)   **mettre / être mis(e) à pied**
être en chômage (m.) (*unemployment*)   **un(e) chômeur(euse)**

Exercices

A. Faites de courtes phrases pour illustrer la différence entre

le lieu de travail	*et*	le milieu de travail
une vacance	*et*	les vacances
une demande d'emploi	*et*	une offre d'emploi
un concours	*et*	une compétition
un congé	*et*	un congédiement

B. Complétez les phrases à l'aide d'un des verbes (au présent) choisi dans la liste ci-dessous :

exercer, recevoir, établir, toucher, consulter, prendre, embaucher, se présenter

1. Les avocats _____-ils des honoraires plus élevés que ceux des notaires ?

2. C'est une entreprise en pleine expansion qui _____ continuellement du nouveau personnel.

3. La plupart des travailleurs _____ leur retraite à soixante-cinq ans.

4. Les médecins _____ une profession libérale.

5. Je _____ la semaine prochaine à un concours pour entrer dans la fonction publique.

6. Lorsqu'on cherche un emploi, on _____ d'abord son curriculum vitæ.

7. Chaque fois que l'on obtient une promotion, on _____ en même temps une augmentation de salaire.

8. Elle _____ les petites annonces chaque matin pour voir s'il y a des offres d'emploi dans son domaine.

C. Choisissez le mot ou l'expression qui convient pour compléter la phrase :

avancement, débouché, fonctionnaire, lieu de travail, congé, conflit, chômage, gréviste

1. Beaucoup de gens préfèrent habiter près de leur _____.

2. Sa femme ne travaille pas en ce moment : elle est en _____ de maternité.

3. Comme elle est ambitieuse, elle cherche un emploi qui offre des possibilités de _____ rapide.

4. Beaucoup de travailleurs mis à pied n'ont pas réussi à trouver un nouvel emploi et sont maintenant en _____.

5. La grève est-elle un bon moyen de régler un _____ de travail ?

6. Les _____ bénéficient de la sécurité d'emploi.

7. Les _____ refusent de reprendre le travail avant d'obtenir satisfaction.

8. Paul hésite à se spécialiser en psychologie, car il se demande s'il y aura encore des _____ dans ce domaine lorsqu'il aura fini ses études.

D. Dites d'une autre manière.

1. *Il travaille à son compte.*

2. Combien y a-t-il de personnes *qui ont posé leur candidature* à ce poste ?

3. Noël est un jour *où l'on ne travaille pas.*

4. Elle *occupe un poste important et bien rémunéré.*

5. Il *travaille en plus de son horaire normal* pour gagner plus d'argent.

E. Donnez le mot ou l'expression qui correspond à la définition.

1. La répartition des heures de travail.

2. Une personne qui fait partie du personnel d'encadrement.

3. La rémunération d'un fonctionnaire ou d'une personne occupant un emploi d'une certaine importance sociale.

4. Une rencontre au cours de laquelle on pose des questions à quelqu'un qui se porte candidat à un emploi.

5. Une réclamation que les salariés adressent à l'employeur.

Conversations, exposés, compositions

1. L'entrevue (par groupes de deux étudiants). Un(e) étudiant(e) joue le rôle de l'employeur et pose une série de questions portant sur les qualifications du candidat. L'autre étudiant(e) joue le rôle du candidat (ou de la candidate), répond aux questions de l'employeur et interroge ce dernier au sujet des conditions de travail.

2. Comment faut-il se comporter au cours d'une entrevue lorsqu'on postule un emploi ? Que faut-il faire et que faut-il éviter ?

3. Comment allez-vous procéder pour trouver un emploi après vos études ?

4. Si vous aviez le choix entre deux postes de même type et ne présentant aucune différence au plan de la rémunération, quelles seraient les conditions de travail qui vous feraient préférer l'un de ces postes à l'autre ?

5. Travailler à son compte : quels en sont les avantages et les inconvénients ?

6. Quelle place comptez-vous accorder à votre carrière dans votre vie ? Votre carrière passera-t-elle avant vos autres projets ou pensez-vous pouvoir tout concilier ?

7. Dans les circonstances actuelles (espérance de vie plus longue, sous-emploi des jeunes, etc.), l'âge de la retraite devrait-il être maintenu à 65 ans ?

8. Comment fonctionne un syndicat ? Quels en sont les objectifs et les moyens d'action ? Choisiriez-vous de préférence un emploi là où un syndicat est déjà en place ou non ?

9. Si vous avez déjà travaillé (emploi d'été ou autre), racontez comment vous avez obtenu cet emploi et dites quelles étaient les conditions de travail et ce que vous avez retiré de cette expérience.

10. Rédigez une lettre de demande d'emploi. Efforcez-vous de convaincre l'employeur de vous embaucher.

CHAPITRE 6

GRAMMAIRE

I. LE NOM
    A. Le genre des noms
    B. Le pluriel des noms

II. LES ARTICLES
    A. L'article défini
    B. L'article indéfini et l'article partitif
    C. L'omission de l'article

LECTURE
Acheter pour acheter (Lisa-Marie Gervais)

VOCABULAIRE
L'économie domestique

Conversations, exposés, compositions

GRAMMAIRE

I LE NOM

A. Le genre des noms

En français, les noms sont soit masculins, soit féminins. On peut distinguer deux classes de noms :

– les noms *animés* (personnes, animaux) : la différence de genre correspond à la différence entre les sexes (*genre naturel*);

– les noms *non animés* (objets, choses) : le genre du nom est arbitraire, il est fixé par la langue (*genre grammatical*).

1. Les noms animés

a) Les noms humains :

– la plupart des noms humains peuvent avoir les deux genres, selon qu'ils désignent des hommes ou des femmes :

> un caissier / une caissière
>
> un employé / une employée
>
> un frère / une sœur

– certains noms de profession sont toujours masculins mais peuvent désigner une femme aussi bien qu'un homme[1] :

> un peintre   un magistrat

Pour préciser, on peut employer :

> une femme peintre   une femme magistrat

– inversement, certains noms toujours féminins peuvent désigner des hommes :

> une personne   une vedette   une victime

---

1. Du fait de l'évolution sociale, on assiste à une tendance à féminiser au moins une partie de ces noms, en particulier au Québec (une auteure, une professeure , une écrivaine, etc.).

- certains noms ont une forme identique au masculin et au féminin : leur genre est marqué par le déterminant (article, démonstratif, etc.) et l'accord de l'adjectif :

architecte, artiste, camarade, enfant, élève, secrétaire, etc.

J'ai rencontré un artiste. / J'ai rencontré une artiste.

L'élève est turbulent. / L'élève est turbulente.

b) Les noms d'animaux :

- les noms des animaux les plus connus ont les deux genres :

un coq / une poule   un chat / une chatte   un lion / une lionne

- un grand nombre de noms d'animaux ont un genre unique :

un rat   une souris

Pour préciser le sexe, on ajoute **mâle** ou **femelle** :

un rat femelle   une souris mâle

c) La formation du féminin :

Le féminin se forme par l'ajout de **e** au masculin (sauf pour les noms qui se terminent déjà par **-e** : artiste, élève, etc.)

un avocat / une avocate un ami / une amie

L'addition du **e** à la forme du masculin peut entraîner d'autres modifications :

- **er → ère** :

boulanger / boulangère infirmier / infirmière

- **x → se** :

époux / épouse

- **p / f → ve** :

loup / louve   veuf / veuve

- **eau → elle** :

jumeau / jumelle   chameau / chamelle

- **eur → euse / teur → trice** :

vendeur / vendeuse   acteur / actrice

(*mais* chanteur / chanteuse)

- certains féminins se forment par l'addition de **-sse** :

hôte / hôtesse   tigre / tigresse

– les noms en **on** et **ien** doublent la consonne finale (ainsi que **paysan** et **chat**) :

patron / patronne   pharmacien / pharmacienne

REMARQUE

La forme du nom féminin est parfois complètement différente de celle du masculin :

un homme / une femme   un singe / une guenon

un oncle / une tante   un canard / une cane

---

2. Les noms non animés

Le genre des noms non animés est arbitraire. Toutefois, un certain nombre de terminaisons est associé soit au masculin, soit au féminin. **Les remarques qui suivent ne sont pas des règles, car les exceptions sont nombreuses.**

a) Noms *généralement* masculins :

- Les noms qui se terminent :

  – par une consonne :

    un budget, un loyer, l'impôt, les frais

  – par une voyelle *autre* que **e** muet (sauf ceux qui se terminent par **-té** ou **-tié**) :

    un cinéma, un café, un abri, un piano

Dans ces deux catégories, on peut faire entrer les noms de pays, de provinces, de fleuves et autres noms géographiques :

le Canada, le Manitoba, le Saint-Laurent

- Les noms qui ont les terminaisons suivantes :

-aire :	formulaire, questionnaire
-al :	bal, journal
-asme et **-isme** :	sarcasme, socialisme
-eau :	bureau, chapeau
-ème et **-ège** :	problème, collège
-et :	objet, guichet
-euil :	fauteuil, seuil
-ier :	papier, métier
-nt :	accent, chant, emprunt, pont
-oir :	rasoir, espoir

b) Noms *généralement* féminins :

- Les noms qui se terminent par **e** muet précédé d'une voyelle ou d'une double consonne :

une idée	une feuille
la vie	une promesse
la boue	une cigarette
une avenue	une bulle

Y compris les noms de continents, de pays, de fleuves et autres noms géographiques qui se terminent par un **e** muet :

l'Asie, la France, la Nouvelle-Écosse, la Loire

(mais **le** Mexique, **le** Cambodge)

- Les noms qui ont les terminaisons suivantes :

-ance et **-ence** :	échéance, réticence
-ière :	carrière, manière
-ion :	action, révolution
-oire :	baignoire, histoire
-son :	chanson, raison
-té ou **-tié** (*noms abstraits*) :	santé, amitié
-tude et **-ture** :	habitude, aventure

c) Catégories de noms toujours masculins :

– les noms d'arbres :	un érable, un peuplier
– les noms de couleurs :	le bleu, le jaune
– les noms de jours et de saisons :	le dimanche, l'automne
– les noms de langues :	l'arabe, le portugais
– les noms de métaux :	le fer, le cuivre

d) Certains noms peuvent s'employer au masculin ou au féminin sans différence de sens :

un / une après-midi   un / une après-guerre

B. Le pluriel des noms

1. La formation du pluriel

a) Le pluriel de la plupart des noms se forme en ajoutant **s** au singulier :

un chèque / des chèques   une solution / des solutions

Les noms dont le singulier se termine déjà par **s**, **x** ou **z** gardent la même forme au pluriel :

un cas / des cas   un prix / des prix   un gaz / des gaz

b) Certains noms forment leur pluriel en ajoutant **x** plutôt que **s**.

Ce sont :

– les noms qui se terminent au singulier par **au**, **eau**, **eu**, **œu** :

un tuyau / des tuyaux   un niveau / des niveaux

un cheveu / des cheveux   un vœu / des vœux

Exceptions : des pneus, des bleus

– sept noms en **ou** :

bijou, caillou, chou, genou, hibou, joujou, pou (bijoux, etc.)

mais

un sou / des sous, un trou / des trous, etc.

c) La plupart des noms terminés au singulier par **al** prennent la terminaison **aux** :

un journal / des journaux   un cheval / des chevaux

Certains noms font exception à cette règle :

des bals, des carnavals, des festivals, des récitals

Certains noms en **ail** prennent aussi la terminaison **aux** (un bail / des baux ; un travail / des travaux), mais les autres ont leur pluriel en **ails** (des détails, des rails).

d) La forme du pluriel diffère du singulier pour[2]:

– un œil :   des yeux

– un ciel :   des cieux

– un aïeul :   des aïeux

e) Les noms propres de personnes restent invariables lorsqu'ils désignent les membres d'une famille :

Les Grenier   Les Leblanc

Ils prennent la marque du pluriel lorsqu'ils désignent des familles royales (les Habsbourgs) ou des œuvres artistiques (des Monets, des Picassos).

---

2. Il faut aussi noter le pluriel de *monsieur, mademoiselle, madame* : **messieurs, mesdemoiselles, mesdames**. Par ailleurs, *œuf* et *bœuf* ont des pluriels réguliers, mais dont la prononciation diffère de celle du singulier (un œuf [œf], mais des œufs [ø]).

2. Le pluriel des noms composés

En règle générale, on met au pluriel les éléments (noms ou adjectifs) susceptibles de prendre la marque du pluriel, ceci en tenant compte du *sens* des mots. Les divers cas qui se présentent sont les suivants :

a) *Un adjectif et un nom* ou *deux noms en apposition*

Les deux éléments se mettent au pluriel :

un grand-père / des grands-pères

un chou-fleur / des choux-fleurs

un coffre-fort / des coffres-forts

une porte-fenêtre / des portes-fenêtres

b) *Un nom suivi d'un autre nom complément qui est relié au premier par une préposition (la préposition peut être sous-entendue)*

Seul le premier nom se met au pluriel :

un chef-d'œuvre / des chefs-d'œuvre

un arc-en-ciel / des arcs-en-ciel

un timbre-poste / des timbres-poste (des timbres [de] poste)

c) *Un nom précédé d'un verbe ou d'une préposition*

Le nom se met au pluriel s'il peut avoir un sens pluriel, sinon il reste invariable :

des tire-bouchons (*qui tirent **des** bouchons*)

des garde-fous (*qui protègent **les** fous*)

mais

des chasse-neige (*qui chassent **la** neige*)

des garde-boue (*qui protègent contre **la** boue*)

des arrière-pensées *mais* des après-midi

3. Noms pluriels qui n'ont pas de singulier

Certains noms sont toujours pluriels et n'ont pas de singulier correspondant :

a) Certains désignent des ensembles de choses ou d'êtres :

les archives   les gens   les bestiaux   les ténèbres

b) D'autres n'ont pas le sens pluriel :

l'obscurité

II LES ARTICLES

Selon leur forme et leur emploi, on distingue trois catégories d'articles : défini, indéfini et partitif.

A. Article défini

1. Formes

a) Les formes de l'article défini sont **le**, **la** (masculin et féminin) au singulier et **les** au pluriel.

b) **Le** et **la** prennent la forme élidée **l'** devant une voyelle ou un **h** muet :

l'argent, l'impôt, l'habitude, l'honneur

(*mais* le héros, la hache)

c) **Le** et **les** se contractent avec les prépositions **à** et **de** :

à + le	→	au	de + le	→	du
à + les	→	aux	de + les	→	des

La et **l'** n'ont pas de formes contractées.

Comparez :

Je vais **au** magasin.
Il va **aux** États-Unis.

et

Je vais **à la** banque.
Il va **à** l'hôpital.

Le prix **du** vin.
Le prix **des** légumes.

et

Le prix **de la** viande.
Le prix **de l'**eau minérale.

2. Emplois généraux

a) Devant des noms qui désignent des êtres ou des choses :

– qui sont uniques :

Le soleil brille.   La Terre est ronde.

– dont on a déjà fait mention ou que l'on suppose connus :

J'ai rencontré un médecin…   Le médecin m'a dit…

Le professeur m'a donné une bonne note.

– que l'on présente à l'aide de précisions (adjectifs, propositions relatives, compléments de noms) :

Regarde la maison jaune.

Apporte-moi l'argent qui est sur la table.

Voici les résultats de l'examen.

b) Devant un nom employé dans un sens général :

Le tabac est nocif.

Le bonheur est-il possible ?

Les hommes ont toujours fait la guerre.

REMARQUE

Devant un nom *pluriel* employé dans un sens général, l'article défini exprime la totalité, mais on peut également exprimer la totalité par l'article suivi d'un nom *singulier* :

L'homme a toujours fait la guerre.

L'automobile est un bien de consommation.

---

3. Emplois particuliers

a) Devant un nom propre précédé d'un titre ou d'un adjectif :

la reine Elizabeth II	le professeur Marchand
le grand Victor Hugo	la petite Sylvie

b) Devant les noms de langues et de disciplines :

J'étudie l'espagnol et la linguistique.

Après le verbe **parler**, on omet généralement l'article défini devant

un nom de langue surtout si celui-ci suit immédiatement le verbe :

Il parle russe.	Elle parle bien (le) chinois.

c) Devant les noms de peuples et les noms géographiques de pays, de provinces, de régions, de fleuves, etc. :

Les Canadiens ont un niveau de vie relativement élevé.

La Bolivie est un pays pauvre.

La Nouvelle-Écosse est l'une des provinces maritimes.

La Gaspésie se trouve dans l'est du Québec.

Le Mississippi se jette dans le golfe du Mexique.

d) Devant les noms des jours de la semaine pour marquer un fait habituel :

Je passe à la banque le vendredi. (= *tous les vendredis*)

REMARQUE

On n'emploie pas d'article s'il s'agit d'un jour de la semaine passé ou à venir :

Je suis allé faire des achats samedi.
Elle va me rembourser lundi prochain.

On emploie l'article indéfini **un** pour désigner un jour d'une autre semaine :

Il est arrivé un dimanche.

---

e) Devant une date (si l'on précise le jour, l'article est facultatif) :

J'ai fait un emprunt le 3 septembre.

Il est revenu (le) mardi 5 novembre.

f) Devant une expression de mesure, lorsqu'on indique le prix d'un objet :

Les oranges coûtent deux dollars le kilo.

L'essence coûte cinquante cents le litre.

REMARQUES

Notez les expressions suivantes :

1 La voiture roulait à cent kilomètres **à** l'heure.

2 On gagne dix dollars **de** l'heure.

mais

On gagne deux cents dollars **par** semaine (**par** mois, **par** an).

---

g) Devant le superlatif (voir le chapitre 8) :

C'est la banque la plus importante.

h) Devant un nom désignant une partie du corps s'il n'y a pas d'ambiguïté quant au possesseur :

Il a levé la main.

Il s'est lavé les mains.

Je lui ai lavé les mains.

(Voir le chapitre 10 pour l'emploi de l'adjectif possessif quand le nom est qualifié.)

B. L'article indéfini et l'article partitif

1. Formes

a) Les formes de l'article indéfini sont **un** et **une** au singulier, et **des** au pluriel.

Les formes de l'article partitif sont **du**, **de la**, et **de l'** (devant un nom qui commence par une voyelle ou un **h** muet).

b) **Un**, **une**, **des**, **du**, **de la**, **de l'** se changent en **de** (**d'**) devant un nom complément d'objet direct d'un verbe à la forme négative :

Il a **un** compte en banque.	→	Il n'a pas **de** compte en banque.
Nous avons fait **des** achats.	→	Nous n'avons pas fait **d'**achats.
J'ai pris de **l'**argent.	→	Je n'ai pas pris **d'**argent.

REMARQUE

La transformation en **de** ne se fait pas :

– devant un nom *attribut* (après les verbes **être, devenir, rester**) :

C'est une grosse dépense. / Ce n'est pas une grosse dépense.

C'est devenu un problème. / Ce n'est pas encore devenu un problème.

– lorsque la négation ne porte pas sur la quantité, mais sur la nature. Comparez :

Il n'a pas fait d'emprunt.

Il n'a pas fait un emprunt à la banque : il a emprunté à ses parents.

Elle ne mange pas de viande.

Elle ne mange pas de la viande : elle mange du poisson.

Il n'a pas de soucis d'argent.

Il n'a pas seulement des soucis d'argent, mais aussi des ennuis de santé.

---

c) Devant un nom précédé d'un adjectif, on emploie souvent **de** plutôt que **des** :

> de nouveaux clients   d'excellents achats

Les deux formes coexistent dans l'usage, mais on est obligé d'employer **des** quand l'adjectif et le nom forment une unité de sens :

> des grands magasins, des petits pois, des jeunes gens

(sauf évidemment dans la négation : *Je ne mange pas **de** petits pois*).

2. L'emploi de l'article indéfini

On emploie l'article indéfini devant le nom pour désigner un être ou une chose (des êtres ou des choses) *indéterminés* (qui ne sont pas présentés comme connus).

a) **Un** et **une** s'emploient par opposition à **le**, **la**, **l'** avec lesquels le nom désigne un être ou une chose présentés comme uniques ou connus :

> Un homme vous demande. / L'homme qui a téléphoné vous demande.

Ils s'opposent aussi aux autres nombres (deux, trois, etc.) :

> J'ai un chien et une chatte, et aussi deux oiseaux.

b) **Des**, par opposition à **les** qui exprime la totalité des êtres ou des choses dont il est question, indique qu'il s'agit seulement d'une partie d'un ensemble :

> Il y a **des** chômeurs qui vivent dans le besoin.

(« **Des** chômeurs » signifie *un certain nombre de chômeurs*, par opposition à « **les** chômeurs » qui désignerait *tous les chômeurs, l'ensemble des chômeurs*.)

3. L'emploi de l'article partitif

L'article partitif s'emploie devant des noms non comptables (qui désignent des choses qu'on ne peut pas compter) pour désigner une quantité indéterminée d'un tout :

> Il a du courage.
>
> J'achète de la nourriture.
>
> Il a de l'argent.

Très peu de noms non comptables sont des noms pluriels, c'est pourquoi la forme du pluriel, **des**, est rare :

> des épinards, des gens

Toutefois, on voit que la forme du pluriel de l'article indéfini est très proche du sens de l'article partitif, puisque **des** exprime *un certain nombre*, et **du** (**de la**, **de l'**) *une certaine quantité* ; c'est pourquoi on peut considérer **des** comme un article indéfini *ou* comme un article partitif.

C. L'omission de l'article

On omet l'article dans les cas suivants :

1. Après la préposition *de*

a) Lorsque **de** suit un mot exprimant la quantité :

– un adverbe : **assez de, autant de, beaucoup de, combien de, pas mal de, un peu de, peu de, plus de, trop de**, etc. :

> Combien d'argent gagnes-tu par mois ?
>
> Nous payons trop d'impôts.
>
> J'ai fait pas mal d'économies.

– un nom : **une boîte de, une bouteille de, une douzaine de, un kilo de, un litre de, un verre de**, etc. :

> Je dois régler une douzaine de factures.
>
> Je vais prendre un verre de vin.

– un adjectif : **couvert de, plein de, rempli de**, etc. :

> Ses parents sont couverts de dettes.
>
> Ce magasin est rempli d'articles de luxe.

REMARQUES

1 Il faut employer l'article avec bien de, la moitié de (**le tiers de, les trois-quarts de**, etc.), **le plus grand nombre de, la plupart de** :

> Il a bien de la peine à joindre les deux bouts.
>
> Ma camarade de chambre paie la moitié du loyer.
>
> Le plus grand nombre des contribuables ont un revenu modeste.
>
> La plupart des articles du magasin sont en solde.

(Notez que le verbe des deux derniers exemples se met au pluriel.)

2 Dans la langue familière, on emploie **plein de** et **un tas de** dans le sens de **beaucoup de** :

> J'ai plein de dettes.
>
> Il gaspille un tas d'argent.

b) Lorsque **de** fait partie d'une forme verbale (**avoir besoin de**, **avoir envie de**, **parler de**, **se priver de**) et que le nom qui en est complément est employé dans un sens partitif :

> Tu as besoin d'argent.
>
> Elle n'a pas envie de gâteau.
>
> Ils parlent constamment de livres.
>
> Elle ne veut pas se priver de dessert.

On doit par contre employer l'article défini lorsque le nom est employé pour désigner des êtres ou des choses déterminés :

> As-tu besoin de l'argent que je t'ai emprunté ?
>
> Elle n'a pas envie du gâteau que j'ai préparé.
>
> Ils parlent constamment des livres de Margaret Atwood.
>
> Elle ne veut pas se priver du dessert qui est sur la table.

c) Lorsque **de** introduit un nom qui est complément d'un autre nom (*complément déterminatif*) :

> un cours d'économie   un carnet de chèques

d) Devant un nom de pays féminin :

> Elle vient d'Espagne.

Si le nom est qualifié, il faut employer l'article défini (de même que devant un nom de pays masculin) :

> Les statues de la Grèce antique.
>
> Il arrive au Maroc.

e) Dans certaines locutions adverbiales :

> Je meurs de faim.
>
> Ils pleuraient de joie.

2. Après les prépositions *en*, *avec*, *sans*

a) Après **en** :

> Avez-vous un compte en banque ?
>
> Je suis allé en Argentine.
>
> Il a agi en parfait gentleman.
>
> Elle est en chômage.

Sauf dans certaines expressions idiomatiques : **en l'absence de**, **en l'air**, **en l'honneur de**.

b) Après **sans** devant un nom qui n'est *pas* déterminé :

> Il est sans argent et sans métier.

> *mais*

> Sans l'argent de ses parents, il ne pourrait pas poursuivre ses études.

Sans un(e) s'emploie dans le sens de *pas* ou de *pas un seul* :

> Elle s'est retrouvée sans un sou.

> Il est resté sans une dette.

c) Après **avec** devant un nom abstrait non qualifié :

> Elle travaille avec énergie.

Si le nom est qualifié, il faut employer l'article :

> Elle travaille avec une énergie surprenante.

> Elle travaille avec le dynamisme qui la caractérise.

Si le nom est employé dans un sens partitif, il faut employer l'article partitif :

> Avec de la patience et de la volonté, tu y arriveras.

3. Devant un nom en apposition

> M. Bertrand, expert-comptable, est à votre disposition.

On emploie cependant l'article défini lorsqu'on fait allusion à une personne ou à un personnage connu ou lorsque le nom en apposition est qualifié :

> Bertrand Russell, le grand philosophe anglais...

> Mlle Martin, la secrétaire de mon patron...

4. Devant un nom attribut employé comme un adjectif (noms de profession surtout)

> Il est banquier.   Elle est devenue institutrice.

5. Dans un grand nombre de locutions idiomatiques

> avoir raison, donner congé, perdre patience, prendre froid, etc.

6. Devant les noms de rues, d'avenues, de places,

lorsqu'ils ne sont pas précédés par une préposition et qu'ils suivent un verbe indiquant le déplacement (**aller**, **se rendre**, etc.) ou le fait de se trouver à un endroit (**être**, **habiter**, etc.) :

> Je suis allé rue Sainte-Catherine.

Elle s'est rendue place Vendôme.

Rencontrons-nous avenue du Parc.

Il y a un restaurant italien rue Marchand.

Mon frère demeure avenue de l'Université.

Autrement, on utilise l'article :

La rue des Mélèzes est à droite.

Nous sommes passés par l'avenue des Pins.

REMARQUE

On dit :

- **dans** la rue;
- **dans** ou **sur** une avenue;
- **sur** une place.

Exercices

I. Le nom

A. Donnez la forme du féminin des noms suivants :

un caissier	un comédien	un chien
un traducteur	un voleur	un chat
un avocat	un spectateur	un boucher
un veuf	un paysan	un artiste

B. Donnez la forme du masculin des noms suivants :

une coiffeuse	une infirmière	une architecte
une princesse	une louve	une épouse
une Juive	une comtesse	une boulangère
une rédactrice	une jumelle	une serveuse

C. Indiquez le genre du nom en le faisant précéder de l'article indéfini **un** ou **une** :

arrosoir	absence	fonction
mardi	ouverture	serviette
pot	poire	qualité
genou	élément	rue

bille	prière	ballet
lassitude	chapeau	vin
unité	canal	cahier
pitié	casquette	marché

D. Faites précéder le nom de l'article défini **le** ou **la**.

1. Ma couleur préférée est _____ vert.

2. _____ dimanche est un jour de repos.

3. Il s'intéresse à _____ sociologie.

4. Je voudrais apprendre à lire _____ russe.

5. _____ Chine est un pays immense.

6. _____ Nil traverse l'Égypte.

7. _____ mercure était un métal important pour les alchimistes.

II. Les articles

A. Complétez par la forme de l'article défini qui convient (attention aux contractions).

1. _____ œufs coûtent deux dollars _____ douzaine.

2. _____ Brésil est _____ seul pays d'Amérique latine où on parle portugais.

3. Je suis allé à _____ banque parler à _____ directeur.

4. _____ échéance est _____ 30 novembre.

5. Profitez donc de _____ soldes.

6. Le prix de _____ vin a beaucoup augmenté.

7. _____ publicité s'adresse à _____ consommateurs.

8. _____ habillement est une grosse dépense dans _____ régions où il fait froid _____ hiver.

9. _____ hausse des prix n'est pas un effet de _____ hasard.

10. Il perd son sens de _____ humour quand arrive la période de _____ impôts.

B. Mettez les phrases à la forme négative en changeant la forme de l'article si nécessaire.

1. J'ai fait un emprunt.

2. Prêtez-lui de l'argent.

3. Elle avait des dettes.

4. Les Marchand étaient des gens aisés autrefois.

5. J'ai une carte de crédit.

6. Nous avons acheté de l'eau minérale.

7. Donnez-moi un chèque.

8. Ce sont des dépenses indispensables.

C. Complétez par **des** ou de **(d')**.

1. J'ai eu _____ menus frais.

2. Nous avons acheté _____ petits pains.

3. Il n'y avait pas _____ jeunes gens dans la salle.

4. Ils ont _____ énormes dettes.

5. On reproche à la société actuelle de former non pas _____ citoyens, mais _____ consommateurs.

D. Complétez par la forme de l'article défini (**le, la, l', les**) ou indéfini (**un, une, des**) qui convient (n'oubliez pas les contractions).

1. Après _____ période des fêtes, on peut profiter de _____ soldes qu'il y a dans tous _____ magasins.

2. Tu devrais ouvrir _____ compte d'épargne pour faire _____ économies.

3. J'ai parlé à _____ secrétaire de _____ directeur de _____ banque.

4. Elle aime _____ luxe mais, comme elle gagne _____ salaire peu élevé, elle doit se contenter de _____ nécessaire.

5. _____ argent ne fait pas _____ bonheur.

6. Chaque mois, je dois régler _____ factures ; _____ facture d'électricité est plus élevée.

7. Je vais vous faire _____ chèque pour rembourser _____ somme que je vous dois.

8. Il y a _____ client qui a demandé à voir _____ patron.

E. Complétez par **de, (d')** ou par **du, de la, de l', des**.

1. La plupart _____ gens n'ont pas _____ argent à gaspiller.

2. Je n'ai plus _____ dettes, mais j'ai encore _____ factures à payer.

3. Elle n'a pas besoin _____ argent mais elle a besoin _____ soutien de ses amis.

4. Ces immigrants viennent _____ Bolivie et non pas _____ Guatemala.

5. Je meurs _____ envie d'acheter ce livre _____ art.

F. Complétez, si c'est nécessaire, par l'article qui convient.

1. Comme elle ne trouvait pas de _____ travail à _____ Manitoba, elle a déménagé en _____ Ontario.

2. _____ légumes coûtent moins cher que _____ viande.

3. Comme il leur empruntait constamment _____ argent, ses amis ont fini par perdre patience.

4. Monsieur Rivard, _____ directeur de laboratoire, présentera _____ conférence sur Pasteur, _____ grand savant français.

5. Sans _____ argent, mais avec _____ détermination surprenante, il est parvenu à créer sa propre entreprise.

6. En _____ été, il est _____ caissier dans _____ banque.

7. Il dit toujours qu'il va se mettre à épargner, mais ce sont seulement _____ paroles en _____ air.

8. Après avoir gaspillé tout son argent à _____ casino, il s'est retrouvé sans _____ sou.

9. _____Samedi soir, il va habituellement _____ rue Saint-Denis dans _____ discothèque.

10. Je meurs de _____ soif : j'ai _____ envie de _____ grand verre de _____ eau rempli de _____ glaçons.

11. Mme Armand, _____ professeur de _____ comptabilité, va maintenant vous expliquer comment calculer vos impôts.

12. Ma sœur m'a conseillé d'ouvrir un compte de _____ épargne afin de recevoir _____ intérêts sur _____ argent que _____ j'ai économisé.

13. Sans _____ aide de ses parents, il serait sans _____ ressources.

14. Avec _____ argent, on peut faire bien de _____ choses.

15. Ronald Smith, _____ célèbre joueur de _____ hockey, gagne bien plus de _____ argent que _____ directeur de _____ banque _____ mieux rémunéré.

16. Nous _____ habitons rue Marchand ; vous y arriverez plus rapidement en passant par _____ avenue Damien.

17. Depuis qu'elle est en _____ vacances, elle a recommencé à faire _____ sport avec _____ enthousiasme débordant.

18. Il est plus facile de vivre sans _____ dettes, car on n'a pas _____ soucis de _____ argent.

Acheter pour acheter

Armée de cartes de crédit, Sarah (nom fictif) passait le plus clair de son temps[1] à dépenser. Des effets scolaires pour les enfants, des chemises neuves, des souliers d'été, un sac de golf, un mobilier, une voiture, alouette[2]. Faisant fi de son compte de crédit qui s'allongeait et de ses économies qui s'amenuisaient, elle continuait de dilapider son argent en ayant le sentiment d'être une femme comblée qui semait le bonheur autour d'elle. « La tentation d'acheter me rongeait et j'éprouvais un réel bien-être à assouvir ce besoin », explique-t-elle.

« J'ai pris conscience de mon problème lorsque j'ai constaté que je n'avais plus d'argent nulle part. Je devais des sommes faramineuses, j'étais endettée jusqu'au cou, se souvient cette Ontarienne d'origine. J'ai dû lever ce rideau qui me voilait les yeux et m'empêchait de voir la triste réalité. »

« La dépendance à l'argent, c'est une maladie spirituelle et physique », estime Diana Colby, une ex-endettée maintenant personne-ressource d'un groupe de débiteurs anonymes au CLSC[3] Saint-Henri. Combien sont-ils à souffrir d'un problème de surendettement ? « Difficile à dire, mais il suffit de parler aux agences de crédit pour constater le nombre phénoménal de personnes qui se sont endettées avec leurs cartes », croit-elle.

Selon le Bulletin sur l'insolvabilité publié par le surintendant des faillites du Canada, les dettes hypothécaires, prêts personnels et factures de cartes de crédit constituent 92 % du revenu après impôt des Canadiens comparativement à 25 % il y a 20 ans.

D'après le docteur en psychologie Kieron O'Connor, ce désir pathologique d'acheter résulte d'un désordre cognitif engendré par une perte de contrôle totale de la pensée. « Sans en avoir l'intention, une personne atteinte peut subitement entrer dans un magasin pour acheter tout ce qui lui tombe sous la main. C'est une façon de se débarrasser de la pression irrépressible qu'elle ressent subitement. »

Curieux dénouement à ces séances de magasinage impulsif, les objets acquis sont bien souvent relégués aux oubliettes[4]. « L'effet de soulagement ne dure jamais longtemps. La plupart des gens se sentent coupables d'avoir acheté et se débarrassent aussitôt de leurs acquisitions, remarque M. O'Connor. Certains ne déballent même pas le produit ! »

« Bonjour ! Je suis un D.A. »

Le regroupement Débiteurs Anonymes (D.A.) est né en 1976 aux États-Unis en réponse à un problème croissant d'endettement au sein de la population, en particulier chez les gens souffrant déjà d'une pathologie compulsive.

Actuellement, on dénombre près de 400 groupes d'entraide en Europe, aux États-Unis et jusqu'au Moyen-Orient. La solvabilité est le but premier de cette organisation.

Au CLSC de Saint-Henri à Montréal, les D.A. louent un local où ils peuvent être une vingtaine à se réunir une fois par semaine. « On fonctionne comme les A.A. C'est complètement anonyme et le principal pré-requis est d'avoir un problème avec l'argent », explique Mme Colby. L'organisation accueille non seulement les acheteurs compulsifs mais aussi des gens parvenus au stade de l'endettement à la suite d'une mauvaise gestion de leurs ressources.

Dans le cas des « boulimiques » de l'achat, Diana Colby, des D.A., est d'avis qu'ils achètent pour combler une carence psychologique et non par réel désir de posséder. « On consomme pour se valoriser soi-même, admet-elle. Bien souvent c'est pour se remonter le moral[5], pour paraître mieux qu'on ne l'est en réalité. Mais ce n'est qu'une échappatoire... »

Des aînés fragiles

Les personnes âgées sont de grandes victimes de cette frénésie de dépenses, acheter constituant pour elles un pur divertissement. « Acheter est une activité ludique qui vient combler le vide dans la vie de ces personnes souvent seules et démunies, souligne Diane Pacom, sociologue à l'Université d'Ottawa. Il y a beaucoup d'activités qui s'organisent autour du centre commercial, comme les clubs de marcheurs, par exemple. Des personnes âgées se réunissent tôt le matin pour une promenade dans les couloirs avant que n'ouvrent les boutiques. Puis c'est le café et le muffin avant de prendre les commerces d'assaut. »

Le problème trouve aussi écho dans d'autres pays industrialisés. Selon l'American psychological association, 15 millions de consommateurs américains, dont une majorité de femmes, seraient des acheteurs compulsifs et 40 millions tendraient à l'être. En France, 80 à 92 % des personnes aux prises avec ce problème sont des femmes. Âgées de 30 à 40 ans, elles exercent des professions libérales ou étudiantes et possèdent un bon niveau professionnel, scolaire ou universitaire. « Normal, les femmes sont plus ciblées par la publicité stimulant les achats, note Mme Pacom. Même les enfants de 6-7-8 ans, matraqués à l'excès par la pub, sont de plus en plus susceptibles de développer des compulsions du genre. »

Combler les manques

Les études dans le domaine étant rares, il est difficile de mesurer l'ampleur du phénomène. « Depuis les 15 dernières années, on commence à reconnaître l'existence de cette maladie, confie M.O'Connor. Ce qu'on sait, c'est que les acheteurs compulsifs ne représentent qu'une minorité. N'empêche qu'étant donné son lien avec d'autres pathologies obsessionnelles et compulsives, le phénomène tend à être de plus en plus étudié. »

Pour Gabrièle Roehl, conseillère budgétaire à l'ACEF du Sud-Ouest de Montréal, les compagnies de crédit, omniprésentes et toujours prêtes à titiller le porte-monnaie des consommateurs, détiennent leur part de responsabilités. « On est tellement sollicité de toutes parts. Les gens perçoivent le crédit comme de l'argent disponible, leur appartenant. Plusieurs ne connaissent même pas les taux d'intérêt inscrits sur le contrat. » La victime, néanmoins, n'est pas qu'un pantin à la merci des bourreaux du crédit. « Il faut reconnaître qu'aujourd'hui les gens font beaucoup moins de planification budgétaire », souligne la conseillère.

Diane Pacom estime pour sa part qu'il n'y a pas qu'une personne à blâmer. « C'est notre système en entier qu'il faut désormais culpabiliser. On vit dans une société où il y a de graves manques. Dans certains pays on les comble par la religion, dans d'autres en consommant démesurément. »

Lisa-Marie Gervais — *La Presse*

1. **le plus clair de son temps** : la plus grande partie de son temps.
2. **alouette** : au Québec, ce mot est utilisé après une énumération pour indiquer de manière amusante qu'elle pourrait s'allonger indéfiniment.
3. **CLSC** : au Québec, Centre Local de Services Communautaires. Il s'agit de centres répartis dans toutes les communautés de la province qui offrent des services de santé, des services sociaux, des services de prévention et d'action communautaire.
4. **relégués aux oubliettes** : oubliés à tout jamais.
5. **se remonter le moral** : sortir du découragement, de la déprime ; retrouver une attitude positive.

Compréhension du texte

1. Caractérisez la manière dont Sarah dépensait son argent. Quel bénéfice psychologique en recevait-elle ?

2. Quelle réalité a-t-elle découverte et comment ?

3. Quelle est l'opinion de Diane Colby sur le problème de l'endettement ? Qu'est-ce qui justifie cette opinion ?

4. Quel est le phénomène que font apparaître les chiffres du Bulletin sur l'insolvabilité ?

5. Quelle est la théorie de M. O'Connor sur le désir incontrôlable de faire des achats ?

6. Quel est le paradoxe du magasinage compulsif et comment s'explique-t-il ?

7. Qui sont les D.A. ? Où les trouve-t-on ? Comment fonctionnent leur organisation et quels genres de personnes accueille-t-elle ?

8. Quels sont les facteurs qui contribuent à faire des personnes âgées un groupe plus fragile du point de vue de l'endettement ?

9. Quelle est la situation aux États-Unis et en France ?

10. Qu'est-ce qui rend difficile l'évaluation de l'ampleur du phénomène ? Pourquoi est-ce que cela est en train de changer ?

11. Qui est responsable de cette situation selon Mme Roehl ? Et selon Mme Pacom ?

Questions d'ensemble

1. À partir des faits énumérés dans l'article, dites quels sont les symptômes qui dénotent la présence d'une pathologie chez certains consommateurs.

2. Résumez les causes de ce comportement compulsif qui sont avancées dans l'article. Y en a-t-il qui vous semblent plus convaincantes que d'autres ? Existe-t-il à votre avis d'autres causes qui ne sont pas mentionnées ici ?

Vocabulaire

L'économie domestique

1. Le revenu

un niveau de vie (*standard of living*) **élevé / peu élevé**
un train de vie (*lifestyle*) **aisé** (*comfortable*) **/ modeste**
vivre dans l'aisance ≠ dans le besoin
gagner (*to earn*) **de l'argent** (m.) **/ gagner** (bien / mal) **sa vie**

l'impôt sur le revenu (*income tax*)   **payer des impôts**
la (feuille de) déclaration d'impôts (*tax return*)
un(e) contribuable (*tax payer*)   **la tranche d'imposition** (*tax bracket*)

2. Le budget

faire (*to draw up*) **un budget**
boucler son budget = joindre les deux bouts (*to make ends meet*)
être à court (*d'argent*)   **se serrer la ceinture** (*to tighten one's belt*)
avoir des soucis d'argent (*financial worries*)
calculer ses dépenses (f. pl.) (*to regulate one's expenses*)
tenir les comptes du ménage (*to keep the household accounts*)
payer un compte = régler une facture (*bill*)
la répartition (*distribution*) **des dépenses : le loyer** (*rent*)**, la nourriture,**
l'habillement, la santé, les loisirs
les frais (m. pl.) **= les dépenses   les menus frais** (*petty expenses*)
épargner, économiser (*to save*)   **faire des économies** (f. pl.)
gaspiller = jeter l'argent par les fenêtres
être économe (*thrifty*) **≠ dépensier(ière)**

3. Dépenses et consommation

dépenser = faire des (grosses / petites) **dépenses** (f. pl.)
avoir des dépenses (*to incur expenses*)   **le coût de la vie**
être un(e) consommateur(-trice) averti(e) (*aware*)
le nécessaire (*necessities*)   **le luxe** (*luxuries*)
faire un achat (*purchase*)   **un bien de consommation** (*consumer product*)

payer **comptant** (*cash*)   **régler par chèque** (m.)
acheter **à crédit** (m.)   **une carte de crédit**
avoir / faire **des dettes** (f.)   **une somme** d'argent (*amount*)

payer par mensualités (f. pl.) (*monthly instalments*)

la valeur   le prix   coûter (cher, pas cher)
cher = coûteux = dispendieux ≠ bon marché
gratuit (*free of charge*)   **un article** (*product, sales item*)
en réclame (*special*)   **en solde** (*on sale*)   **au rabais** (*on discount*)
profiter des soldes (m. pl.) (*to take advantage of sales*)

4. La banque

une succursale (*branch office*)   **un guichet** (*teller's window*)
un(e) caissier(-ière)
ouvrir un compte chèque / un compte d'épargne
un chéquier = un carnet de chèques
faire (*to make out*) **un chèque**   **endosser** (*to endorse*)
toucher ou encaisser (*to cash*)   **le relevé de compte** (*bank statement*)
faire un versement, un dépôt (*deposit*), **un retrait** (*withdrawal*)

faire un emprunt à la banque (*to borrow*)
rembourser un emprunt   **l'échéance** (*date of payment, of maturity*)
un prêt (*loan*) **à long / court terme**   **le taux** (*rate*) **d'intérêt**
payer des intérêts (*to make interest payments*)

Exercices

A. Remplacez les mots en italique par une expression qui convient au contexte.

1. Je suis passé à la banque faire *un dépôt* de trois cents dollars, car j'avais besoin d'argent comptant pour faire mes achats de Noël.

2. Elle est *dépensière* et n'achète que le nécessaire.

3. Les gens qui vivent *dans l'aisance* doivent se serrer la ceinture.

4. Si vous ne voulez pas faire de dettes, *achetez* toujours *à crédit*.

5. Le pourcentage des *taxes* à payer varie selon la tranche d'imposition.

6. Si tu *gaspillais* davantage, tu ne serais pas à court d'argent.

7. J'ai dû faire un *prêt* à la banque pour acheter ma voiture.

B. Remplacez les mots en italique par un mot ou une expression synonyme.

1. Je suis allé à la banque pour échanger un *chèque contre de l'argent*.

2. Si vous achetez une chaîne stéréo, vous recevez deux disques *qui ne coûtent rien*.

3. *Les gens qui payent des impôts* sont en droit de demander des comptes au gouvernement.

4. La caissière m'a demandé de *signer à l'endos* du chèque.

5. *La date à laquelle je dois rembourser mon emprunt* est à la fin de ce mois-ci.

C. Faites de courtes phrases pour illustrer la différence entre :

(un article) en vente	*et*	(un article) en solde
tenir les comptes	*et*	payer des comptes
encaisser un chèque	*et*	endosser un chèque
emprunter	*et*	prêter
le nécessaire	*et*	la nécessité
le luxe	*et*	la luxure

D. Complétez par le verbe qui convient :

dépenser, rembourser, gagner, boucler, régler

1. Je n'ai pas envie de gaspiller l'argent que j'ai tant de mal à _____.

2. N'oublie pas de _____ la facture d'électricité.

3. La banque m'a accordé un an pour _____ l'emprunt que j'ai fait.

4. Il a des dettes parce qu'il _____ plus qu'il ne gagne.

5. Il faut bien calculer ses dépenses pour arriver à _____ son budget.

E. Remplacez le verbe en italique par une locution verbale composée du verbe **faire** et d'un nom (faites les autres changements qui sont nécessaires).

I. *Verbes pronominaux à sens passif.* Transformez les phrases selon le modèle.

> *Modèle :* Un consommateur averti achète judicieusement.
> Un consommateur averti fait des achats judicieux.

1. Il *économise* pour pouvoir partir en vacances.

2. Avant Noël, les gens *dépensent* beaucoup.

3. Je veux *retirer* cent dollars de mon compte.

4. Tu *t'endettes* trop.

5. Elle a *déposé* cinq cents dollars à la banque.

6. J'ai *emprunté* pour acheter mon bateau.

F. Complétez les phrases par l'expression qui convient :

avoir des soucis d'argent, joindre les deux bouts, se serrer la ceinture, tenir les comptes, calculer ses dépenses

1. Dans leur ménage, c'est elle qui _____.

2. Lorsqu'on vit dans le besoin, on est obligé de _____.

3. Les gens qui vivent au-dessus de leurs moyens _____.

4. Il faut _____ si l'on veut arriver à boucler son budget.

5. Il ne gagne pas très bien sa vie mais il réussit à _____ parce qu'il est très économe.

Conversations, exposés, compositions

1. Comment répartissez-vous vos dépenses ? Parvenez-vous à boucler votre budget ? Quelles dépenses réduisez-vous lorsque vous êtes à court d'argent ?

2. Quels sont les avantages et les inconvénients des cartes de crédit ?

3. Comment être un « consommateur averti » ?

4. Que savez-vous du régime fiscal en vigueur ? Le trouvez-vous équitable ?

5. Qu'est-ce qui constitue pour vous le nécessaire ? Qu'est-ce que vous considérez comme du luxe ?

6. Lorsque vous voulez acheter un article coûteux dont vous avez envie ou besoin, est-ce que vous épargnez jusqu'à ce que vous ayez assez d'argent pour le payer ou est-ce que vous empruntez l'argent pour l'acheter tout de suite ? Comment justifiez-vous votre « stratégie » ?

7. Dans quelle mesure vous sentez-vous influencé(e) par la publicité dans vos habitudes de consommation ?

8. Exposez vos attitudes envers l'argent. Quelle place occupe-t-il dans vos préoccupations ?

9. Estimez-vous que le fait de vivre dans une société de consommation influence votre comportement et votre façon de penser ? Justifiez votre réponse.

CHAPITRE 7

GRAMMAIRE

I. LE FUTUR ET LE FUTUR ANTÉRIEUR
A. Le futur
B. Le futur antérieur

II. LE CONDITIONNEL : PRÉSENT ET PASSÉ
A. Le conditionnel présent
B. Le conditionnel passé

III. LA PHRASE CONDITIONNELLE

IV. DISTINCTIONS, LOCUTIONS
A. **Dans** et **en** suivis d'une expression de temps
B. **Plutôt, plutôt que, plutôt que de**
C. **Aimer mieux, faire mieux de, valoir mieux** + *infinitif*
D. **Avoir beau** + *infinitif*
E. **Pendant que, tandis que, alors que**

LECTURE
Le tout ou le rien (Georges Pérec)

VOCABULAIRE
Le logement

Conversations, exposés, compositions

GRAMMAIRE

 I LE FUTUR ET LE FUTUR ANTÉRIEUR

A. Le futur

1. Formes

Les terminaisons du futur pour **tous** les verbes sont les suivantes : **ai**, **as**, **a**, **ons**, **ez**, **ont**.

a) Verbes réguliers

Le radical du futur des verbes réguliers, c'est l'infinitif; pour les verbes du troisième groupe en **-re**, le **e** tombe.

	parler	bâtir	vendre
je	parlerai	bâtirai	vendrai
tu	parleras	bâtiras	vendras
il, elle, on	parlera	bâtira	vendra
nous	parlerons	bâtirons	vendrons
vous	parlerez	bâtirez	vendrez
ils, elles	parleront	bâtiront	vendront

*Verbes en **er** à changements orthographiques*

- Les verbes en **e** + consonne + **er**[1] :
  - soit **e** devient **è** à toutes les personnes :

    j'ach**è**terai, tu ach**è**teras, il ach**è**tera, nous ach**è**terons, vous ach**è**terez, ils ach**è**teront;

  - soit on double la consonne à toutes les personnes :

    je je**tt**erai (jeter), j'appe**ll**erai (appeler).

---

1. Y compris, depuis l'adoption des rectifications de l'orthographe française (1990), les verbes en é + consonne + er : elle opèrera (opérer), vous cèderez (céder), etc.

- Les verbes en **yer** :

    - **y** devient **i** à toutes les personnes :

        j'emplo**i**erai (employer), j'ennu**i**erai (ennuyer).

    - pour les verbes en **ayer**, les deux formes sont possibles à toutes les personnes :

        je pa**i**erai ou je pa**y**erai (payer), j'essa**i**erai ou j'essa**y**erai (essayer).

b) Verbes irréguliers

Beaucoup de verbes irréguliers forment leur futur de façon régulière (l'infinitif sert de radical du futur). C'est le cas :

- des verbes en **re** (le **e** tombe) :

    je croirai (croire), je dirai (dire), je prendrai (prendre).

Sauf **être** et **faire** (voir ci-dessous).

- de plusieurs verbes en **ir** :

    je dormirai (dormir), je fuirai (fuir), je partirai (partir).

D'autres verbes irréguliers ont un -radical irrégulier. Voici les plus courants :

aller	j'**i**rai
avoir	j'**aur**ai
(s')asseoir	je m'**assiér**ai ou je m'**assoir**ai
courir	je **cour**rai
devoir	je **devr**ai
envoyer	j'**enverr**ai
être	je **ser**ai
faire	je **fer**ai
mourir	je **mourr**ai
pouvoir	je **pourr**ai
recevoir	je **recevr**ai
savoir	je **saur**ai
tenir	je **tiendr**ai
venir	je **viendr**ai
voir	je **verr**ai
valoir	je **vaudr**ai
vouloir	je **voudr**ai

Et les verbes impersonnels :

il faut	il **fau**dra
il pleut	il **pleu**vra

2. Emplois

a) Le futur exprime un fait à venir, postérieur au moment où l'on parle :

> Je déménagerai le mois prochain.

Le fait futur est souvent situé par rapport à un autre fait futur exprimé dans une proposition subordonnée introduite par :

– **quand**, **lorsque** (*when*) :

> Quand nous aurons de l'argent, nous achèterons une maison.

– **dès que**, **aussitôt que** (*as soon as*) :

> Je repeindrai la cuisine dès que j'en aurai le temps.

– **tant que**, **aussi longtemps que** (*as long as*) :

> Elle habitera en résidence tant qu'elle sera étudiante.

– **pendant que**, **tandis que** (*while*) :

> Je ferai la vaisselle pendant que tu laveras le plancher.

On emploie également le futur après ces conjonctions si le verbe de la proposition principale est à l'impératif :

> Téléphone-moi dès que tu rentreras chez toi.

(*Attention* : en anglais, on emploie le *present tense* après les conjonctions correspondantes, dans un contexte futur.)

b) Le futur peut servir à exprimer un ordre :

> Tu me rembourseras demain. (*rembourse-moi*)

> Vous m'apporterez l'argent du loyer à la fin de la semaine. (*apportez-moi*)

Cet ordre peut prendre la forme interrogative :

> Vous tairez-vous à la fin ?

c) Le futur proche s'exprime comme on l'a vu (voir le chapitre 1) par **aller** (au présent) + *infinitif* (ainsi que par le présent dans certains cas et par le verbe **devoir** au présent pour exprimer la probabilité).

Dans la langue parlée, **aller** + *infinitif* tend à prendre la place du futur; toutefois, ils ne sont pas interchangeables : en particulier, il *faut* employer **aller** + *infinitif* ou le présent pour des faits qui se situent dans l'avenir immédiat, avec des adverbes comme **immédiatement**, **tout de suite** (même si ceux-ci sont sous-entendus), dans des situations où l'anglais emploie le *future tense* :

> J'arrive tout de suite. (*I'll be right over.*)

> Ne fais pas la vaisselle : je vais la faire. (*I'll do it.*)

> ### REMARQUE
>
> L'anglais *will* n'exprime pas toujours un futur :
>
> - il correspond au verbe vouloir au présent lorsqu'il exprime une requête :
>
>   *Will you hand me that salt ?*
>
>   Voulez-vous me passer le sel ?
>
> - lorsqu'il exprime l'habitude, il correspond à un présent en français :
>
>   *He will often stay home and watch television.*
>
>   Il reste souvent chez lui à regarder la télé.

B. Le futur antérieur

1. Formes

Le futur antérieur est formé du futur de l'auxiliaire **avoir** ou **être**, et du participe passé du verbe :

verbes conjugués avec **avoir**	verbes conjugués avec **être**
j'aurai acheté	je serai monté(e)
tu auras fini	tu seras parti(e)
il, elle, on aura vendu	il, elle, on sera descendu(e)
nous aurons construit	nous serons restés(es)
vous aurez loué	vous serez passé(e)(és)(ées)
ils, elles auront compris	ils, elles seront devenus(ues)

verbes pronominaux
je me serai levé(e)
tu te seras assis(e)
il, elle, on se sera reposé(e)
nous nous serons compris(es)
vous vous serez regardé(e)(és)(ées)
ils, elles se seront vus(ues)

2. Emplois

a) Le futur antérieur indique qu'un fait sera accompli :

– à un moment déterminé dans l'avenir :

> J'aurai fini mon travail dans cinq minutes.

> Samedi prochain, nous aurons emménagé dans notre nouvel appartement.

– avant qu'un autre fait futur ne se produise :

> La femme de ménage sera partie quand nous rentrerons.

b) Le futur antérieur s'emploie également après les conjonctions **quand**, **lorsque**, **dès que**, **aussitôt que**, **après que** et **tant que** (suivi d'un verbe à la forme négative) pour marquer l'antériorité par rapport au fait exprimé par le verbe de la proposition principale (l'anglais emploie le *present perfect*) :

> Lorsque les invités seront partis, nous nettoierons le salon.

> J'achèterai de nouveaux meubles aussitôt que j'aurai reçu mon augmentation de salaire.

> Tu pourras prendre un bain aussitôt que j'aurai réparé le robinet d'eau chaude.

> Je ne paierai pas mon loyer tant que le propriétaire n'aura pas effectué les réparations.

REMARQUE

Après **dès que** et **aussitôt que** qui expriment une antériorité immédiate, on emploie souvent le futur simple plutôt que le futur antérieur :

> Je déménagerai dès que je trouverai un appartement.

---

c) Pour exprimer la probabilité d'un fait passé, on peut employer le futur antérieur comme équivalent du passé composé accompagné de **probablement**, **sans doute** :

> Il a l'air fatigué : il aura mal dormi la nuit dernière.
> (Il a probablement mal dormi.)

> Ça ne répond pas au téléphone. Elle sera sortie.
> (Elle est sans doute sortie.)

II LE CONDITIONNEL : PRÉSENT ET PASSÉ

A. Le conditionnel présent

1. Formes

Le conditionnel présent de tous les verbes se forme en ajoutant au *radical du futur* les terminaisons de l'imparfait : **ais**, **ais**, **ait**, **ions**, **iez**, **aient**.

Les verbes **avoir** et **être** serviront d'exemples :

	avoir (*aur-*)	être (*ser-*)
je (j')	aur**ais**	ser**ais**
tu	aur**ais**	ser**ais**
il, elle, on	aur**ait**	ser**ait**
nous	aur**ions**	ser**ions**
vous	aur**iez**	ser**iez**
ils, elles	aur**aient**	ser**aient**

2. Emplois

a) Le conditionnel présent peut exprimer un *futur dans le passé*, c'est-à-dire un fait à venir par rapport à un moment passé (le futur exprime un fait à venir par rapport au moment présent).

Ce futur dans le passé s'exprime généralement dans une subordonnée introduite par **que**, qui est complément (*subordonnée complétive*) d'un verbe de pensée ou de déclaration *au passé* :

> Elle a dit qu'elle achèterait un nouveau mobilier de salon.

Comparez avec la phrase suivante où le verbe principal est au présent :

> Elle dit (présent) qu'elle achètera (futur) un nouveau mobilier.

Autres exemples :

> Je croyais qu'il ferait construire un garage.

> Il s'était imaginé que le propriétaire n'augmenterait pas son loyer.

Dans un récit, le verbe de pensée ou de déclaration est souvent sous-entendu :

> Ils avaient fait des projets. Ils achèteraient une maison de campagne et y passeraient leurs vacances et leurs fins de semaine.

b) Le conditionnel présent exprime aussi dans une phrase hypothétique :

- un fait possible dans le futur :

    Si j'allais habiter à Toronto, je vendrais ma maison.

    Tes parents seraient désolés si tu n'allais pas les voir demain.

- un fait irréel dans le présent :

    Si la maison était mieux isolée, ça nous coûterait moins cher en chauffage.

Dans ces phrases, la condition est exprimée par une proposition introduite par **si** où le verbe est à l'imparfait et la conséquence est exprimée par la proposition principale où le verbe est au conditionnel présent.

Cet emploi du conditionnel se retrouve dans des phrases qui expriment :

- l'étonnement ou l'indignation :

    Comment ferais-tu pour t'acheter une maison ? Tu n'as pas un sou !

    Vous oseriez me faire ça, à moi !

- la possibilité avec **pouvoir** (*could*) :

    On pourrait abattre une cloison pour avoir plus d'espace.

- un conseil ou une obligation avec **devoir** (*should*) :

    Tu devrais installer une douche dans la salle de bains.

    Est-ce que je devrais signer un bail d'un an ou louer au mois ?

Par ailleurs, la condition peut être sous-entendue :

    Je vous aiderais avec plaisir (*si vous me le demandiez*).

REMARQUE

La locution conjonctive **au cas où** est toujours suivie du conditionnel :

Au cas où je serais en retard, commencez sans moi.

Je vais prendre mon parapluie au cas où il pleuvrait.

c) On emploie le conditionnel présent pour présenter un fait ou un événement (présent ou futur) que l'on considère douteux ou dont on ne peut encore être sûr (c'est un usage très fréquent dans le style journalistique) :

    Selon l'agent immobilier, la maison serait très solide.

    Les deux pays concluraient une entente dans les semaines à venir.

d) On emploie le conditionnel présent pour atténuer une demande, la rendre plus polie (en particulier avec **vouloir**, **pouvoir**, **aimer**) :

> Je voudrais vous parler.
>
> Pourriez-vous me faire visiter l'appartement ?
>
> Nous aimerions vous inviter à dîner.
>
> Auriez-vous l'obligeance de me fournir quelques renseignements ?

REMARQUES

L'anglais *would* n'exprime pas uniquement le conditionnel.

1 Il correspond au verbe **vouloir** :

– à l'imparfait ou au passé composé lorsqu'il exprime la volonté dans le passé :

> *I asked him to come but he wouldn't.*
>
> Je lui ai demandé de venir mais il n'a pas voulu (ne voulait pas).

– au conditionnel présent lorsqu'il exprime une requête :

> *Would you lend me some money ?*
>
> Voudriez-vous me prêter de l'argent ?

2 Il correspond à l'imparfait en français lorsqu'il exprime l'habitude dans le passé :

> *When he was younger, he would go out every night.*
>
> Quand il était plus jeune, il sortait tous les soirs.

B. Le conditionnel passé

1. Formes

Le conditionnel passé est formé du conditionnel présent de l'auxiliaire **avoir** ou **être** et du participe passé du verbe :

j'aurais eu (*avoir*)	nous serions descendus(es) (*descendre*)
tu aurais été (*être*)	vous seriez resté(e)(és)(ées) (*rester*)
il aurait fini (*finir*)	ils s'en seraient allés (*s'en aller*)

2. Emplois

Le conditionnel passé a des emplois parallèles à ceux du conditionnel présent.

a) Le conditionnel passé exprime un futur antérieur dans le passé :

> Il a dit qu'il aurait fini son travail avant la fin du mois.
>
> Je pensais qu'on aurait repeint l'appartement quand j'emménagerais.
>
> Paul attendait l'arrivée de sa femme : elle serait certainement rentrée avant huit heures.

b) Dans une phrase hypothétique, le conditionnel passé exprime un fait *irréel* dans le passé (un fait qui ne s'est pas produit) ; le verbe de la proposition principale introduite par **si** est au plus-que-parfait :

> Si j'avais eu assez d'argent, j'aurais acheté une nouvelle commode.
>
> Ils auraient déménagé dans un plus grand appartement s'ils avaient eu des enfants.

Cette même valeur d'irréel s'exprime avec **pouvoir** et **devoir** au conditionnel passé :

> J'aurais dû écouter tes conseils.
>
> Vous auriez pu prendre l'autobus plutôt qu'un taxi.

Le conditionnel passé a une valeur de potentiel dans le passé dans des phrases qui expriment l'étonnement ou l'indignation :

> Lui, il aurait volé de l'argent !
>
> Comment le prisonnier se serait-il évadé ?

Il exprime également le potentiel après **au cas où** :

> Au cas où vous auriez fini avant moi, ne m'attendez pas.

c) Il exprime un fait passé dont on ne peut affirmer la réalité :

> On dit qu'ils auraient vendu leur maison.
>
> Il y aurait eu des négociations secrètes entre les deux pays.

d) On emploie également le conditionnel passé pour atténuer encore davantage une demande :

> J'aurais aimé vous rencontrer demain.
>
> Nous aurions voulu vous demander un service.

Dans les textes littéraires, le plus-que-parfait du subjonctif (voir l'appendice C) s'emploie parfois pour exprimer un irréel du passé; il remplace alors le conditionnel passé :

> S'ils l'avaient remis à neuf, leur appartement **eût été** charmant.

Le plus-que-parfait du subjonctif peut également remplacer le plus-que-parfait de l'indicatif dans la proposition conditionnelle avec **si** :

> S'ils l'**eussent remis** à neuf, leur appartement eût été (aurait été) charmant.

III LA PHRASE CONDITIONNELLE

La phrase conditionnelle se compose d'une proposition subordonnée introduite par **si** qui exprime l'hypothèse ou la condition et d'une proposition principale qui exprime la conséquence ou le résultat.

1. Si la proposition conditionnelle introduite par si exprime une simple hypothèse sur un fait passé, présent ou futur, le verbe se met au présent ou au passé composé. Le verbe de la proposition principale se met à un temps de l'indicatif. Les combinaisons suivantes sont possibles :

proposition conditionnelle avec *si*	proposition principale
A. Présent	Présent Impératif Futur Futur antérieur

Exemples

> Si tu achètes cette vieille maison, tu es fou.
>
> Si vous avez une cheminée, prenez garde aux incendies.
>
> Si nous avons besoin de ton aide pour déménager, nous t'appellerons.
>
> Si nous commençons tout de suite, nous aurons repeint la cuisine d'ici demain midi.

B. Passé composé	Présent Impératif Futur Futur antérieur Imparfait Passé composé

Exemples

S'il a acheté cette maison, il doit être content.

Si vous avez fait des économies, achetez donc une maison.

Si l'on a fini de repeindre l'appartement, nous pourrons y emménager demain.

Si tu n'as pas payé ton loyer d'ici la fin du mois, tu auras rendu ton propriétaire mécontent.

S'ils ont acheté de nouveaux meubles, ils avaient sans doute de l'argent.

S'ils se sont plaints au propriétaire, ils ont eu raison.

2. Si la proposition conditionnelle exprime le potentiel (un fait futur imaginaire ou éventuel) ou l'irréel (un fait présent ou passé contraire à la réalité), son verbe se met à l'imparfait ou au plus-que-parfait. Le verbe de la proposition principale se met au conditionnel présent ou au conditionnel passé. Les combinaisons suivantes sont possibles :

proposition conditionnelle	proposition principale
A. Imparfait	Conditionnel présent Conditionnel passé

Exemples

S'ils rénovaient leur maison, elle serait charmante.

S'ils étaient plus économes, ils auraient déjà fini de rembourser leur hypothèque.

B. Plus-que-parfait	Conditionnel passé Conditionnel présent

Exemples

Si les pompiers n'étaient pas arrivés à temps, toute la maison aurait brûlé.

S'ils avaient acheté une maison en ville plutôt qu'en banlieue, ils perdraient moins de temps à se déplacer.

REMARQUES

1 On ne trouve **jamais** le futur ni le conditionnel dans une proposition conditionnelle introduite par **si**.

2 Ne confondez pas **si** exprimant la condition (*if*) et si introduisant une interrogation indirecte (*whether*) après des verbes comme **savoir, (se) demander** : dans l'interrogation indirecte, on peut employer le futur, le futur antérieur et le conditionnel présent ou passé :

> Savez-vous s'il viendra ?
>
> Je me demande si j'aurai terminé à temps.
>
> Il ne sait pas s'il pourrait le faire.
>
> Elle se demande si elle aurait dû déménager.

3 Notez :

– **si** + **il** = **s'il** / **si** + **ils** = **s'ils** (contractions);

– on emploie souvent **si l'on** plutôt que **si on**.

IV DISTINCTIONS, LOCUTIONS

A. *Dans* et *en* suivis d'une expression de temps

1. La préposition **dans** introduit l'expression d'une durée à venir par rapport au moment où l'on parle et exprime :

– le moment où un événement se produira ou une action commencera à s'accomplir (avec le futur, le futur proche, le présent ou l'impératif) :

> Je prendrai des vacances dans un mois.
>
> Il va arriver dans quelques minutes.
>
> Je pars dans une demi-heure.
>
> Revenez dans dix minutes.

– le moment où une action aura été accomplie (avec le futur antérieur) :

> J'aurai fini mon travail dans deux heures.

2. La préposition **en** suivie d'une expression de temps exprime la durée nécessaire à l'accomplissement d'une action (on peut l'employer avec n'importe quel temps) :

> Il a réparé le robinet en cinq minutes.
>
> Elle nettoie toute la maison en deux heures.
>
> Nous ferons le tour de l'Irlande en quinze jours.

3. **Dans** et **en** s'emploient aussi avec **moins de** :

> Nous déménageons dans moins d'un mois.
>
> Ils ont repeint leur maison en moins de trois semaines.

B. Plutôt, plutôt que, plutôt que de

- **Plutôt** (*rather*) est un adverbe qui s'emploie pour modifier un adjectif :

  > La maison est plutôt vieille, tu ne trouves pas ?

- **Plutôt que** et **plutôt que de** (*rather than*) s'emploient respectivement devant un nom et un infinitif :

  > Ils veulent louer une maison plutôt qu'un appartement.
  >
  > Plutôt que de rester locataire, tu devrais acheter une maison.

C. Aimer mieux / faire mieux de / valoir mieux + *infinitif*

1. Ces trois locutions s'emploient surtout au conditionnel présent ou passé :

> J'aimerais mieux vivre en appartement. (*I would rather*)
>
> Tu ferais mieux de partir au plus tôt. (*You had better*)
>
> Il aurait mieux valu déménager. (*It would have been better*)

2. Lorsqu'on compare deux actions, on emploie **que de** ou **plutôt que de** avant le second infinitif :

> J'aimerais mieux aller dormir que de sortir ce soir.
>
> Tu aurais mieux fait de louer un appartement plutôt que de rester chez tes parents.
>
> Il vaudrait mieux déménager plutôt que de payer un tel loyer.

D. Avoir beau + *infinitif*

Avoir beau a le sens de *faire quelque chose en vain, sans résultat*; une expression équivalente serait une proposition commençant par **même si** ou **bien que** :

Tu auras beau essayer, tu n'y arriveras pas.
(= Même si tu essaies, tu n'y arriveras pas.)
No matter how much you try, you won't succeed.

J'ai eu beau chercher mes clés partout, je ne les ai pas trouvées.
(= Bien que j'aie cherché mes clés partout, je ne les ai pas trouvées.)

On a beau attendre pour acheter, le prix des maisons ne baisse pas.
(= Même si on attend pour acheter, le prix des maisons ne baisse pas.)

E. Pendant que, tandis que, alors que

1. **Pendant que** indique un simple rapport de simultanéité entre deux actions :

   Je vais préparer le repas pendant que (*while*) tu prends un bain.

2. **Tandis que** peut également indiquer la simple simultanéité :

   Elle me souriait tandis que (*as, while*) je lui parlais.

   Mais **tandis que** s'emploie fréquemment pour marquer un contraste, une opposition entre deux actions, simultanées ou non :

   Je travaille tandis que (*whereas*) toi, tu ne fais rien.

   Autrefois, les maisons étaient bon marché, tandis que (*whereas*) maintenant elles sont hors de prix.

3. **Alors que** s'emploie comme **tandis que** pour marquer une opposition, accompagnée ou non d'un rapport de simultanéité :

   Tu restes à l'intérieur alors qu'il (*when*) fait si beau dehors !

   Elle dit qu'elle veut partir, alors qu'il (*when, while*) y a cinq minutes elle voulait rester.

Exercices

I. Le futur et le futur antérieur

A. Répondez aux questions affirmativement en employant le futur.

> *Modèle :* Vas-tu déménager le mois prochain ?
> Oui, je déménagerai le mois prochain.

1. Vont-ils construire leur maison eux-mêmes ?
2. Vas-tu m'aider à déménager ?
3. Allons-nous vendre la maison ?
4. Va-t-elle agrandir son salon ?
5. Vas-tu ranger ta chambre ?
6. Allons-nous devoir payer un loyer plus élevé ?
7. Le plombier va-t-il venir réparer les toilettes ?
8. Va-t-il falloir repeindre la cuisine ?
9. Vas-tu faire les réparations toi-même ?
10. Tes parents vont-ils être chez eux ce soir ?

B. Mettez les verbes des phrases suivantes au futur.

1. Dès que tu arrives, nous nous mettons au travail.
2. Je range les assiettes dans les placards pendant que tu nettoies la table.
3. Tant qu'ils n'ont pas d'enfants, leur petit logement leur suffit.
4. Tandis que tu t'occupes des invités, je finis de préparer le repas.
5. Il faut engager un architecte lorsque nous voulons faire construire une maison.
6. Ils se marient aussitôt qu'ils trouvent un logement.

C. Répondez aux questions d'après le modèle.

> *Modèle :* Les déménageurs sont-ils arrivés ? (une heure)
> Non, ils arriveront dans une heure.

1. As-tu réglé le loyer ? (une semaine)
2. Avez-vous vu le propriétaire ? (deux jours)
3. Es-tu allé(e) à l'agence immobilière ? (quelques jours)
4. Ont-ils acheté un réfrigérateur ? (un mois)
5. A-t-elle allumé un feu dans la cheminée ? (quelques minutes)

D. Mettez au futur les verbes à l'impératif.

1. Aidez-moi à faire la vaisselle. Toi, Alain, lave les assiettes et les couverts. Toi, Sylvie, sèche-les avec un torchon.

2. Rangeons la chambre ensemble : occupe-toi des livres et des papiers pendant que je ferai ton lit.

3. Avant de repeindre les murs, lavez-les soigneusement; attendez qu'ils soient secs, puis mettez-vous au travail.

E. *L'avenir dans cinquante ans.* Mettez les phrases suivantes au futur antérieur.

1. La population des villes (augmenter), car les gens (déserter) les campagnes.

2. On (découvrir) une pilule pour faire repousser les cheveux.

3. On (coloniser) la Lune et on y (installer) des bases permanentes.

4. La médecine (faire) des progrès.

5. Beaucoup d'espèces animales (disparaître).

6. Les robots (remplacer) les gens pour effectuer la plupart des travaux manuels.

F. *Conjectures.* Employez le futur antérieur selon le modèle.

Modèle : Yvette a l'air heureuse. (réussir à son examen)
Elle aura réussi à son examen.

1. Sylvie a déménagé. (*trouver un appartement plus spacieux*)

2. La maison des voisins est vide. (*partir en vacances*)

3. Bernard n'est pas encore arrivé. (*oublier l'heure du rendez-vous*)

4. Marc et Hélène ne sortent plus ensemble. (*se disputer*)

5. Le directeur n'est pas dans son bureau. (*partir plus tôt que d'habitude*)

G. Même exercice qu'en F. Cette fois, faites vous-même une supposition.

Modèle : Je ne trouve pas mes clés...
Tu les auras oubliées au restaurant.

1. Mes parents ne répondent pas au téléphone...

2. Robert ne veut pas nous accompagner au cinéma ce soir...

3. Il n'y a plus rien dans le réfrigérateur...

4. Lucie a l'air bien fatiguée...

5. Mes voisins semblent en vouloir à leur propriétaire...

H. Mettez les verbes entre parenthèses au futur ou au futur antérieur.

1. Quand tous leurs enfants (quitter) la maison familiale, ils iront vivre en appartement.

2. Dès que tu (prendre) ta douche, je réparerai le robinet d'eau chaude.

3. Tant que nous (ne pas avoir) d'argent, nous n'achèterons pas de lave-vaisselle.

4. La propriétaire fera repeindre le studio après que l'ancien locataire (déménager).

5. Nous ne pourrons pas utiliser la baignoire tant que le plombier (ne pas venir).

6. Arrête-toi aussitôt que tu (être) fatiguée.

7. Je mettrai la table pendant que tu (finir) de préparer le repas.

8. Achète-toi une maison lorsque tu (épargner) suffisamment d'argent.

II. Le conditionnel

A. Mettez les phrases au passé.

> *Modèle :* Je pense qu'ils achèteront une maison de campagne.
> Je pensais qu'ils achèteraient une maison de campagne.

1. Le propriétaire croit que nous déménagerons.

2. Il dit qu'il ira habiter en banlieue.

3. Ses parents espèrent qu'elle s'installera près de chez eux.

4. Je suis sûr que tu seras content d'avoir un lave-vaisselle.

5. Elle s'imagine qu'elle trouvera un studio pas cher au centre-ville.

B. Mettez les verbes à l'imparfait ou au conditionnel présent.

1. Si nous (avoir) une maison, je (aménager) un atelier au sous-sol.

2. Le salon (être) plus spacieux si tu (se débarrasser) de cet énorme canapé.

3. Nous (perdre) moins de temps en déplacements si nous (ne pas habiter) à la périphérie de la ville.

4. Si tu (ouvrir) les fenêtres, il (faire) moins chaud.

5. Tu (pouvoir) repeindre ta chambre toi-même si tu le (vouloir).

6. Nous (devoir) prévoir de déménager au cas où le propriétaire (vouloir) augmenter notre loyer d'ici la fin de l'année.

C. Choisissez parmi le second groupe de phrases celle qui convient à la situation évoquée par la phrase du premier groupe.

Groupe 1

1. Il fait chaud dans cette pièce. On étouffe.

2. J'ai envie de repeindre les murs en bleu pâle.

3. Après tout ce travail dans le jardin, je me sens sale et fatigué.

4. Il paraît que le propriétaire va de nouveau augmenter les loyers.

5. Il y a trop de gens qui n'ont pas les moyens de se loger convenablement.

6. Je ne sais pas si Jeanne est chez elle en ce moment.

Groupe 2

1. Qu'est-ce que tu dirais d'un bon bain ?

2. Ça ne m'étonnerait pas !

3. Il faudrait faire quelque chose.

4. Tu devrais ouvrir une fenêtre.

5. On pourrait toujours lui téléphoner.

6. Ce serait drôlement beau.

D. Transformez les phrases selon le modèle.

> *Modèle :* Nous ne pouvons pas déjeuner dans le jardin parce qu'il pleut.
> S'il ne pleuvait pas, nous pourrions déjeuner dans le jardin.

1. Il proteste parce qu'on augmente son loyer.

2. Ils n'ont pas besoin de plus d'espace parce qu'ils n'ont pas d'enfants.

3. J'ai de grosses factures de chauffage parce que la maison n'est pas bien isolée.

4. Le propriétaire ne les expulsera pas parce qu'ils payent leur loyer régulièrement.

5. Ils vivent à la campagne parce qu'ils aiment le calme.

6. Ta chambre est en désordre parce que tu ne la ranges pas.

E. Employez le conditionnel de politesse.

1. Peux-tu me prêter dix dollars ?

2. Veux-tu me raccompagner chez moi ?

3. Nous voulons vous demander un petit service.

4. Tu prendras bien un dernier verre ?

5. Je veux voir ce que vous avez comme fauteuils.

6. Vous devez faire un effort.

F. Faites précéder chaque phrase de « Ils s'imaginaient qu'à l'âge de quarante ans... » et effectuez les changements nécessaires (conditionnel présent ou passé).

1. Ils seront financièrement à l'aise.

2. Ils auront acquis une bonne situation.

3. Ils auront acheté une maison.

4. Ils se seront mariés et auront eu des enfants.

5. Ils vivront dans le confort.

6. Tous leurs problèmes se seront envolés.

7. Ils auront fait de grands voyages.

8. Ils seront restés dynamiques et enthousiastes.

G. Mettez les verbes au plus-que-parfait ou au conditionnel passé.

1. Si vous (s'adresser) à votre agence immobilière plus tôt, nous vous (trouver) déjà une maison.

2. Nous (aimer) habiter au centre-ville si le coût des loyers (ne pas être) aussi élevé.

3. Je crois qu'elle (préférer) vivre en appartement plutôt qu'en résidence si ses parents le lui (permettre).

4. Si vous m'en (parler) avant, je vous (indiquer) où trouver de beaux meubles peu coûteux.

5. Si nous (avoir) une chambre d'amis, nous (pouvoir) les inviter à coucher.

H. Présentez les informations suivantes comme si elles n'étaient pas encore confirmées (employez le conditionnel présent ou passé).

1. Un attentat à la bombe a fait une vingtaine de victimes dans la capitale hier soir.

2. La police enquête sur les lieux.

3. Elle a déjà interrogé une cinquantaine de témoins.

4. On a appréhendé deux suspects à l'aéroport.

5. L'un des suspects s'apprête à faire des révélations en présence de son avocat.

6. Parmi les victimes survivantes, la plupart sont dans un état grave.

7. Plusieurs groupes terroristes ont revendiqué la responsabilité de l'attentat.

I. Choisissez parmi les phrases du deuxième groupe celle qui convient à la situation évoquée par la phrase du premier groupe.

Groupe 1

1. Vous désirez quelque chose ?

2. Ça ne répond pas à la porte.

3. La police le soupçonne d'avoir mis le feu à un immeuble.

4. Je ne suis pas venu au rendez-vous parce que j'avais la grippe.

5. Ils prétendent qu'ils n'ont pas d'argent pour payer le loyer.

Groupe 2

1. Nous aurions dû téléphoner avant de venir.

2. Tu aurais pu me prévenir !

3. J'aurais voulu parler au propriétaire de l'immeuble.

4. Ça m'aurait surpris du contraire !

5. Il aurait fait ça ?

III. La phrase conditionnelle

A. Mettez le verbe entre parenthèses au mode (indicatif ou conditionnel) et au temps qui conviennent.

1. Arrive ici avant six heures si tu (décider) de venir.

2. S'il (prendre) l'avion hier soir, il arrivera en Australie demain matin.

3. Si tu veux rester à coucher, tu (pouvoir) dormir dans la chambre d'amis.

4. Tu (devoir) être bien fatiguée si tu n'as pas dormi de la nuit !

5. Tu (finir) de ranger ta chambre avant l'heure du dîner si tu t'y mets tout de suite.

6. Si les ouvriers ont seulement commencé à travailler la semaine dernière, je ne crois pas qu'ils (terminer) la maison à la fin du mois.

7. S'ils (déménager) il y a deux jours, ils sont sûrement encore en train de s'installer dans leur nouvel appartement.

8. Nous (acheter) sans doute une maison si nous nous marions.

B. Mettez les verbes au plus-que-parfait et au conditionnel présent selon le modèle.

> *Modèle :* Si tu (nettoyer) ta chambre, elle (être) propre.
> Si tu avais nettoyé ta chambre, elle serait propre.

1. Si tu (prendre) une douche froide, tu (se sentir) moins fatiguée.

2. Nous (avoir) plus de place si nous (ne pas acheter) tous ces meubles.

3. Le propriétaire (ne pas vouloir) augmenter notre loyer si nous (signer) un bail.

4. S'ils (ne pas économiser), ils (ne pas avoir) les moyens d'acheter la maison qui leur plaît.

5. Si nous (ne pas avoir) d'enfants, nous (habiter) encore en appartement.

C. Combinez les deux phrases en une seule pour exprimer :

> (a) une simple hypothèse : *S'il fait beau, il sortira.*
>
> (b) le potentiel : *S'il faisait beau, il sortirait.*
>
> (c) l'irréel du passé : *S'il avait fait beau, il serait sorti.*

1. Tu dors avec une seule couverture. Tu as froid. (a)

2. Tu allumes la lampe. Tu y vois mieux. (b)

3. Vous avez envie de passer une fin de semaine à la campagne. Vous venez chez nous. (a)

4. Le four fonctionne bien. Mon gâteau est réussi. (c)

5. Tu mets des rideaux aux fenêtres. Tu es à l'abri des regards indiscrets. (b)

6. La propriétaire est d'accord. Je peux avoir un petit chien dans l'appartement. (c)

7. Elle veut faire de l'exercice. Elle doit monter les escaliers plutôt que de prendre l'ascenseur. (b)

8. Nous achetons un congélateur. Nous pouvons l'installer au sous-sol. (a)

IV. Distinctions, locutions

A. Vous discutez de projets avec la personne avec qui vous vivez. Employez
« j'aimerais mieux » d'après le modèle.

> *Modèle :* Rester ici / déménager
> **J'aimerais mieux** rester ici **(plutôt) que de** déménager.

1. acheter une maison / continuer à vivre en appartement
2. partir en voyage / acheter un nouveau mobilier de salon
3. planter des arbres dans le jardin / repeindre la maison
4. vivre à la campagne / demeurer au centre-ville

B. Même exercice qu'en A. Employez « nous ferions mieux de ».

1. signer un bail / louer au mois
2. consulter les petites annonces / s'adresser à une agence de location
3. faire construire une maison / en acheter une toute faite
4. déménager au printemps / attendre la fin de l'été

C. Même exercice qu'en A. Employez « il vaudrait mieux ».

1. repeindre les murs de la salle de bains / poser du papier peint
2. construire une bibliothèque / ranger les livres dans les placards
3. installer le congélateur au sous-sol / le laisser dans la cuisine
4. faire venir le plombier / essayer de réparer les toilettes nous-mêmes

D. Transformez les phrases selon le modèle en employant « avoir beau ».

> *Modèle :* J'essaie de réduire mes dépenses mais je n'y arrive pas.
> J'ai beau essayer de réduire mes dépenses, je n'y arrive pas.

1. Nous nous sommes plaints au propriétaire mais il n'a toujours pas fait effectuer les réparations.
2. Ils habitent un véritable château mais ils ne sont pas heureux.
3. Elle garde toutes ses fenêtres fermées mais elle entend encore le bruit de la rue.
4. Il a repeint la pièce en blanc mais elle est restée sombre.

E. Complétez par *en* ou par *dans*.

1. Attends-moi. Je serai de retour _____ une heure.
2. Elle n'aime pas faire la cuisine : elle prépare toujours les repas _____ cinq minutes.
3. Je n'ai pas le temps de te parler maintenant : je sors _____ cinq minutes.
4. Ils ont trouvé l'appartement qui leur convenait _____ deux jours.
5. S'il n'est pas rentré _____ une demi-heure, je vais appeler la police.

F. Complétez par *pendant que* ou par *tandis que* (les deux sont parfois possibles).

1. Écoute-moi _____ je te parle.
2. Il chante des airs d'opéra _____ il prend sa douche.
3. Elle préfère rester chez elle _____ son mari sort avec des amis.
4. La voisine viendra arroser les plantes _____ nous serons partis en vacances.
5. Le coût de la vie augmente _____ les salaires stagnent.
6. Le salon est spacieux _____ la cuisine est minuscule.
7. Elle nettoie la maison _____ ses enfants sont à l'école.
8. Il reste à la maison à s'occuper des enfants _____ sa femme travaille.

Le tout ou le rien

Le passage qui suit est extrait du roman Les Choses, *de Georges Pérec (1936-1982). Après avoir mené la vie d'étudiants, un jeune couple se retrouve installé dans un appartement à Paris.*

Ils vivaient dans un appartement minuscule et charmant, au plafond bas, qui donnait sur un jardin. Et se souvenant de leur chambre de bonne – un couloir sombre et étroit, surchauffé, aux odeurs tenaces – ils y vécurent d'abord dans une sorte d'ivresse, renouvelée chaque matin par le pépiement des oiseaux. Ils ouvraient les fenêtres, et, pendant de longues minutes, parfaitement heureux, ils regardaient leur cour. La maison était vieille, non point croulante encore, mais vétuste, lézardée. Les couloirs et les escaliers étaient étroits et sales, suintants d'humidité, imprégnés de fumées graisseuses. Mais entre deux grands arbres et cinq jardinets minuscules, de formes irrégulières, pour la plupart à l'abandon, mais riches de gazon rare, de fleurs en pot, de buissons, de statues naïves même, circulait une allée de gros pavés irréguliers, qui donnait au tout un air de campagne. C'était l'un de ces rares endroits à Paris où il pouvait arriver, certains jours d'automne, après la pluie, que montât du sol une odeur, presque puissante, de forêt, d'humus, de feuilles pourrissantes.

Jamais ces charmes ne les lassèrent et ils y demeurèrent toujours aussi spontanément sensibles qu'aux premiers jours, mais il devint évident, après quelques mois d'une trop insouciante allégresse, qu'ils ne sauraient suffire à leur faire oublier les défauts de leur demeure. Habitués à vivre dans des chambres insalubres où ils ne faisaient que dormir, et à passer leurs journées dans des cafés, il leur fallut longtemps pour s'apercevoir que les fonctions les plus banales de la vie de tous les jours – dormir, manger, lire, bavarder, se laver – exigeaient chacune un espace spécifique, dont l'absence notoire commença dès lors à se faire sentir. Ils se consolèrent de leur mieux, se félicitant de l'excellence du quartier, de la proximité de la rue Mouffetard et du Jardin des Plantes[1], du calme de la rue, du cachet de leurs plafonds bas, et de la splendeur des arbres et de la cour tout au long des saisons ; mais, à l'intérieur, tout commençait à crouler sous l'amoncellement des objets, des meubles, des livres, des assiettes, des paperasses, des bouteilles vides. Une guerre d'usure commençait dont ils ne sortiraient jamais vainqueurs.

Pour une superficie totale de trente-cinq mètres carrés, qu'ils n'osèrent jamais vérifier, leur appartement se composait d'une entrée minuscule, d'une cuisine exiguë, dont une moitié avait été aménagée en salle d'eau, d'une chambre aux dimensions modestes, d'une pièce à tout faire – bibliothèque, salle de séjour ou de travail, chambre d'amis – et d'un coin mal défini, à mi-chemin du cagibi et du corridor, où parvenaient à prendre place un réfrigérateur de petit format, un chauffe-eau électrique, une penderie de fortune, une table, où ils prenaient leurs repas, et un coffre à linge sale qui leur servait également de banc.

Certains jours, l'absence d'espace devenait tyrannique. Ils étouffaient. Mais ils avaient beau reculer les limites de leurs deux pièces, abattre des murs, susciter des couloirs, des placards, des déménagements, imaginer des penderies modèles, annexer en rêve les appartements voisins, ils finissaient toujours par se retrouver dans ce qui était leur lot, leur seul lot : trente-cinq mètres carrés.

Des arrangements judicieux auraient sans doute été possibles : une cloison pouvait sauter, libérant un vaste coin mal utilisé, un meuble trop gros pouvait être avantageusement remplacé, une série de placards pouvait surgir. Sans doute, alors, pour peu qu'elle fût repeinte, décapée, arrangée avec quelque amour, leur demeure eut-elle été incontestablement charmante [...].

Mais la seule perspective des travaux les effrayait. Il leur aurait fallu emprunter, économiser, investir. Ils ne s'y résignaient pas. Le cœur n'y était pas : ils ne pensaient qu'en termes de tout ou rien. La bibliothèque serait de chêne clair ou ne serait pas. Elle n'était pas. Les livres s'empilaient sur deux étagères de bois sale et, sur deux rangs, dans des placards qui n'auraient jamais dû leur être réservés. Pendant trois ans, une prise de courant demeura défectueuse, sans qu'ils se décident à faire venir un électricien, cependant que couraient, sur presque tous les murs, des fils aux épissures grossières et des rallonges disgracieuses. Il leur fallut six mois pour remplacer un cordon de rideaux. Et la plus petite défaillance dans l'entretien quotidien se traduisait en vingt-quatre heures par un désordre que la bienfaisante présence des arbres et des jardins si proches rendait plus insupportable encore.

Le provisoire, le statu quo régnaient en maîtres absolus. Ils n'attendaient plus qu'un miracle. Ils auraient fait venir les architectes, les entrepreneurs, les maçons, les plombiers, les tapissiers, les peintres. Ils seraient partis en croisière et auraient trouvé, à leur retour, un appartement transformé, aménagé, remis à neuf, un appartement modèle, merveilleusement agrandi, plein de détails à sa mesure, des cloisons amovibles, des portes coulissantes, un moyen de chauffage efficace et discret, une installation électrique invisible, un mobilier de bon aloi.

Mais entre ces rêveries trop grandes, auxquelles ils s'abandonnaient avec une complaisance étrange, et la nullité de leurs actions réelles, nul projet rationnel, qui aurait concilié les nécessités objectives et leurs possibilités financières, ne venait s'insérer. L'immensité de leurs désirs les paralysait.

Georges Pérec — *Les Choses*

---

1. **Le Jardin des Plantes** : *the Botanical Gardens* (*in Paris*).

Compréhension du texte

1. Qu'est-ce qui explique l'ivresse que ressent le couple initialement ?

2. Comment est la maison dans laquelle ils ont leur appartement ?

3. Qu'est-ce qui fait le charme de l'endroit où elle est située ? En quoi est-ce exceptionnel ?

4. Qu'est-ce qui cause l'insatisfaction du couple et à quel moment ? Expliquez cette évolution.

5. En quoi consiste la « guerre d'usure » ?

6. De quelles pièces se compose l'appartement et quelle en est la caractéristique commune ?

7. Qu'est-ce qui donne au couple une sensation d'étouffement ? Que fait-il pour échapper à cette sensation et quel en est le résultat ?

8. Qu'est-ce que le couple aurait pu faire pour améliorer l'appartement et pourquoi ne l'a-t-il pas fait ?

9. Quel est l'état d'esprit du couple et par quoi se manifeste-t-il concrètement ?

10. Quel est le miracle auquel rêve le couple ?

11. Quelle est la nature du rapport entre le rêve et la réalité chez ce couple ?

Questions d'ensemble

1. Relevez les emplois du conditionnel passé (ou du subjonctif plus-que-parfait) et dites quels en sont les effets.

2. Que représente l'appartement pour le couple : a) par rapport à ce qu'il a connu auparavant ; b) par rapport à ses rêves ?

3. Quel contraste est mis en relief entre l'intérieur de la demeure et les environs, et quel effet ce contraste a-t-il sur le couple ?

4. Quelles impressions retirez-vous des protagonistes à la lecture de ce passage ?

5. Quelle vous semble être l'attitude du narrateur envers les personnages et par quoi cette attitude se traduit-elle ?

Vocabulaire

Le logement

1. Acheter / louer une maison ou un appartement

une agence immobilière (*real estate*), **de location** (*rental*) **un immeuble** (*appartment building*) **meublé** (*furnished*) ≠ **non meublé**
un(e) propriétaire (*owner, landlords, landlady*)
un(e) locataire (*tenant*)   **louer** (*to rent*)   **le loyer**
signer un bail (*lease*)   **une hypothèque** (*mortgage*)
les charges (f. pl.) (*utilities*) : **l'électricité, le chauffage**
emménager (*to move in*) ≠ **déménager** (*to move [out]*)

2. Construction / situation

en bois   en briques   en béton (m.) (*cement*)

le sous-sol (*basement*)   **le rez-de-chaussée** (*groundfloor*)
le premier étage (*secondfloor*)   **un escalier** (*flight of stairs*)
prendre l'ascenseur (m.) (*elevator*)

un mur (*wall*)   **une cloison** (*dividing wall*)
le plafond (*ceiling*)   **le plancher** (*floor*)

bien conçu (*designed*), **isolé** (*insulated*), **situé** (*located*)
donner sur (*to look out on*)   avoir **de l'espace**
le nombre de **pièces** (f. pl.) (*room*)   **le rangement** (*storage space*)

3. Les pièces

un meuble (*a piece of furniture*)   **le mobilier** (*set, suite*)

le salon, la salle de séjour (*living-room*)
un fauteuil (*armchair*)   **un canapé** (*sofa*)   **un divan** (*couch*)
un tapis (*rug*)   **un rideau** (*curtain*)   **une cheminée** (*fireplace*)
une prise de courant (*outlet*)   **un commutateur** (*switch*)

la salle à manger
un buffet (*sideboard*)   **un lustre** (*chandelier*)
la chambre (à coucher)
chambre principale   chambre d'enfants   chambre d'amis
une penderie (*closet*)   **une commode** (*chest of drawers*)

un matelas (*mattress*)   **un drap** (*sheet*)

une couverture (*blanket*)   **un oreiller** (*pillow*)
le bureau, le cabinet de travail (*den, study*)
la bibliothèque   **une étagère** (*shelf*)   **un bureau** (*desk*)
une lampe   **une ampoule** (*bulb*)   **un abat-jour** (*shade*)

l'entrée = le vestibule   **le couloir = le corridor**

4. La cuisine

un placard (*cupboard*)   **un tiroir** (*drawer*)
un évier (*sink*)   **un comptoir** (*counter*)
une poubelle (*garbage can*)   **les déchets** (m. pl.) (*waste*)

un appareil électroménager (*household appliance*)
une cuisinière (*stove*) **électrique, au gaz**   **un four** (*oven*)
un réfrigérateur   **un congélateur** (*freezer*)
un lave-vaisselle   **un grille-pain** (*toaster*)

5. La salle de bains

une baignoire (*tub*)   **une douche** (*shower*)   **un lavabo** (*basin*)
ouvrir / fermer un robinet (*faucet*)   **un miroir**
une armoire à pharmacie (*medicine cabinet*)   **les toilettes**

Exercices

A. Complétez par le mot qui convient.

1. Cette lampe n'éclaire pas suffisamment : il faudrait y mettre une _____ de plus forte intensité.

2. Il est agréable de se coucher dans des _____ propres.

3. N'oublie pas de mettre la crème glacée que nous venons d'acheter au _____.

4. Chaque étage est séparé en deux par un _____ avec cinq appartements de chaque côté.

5. Elle habite un _____ de dix étages.

6. Ses comptes de chauffage sont minimes parce que sa maison est très bien _____.

7. Maintenant que vous avez vu le rez-de-chaussée, nous pouvons descendre jeter un coup d'œil au _____.

8. Ils ont une maison au bord de la mer qui _____ directement sur la plage.

B. Faites de courtes phrases pour illustrer la différence entre

un bureau	*et*	une commode
un placard	*et*	une penderie
un plancher	*et*	un étage
le rez-de-chaussée	*et*	le premier étage
un commutateur	*et*	une prise de courant

C. Remplacez le mot en italique par un autre mot qui convient logiquement à la phrase.

1. Place la vaisselle dans *le lavabo*.
2. Mets les déchets dans *le tiroir*.
3. Tu devrais poser *des tapis* devant les fenêtres.
4. Ce canapé est vraiment un beau *mobilier*.
5. Pourrais-tu prendre ton costume dans *le placard* ?
6. Quand j'ai décidé de louer cet appartement, le propriétaire m'a fait signer *une hypothèque*.

D. Répondez aux questions.

1. De quoi a-t-on besoin si l'on veut faire des feux de bois à l'intérieur ?
2. Qu'est-ce qu'un locataire doit souvent payer en plus de son loyer ?
3. Où place-t-on d'habitude les médicaments que l'on garde chez soi ?
4. Par quoi les diverses pièces d'une maison ou d'un appartement sont-elles séparées ?
5. Qu'est-ce qu'on range dans un buffet ? dans un placard ?
6. Lorsqu'on « fait son lit », quelles opérations est-ce que cela comporte ?

Conversations, exposés, compositions

1. Est-il préférable de louer ou d'acheter un appartement ou une maison ? Justifiez la solution qui vous semble la plus avantageuse.

2. Vous avez déménagé ou vous avez aidé des amis à déménager. Décrivez votre expérience.

3. Quels sont vos goûts en matière de mobilier ? Quel(s) style(s) préférez-vous ? Quels sont les meubles que vous considérez indispensables et ceux dont vous pouvez vous passer ?

4. Selon vous, qu'est-ce que le locataire d'un appartement est en droit d'attendre du propriétaire ? Est-ce que cela se réalise dans la pratique ? Quel genre de réglementation souhaiteriez-vous dans ce domaine ?

5. Dans le choix d'un logement, quelle importance accordez-vous à l'endroit où il est situé et quelles sont vos priorités à cet égard ?

6. Imaginez la demeure dans laquelle vous habiterez dans dix ans. Décrivez-en la construction, la disposition des pièces, l'endroit où elle sera située, etc. (Employez le futur.)

7. Si vous aviez les moyens de meubler à neuf votre logement actuel, quel genre de meubles achèteriez-vous ? Quels seraient vos critères de choix ? Comment les disposeriez-vous ? (Employez le conditionnel.)

CHAPITRE 8

GRAMMAIRE

I. L'ADJECTIF QUALIFICATIF

A. Fonctions
B. Formes et accord
C. La place de l'adjectif qualificatif

II. LES ADVERBES

A. Rôles et catégories
B. La formation des adverbes de manière
C. La place de l'adverbe

III. LA COMPARAISON DES ADJECTIFS ET DES ADVERBES

A. Le comparatif
B. Le superlatif

IV. CONSTRUCTIONS, LOCUTIONS

A. Plus de, moins de, autant de
B. De plus que, de moins que
C. Plus... plus, moins... moins
D. D'autant plus que
E. De plus en plus, de moins en moins

LECTURE

Manger plus de fruits et de légumes (Louise Lemieux)

VOCABULAIRE

La nourriture

Conversations, exposés, compositions

GRAMMAIRE

I L'ADJECTIF QUALIFICATIF

A. Fonctions

1. L'adjectif est *épithète* lorsqu'il est placé immédiatement avant ou après le nom :

> Quel **bon** repas !
>
> J'ai mangé un repas **succulent**.

2. Placé après un verbe copule (**être**, **devenir**, **paraître**, **rester**, **sembler**), l'adjectif est *attribut du sujet* :

> Ce gâteau est **délicieux**.
>
> Irène est devenue **gourmande**.
>
> Le poisson me semble **frais**.
>
> La soupe ne reste pas **chaude**.

3. Avec des verbes comme **croire**, **trouver**, **rendre**, l'adjectif dépend de l'objet du verbe; il est *attribut du complément d'objet direct* :

> Je trouve la viande **indigeste**.
>
> L'excès de nourriture rend les gens **malades**.

4. L'adjectif est *en apposition* au nom lorsqu'il en est séparé par une pause (une virgule à l'écrit) :

> **Fatigué**, Alain a fait la sieste après le déjeuner.
>
> Alain, **fatigué**, a fait la sieste après le déjeuner.

> ### REMARQUE
>
> Le participe présent et le participe passé s'emploient souvent comme adjectifs qualificatifs (voir le chapitre 15). Ils s'accordent alors en genre et en nombre avec le nom qu'ils qualifient et après lequel ils sont toujours placés lorsqu'ils sont épithètes :
>
> des odeurs **appétissantes**   des aliments **nourrissants**
>
> des plats **cuisinés**   des recettes **compliquées**

B. Formes et accord

L'adjectif qualificatif s'accorde en genre et en nombre avec le nom ou le pronom qu'il qualifie.

1. La formation du féminin

a) Le féminin se forme en ajoutant un **e** muet à la forme du masculin sauf si le masculin se termine déjà par **e** :

un **grand** plat / une grande assiette

un serveur **poli** / une serveuse **polie**

mais

un plat **magnifique** / une assiette **magnifique**

un serveur **aimable** / une serveuse **aimable**

> ### REMARQUE
>
> On place un tréma sur le **e** du féminin des adjectifs en **-gu** (le féminin se prononce de la même façon que le masculin) :
>
> aigu / aiguë   ambigu / ambiguë   exigu / exiguë

b) L'adjonction du **e** entraîne parfois (comme pour le nom) des modifications :

- **er → ère** :

  amer / am**ère**   cher / ch**ère**

  entier / enti**ère**   premier / premi**ère**

- **f → ve** :

  bref / br**ève**   sportif / sport**ive**

  neuf / neu**ve**   sauf / sau**ve**

- **x → se** :

  heureux / heureu**se**   jaloux / jalou**se**

- **eur → euse** ou **eresse** :

  travailleur / travaill**euse**   trompeur / tromp**euse**

  mais

  vengeur / venger**esse**

Les adjectifs en **-eur** issus de comparatifs latins ont leur féminin en **-eure** :

antérieur(e), extérieur(e), inférieur(e), majeur(e), meilleur(e), mineur(e), postérieur(e), supérieur(e).

Certains adjectifs en **-teur** ont leur féminin en **-trice** :

créateur / créa**trice**   destructeur / destruc**trice**

mais

menteur / men**teuse**   enchanteur / enchan**teresse**

- Un certain nombre d'adjectifs qui se terminent par *une voyelle + une consonne* doublent la consonne (avant **e**) au féminin :

  gras / gra**sse**   naturel / nature**lle**

  pareil / parei**lle**   gentil / genti**lle**

  bon / bo**nne**   gros / gro**sse**

La consonne n'est pas toujours doublée :

complet / compl**ète**   normal / norma**le**

c) Le féminin de certains adjectifs est irrégulier :

blanc / blanche   grec / grecque

doux / douce   long / longue

faux / fausse   malin / maligne

favori / favorite   public / publique

frais / fraîche   roux / rousse

franc / franche   sec / sèche

d) Cinq adjectifs (**beau, fou, mou, nouveau, vieux**) ont une seconde forme du masculin qui s'emploie devant un nom commençant par une voyelle ou un **h** muet. Leur féminin dérive de cette seconde forme :

beau / bel	→	belle
fou /fol	→	folle
mou / mol	→	molle
nouveau / nouvel	→	nouvelle
vieux / vieil	→	vieille

2. La formation du pluriel

a) Le pluriel se forme généralement en ajoutant **s** à la forme du singulier : si celle-ci se termine déjà par **s** ou par **x**, elle ne change pas :

un dessert appétissant / des desserts appétissant**s**

une tarte appétissante / des tartes appétissante**s**

un poisson frais / des poissons frais

un fruit délicieux / des fruits délicieux

b) Les adjectifs en **-al** prennent la terminaison **-aux** au masculin pluriel :

cordial / cordi**aux**   normal / norm**aux**

Exceptions :

final / finals; fatal / fatals; glacial / glacials (ou glaci**aux**); idéal / idéals (ou idé**aux**); natal / natals; naval / navals

c) On ajoute **x** à la terminaison **-eau** :

beau / beaux   nouveau / nouveaux

3. Cas particuliers de l'accord des adjectifs

a) Certains adjectifs sont *invariables* :

bien, chic, bon marché

C'est aussi le cas des *adjectifs de couleur* qui sont formés à partir d'un nom, comme :

cerise, marron, orange

b) On emploie toujours le masculin singulier :

- après le pronom sujet **ce** suivi du verbe **être** :

As-tu déjà mangé des moules ? – Oui, **c'est** très **bon**.

- pour qualifier les pronoms indéfinis **quelqu'un**, **personne**, **quelque chose**, **rien**. L'adjectif est alors précédé de la préposition **de** :

Elle a cuisiné quelque chose de délicieux.

Nous n'avons rien mangé d'extraordinaire dans ce restaurant.

C'est quelqu'un de très gourmand.

c) Un adjectif qui qualifie des noms ayant des genres différents se met au masculin pluriel :

La tarte et le gâteau que tu as préparés sont excellents.

On tend à rapprocher le nom masculin de l'adjectif :

J'ai mangé des pâtisseries (*f. pl.*) et des fruits (*m. pl.*) délicieux.

d) Les adjectifs composés qui désignent une couleur ne s'accordent pas :

des pommes **rouges**   *mais*   des pommes **rouge foncé**

C. La place de l'adjectif qualificatif

1. Adjectifs qui précèdent le nom

a) Un petit nombre d'adjectifs courts et courants précèdent le nom.

Voici une liste des plus usuels :

autre	grand	long
beau	gros	mauvais
bon	jeune	petit
gentil	joli	vieux

b) Lorsque ces adjectifs sont modifiés par un adverbe *court*, ils peuvent se placer avant ou après le nom :

un très gentil garçon   *ou*   un garçon très gentil

un fort mauvais repas   *ou*   un repas fort mauvais

2. Adjectifs qui suivent le nom

a) Les autres adjectifs suivent normalement le nom :

un maître d'hôtel discret

une sauce délicate

Cependant, un certain nombre d'adjectifs qui suivent normalement le nom et qui expriment un jugement subjectif peuvent être placés devant le nom, ce qui leur donne une valeur emphatique :

C'était un repas médiocre. / C'était un médiocre repas.

b) Certains adjectifs ne peuvent jamais être placés devant le nom :

– les adjectifs de relation ainsi que les adjectifs de forme et de couleur :

un gâteau breton, la cuisine chinoise, l'appareil digestif, une pomme verte, un biscuit rond

– les adjectifs formés par un participe présent ou un participe passé :

un plat appétissant, une cuisinière expérimentée

– les adjectifs modifiés par un adverbe « long » ou par un complément :

un repas vraiment délicieux

une cuisine tout à fait nouvelle

un plat difficile à digérer

un aliment riche en vitamine C

3. Deux adjectifs qualifiant le même nom

a) Lorsqu'un des deux adjectifs se place normalement avant le nom et l'autre après, ils conservent leur place habituelle :

un bon déjeuner nourrissant

une vieille dame sympathique

b) Lorsque les deux adjectifs se placent tous deux avant ou après le nom, ils sont généralement coordonnés par **et** (ou **mais**) :

un régime sain et bénéfique

une jeune et jolie serveuse (*ou* : une serveuse jeune et jolie)

On peut parfois les juxtaposer :

– s'il s'agit de deux adjectifs qui suivent le nom, l'un exprimant la relation et l'autre la qualité :

la cuisine chinoise authentique

un régime diététique efficace

– s'il s'agit de deux adjectifs qui précèdent le nom et qui sont fréquemment employés ensemble (leur ordre est fixe) :

une belle grande fille   un gentil petit garçon

un joli petit chien   un bon gros déjeuner

4. Adjectifs ayant des sens différents

Certains adjectifs ont un sens différent selon qu'ils sont placés avant ou après le nom. Après le nom, ils ont généralement leur sens propre, tandis qu'ils ont un sens figuré lorsqu'ils sont placés avant le nom :

	avant le nom	après le nom
ancien	l'ancien restaurant (*previous, former*)	une recette ancienne (*old*)
brave	un brave homme (*kind, good*)	un homme brave (*courageous*)
certain	un certain restaurant (*particular*)	un effet certain (*sure*)
cher	cher ami (*dear*)	un repas cher (*expensive*)
drôle	un drôle de serveur (*funny, odd*)	un serveur drôle (*funny, amusing*)

grand	un grand homme (*great*)	un homme grand (*tall*)
maigre	un maigre salaire (*meager*)	un enfant maigre (*thin*)
pauvre	une pauvre femme (*pitiful*)	une femme pauvre (*poor*)
propre	sa propre voiture (*his own car*)	une voiture propre (*clean*)
sale	une sale histoire (*rotten business*)	un ustensile sale (*dirty*)
seul	un seul homme (*only one*)	un homme seul (*alone*)

REMARQUES

1 **Certain(e)s, différent(e)s, diverse(s)**, placés devant le nom, expriment *un nombre indéterminé* :

> Certaines personnes ne digèrent pas les plats épicés.

> Ce plat comprend différentes (diverses) épices.

2 **Dernier** et **prochain** *suivent* des noms comme **an, année, mois, semaine** lorsqu'ils désignent une période de temps immédiatement antérieure ou postérieure à celle où l'on est :

> J'ai mangé du caviar la semaine dernière.

> Je suivrai un régime le mois prochain.

Ils *précèdent* le nom lorsqu'ils indiquent une place dans une série :

> Le dernier gâteau qu'elle a préparé n'était pas très réussi.

> La prochaine fois, ne mange pas les derniers biscuits tout seul.

 LES ADVERBES

A. Rôles et catégories

Les adverbes sont des mots invariables qui jouent des rôles très divers :

- Les adverbes **oui**, **si** et **non** jouent le rôle d'une phrase entière :

  Tu n'as pas mangé ? — Si.

- les adverbes comme **peut-être**, **probablement**, etc. indiquent un jugement de la personne qui parle sur ce qu'elle dit :

  > Il mange probablement trop de viande.

- les adverbes comme **puis**, **ainsi**, etc. jouent un rôle de liaison : ils marquent un lien temporel ou logique avec ce qui précède :

  > Épluchez les légumes, puis placez-les dans l'eau bouillante.

- les adverbes de *négation* et *d'interrogation* servent à formuler une phrase négative ou interrogative (voir les chapitres pertinents).

- certains adverbes modifient une phrase entière :

  > Heureusement, le rôti n'est pas brûlé.

- d'autres modifient un mot dans la phrase :

  a) un verbe : Il va **souvent** au restaurant.

  b) un adjectif : Elle est **très** sobre.

  c) un autre adverbe : Ne mange pas **trop** vite.

- on classifie aussi certains adverbes selon qu'ils répondent aux questions :

  a) **où ?**   les adverbes de lieu : **dedans, dehors, ici, là**, etc.

  b) **quand ?**   les adverbes de temps : **aujourd'hui, demain, souvent, toujours**, etc.

  c) **comment ?** les adverbes de manière : **constamment, facilement**, etc.

  d) **combien ?** les adverbes de quantité : **assez, beaucoup, peu, très**, etc.

REMARQUES

1   On appelle *locution adverbiale* un groupe de mots qui fonctionne comme un adverbe simple. Il en existe un grand nombre : **d'accord, sans doute, de même, à peu près, tout à fait, tout à coup, tout de suite, là-bas, quelque part**, etc.

2   L'adverbe **beaucoup** peut modifier un autre adverbe (*beaucoup plus, beaucoup trop*, etc.) mais lui-même ne peut pas être modifié : il n'est pas possible en français d'employer des expressions du type *très beaucoup, trop beaucoup*.

B. La formation des adverbes de manière

Un grand nombre d'adverbes de manière se terminent par **-ment** et sont formés à partir d'adjectifs.

1. Le suffixe **-ment** s'ajoute à la forme *du féminin singulier* de l'adjectif :

aimable (aimable)	→	aimablement
active (actif)	→	activement
forte (fort)	→	fortement
folle (fou, fol)	→	follement
peureuse (peureux)	→	peureusement

Parfois, le **e** devient **é** :

aveugle	→	aveuglément
énorme	→	énormément
précise	→	précisément

2. Le suffixe **-ment** s'ajoute au *masculin singulier* des adjectifs qui se terminent par **ai**, **é**, **i** et **u** :

vrai	→	vraiment	carré	→	carrément
poli	→	poliment	résolu	→	résolument

3. Les suffixes **-amment** et **-emment** (qui se prononcent de façon identique) se substituent aux terminaisons **-ant** et **-ent** des adjectifs correspondants :

constant →	constamment	ardent	→	ardemment

4. Certains adverbes de manière se forment irrégulièrement à partir d'adjectifs :

bref	→	brièvement	gentil	→	gentiment

C. La place de l'adverbe

1. L'adverbe qui modifie un adjectif ou un autre adverbe se place avant le mot qu'il modifie :

C'est une **très** bonne cuisinière.

Le rôti a cuit **trop** longtemps.

2. L'adverbe modifie un verbe :

– si le verbe est à un temps simple, l'adverbe se place après le verbe :

Il mange **beaucoup**.

Elle cuisine **rarement**.

– si le verbe est à un temps composé, l'adverbe se place généralement *entre* l'auxiliaire et le participe passé s'il s'agit d'un adverbe court ou usuel :

> Il a **beaucoup** mangé.

> Elle a **rarement** cuisiné un aussi bon repas.

Lorsque l'adverbe est long ou peu souvent employé, il se place généralement après le participe passé :

> Nous avons déjeuné **agréablement**.

3. Les adverbes de temps et de lieu

   a) Ils se placent soit au début ou à la fin de la phrase, soit après le verbe (c'est l'usage qui décide) :

   > **Demain**, j'irai au restaurant.

   > J'irai au restaurant **demain**.

   > On trouve de bons restaurants **partout**.

   > On trouve **partout** de bons restaurants.

   > Nous mangerons **tôt** ce soir.

   b) Généralement, les adverbes de temps et de lieu ne se placent pas entre l'auxiliaire et le participe passé :

   > Nous avons mangé **tard**.

   On peut cependant placer certains adverbes entre l'auxiliaire et le participe passé pour les mettre en relief :

   > J'ai fait la cuisine **longtemps**. / J'ai **longtemps** fait la cuisine.

   Exceptions : Les adverbes **déjà**, **souvent** et **toujours** se placent généralement entre l'auxiliaire et le participe passé :

   > As-tu **déjà** mangé ?

   > Ils sont **souvent** allés dans ce restaurant japonais.

   > J'ai **toujours** aimé les pâtisseries.

III LA COMPARAISON DES ADJECTIFS ET DES ADVERBES

A. Le comparatif

Le comparatif de l'adjectif et de l'adverbe est formé par un adverbe de quantité suivi de l'adjectif ou de l'adverbe qu'il modifie. Si le second terme de la comparaison est exprimé, il est toujours précédé par **que**.

1. On distingue trois sortes de comparatif :

a) de supériorité : **plus** + *adjectif* ou *adverbe* (+ **que**)

> La viande est **plus chère que** le poisson.

> Les carottes cuisent **plus lentement que** les tomates.

b) d'infériorité : **moins** + *adjectif* ou *adverbe* (+ **que**)

> Yves est **moins gourmand que** sa sœur.

> Elle cuisine **moins souvent que** son mari.

c) d'égalité : **aussi** + *adjectif* ou *adverbe* (+ **que**)

> Jean est **aussi maigre que** son père.

> Elle grossit **aussi facilement que** sa mère.

2. Comparatifs de supériorité irréguliers

a) Adjectifs :

- **bon** a pour comparatif **meilleur** :

  > Les éclairs au chocolat sont-ils **meilleurs que** les choux à la crème ?

  Bon marché (invariable) a pour comparatif **meilleur marché** (également invariable) :

  > Les bananes sont **meilleur marché** que les oranges.

- **mauvais** a un comparatif régulier (**plus mauvais**) et un comparatif irrégulier (**pire**) qui sont généralement interchangeables :

  > Ce restaurant est **pire** (**plus mauvais**) que l'autre.

- **petit** a un comparatif régulier (**plus petit**) qui s'emploie dans un sens concret (dimensions mesurables) et un comparatif irrégulier (**moindre**) qui s'emploie dans un sens abstrait (importance, valeur) :

  > Une casserole est **plus petite** qu'une marmite.

  > Les épices ont un **moindre** rôle dans la cuisine occidentale que dans la cuisine orientale.

b) Adverbes :

- **bien** a pour comparatif **mieux** :

  Il cuisine bien, mais sa femme cuisine **mieux** que lui.

- **mal** a un comparatif régulier (**plus mal**) et un comparatif irrégulier (**pis**). **Pis** est archaïque et ne s'emploie guère que dans des expressions idiomatiques :

  Il y a **pis**.   Les choses vont de mal en **pis**.

- **beaucoup** et **peu** ont pour comparatifs irréguliers **plus** et **moins** :

  Je mange beaucoup mais il mange **plus** que moi.

  Il boit peu et sa femme boit encore **moins** que lui.

Davantage est synonyme de **plus** et tend à le remplacer en fin de phrase :

  Il mange plus que moi mais son frère mange même **davantage**.

REMARQUES

1 Les adjectifs **inférieur**, **supérieur**, **antérieur** et **postérieur**, qui sont issus de comparatifs latins, sont suivis de la préposition à devant le second terme de la comparaison :

  Il prétend que la cuisine chinoise est **supérieure à** la cuisine française.

2 Le comparatif de supériorité et d'infériorité de l'adjectif et de l'adverbe peut être renforcé par un autre adverbe, tel que **bien**, **beaucoup**, **encore**, **infiniment**, **tellement** :

  Elle cuisine **bien** mieux que moi.

  Le homard est **beaucoup** plus cher que les moules.

  C'est **tellement** plus facile d'acheter des repas surgelés !

3 Il faut répéter le comparatif devant deux (ou plusieurs) adjectifs ou adverbes :

  Il est **moins** gourmand et **moins** difficile que son frère.

  Mangez **plus** souvent et **plus** lentement.

4 Quand le second élément de la comparaison est une proposition, il faut
employer devant le verbe de cette proposition :

– soit **ne**, soit **le**, soit **ne le**, s'il s'agit d'une comparaison de supériorité
ou d'infériorité :

Il cuisine mieux que
$\begin{cases} \text{je } \textbf{le} \text{ croyais.} \\ \text{je } \textbf{ne} \text{ croyais.} \\ \text{je } \textbf{ne le} \text{ croyais.} \end{cases}$

– s'il s'agit d'une comparaison d'égalité, on emploie **le** :

On mange aussi mal que je **l'**imaginais dans ce restaurant.

5 *Rappel* : Après **que**, on emploie un pronom disjoint :

Il mange plus vite que **moi**.

Elle est moins gourmande que **lui**.

6 Après une négation, **si** peut remplacer **aussi** :

Ce n'est pas **si (aussi)** bon que je l'espérais.

B. Le superlatif

1. Le superlatif des adjectifs et des adverbes

Il se forme en faisant précéder plus et moins de l'article défini (**le**, **la**, **les** pour
les adjectifs; **le**, invariable, pour les adverbes). Si le superlatif a un complément,
celui-ci est précédé de la préposition **de**.

a) Le superlatif de supériorité :

le (la, les) plus + *adjectif* ou *adverbe* (+ **de**)

Ma sœur est **la plus gourmande de** la famille.

C'est elle qui fait **le plus souvent** la cuisine.

b) Le superlatif d'infériorité :

le (la, les) moins + *adjectif* ou *adverbe* (+ **de**)

C'est seulement **le moins cher** de la région.

De tous mes frères, Paul est celui qui cuisine **le moins bien**.

2. Superlatifs de supériorité irréguliers

Ce sont les mêmes, précédés de l'article défini, que les comparatifs irréguliers
correspondants. Les remarques présentées au sujet de ces comparatifs
s'appliquent également aux superlatifs.

a) Adjectifs :

- **bon → le meilleur (la meilleure**, etc.)
- **mauvais → le pire** (ou **le plus mauvais)**
- **petit → le moindre** (ou **le plus petit)**

Exemples

Il fait **les meilleurs** desserts.

Même **le pire** (**le plus mauvais**) cuisinier sait faire cuire des œufs !

J'ai pris **la plus petite** part du gâteau.

C'est vraiment **le moindre** de mes soucis.

b) Adverbes :

- **bien → le mieux**
- **mal → le pis** (**le plus mal)**
- **beaucoup → le plus**
- **peu → le moins**

Exemples

Quel est le restaurant où l'on mange **le mieux** ?

C'est dans ce genre de restaurant qu'on mange **le plus mal**.

Il a beaucoup grossi mais **le pis** est qu'il continue à manger comme quatre.

C'est moi qui mange **le plus** de toute la famille.

Ce que j'aime **le moins**, ce sont les épinards.

3. La place du superlatif de l'adjectif épithète

Le superlatif occupe la même place que l'adjectif simple :

a) s'il suit le nom, il y a *deux* articles définis :

Je viens de manger **le** repas **le** plus extraordinaire de ma vie.

b) s'il précède le nom, il n'y a qu'un seul article :

C'est **la** plus gentille serveuse du restaurant.

c) un adjectif possessif peut remplacer l'article défini :

C'est **sa** recette **la** plus compliquée.

Voici **ma** plus grande marmite.

4. Le superlatif absolu

a) On exprime le superlatif absolu en faisant précéder l'adjectif ou l'adverbe par **très**, **fort**, **extrêmement** :

> Ces enfants sont **très** gourmands.
>
> Je digère **fort** mal les œufs.
>
> C'est un plat **extrêmement** difficile à préparer.

On n'emploie pas le superlatif absolu avec les adjectifs qui sont déjà emphatiques comme :

délicieux	horrible
épatant	magnifique
excellent	merveilleux
extraordinaire	sensationnel
formidable	terrible

b) Il est également possible de faire précéder certains adjectifs par les préfixes **archi-**, **extra-**, **super-**, **ultra-** :

> Le réfrigérateur est **archi-plein**.
>
> Achète du sucre **extra-fin**.
>
> Tu es vraiment une **super-gourmande** !
>
> Nous vous conseillons ce nouvel ustensile **ultramoderne**.

Extra et **super** s'emploient familièrement comme adjectifs invariables :

> Le restaurant était **extra** et le service **super** !

IV CONSTRUCTIONS, LOCUTIONS

A. Plus de, moins de, autant de

Nous avons vu que **plus** et **moins** sont les comparatifs de supériorité irréguliers des adverbes de quantité **beaucoup** et **peu**. Pour exprimer la notion de quantité égale, on utilise l'adverbe **autant** (on peut également employer **tant** si le verbe est à la forme négative) :

> Son fils n'a que douze ans mais il mange **autant** que lui.
>
> Je ne mange pas **tant** que cela.

Suivis de la préposition de, ces adverbes forment des expressions de quantité qui s'emploient comme des déterminants du nom :

> J'ai mangé **plus de** gâteau que toi.
>
> Les légumes contiennent **moins de** protéines que la viande.
>
> As-tu bu **autant de** vin que lui ?

B. De plus que, de moins que

On emploie **de plus que** et **de moins que** dans une comparaison après un nombre :

> Le kilo d'oranges coûte un dollar **de plus que** le kilo de bananes.
>
> Mon frère pèse dix kilos **de moins que** moi.

C. Plus... plus, moins... moins, etc.

Notez les constructions suivantes :

1. Les adverbes **plus** et **moins** employés seuls :

> **Plus** je mange, **plus** je grossis.
>
> **Moins** on fait la cuisine, **plus** on va au restaurant.

2. Avec un adjectif, un adverbe, un nom :

> **Plus** le serveur est **rapide**, **plus** les pourboires sont **généreux**.
>
> **Plus** on mange **vite**, **moins** on digère **bien**.
>
> **Moins** on boit d'alcool, **plus** on a d'énergie.

3. Les comparatifs irréguliers :

> **Mieux** on fait cuire le rôti, **meilleur** il est.

D. D'autant plus... que

D'autant plus (moins)... que sert à exprimer la proportion ou une relation de cause à effet :

- avec un adjectif :

> Je trouve cette mousse au chocolat **d'autant meilleure que** je n'en ai pas mangé depuis fort longtemps.

- avec un adverbe :

> Il mange **d'autant plus vite qu'**il est pressé.

- avec un nom (précédé par **de**) :

  Elle a **d'autant moins d'appétit qu**'elle ne fait plus d'exercice physique.

- avec un verbe ou une locution verbale :

  Je mange **d'autant plus que** je fais du sport.

  J'ai **d'autant plus** faim que je n'ai pas mangé depuis hier soir.

E. De plus en plus, de moins en moins

Ces expressions modifient un verbe, un adverbe, un adjectif ou un nom (précédé de **de**) pour indiquer une évolution graduelle :

Je vais **de plus en plus** au restaurant depuis que je travaille au centre-ville.

Elle cuisine **de moins en moins** souvent.

Depuis sa maladie, Paul devient **de plus en plus** maigre.

Je bois **de moins en moins** de café.

Exercices

I. L'adjectif qualificatif

A. Mettez l'adjectif à la forme et à la place qui conviennent.

1. (beau) un dessert
2. (frais) de la viande
3. (long) une attente
4. (vieux) une recette
5. (épais) une sauce
6. (italien) la cuisine
7. (nouveau) un ustensile
8. (blanc) une nappe
9. (neuf) une marmite
10. (grand) une poêle
11. (faux) une impression
12. (mauvais) une alimentation
13. (gras) une oie
14. (marron) une casserole
15. (beau) une présentation
16. (bon marché) de la nourriture
17. (délicieux) une soupe
18. (roux) une serveuse
19. (léger) une boisson
20. (naïf) une cliente

B. Répétez les phrases en y insérant les adjectifs entre parenthèses à la place qui convient (faites l'accord des adjectifs).

1. (beau, chinois) J'ai acheté des aubergines.
2. (gros, vert) Elle préfère manger une pomme.
3. (appétissant, petit) Voilà une pâtisserie.

4. (italien, nouveau) Essayons ce restaurant.

5. (indigeste, lourd) Quel repas !

6. (bon, petit) Vous ne refuserez pas un verre de vin !

7. (amaigrissant, long) Il a suivi un régime.

8. (canadien, ancien) J'utilise une recette.

9. (blanc, grand) Elle a acheté une nappe.

C. Mettez l'adjectif à la place qui convient selon le sens (et accordez-le).

1. (différent) Dans cette famille, ils mangent tous à des _____ heures _____.

2. (ancien) C'est un restaurant qui date du XXe siècle et qui est plein de _____ meubles _____.

3. (dernier) Le _____ mois _____, nous sommes allés au restaurant presque tous les soirs et nous ne voulons plus y retourner ce mois-ci.

4. (seul) Le service est lent parce qu'il n'y a qu'une _____ serveuse _____.

5. (propre) J'utilise uniquement mes _____ recettes _____ quand je cuisine.

6. (sale) La cliente était indignée parce que le garçon a apporté son dessert dans une _____ assiette _____.

7. (maigre) Je n'étais pas satisfait du service, c'est pourquoi j'ai seulement laissé un _____ pourboire _____.

8. (drôle) J'ai commandé au hasard et on m'a apporté un _____ poisson _____ que je n'avais jamais vu.

9. (pauvre) Cette _____ femme _____ est malade parce qu'elle a trop mangé de mousse au chocolat.

10. (certain) Ce plat me fait penser à une _____ recette _____ que j'ai lue dans un livre de cuisine belge.

II. Les adverbes

A. Faites un adverbe à partir de l'adjectif entre parenthèses et insérez-le dans la phrase à la place qui convient.

1. (attentif) Il faut surveiller la cuisson du rôti.

2. (remarquable) Ce dessert est bien réussi.

3. (bref) Nous nous sommes vus au restaurant.

4. (franc) Le vin qu'il vient d'acheter est mauvais.

5. (patient) Elle était en retard pour le dîner mais nous l'avons attendue.

6. (rapide) Vous devriez faire cuire ces légumes.

7. (constant) Je ne comprends pas pourquoi tu as faim.

8. (long) Ma mère m'a expliqué comment préparer ce plat exotique.

    9. (doux) Il faut remuer la sauce.

    10. (particulier) Les framboises sont bonnes cette année.

B. Mettez l'adverbe entre parenthèses à la place qui convient.

    1. (souvent) Sa femme lui a préparé des repas gastronomiques.

    2. (aujourd'hui) Avez-vous des huîtres fraîches ?

    3. (bien) On se sent optimiste lorsqu'on a mangé.

    4. (lentement) J'ai fait cuire le poulet au four.

    5. (trop) Il avait de la difficulté à s'endormir parce qu'il avait mangé.

    6. (normalement) Le service est rapide dans ce restaurant.

    7. (quelquefois) Lorsque nous habitions Vancouver, nous dînions dans des restaurants japonais.

    8. (bientôt) Pourquoi ne retournerions-nous pas à ce restaurant vietnamien que tu trouves si agréable ?

III. La comparaison des adjectifs et des adverbes

A. Complétez les phrases en mettant les adjectifs et les adverbes entre parenthèses au comparatif (de supériorité, d'infériorité, d'égalité) qui convient au contexte.

    1. (cher) Le caviar est _____ que les huîtres.

    2. (longtemps) Une côtelette de porc doit cuire _____ qu'un steak.

    3. (gros) Un poulet est _____ qu'une dinde.

    4. (tendre) Les pêches sont _____ que les pommes.

    5. (naturel) La margarine n'est pas _____ que le beurre.

    6. (épicé) Au Mexique, les plats sont _____ qu'en Amérique du Nord.

    7. (souvent) Autrefois les gens allaient au restaurant _____ que maintenant.

    8. (rouge) Quand il est embarrassé, son visage devient _____ qu'une cerise.

B. Complétez les phrases en employant le comparatif de supériorité des adjectifs et des adverbes entre parenthèses.

    1. (bon) La viande aurait été _____ avec un peu plus de sauce.

    2. (peu, bien) Il mange _____ qu'avant et il se sent _____.

    3. (mauvais) L'abus d'alcool est-il _____ que l'excès de _____ nourriture ?

    4. (petit) Il mange trop depuis qu'il a cessé de fumer, mais c'est sans doute un _____ mal.

    5. (mal) Tu fais la cuisine encore _____ que moi !

    6. (bon marché) La viande de bœuf est _____ cette semaine que la semaine dernière.

    7. (petit) Est-ce que vous vendez le sucre en _____ quantités ?

    8. (beaucoup) Tu es trop maigre. Tu devrais manger_____.

C. Formez des phrases selon le modèle en mettant l'adjectif entre parenthèses au superlatif de supériorité (a) et d'infériorité (b) qui convient.

> *Modèle :* (élégant) le restaurant / la ville
>
> C'est le restaurant le plus (moins) élégant de la ville.

a) Superlatif de supériorité

1. (facile) la recette / le livre
2. (frais) les poissons / le magasin
3. (gros) le morceau / le gâteau
4. (habile) la cuisinière / la famille
5. (long) le repas / la journée

b) Superlatif d'infériorité

1. (bon) le cuisinier / tous mes amis
2. (cuit) la partie / le rôti
3. (beau) le restaurant / le quartier
4. (cher) le plat / le menu
5. (compliqué) le repas / le monde

D. Complétez les phrases avec le superlatif de supériorité des adjectifs ou des adverbes entre parenthèses.

1. (beaucoup) C'est durant la période de Noël que l'on mange _____.
2. (bon) Les _____ repas sont encore ceux que l'on prépare soi-même.
3. (petit) Ne t'excuse pas d'avoir oublié de prendre le dessert à la pâtisserie; ça n'a pas _____ importance.
4. (mal) Les gens qui mangent _____ sont ceux qui sont toujours pressés.
5. (mauvais) Les graisses sont _____ ennemis de la digestion.
6. (peu) C'est lui qui mange _____.
7. (bien) Dans quel pays mange-t-on _____ ?
8. (petit) Ma sœur est celle qui a _____ appétit de la famille.

E. Complétez en employant **que**, **de**, ou **à**.

1. C'est sans doute le pire restaurant _____ la région.
2. Ta recette est meilleure _____ la mienne.
3. Ce vin est bien supérieur _____ ceux que j'ai dégustés auparavant.
4. La viande est moins tendre _____ que je l'espérais.
5. Il est aussi gourmand _____ ses camarades.
6. La gourmandise est le moindre _____ ses défauts.
7. Le prix du poisson est généralement inférieur _____ celui de la viande.

F. Employez le superlatif absolu de l'adjectif en le faisant précéder de **très, fort, extrêmement** *quand c'est possible.*

1. Nous avons dîné dans un restaurant fabuleux.

2. Le repas était succulent.

3. La nourriture était abondante.

4. On nous a servi un dessert exquis.

5. Nous avons bu un vin délicat.

6. Nous avons passé des moments agréables.

7. Il régnait dans la salle une ambiance excellente.

8. Le décor était impressionnant.

9. Ce fut une soirée formidable.

10. J'y pense encore avec un plaisir immense.

IV. Constructions, locutions

A. Complétez les phrases en employant **plus (de)**, **moins (de)** ou **autant (de)** selon le contexte.

1. Il y a _____ calories dans une salade que dans une mousse au chocolat.

2. Les jeunes enfants ne mangent pas _____ que les adultes.

3. Les pommes de terre mettent _____ temps à cuire que les épinards.

4. On consomme _____ viande dans les pays riches que dans les pays pauvres.

5. Il neige _____ au Québec qu'en Ontario.

B. Transformez les phrases selon le modèle.

> *Modèle :* Jean a bu plus que moi. (deux verres)
> Jean a bu deux verres de plus que moi.

1. Hélène a travaillé moins que sa sœur. (une heure)

2. Son frère pèse plus qu'elle. (cinq kilos)

3. Il a lu moins que moi le mois dernier. (trois livres)

4. Tu as mangé plus que lui. (deux pâtisseries)

C. Faites des phrases selon le modèle.

> *Modèle :* Il mange moins / il devient plus mince.
> Moins il mange, plus il devient mince.

1. Elle est plus occupée / elle est plus heureuse.

2. Le service est moins rapide / les pourboires sont moins généreux.

3. Le rôti est plus tendre / il est meilleur.

4. On mange plus vite / on digère moins bien.

5. On boit moins / on se sent mieux.

6. Tu prendras plus de vitamine C / tu auras moins de rhumes.

7. La recette est plus compliquée / on met plus de temps à la préparer.

8. On fait plus d'exercice / on grossit moins.

D. Répondez aux questions selon le modèle.

Modèle : Est-ce qu'il cuisine bien ?
Il cuisine de mieux en mieux.

1. Est-ce que tu vas souvent au restaurant ?

2. Est-ce que le vin coûte cher ?

3. Y a-t-il beaucoup de restaurants dans ce quartier ?

4. As-tu faim ?

5. Est-ce que les gens se préoccupent de leur alimentation ?

E. Faites des phrases selon le modèle.

Modèle : Elle était fatiguée / elle avait cuisiné toute la journée.
Elle était d'autant plus fatiguée qu'elle avait cuisiné toute la journée.

1. La sauce était riche / ma mère y avait mis de la crème.

2. Le repas a coûté cher / nous avons pris deux bouteilles de vin.

3. Il a de l'appétit / il a joué au tennis tout l'après-midi.

4. Je me suis senti faible / je n'avais rien mangé de la journée.

5. Je vous comprends bien / j'ai vécu les mêmes expériences.

6. Il fait chaud dans la cuisine / j'ai utilisé le four pour cuisiner.

LECTURE • LECTURE • LECTURE • LECTURE

Manger plus de fruits et de légumes

Les Québécois ne mangent pas assez de fruits et de légumes. L'an dernier, seulement 42,5 % des Québécois consommaient cinq portions et plus de fruits et légumes par jour, une bien légère augmentation de 0,5 % par rapport à 2001. « Il y a vraiment un effort à faire de ce côté », constate Pascale Chaumette, nutritionniste à la Direction de la santé publique de Québec.

Statistique Canada précise que les hommes sont encore moins friands de fruits et légumes que les femmes (34,2 % contre 50,6 %).

Est-ce une surprise ? L'excès de poids qui caractérise la société québécoise frappe encore plus les hommes que les femmes (32 % contre 24 %). Et, pire encore, l'endroit où s'accumule la graisse chez les hommes (autour de l'abdomen) les rend plus à risque de problèmes cardiaques et de diabète.

L'épidémie d'obésité et d'excès de poids qui frappe les Québécois incite à sonner l'alarme. La consommation de fruits et légumes est insuffisante chez près de 60 % de la population. Curieusement, les Québécois sont de plus en plus conscients de l'importance d'une meilleure alimentation.

« L'épidémie d'obésité agit comme une locomotive. La société se rend compte qu'il faut faire quelque chose », constate Simone Lemieux, professeure à l'Institut des nutraceutiques et des aliments fonctionnels de l'Université Laval.

Même en santé publique, l'importance de l'alimentation gagne des points, après plusieurs années de négligence. « Au moins, l'alimentation est reconnue comme une habitude de vie aussi importante que l'exercice physique et le non-tabagisme pour améliorer la santé. On n'a plus à justifier son importance », soupire, soulagée, Pascale Chaumette, nutritionniste à la Direction de la santé publique de Québec.

Commençons par le commencement, donc. Cinq portions de fruits et légumes par jour. Ce sera le message « alimentation » de la Direction de la santé publique de Québec, cette année. Pascale Chaumette espère que les Québécois accepteront de faire ce premier pas.

Le Québec consentira 3,5 millions $ cette année en mesures de prévention visant à améliorer l'alimentation des Québécois. Une première. Mais qui ne fera pas concurrence au budget publicitaire des McDonald et autres restaurants fast food.

« On sait que la seule augmentation de la consommation de fruits et légumes n'est pas suffisante pour lutter contre les maladies chroniques. Mais si les gens prennent l'habitude de manger un fruit pour le dessert au lieu d'un gâteau, ce sera un progrès. C'est reconnu partout dans le monde, la promotion de fruits et légumes, ça fonctionne. Sans compter que c'est impossible de chambarder d'un coup les habitudes alimentaires. Il faut plutôt les améliorer. Les bonnes habitudes alimentaires, c'est comme un REER[1] : il faut investir longtemps avant que ça rapporte », dit la jeune femme.

Cindy Gagnon peut en témoigner. « Je mange plus (...) de fruits et de légumes et je maigris », constate la jeune femme qui a perdu 80 livres en combinant exercices et meilleure alimentation.

Problème de société

Les comportements alimentaires sont déréglés, déplore Simone Lemieux, professeure et chercheuse à l'INAF (Institut des nutraceutiques et des aliments fonctionnels de l'Université Laval).

« Les gens mangent à toutes sortes d'heures, font mille et un régimes. Tellement qu'ils ne savent plus reconnaître les signaux de la faim et de la satiété. »

La nutritionniste montre aussi du doigt les portions. Trop grosses dit-elle. Surtout au restaurant. Les recherches ont démontré que devant une portion trop grande pour l'appétit, le consommateur mange plus. De fait, il absorbe 30 % de calories de trop.

« La nature est pourtant bien faite. Le bébé nourri au sein boit ce dont il a besoin, au moment où il en a besoin. » Dans cet ordre d'idées, elle estime que les parents ne devraient jamais obliger leurs enfants à vider leur assiette, au risque de leur faire, justement, perdre ces signaux de faim et de satiété. « On peut se fier à l'appétit de l'enfant. Les études le démontrent, les enfants, naturellement, mangent à leur faim » constate Mme Lemieux.

Alors qu'il faudrait apprendre à moins manger, la nourriture est disponible 24 heures sur 24.

La malbouffe[2] est à portée de main[3] des enfants. « Quelle mère n'a pas eu à s'obstiner avec son enfant qui réclame bonbons ou boissons gazeuses à l'épicerie ? » demande Mme Lemieux.

Pour stopper la prise de poids collective, c'est l'environnement alimentaire qu'il faut modifier, en faisant en sorte que les aliments sains soient plus accessibles et moins coûteux que les aliments camelotes.

20 trucs pour une meilleure alimentation

Changements environnementaux

1. Si les consultations avec une nutritionniste (taux horaire de 60 $) étaient remboursées par les assurances privées, plus de gens consulteraient. Elles le sont depuis quelques mois aux États-Unis.

2. Augmenter le prix de la nourriture-camelote, comme les croustilles, les boissons fruitées, les boissons gazeuses et baisser celui des fruits et légumes.

3. Sensibiliser les décideurs de l'industrie agroalimentaire à l'importance de maintenir des formats individuels appropriés d'aliments et de boissons.

4. Élaboration et application d'une politique alimentaire en milieu scolaire et en milieu de travail. Les nombreux casse-croûte et fast food dans l'environnement scolaire font une concurrence déloyale aux efforts entrepris par les écoles pour offrir des menus sains aux étudiants.

5. Dans les cafétérias scolaires, yogourts et salades de fruits devraient coûter moins cher que le beigne ou le gâteau au chocolat.

6. L'ambiance des cafétérias scolaires est à revoir[4]. Porter une attention particulière à la décoration, à l'éclairage et à l'intensité de la musique et du bruit.

7. Réduire les portions dans les cafétérias et les restaurants : en face d'une portion plus grosse, il est démontré que le consommateur consomme 30 % de plus de calories.

8. Le tiers du contenu des machines distributrices devrait être composé de choix santé : légumes, fruits, yogourt, muffins. Avec le temps, le contenu des aliments santé devrait être de 50 %.

9. Promotion de la consommation quotidienne de cinq fruits et légumes.

10. Sensibiliser la population à l'importance de l'écoute des signaux corporels de faim et de satiété comme moyen de limiter l'augmentation du poids ; dans ce même ordre d'idées, outiller les professionnels de la santé afin qu'ils aident les gens à bien comprendre ces signaux.

Dix conseils d'une nutritionniste

1. Manger chaque jour cinq portions de fruits et légumes. Une portion correspond à un fruit ou un légume de grosseur moyenne ou à : 1/2 tasse de légumes ou de fruits cuits, surgelés, en conserve ou frais, à 1 tasse de laitue, à 1/2 tasse de jus, à 1/4 de tasse de fruits secs.

2. Choisir des produits non-raffinés. Le pain brun rassasie davantage que le blanc.

3. Privilégier l'huile végétale, l'huile d'olive et les margarines sans gras trans ou hydrogénés, qui augmentent le cholestérol.

4. Jeter à la poubelle le contenant de graisse Crisco qui traîne dans le frigo : c'est de l'affreux gras trans.

5. Privilégier les jus de fruits aux boissons fruitées. Ils coûtent plus cher, hélas. Jus d'orange congelé ou réfrigéré ? Le premier contient jusqu'à 25 % de plus de vitamine C. Une fois le contenant ouvert ou le jus reconstitué, la vitamine C disparaît à un rythme de 2 % par jour. Il faut donc le boire rapidement.

6. Le fromage de chèvre est moins gras que le cheddar ou le brie. Les fromages allégés et le lait avec 1 % de gras sont intéressants parce que, contrairement à la crème glacée « avec 50 % moins de gras », on ne peut compenser le gras en moins en ajoutant du sucre.

7. Les acides gras oméga-3 sont merveilleux : ils aident à prévenir les maladies du cœur, préviennent la formation de caillots dans le sang, les cancers du côlon, du sein et de la prostate, soulagent les maladies inflammatoires de l'intestin, aident les femmes enceintes à mener à terme leur grossesse. On retrouve les oméga-3 dans les huiles de lin, de canola, de soya, de noix ; dans les noix de grenoble, les graines de lin, le germe de blé ; dans les poissons gras (truite, saumon, sardine, anchois), les algues marines, les mollusques (moules, huîtres, escargots) et les margarines molles non-hydrogénées.

8. Perdre du poids ne signifie pas éliminer à tout jamais les « aliments plaisirs » (croustilles, dessert, deuxième portion). Les nutritionnistes préfèrent ajouter des aliments sains, pour faire en sorte que les aliments camelote perdent de leur importance.

9. « Si tu ne manges pas ton brocoli, tu n'auras pas de dessert ! » « Si tu fais ton lit, tu auras du chocolat... ». Ce sont des phrases à ne pas dire à son enfant. Le dessert, perçu comme un aliment récompense, deviendra à coup sûr le préféré de l'enfant.

10. Les conseils du magazine O pour ne pas reprendre le poids perdu : toujours manger le petit-déjeuner ; bouger régulièrement ; se peser régulièrement pour réagir rapidement dès la prise de poids ; dans ce cas, pas de régime draconien : se contenter de réduire le vin, de couper le dessert et de marcher un tour de bloc supplémentaire ; plus le temps passe, plus vous augmentez les chances que la perte de poids perdure.

Louise Lemieux — *Le Soleil*

---

1. **REER** : Régime Enregistré d'Épargne-Retraite (*RRSP*).
2. **la malbouffe** : la mauvaise nourriture, les aliments nocifs pour la santé.
3. **à portée de main** : doit être compris au sens propre et au sens figuré (*within hand's reach*) et par opposition à l'avertissement bien connu « Garder hors de la portée des enfants ».
4. **à revoir** : à réexaminer afin d'y apporter des modifications.

Compréhension du texte

1. Quelles différences observe-t-on entre les hommes et les femmes ?
2. De quoi est-ce que l'on prend conscience au Québec ?
3. Pourquoi Pascale Chaumette est-elle soulagée ?
4. En quoi consiste le premier pas ?
5. Quelle somme le Québec consacrera-t-il aux mesures de prévention ? À quoi faut-il comparer cette somme ?
6. Quels sont les bénéfices des bonnes habitudes alimentaires ?
7. Par quoi les comportements alimentaires sont-ils déréglés et quelles sont les conséquences de ce dérèglement ?
8. Pourquoi ne faut-il pas forcer les enfants à vider leur assiette ?
9. Quelle solution faut-il envisager pour mettre fin à la prise de poids collective ?
10. Parmi les dix changements environnementaux proposés, quels sont ceux qui visent particulièrement le milieu scolaire ?
11. À quoi correspond une portion de fruits ou de légumes ?
12. Qu'est-ce qui cause une augmentation du cholestérol ?
13. Pourquoi doit-on boire le jus d'orange rapidement ?
14. Quel est l'avantage du lait et des fromages allégés sur la crème glacée allégée ?
15. Dans quoi trouve-t-on des oméga-3 ?
16. Faut-il éliminer les « aliments plaisirs » ?
17. Quel comportement des parents devrait être découragé ?
18. Comment peut-on réagir si l'on reprend du poids ?

Questions d'ensemble

1. Énumérez les facteurs qui contribuent à l'excès de poids. Quels ont ceux qui vous semblent les plus importants ? En existe-t-il d'autres qui ne sont pas mentionnés dans l'article ?
2. De quelle façon une consommation accrue de fruits et de légumes peut-elle contrer la prise de poids excessive ?
3. Parmi les solutions proposées pour combattre l'épidémie de malbouffe, lesquelles vous semblent les plus prometteuses ? En voyez-vous d'autres ?
4. Vos propres habitudes alimentaires sont-elles plutôt saines ou plutôt malsaines ? Y a-t-il des changements que vous pensez éventuellement apporter à votre alimentation ?

VOCABULAIRE

LA NOURRITURE

1. Manières de se nourrir

goûter (*to taste*)   **déguster** (*to sample; to savour*)
se gaver (*to stuff oneself*) **de** ≠ **se priver**
gourmand (e) ≠ **sobre, frugal(e)**

avoir de **l'appétit** (m.), avoir **bon appétit**
avoir **un appétit de loup, de cheval** ≠ **un appétit d'oiseau**

aimer **la bonne chère** (*good food, good living*)
raffoler de (*to be very fond of*)   **manger comme quatre**
avoir **une faim de loup**   manger **sur le pouce** = vite et debout

suivre **un régime** (*diet*)   **garder sa ligne** (*to keep one's figure*)

2. Les repas et les aliments

le petit déjeuner (Q. : **le déjeuner**)   **le déjeuner** (Q. : **le dîner**)
le dîner (Q. : **le souper**)
un repas (*meal*)   **un aliment**   **un plat** (*dish*)
le potage = une soupe légère

un hors-d'œuvre (**des hors-d'œuvre**)   **une entrée**
   la charcuterie : **du pâté, du saucisson, du jambon** (*ham*)
   les crudités (f. pl.) : **des légumes** (m. pl.) **crus** (*raw*)

le plat principal = **le plat de résistance**
   les viandes (f. pl.) : **l'agneau** (m.) (*lamb*), **le bœuf, le porc, le veau**
     un steak, un bifteck : **saignant** (*rare*), **à point, bien cuit**
     une côte (*rib*)   **une côtelette** (*chop*)   **un rôti**
   la volaille : **un canard** (*duck*), **une dinde** (*turkey*), **un poulet** (*chicken*),
     une oie (*goose*)
   les fruits de mer :
     les coquillages (m. pl.) : **une huître** (*oyster*), **une moule**
     (*mussel*), **une coquille Saint-Jacques** (**un pétoncle**) (*scallop*)
     les crustacés (m. pl.) : **une crevette** (*shrimp*), **un homard** (*lobster*)
   les poissons (m. pl.) : **un brochet** (*pike*), **un saumon, une truite**

les **légumes** (m. pl.) : **une aubergine** (*eggplant*)   **un artichaut**
    une asperge   un champignon (*mushroom*)   **un chou-fleur** (*cauliflower*)
    un haricot (*bean*)   **un oignon   un poivron** (*bell pepper*)
    des pommes de terre frites (*fried*), **en purée** (f.) (*mashed*)
les **épices** (f. pl.)   les **fines herbes** (f. pl.)

le **dessert**
    une crème   un flan (*baked custard*)   **une mousse**
    les **fruits** (m. pl.) : **un ananas** (*pineapple*)   **une cerise** (*cherry*)
        une fraise (f.) (*strawberry*)   **une framboise** (*raspberry*)
    les **pâtisseries** (f. pl.) : **une tarte, un gâteau, un éclair, un chou à la crème**
        (*cream-puff*), **un mille-feuilles** (*napoleon*)

3. Cuisiner

la **préparation** : **(dé)couper la viande   trancher** (*to slice*)
    éplucher les légumes (*to peel*)   **peler un fruit   mélanger**
    (*to mix*)   **assaisonner** (*to season*)
ingrédients (m. pl.) **pour les recettes** (f. pl.) : **le beurre**
    le bouillon (*stock*)   **la farine** (*flour*)   **le lait   un œuf**
    la moutarde
la **cuisson** (*cooking*) :
    (faire) bouillir (*to boil*)   **(faire) chauffer** (*to heat*)
    (faire) cuire   cuire à l'eau (*to boil*), **au four** (*to bake*)
    (faire) fondre (*to melt*)   **(faire) frire** (*to fry*)   **remuer** (*to stir*)
rôtir (*to roast*)   **verser** (*to pour*)
les **ustensiles** (m. pl.) : **une casserole** (*pan*), **une poêle à frire**
    (*frying pan*), **une marmite** (*cooking-pot*)

4. Mettre la table (le couvert)

la **nappe** (*table cloth*)   **une serviette** (*napkin*)   **une assiette**
    un bol   un verre   une tasse   un couteau   une cuiller (cuillère)
    une fourchette   la salière (pour le sel)   **le poivrier** (pour le poivre)

5. Le restaurant

un **maître d'hôtel   un garçon, un serveur / une serveuse**
    le menu   la carte des vins   au choix (*choice of*)
    commander à la carte (*to order dishes individually*)
    le plat du jour (*specialty of the day*)
    demander / apporter **l'addition** (f.) (*bill*)   laisser **un pourboire** (*tip*)

Exercices

A. Remplacez le mot ou l'expression qui ne convient pas.

1. Cet enfant mange comme quatre. Il a vraiment un appétit d'oiseau !
2. On doit éplucher une banane avant de pouvoir la manger.
3. Si tu veux surveiller ta ligne, il faudra que tu te gaves de pâtisseries.
4. Il prend toujours une tasse de vin en mangeant.
5. Recouvre la table d'une serviette avant de mettre le couvert.

B. Complétez par le mot ou l'expression qui convient.

1. Est-ce que les huîtres se mangent _____ ou cuites ?
2. Préfères-tu les pommes de terre cuites à l'eau ou _____ ?
3. On fait _____ les œufs dans une poêle.
4. Le service était excellent et j'ai laissé un bon _____ au garçon.
5. Le bifteck est _____ lorsque la viande est restée rouge à l'intérieur.

C. Combinez avec chacun des verbes deux mots tirés des colonnes de droite et faites une phrase.

> *Modèle :* peler / pomme / couteau
>> On pèle une pomme avec un couteau.

1. verser	sauce	four
2. remuer	rôti	tasse
3. découper	beurre	marmite
4. faire bouillir	pommes de terre	tranche(s)
5. faire fondre	café	poêle
6. faire cuire	jambon	cuiller

D. Dites si les affirmations suivantes sont vraies ou fausses et corrigez-les au besoin.

1. Le chou-fleur est une pâtisserie.
2. D'habitude on fait cuire le homard au four.
3. Les fruits de mer poussent au bord de la mer.
4. On peut faire du pâté avec du canard.
5. Il faut remplir le poivrier avec du poivron.
6. Les aubergines et les artichauts ont des feuilles.
7. On utilise de la farine pour faire un gâteau.
8. Les moules et les huîtres sont des coquilles.

Conversations, exposés, compositions

1. Comment faites-vous pour garder la ligne ? Est-ce que vous suivez un régime ou utilisez-vous d'autres méthodes pour ne pas grossir ?

2. Prenez-vous trois repas par jour ? Où prenez-vous vos repas ? En quoi chacun d'eux consiste-t-il généralement ?

3. Est-ce que vous vous préoccupez beaucoup de votre alimentation ? Est-ce que vous établissez un rapport entre ce que vous mangez et votre état de santé ? Observez-vous parfois des variations au niveau de votre forme physique ou mentale qui semblent être reliées à votre alimentation ?

4. Aimez-vous faire la cuisine ? Pourquoi ou pourquoi pas ? Quels sont les genres de recettes que vous avez déjà essayés ?

5. Décrivez un repas traditionnel dans votre famille.

6. Quel(s) genre(s) de restaurants fréquentez-vous le plus souvent et pour quelles raisons ?

7. Quelle a été votre pire expérience culinaire dans un restaurant ?

8. Vous planifiez un repas gastronomique avec quelques camarades. Établissez ensemble le menu.

9. Quel est votre plat favori ? Dites quels ingrédients il contient et comment il se prépare. Expliquez pourquoi vous le jugez supérieur à tous ceux que vous connaissez.

10. Vous avez fait un dîner mémorable dans un restaurant. Racontez comment s'est passé le repas et décrivez ce que vous avez mangé, bu, le service, l'ambiance, etc.

11. Vous avez préparé un plat compliqué. Décrivez les ingrédients et les ustensiles que vous avez utilisés; racontez les étapes de la préparation et de la cuisson et dites quel a été le résultat de votre travail.

12. Faites une enquête sur les habitudes alimentaires des étudiants : types d'aliments, quantités relatives, horaires des repas, etc. Présentez ensuite un rapport où vous expliquerez les résultats de votre enquête.

CHAPITRE 9

GRAMMAIRE

Il existe quatre temps du subjonctif : seuls le *présent* et le *passé* s'emploient dans la langue courante, *l'imparfait* et le *plus-que-parfait* sont limités à la langue écrite recherchée et à la langue littéraire (voir l'appendice C).

I LE SUBJONCTIF PRÉSENT

Les terminaisons du subjonctif sont les mêmes pour tous les verbes à l'exception des verbes avoir et être. Ces terminaisons sont les suivantes : **e**, **es**, **e**, **ions**, **iez**, **ent**.

A. Verbes réguliers des trois groupes

Le *radical* du subjonctif présent des verbes réguliers en **-er**, **-ir** et **-re**, c'est la 3e *personne du pluriel de l'indicatif présent* moins *-ent*.

	porter (ils port**ent**)	choisir (choisiss**ent**)	vendre (vend**ent**)
je	porte	choisisse	vende
tu	portes	choisisses	vendes
il, elle, on	porte	choisisse	vende
nous	portions	choisissions	vendions
vous	portiez	choisissiez	vendiez
ils, elles	portent	choisissent	vendent

> ### REMARQUES
>
> Les verbes en **-er** à changements orthographiques subissent les mêmes changements qu'à l'indicatif présent :
>
> **1** Les verbes comme **lever** :
>
> | | |
> |---|---|
> | je l**è**ve | nous levions |
> | tu l**è**ves | vous leviez |
> | il l**è**ve | |
> | ils l**è**vent | |
>
> **2** Les verbes comme **espérer** :
>
> | | |
> |---|---|
> | j'esp**è**re | nous espérions |
> | tu esp**è**res | vous espériez |
> | il esp**è**re | |
> | ils esp**è**rent | |
>
> **3** Les verbes comme **appeler** et **jeter** :
>
> | | | |
> |---|---|---|
> | j'appe**ll**e | *mais* | nous appelions |
> | tu je**tt**es | *mais* | vous jetiez |
>
> **4** Les verbes comme **employer** :
>
> | | | |
> |---|---|---|
> | j'emplo**i**e | *mais* | nous employions, vous employiez |
>
> *Exceptions* : les verbes en **-cer** et **-ger** (devant **-ions** et **-iez**, les lettres **c** et **g** correspondent aux mêmes sons que devant les terminaisons en **e**) :
>
> je mange / nous mangions   tu commences / vous commenciez

B. Verbes irréguliers

1. Verbes à un seul radical

a) La plupart des verbes irréguliers forment leur subjonctif de façon régulière (*radical* du subjonctif présent = 3^e personne du pluriel de l'indicatif présent moins *-ent*). Par exemple, le verbe **mettre** (ils mett**ent**) :

mett**e**, mett**es**, mett**e**, mett**ions**, mett**iez**, mett**ent**

b) Les verbes **faire**, **pouvoir** et **savoir** ont un radical irrégulier :

> **faire** : fasse, fasses, fasse, fassions, fassiez, fassent
>
> **pouvoir** : puisse, puisses, puisse, puissions, puissiez, puissent
>
> **savoir** : sache, saches, sache, sachions, sachiez, sachent

Les verbes impersonnels **falloir** et **pleuvoir** ont les formes suivantes :

> il faille   il pleuve

2. Verbes à deux radicaux

a) Certains verbes ont un radical régulier aux trois personnes du singulier ainsi qu'à la troisième personne du pluriel ; ils ont un second radical à la première et à la deuxième personne du pluriel (le même radical qu'aux formes *nous* et *vous* de l'indicatif présent). Par exemple le verbe **boire** :

> je **boi**ve   nous **bu**vions
>
> tu **boi**ves   vous **bu**viez
>
> il **boi**ve
>
> ils **boi**vent

Les autres verbes qui se conjuguent de cette façon sont :

croire	je **croie**	nous **croyions**
devoir	je **doive**	nous **devions**
mourir	je **meure**	nous **mourions**
prendre	je **prenne**	nous **prenions**
recevoir	je **reçoive**	nous **recevions**
tenir	je **tienne**	nous **tenions**
venir	je **vienne**	nous **venions**
voir	je **voie**	nous **voyions**

b) Les verbes **aller** et **vouloir** ont deux radicaux irréguliers :

aller		vouloir	
j'**aille**	nous **allions**	je **veuille**	nous **voulions**
tu **ailles**	vous **alliez**	tu **veuilles**	vous **vouliez**
il **aille**		il **veuille**	
ils **aillent**		ils **veuillent**	

3. Les verbes avoir et être

Leur radical est irrégulier et leurs terminaisons sont également irrégulières :

avoir		être	
j'aie	nous ayons	je sois	nous soyons
tu aies	vous ayez	tu sois	vous soyez
il ait		il soit	
ils aient		ils soient	

II LE SUBJONCTIF PASSÉ ET LA CONCORDANCE DES TEMPS AU SUBJONCTIF

A. Le subjonctif passé

Le subjonctif passé est formé du subjonctif présent de l'auxiliaire **avoir** ou **être** et du participe passé du verbe :

verbes conjugués avec *avoir*	verbes conjugués avec *être*
j'**aie porté**	je **sois venu(e)**
tu **aies grandi**	tu **sois sorti(e)**
il, elle, on **ait perdu**	il, elle, on **soit descendu(e)**
nous **ayons pris**	nous **soyons allé(e)s**
vous **ayez vu**	vous **soyez devenu(e)(s)(es)**
ils, elles **aient dit**	ils, elles **soient partis(es)**

verbes pronominaux
je me **sois habillé(e)**
tu te **sois lavé(e)**
il, elle, on se **soit coiffé(e)**
nous nous **soyons nettoyés(es)**
vous vous **soyez maquillé(e)(s)(es)**
ils, elles se **soient peignés(es)**

B. La concordance des temps au subjonctif

Comme nous le verrons ci-après, le subjonctif s'emploie surtout dans des propositions subordonnées. L'emploi du subjonctif présent ou du subjonctif passé est déterminé par le rapport chronologique entre l'action exprimée par le verbe de la proposition principale et l'action exprimée par le verbe de la subordonnée, peu importe le temps du verbe principal.

1. On emploie le *présent* du subjonctif si l'action de la subordonnée est *simultanée* ou *postérieure* à l'action de la principale :

   - *Simultanéité* :

     Je suis content que tu sois ici.

     Nous partirons demain à condition qu'il fasse beau.

     Elle s'est maquillée sans que sa mère le sache.

     Il était triste que nous n'aimions pas sa nouvelle coupe de cheveux.

     Je voudrais que vous soyez avec moi en ce moment.

   - *Postériorité* :

     Habille-toi vite afin que nous ne soyons pas en retard.

     Il a proposé que nous l'accompagnions à la réception du lendemain.

     Elle voulait que je lui rende sa robe deux jours plus tard.

   Exception : Le *futur antérieur* de l'indicatif, bien qu'il indique une action *postérieure* à celle du verbe principal, est remplacé par le *passé* du subjonctif :

     Il est probable qu'il **aura fini** son travail ce soir.

     Il est possible qu'il **ait fini** son travail ce soir.

2. On emploie le *passé* du subjonctif si l'action de la subordonnée est *antérieure* à l'action de la principale :

     Nous regrettons que vous n'ayez pas pu venir hier.

     Bien que ma mère m'ait dit de me faire couper les cheveux, je n'irai pas chez le coiffeur.

     J'étais surprise que tu aies eu le temps de te maquiller avant de venir me rejoindre.

III LE SUBJONCTIF DANS LES PROPOSITIONS INDÉPENDANTES

Le subjonctif s'emploie dans des propositions indépendantes :

– comme *impératif*, pour exprimer un ordre à la troisième personne du singulier et du pluriel; il est alors précédé de **que** :

> Qu'elle s'en aille !
>
> Qu'on lui donne ce qu'il veut et qu'il nous laisse tranquilles !
>
> Qu'ils viennent nous rejoindre au restaurant !

– pour exprimer un souhait, en particulier dans des phrases toutes faites, avec ou sans **que** :

> Vive le Canada !
>
> Que les guerres finissent !

REMARQUE

L'emploi du subjonctif dans des propositions indépendantes est peu fréquent. En effet, le subjonctif se définit (par opposition à l'indicatif qui est le mode par lequel on exprime une constatation objective) comme le mode de l'action *subordonnée* à une autre, de l'action conçue subjectivement par rapport à une autre. Dans les exemples qui précèdent, la proposition « indépendante » dépend en fait d'un verbe elliptique :

> (*J'ordonne*) qu'elle s'en aille.
>
> (*Je souhaite que*) le Canada vive.

IV LE SUBJONCTIF DANS LES PROPOSITIONS COMPLÉTIVES

1. Une proposition subordonnée complétive introduite par la conjonction **que** a le plus souvent la même fonction qu'un nom (ou un pronom) *sujet* ou *complément d'objet* dans une phrase simple :

a) sujet :

> *Ceci* est douteux : elle s'en ira.
> → *Qu'elle s'en aille est douteux.*

La subordonnée complétive est sujet du verbe **être**. Toutefois, cette phrase ne s'emploie pas ; on dira :

> Il est douteux *qu'elle s'en aille.*

Le pronom invariable **il** est le *sujet apparent* et la subordonnée complétive est le *sujet réel*.

b) complément d'objet :

> Je souhaite *une chose* : elle viendra.

> Je souhaite *qu'elle vienne.*

2. Le verbe de la subordonnée complétive introduite par **que** n'est pas nécessairement au subjonctif :

> Je crois qu'elle viendra.

Le subjonctif s'emploie obligatoirement après certains verbes (et certaines expressions verbales), mais après d'autres catégories de verbes, on emploie tantôt le subjonctif, tantôt l'indicatif (ou le conditionnel).

A. L'emploi obligatoire du subjonctif

Il faut employer le subjonctif dans des propositions complétives qui dépendent des catégories de verbes (et d'expressions) suivantes :

1. Les verbes impersonnels et les locutions impersonnelles qui expriment :

a) la possibilité, l'impossibilité, l'improbabilité, le doute : **il est possible, il se peut ; il est impossible ; il est peu probable, peu vraisemblable ; il est douteux**

Exemples

> Il est possible que Marcel soit en train de prendre un bain.

> Il est peu probable qu'elle lise les revues de mode.

> Il est douteux qu'on vende des sous-vêtements dans ce magasin.

b) la nécessité :

il faut, il ne faut pas, il est nécessaire, il n'est pas nécessaire

Exemples

> Il faut que nous mettions nos plus beaux vêtements pour sortir.

> Il n'est pas nécessaire que vous portiez une cravate.

c) le jugement :

c'est dommage ; ce n'est pas la peine ; il vaut mieux ; il importe ; il est temps ; il suffit ; il est bon, essentiel, important, juste, naturel, normal, regrettable, souhaitable, surprenant, triste, etc.

Exemples

C'est dommage que tu aies perdu ta cravate rouge.

Il vaut mieux que tu mettes un imperméable.

Il est temps que j'aille chez le coiffeur.

Est-il essentiel que je me fasse couper les cheveux ?

Il est normal que les jeunes veuillent suivre la mode.

2. Les verbes qui expriment la volonté et l'attente :

aimer mieux, demander, désirer, empêcher, exiger, ordonner, préférer, souhaiter, vouloir; attendre, s'attendre

Exemples

J'aimerais mieux que tu mettes ta chemise bleue.

Ma mère a exigé que nous portions un manteau pour sortir.

Elle veut que j'aille avec elle lui choisir une robe.

Attendez que je finisse de faire ma toilette.

REMARQUES

1 Certains verbes qui se construisent avec la préposition **à** sont suivis de **à ce que** :

- **consentir** : Je consens à ce que tu viennes avec moi.

- **s'opposer** : Le patron s'oppose à ce que nous portions des jeans.

- **tenir** : Il ne tient pas à ce que ses enfants suivent la mode.

- **s'attendre** : Je ne m'attendais pas à ce que tu te maquilles.

2 Un certain nombre de verbes qui expriment l'ordre, la défense ou la permission sont rarement suivis d'une subordonnée complétive au subjonctif. Ils sont plutôt suivis d'un complément d'objet indirect et d'un infinitif précédé de la préposition **de** :

- **ordonner** : Il a ordonné à son fils de se faire couper les cheveux.

- **demander** : Je lui demanderai de m'acheter une paire de chaussettes.

- **défendre** :   On défend aux policiers de porter la barbe.

- **conseiller** :   Je vous conseille d'utiliser cette eau de toilette.

- **permettre** :   Permettez-moi de vous accompagner.

3   Le verbe **dire**, qui a le sens de *déclarer* lorsqu'il est suivi de l'indicatif, prend le sens d'*ordonner / recommander / conseiller* lorsqu'il est suivi du subjonctif (ou de la construction à l'infinitif) :

(*déclarer*)   Je dis à Pierre   qu'il est à l'heure.

(*conseiller*)   Dites à Pierre   {   qu'il soit à l'heure.
                                         d'être à l'heure.

3. Les verbes qui expriment le sentiment :

aimer, craindre, s'étonner, regretter

Exemples

J'aime que mes vêtements soient propres.

Elle craint que sa robe (ne) soit démodée.

Je m'étonne que tu aies mis un chandail.

On trouve également le subjonctif après :

– des adjectifs :

content, heureux, malheureux, désolé, triste, fâché, surpris

Exemples

Ta femme est-elle contente que tu lui aies offert un maillot de bain ?

Je suis désolé que mon chien ait sali votre pantalon.

– des noms :

la crainte, le regret

Exemples

Elle vit dans la crainte que son patron la mette à la porte.

Le regret que sa femme l'ait quitté l'a rendu mélancolique.

> ### REMARQUE
>
> Après les verbes **craindre** et **avoir peur** (ainsi qu'après les noms **crainte** et **peur**), ou emploie souvent le **ne** *explétif* devant le verbe de la subordonnée au subjonctif. Ce **ne** est facultatif et n'a pas de valeur négative :
>
> > Il a peur que son costume **ne** soit sale.
> >
> > La crainte que son patron **ne** la mette à la porte la hantait.

B. L'emploi facultatif du subjonctif

Certains verbes sont suivis tantôt de l'indicatif (ou du conditionnel), tantôt du subjonctif. Ce sont :

– les verbes d'opinion (y compris des verbes impersonnels) : **croire, douter, être d'accord, être d'avis, penser, s'imaginer, se souvenir ; il me semble, il est probable, il est certain, il est évident, il paraît** ;

– les verbes de déclaration : **affirmer, annoncer, déclarer, dire, nier.**

1. À la forme affirmative

À la forme affirmative, les verbes d'opinion et de déclaration expriment une attitude objective : le fait présenté dans la subordonnée complétive est donné comme une certitude ou une probabilité, et le verbe de la subordonnée se met à l'indicatif ou au conditionnel :

> Il me semblait que ce pantalon était trop large quand je l'ai acheté.
>
> Je crois qu'on vend des chemises en soie dans ce magasin.
>
> Elle s'imaginait que son mari lui achèterait un manteau de fourrure.
>
> Il dit que la mode est un esclavage.

Exception : Les verbes **douter** et **nier** qui expriment au contraire l'absence de réalité du fait présenté dans la subordonnée sont suivis du subjonctif :

> Je doute qu'il y ait assez d'eau chaude pour prendre un bain.
>
> Le tailleur nie que nous ayons réglé notre facture.

2. À la forme négative et interrogative

Employés à la forme négative ou interrogative, les verbes d'opinion et de déclaration supposent le doute, l'incertitude ou la simple possibilité. La subordonnée est donc généralement au subjonctif :

> Il n'est pas certain que je puisse t'accompagner dans les magasins.
>
> Penses-tu que cette robe soit trop démodée ?

Il est toutefois possible d'employer l'indicatif dans la subordonnée si la personne qui parle envisage le fait présenté comme réel.

Exemple

a) Sa mère ne croit pas que Paul s'**est fait** couper les cheveux.

b) Sa mère ne croit pas que Paul se **soit fait** couper les cheveux.

La phrase a) exprime que la personne qui parle sait que Paul s'est fait couper les cheveux, mais sa mère ne le croit pas; la personne qui parle insiste sur la réalité du fait. Dans la phrase b), la personne qui parle insiste sur l'attitude de la mère, tandis que le fait lui-même reste hypothétique.

De même :

Penses-tu que cette robe **soit** trop démodée ?
(*Je demande son avis à mon interlocuteur sans exprimer mon opinion sur la réalité du fait.*)

Penses-tu que cette robe **est** trop démodée ?
(*J'exprime mon opinion : « Cette robe est trop démodée selon moi. Est-ce que tu le penses aussi ? »*)

REMARQUES

1 On conserve souvent le futur ou le conditionnel après les verbes d'opinion et de déclaration au négatif et à l'interrogatif :

Est-ce que ta mère dit qu'elle t'achètera un complet ?

Je ne crois pas qu'il devrait se raser la barbe.

2 À la forme affirmative, **douter** ainsi que **il semble** et **il est peu probable** sont suivis du subjonctif, **se douter**, **il me semble** et **il est probable** sont suivis de l'indicatif :

Je doute que Suzanne ait acheté une nouvelle robe.

Je me doute que Suzanne a acheté une nouvelle robe.

Il semble que la mode ait encore changé.

Il me semble que la mode a encore changé.

Il est peu probable qu'il perde ses cheveux en vieillissant.

Il est probable qu'il perdra ses cheveux en vieillissant.

3 Le verbe **espérer** se comporte comme les verbes d'opinion :

> J'espère que vous **allez** bien.
>
> *mais*
>
> Espérez-vous qu'il **fasse** beau demain ? (**fera** *est aussi possible*)
>
> Je n'espérais plus que cela **soit** possible.

C. L'infinitif à la place du subjonctif

Lorsque le sujet de la subordonnée complétive est le même que le sujet du verbe de la proposition principale, on remplace généralement[1] la complétive (**que** + *sujet* + *verbe au subjonctif*) par l'infinitif du verbe :

> Il veut que son fils mette une cravate. (*2 sujets*)
>
> Il veut **mettre** une cravate. (*1 sujet*)

N'oubliez pas de faire précéder l'infinitif de la préposition **à** ou **de** lorsqu'une préposition est exigée par le verbe principal :

> Je regrette que tu aies oublié ton imperméable.
>
> *mais*
>
> Je regrette **d**'avoir oublié mon imperméable.

> Elle s'attend **à** ce qu'on la complimente sur sa toilette.
>
> Elle s'attend **à** recevoir des compliments sur sa toilette.

> Il est content que nous aimions son nouveau chandail.
>
> *mais*
>
> Il est content **d**'avoir acheté ce nouveau chandail.

Lorsque ce qu'exprime un verbe impersonnel ne s'applique pas à un sujet précis, on emploie l'infinitif :

> Il est temps que tu partes.
>
> *mais*
>
> Il est temps de partir.

---

1. Avec les verbes d'opinion et de déclaration, on peut employer soit l'infinitif, soit la complétive au subjonctif (ou à l'indicatif) : voir le chapitre 14 (*L'infinitif à la place du subjonctif*).

> **REMARQUE**
>
> **Il faut** peut être suivi d'une complétive au subjonctif *ou* d'un infinitif dont le sujet est un pronom complément d'objet indirect du verbe impersonnel :
>
> > Il faut que je mette une cravate au bureau.
> >
> > Il **me** faut **mettre** une cravate au bureau.
> >
> > Il faut qu'il aille chez le coiffeur.
> >
> > Il **lui** faut **aller** chez le coiffeur.

V. LE SUBJONCTIF DANS LES SUBORDONNÉES CIRCONSTANCIELLES

A. Conjonctions suivies du subjonctif

Certaines conjonctions introduisant des subordonnées circonstancielles sont toujours suivies du subjonctif si le sujet de la subordonnée est différent du sujet de la proposition principale.

1. De temps

– **avant que** :

> J'ai eu le temps de prendre une douche avant que vous arriviez.

– **en attendant que** :

> Il a lu le journal en attendant que sa femme finisse sa toilette.

– **jusqu'à ce que** :

> Tu devrais continuer à porter un manteau jusqu'à ce qu'il fasse plus chaud.

2. De but

– **pour que, afin que** :

> Je vais te prêter un chandail pour que tu n'aies pas froid.

– **de peur que, de crainte que** :

> Elle a mis un imperméable de crainte qu'il se mette à pleuvoir.

– **de façon que, de manière que, de sorte que** :

> Il a mis un complet et une cravate pour l'entrevue de sorte que l'employeur soit impressionné.

REMARQUE

De façon que, de manière que, de sorte que

On fait suivre ces conjonctions d'un verbe au *subjonctif* pour exprimer une intention, le résultat *souhaité* de l'action exprimée dans la proposition principale :

> Prête-moi un maillot de bain de façon que je **puisse** aller nager avec toi.

Par contre, on emploie l'*indicatif* dans la subordonnée pour exprimer la conséquence, le résultat *réel* de l'action :

> Elle a oublié son imperméable chez moi de sorte que j'**ai dû** le lui rapporter.

---

3. De conséquence

– **trop... pour que** :

> Cette chemise est trop petite pour que je puisse la porter.

– **(pas) assez pour que** :

> Ta robe noire est assez élégante pour que tu la mettes dans les grandes occasions.

4. De cause fausse

– **non que, ce n'est pas que** :

> Elle porte toujours des tailleurs : ce n'est pas qu'elle veuille être élégante, mais son travail l'oblige à porter une tenue conventionnelle.

5. De restriction

– **sans que** :

> L'enfant a réussi à s'habiller sans que sa mère doive l'aider.

– **à moins que** :

> Il ne porte jamais de maillot de corps à moins qu'il ne fasse vraiment très froid.

6. De condition

– **à condition que, pourvu que** :

> Je veux bien aller choisir des vêtements avec toi pourvu que ça ne prenne pas trop de temps.

– **et que** (dans une double condition) :

> Si tu étais pauvre et que tu n'aies pas les moyens de suivre la mode, serais-tu plus malheureux ?

7. De concession

– **bien que, quoique** :

> Bien qu'il ait plus de cinquante ans, il n'a toujours pas de cheveux gris.

REMARQUE

Les conjonctions **avant que**, **à moins que**, **de crainte que** et **de peur que** sont souvent suivies d'un **ne** explétif (facultatif) :

> Il n'a pas eu le temps de s'habiller avant que nous **n'**arrivions.

> Elle a mis un imperméable de peur qu'il **ne** pleuve.

B. L'infinitif à la place du subjonctif

Lorsque le sujet de la subordonnée est le même que le sujet de la principale, on remplace la conjonction par la préposition qui lui correspond, suivie de l'infinitif :

> Je lui ai téléphoné avant qu'il parte. (*2 sujets*)

> Je lui ai téléphoné avant de partir. (*1 sujet*)

Certaines conjonctions n'ont pas de préposition correspondante, comme **quoique** ou **bien que**. Dans ce cas, on conserve la subordonnée au subjonctif :

> Quoique nous ne suivions pas la mode, nous aimons être élégants.

Les conjonctions suivantes ont des prépositions qui leur correspondent :

conjonctions	prépositions
avant que, en attendant que, jusqu'à ce que	avant de, en attendant de, jusqu'à
pour que, afin que, de peur que, de crainte que, de façon que, de manière que, de sorte que	pour, afin de, de peur de, de crainte de, de façon à, de manière à, de sorte à
sans que, à moins que	sans, à moins de
à condition que	à condition de

Exemples

Prends une douche en attendant que le repas soit prêt.
Prends une douche en attendant de dîner.

Elle a mis un manteau de peur qu'il ne fasse froid.
Elle a mis un manteau de peur d'avoir froid.

Il est parti sans que je puisse lui dire au revoir.
Il est parti sans dire au revoir.

Je veux bien te prêter mon nouveau chandail à condition que tu me le rendes demain.
Je veux bien te prêter mon nouveau chandail à condition de pouvoir le récupérer demain.

VI CONSTRUCTIONS / DISTINCTIONS : MOTS INDÉFINIS SUIVIS DU SUBJONCTIF

A. Quelque... que / quelque(s)... que / quel (quelle, quels, quelles) que

1. **Quelque** + *adjectif* + **que** + *subjonctif* (*however*)

Dans cette construction, **quelque** est un adverbe qui modifie un adjectif :

Quelque jolie qu'elle soit, elle n'en est pas moins antipathique.

Quelque affreux que vous trouviez ces vêtements, ils sont pourtant à la mode.

REMARQUE

À la place de l'adverbe **quelque**, on peut employer **pour**, **si** ou **tout** :

Pour génial qu'il soit, il a lui aussi des faiblesses.

Si riche que vous deveniez, vous n'en serez peut-être pas plus heureux.

---

2. **Quelque(s)** + *nom* + **que** (subjonctif) (*whatever*)

Dans cette construction, **quelque** est un adjectif qui s'accorde en nombre avec le nom qu'il modifie :

Quelques efforts qu'il fasse, il n'arrive pas à avoir l'air élégant.

3. **Quel** (**quelle**, **quels**, **quelles**) **que** + *être* au subjonctif + *nom* (ou + *pronom* + *être* au subjonctif) (*whoever, whatever*)

Quel est un adjectif qui s'accorde en genre et en nombre avec le nom ou le pronom sujet du verbe **être** dont il est attribut :

Quels qu'ils soient, tous les gens aiment plaire.

Quelle que soit la mode, il y a toujours des gens qui veulent la suivre.

B. Qui que ce soit qui / quoi que ce soit qui

1. **Qui que ce soit qui** (*whoever*) est un pronom *sujet* qui s'emploie pour une *personne* et qui est suivi du subjonctif :

Qui que ce soit qui dise une telle chose est un ignorant.

Toutefois, on préfère employer **quiconque** ou **celui qui** suivis de l'indicatif :

Quiconque reconnaît ses erreurs est intelligent.

2. **Quoi que ce soit qui** (*whatever*) est un pronom *sujet* qui représente une *chose* :

Évitez de manger quoi que ce soit qui puisse nuire à votre santé.

C. Qui que, qui que ce soit que / quoi que, quoi que ce soit que

1. **Qui que** et **qui que ce soit que** (*whoever, whomever*) sont des pronoms qui sont soit *attributs* du sujet (du verbe *être*), soit *compléments d'objet* du verbe au subjonctif qui les suit. Ils s'emploient pour une *personne* :

   Qui que soit cette personne, dites-lui que je ne veux pas la voir.

   Qui que ce soit que vous interrogiez, la réponse est toujours la même.

2. **Quoi que** et **quoi que ce soit que** (*whatever*) sont des pronoms *attributs* ou *compléments d'objet* qui s'emploient pour une *chose* :

   Quoi que cela puisse être, n'y touchez pas !

   Quoi que je fasse, je n'arrive pas à trouver une solution.

   N'hésitez pas à demander quoi que ce soit que vous vouliez.

REMARQUE

Ne confondez pas le *pronom indéfini* **quoi que** avec la *conjonction de concession* **quoique** (*although*).

D. Où que / de quelque manière que

1. **Où que** (*wherever*) :

   Où qu'on aille, on peut rencontrer des gens intéressants.

2. **De quelque manière que** (*however*) :

   De quelque manière que l'on choisisse de vivre, on a droit au respect.

Exercices

I. Le subjonctif dans les subordonnées complétives

A. Mettez les verbes entre parenthèses au subjonctif présent.

1. Il est possible que nous (arriver) _____ en retard au rendez-vous.
2. Il est peu probable que cette robe (rétrécir) _____ au lavage.
3. Il se peut qu'on (vendre) _____ ce genre de chemise dans ce magasin.
4. Il est douteux que Jonathan (décider) _____ de se laisser pousser la barbe.
5. Il faudrait que je (maigrir) _____ pour pouvoir porter cette jupe.
6. Il semble que les jupes courtes (revenir) _____ à la mode.
7. Il n'est pas nécessaire que tu (aller) _____ chez le coiffeur tout de suite.
8. C'est dommage que Sylvie (ne pas savoir) _____.
9. Ce n'est pas la peine que tu (mettre) _____ un manteau.
10. Il vaudrait mieux que je (prendre) _____ une douche.
11. Il est temps que nous (avoir) _____ une plus grande salle de bains.
12. Il est normal que les adolescents (vouloir) _____ suivre la mode.
13. Il est surprenant que ce parfum ne te (plaire) _____ pas.
14. Il est essentiel que je (pouvoir) _____ prendre un bain avant de m'habiller pour sortir.
15. Il serait regrettable qu'elle se (faire) _____ couper les cheveux.

B. Combinez les deux phrases en une seule selon le modèle.

> *Modèle :* Mets ton manteau. Je veux cela.
> Je veux que tu mettes ton manteau.

1. Portons une cravate. Il exige cela.
2. Prends ta douche avant moi. Je préfère cela.
3. Dépêchez-vous de vous habiller. J'aimerais cela.
4. Finis de te préparer. J'attends cela.
5. Fais ta toilette. Ta mère tient à cela.
6. Enlevons nos chaussures. Elle souhaite cela.
7. Empruntez mon sèche-cheveux. Je consens à cela.
8. Écrivons-lui. Il s'attend à cela.

C. Transformez les phrases selon le modèle.

> *Modèle :* Il a défendu que j'emprunte son rasoir.
> Il m'a défendu d'emprunter son rasoir.

1. Sa mère a ordonné qu'il se lave la tête.
2. Son amie déconseille qu'elle se mette du rouge à lèvres.

3. Je conseille que vous vous brossiez les dents plus souvent.

4. Elle a dit que nous empruntions sa brosse à dents.

5. Son père permettait qu'il utilise son rasoir.

6. Tu demanderas que le coiffeur te donne un shampooing.

D. Combinez les deux phrases en une seule. Employez une subordonnée au subjonctif, ou alors un infinitif si les deux sujets sont les mêmes.

> *Modèle :* Il pleuvra. J'en ai peur.   Je serai ridicule. J'en ai peur.
> J'ai peur qu'il (ne) pleuve.   J'ai peur d'être ridicule.

1. Ce genre de cravate n'est plus à la mode. Il le regrette.

2. Il voulait porter un complet. Ses parents en étaient surpris.

3. Je te prêterai mon imperméable. J'en serai heureux.

4. Nous n'aurons pas le temps de nous changer. Je le crains.

5. Il sera obligé de porter un complet et une cravate. Il en a peur.

6. Je n'ai pas d'autre chandail à te prêter. J'en suis désolé.

7. Nous le trouvons élégant. Il s'en étonne.

8. Elle portera un tailleur. Elle aime mieux cela.

9. Il a oublié de se raser. Je m'attends à cela.

10. Il mettra un pyjama. Il y tient.

11. Tu porteras un imperméable. Ta mère l'exige.

12. Il enlèvera sa cravate. Il le veut.

E. Refaites chacune des phrases en remplaçant les mots en italique par ceux qui sont donnés par la suite.

1. *Je pense* que la mode actuelle est ridicule.

   a) Croyez-vous   b) Elle nie   c) Il est certain

2. *Êtes-vous sûrs* qu'on doive porter une tenue de soirée ?

   a) Je ne crois pas   b) Vous dites   c) Il doute

3. *Il semble* que les produits de beauté soient de plus en plus chers.

   a) Il est probable   b) Il n'est pas impossible   c) Je ne pense pas

4. *Elle trouve* que nous avons les cheveux trop longs.

   a) Elle ne dit pas   b) Penses-tu   c) Il lui semble

F. Substituez aux mots en italique le membre de phrase entre parenthèses et mettez le verbe de la subordonnée au subjonctif présent ou passé.

1. *Je crois* qu'il s'est acheté de nouvelles chaussures. (je ne crois pas)

2. *Il me semblait* qu'il s'était fait couper les cheveux. (j'étais surpris)

3. *Il se doutait* que nous lui offririons une cravate pour son anniversaire. (il ne voulait pas)

4. *Elle pensera* que nous l'avons oubliée. (elle aura peur)

5. *J'espère* que tu auras fini de faire ta toilette avant l'arrivée des invités. (il serait bon)

6. *Je pensais* que cette robe te plairait. (je doutais)

7. *Il est probable* que les pardessus reviendront à la mode. (il est possible)

8. *Il est évident* qu'il voulait paraître élégant. (il est normal)

G. Mettez les verbes entre parenthèses au subjonctif présent ou passé, selon le contexte.

1. C'est dommage qu'elle (faire) _____ couper ses cheveux qui étaient si beaux auparavant.

2. Il vaudrait mieux que tu (mettre) _____ un complet si tu veux avoir l'air présentable.

3. Il faudra que nous (finir) _____ de nous habiller d'ici dix minutes si nous voulons partir à l'heure.

4. Pierre n'est toujours pas arrivé ! Je crains qu'il (oublier) _____ notre rendez-vous.

5. Je voulais que tu me (rapporter) _____ du fond de teint et non pas de la crème hydratante !

II. Le subjonctif dans les subordonnées circonstancielles

A. Mettez les verbes entre parenthèses au subjonctif présent ou passé.

1. Mon col de chemise est trop serré pour que je le (boutonner) _____.

2. J'attendrai dans le salon jusqu'à ce que tu (finir) _____ de prendre ta douche.

3. Je veux bien t'accompagner à cette réception à condition que je (ne pas devoir) _____ mettre une robe de soirée.

4. Francine est sans doute dans sa chambre, à moins qu'elle ne (sortir) _____ faire des achats.

5. Elle a mis un chapeau de peur que le vent ne la (décoiffer) _____.

6. Il ne fait pas assez froid pour que tu (mettre) _____ à la fois un chandail et un manteau.

7. Bien que je (prendre) _____ une douche froide il y a une demi-heure, je me sens encore fatigué.

8. S'il s'habillait mieux et qu'il (se faire) _____ couper les cheveux, il ferait meilleure impression.

9. Tu devrais apporter un maillot de bain de sorte que nous (pouvoir) _____ aller nager s'il y a un lac à proximité.

10. Achète-toi un bon manteau avant que l'hiver ne (arriver) _____.

B. Mettez le verbe entre parenthèses au mode (indicatif ou subjonctif) et au temps qui conviennent.

1. J'ai fumé une cigarette en attendant qu'il (s'habiller) _____.

2. Nous pourrons partir aussitôt que je (se raser) _____.

3. Son ami l'a attendue dans le magasin pendant qu'elle (essayer) _____ une robe.

4. Est-ce que j'ai le temps de prendre un bain avant que nous (partir) _____ ?

5. Je porterai un manteau jusqu'à ce qu'il (faire) _____ beau.

6. Pourrais-tu me donner un shampooing après que nous (rentrer) _____ à la maison ?

C. Combinez les deux phrases en une seule ; utilisez soit la préposition (+ infinitif), soit la conjonction (+ subjonctif présent).

1. (sans / sans que) Il s'est coupé en se rasant. Il ne s'en est pas rendu compte.

2. (pour / pour que) Tu devrais mettre un chandail. Tu n'attraperas pas froid.

3. (avant de / avant que) Habille-toi. Les invités vont arriver.

4. (à condition de / à condition que) Je veux bien te prêter ma jupe. Tu ne la saliras pas.

5. (à moins de / à moins que) On ne peut pas acheter un manteau de vison. On a beaucoup d'argent.

6. (afin de / afin que) Il s'habille avec élégance. Il impressionne les gens.

7. (en attendant de / en attendant que) Je lis le journal. Mes cheveux sèchent.

8. (de crainte de / de crainte que) Il refuse de porter ce veston. Les gens le trouvent ridicule.

D. Combinez les deux phrases en une seule en les reliant par la conjonction qui convient (supprimez les mots devenus inutiles et faites les changements nécessaires).

Modèle : Il veut mettre un imperméable. Pourtant, il ne pleut pas.
Il veut mettre un imperméable bien qu'il ne pleuve pas.

1. Prête-moi ton shampooing. Ainsi, je pourrai me laver la tête.

2. L'enfant s'est brossé les dents. Sa mère n'a pas dû le lui rappeler.

3. Je veux bien te prêter mon tailleur; mais tu me le rendras demain.

4. Ce pantalon est trop sale. Tu ne peux plus continuer à le porter.

5. Il a porté cette chemise longtemps. Finalement, elle était trop usée.

E. Combinez les deux phrases en une seule en les reliant par la préposition qui convient.

Modèle : Il a pris sa douche. Ensuite il s'est habillé.
Il a pris sa douche avant de s'habiller.

1. Utilise une crème à raser. De cette façon tu n'auras pas la peau irritée.
2. Elle ne veut pas porter de jean. Elle a peur d'avoir l'air négligé.
3. Utilisez le dentifrice « Blix ». Comme cela, vous aurez les dents blanches.
4. Je me suis cassé un ongle. Je ne m'en suis pas aperçu.
5. Il ne porte jamais de cravate; excepté s'il y est obligé.

III. Constructions / distinctions

Complétez la phrase par le mot ou l'expression qui convient.

quel (quelle, etc.) que	quoique	où que
qui que ce soit qui	qui que	de quelque manière que
quoi que ce soit que	quoi que	quoi que ce soit qui

1. _____ elle s'habille, elle réussit toujours à être élégante.
2. _____ puissent être les obstacles, il persévère.
3. _____ nous fassions, nous ne réussirons pas à la convaincre.
4. Je suis prêt à t'offrir _____ te fasse plaisir.
5. _____ soit cet individu, ne le laissez pas entrer.
6. Tu peux toujours compter sur mon aide, _____ il arrive.
7. _____ vous alliez en vacances, emportez votre carte de crédit.
8. Méfiez-vous de _____ vous fasse trop de compliments.
9. _____ il porte des vêtements chic, je lui trouve l'air vulgaire.
10. Demandez conseil à _____ vous respectiez.

Tribus des tatoués

Goût du défi ou simple souci d'esthétique, hommes et femmes, jeunes et moins jeunes, succombent aujourd'hui au plaisir d'orner leur corps de motifs ethniques ou poétiques. À l'occasion de l'exposition Signes du corps, au musée Dapper à Paris, découvrez les multiples tribus des tatoués.

Il y a très, très longtemps, dans les Alpes tyroliennes, un vieil homme est parti à l'assaut du col de Tisen. Au sommet, il s'est endormi, épuisé. Et ne s'est jamais réveillé. C'est en 1991, soit cinq mille trois cents ans plus tard, qu'Ötzi, alpiniste devenu momie, a été exhumé. Surprise : notre aïeul des glaces était tatoué, et pas qu'un peu[1]. Preuve que, depuis la nuit des temps[2], l'homme s'encre[3]. Au paléolithique et au néolithique, les bijoux cutanés se tracent au silex, avec une épine végétale ou une arête de poisson. Ornés, les Lapita, ancêtres des Polynésiens, les chasseurs de têtes japonais Song-Fou, les Marquisiens et les Indiens d'Amazonie ! Tatoués également, les nouveaux convertis de la Rome chrétienne, les Pictaves (peuple gaulois de la région de Poitiers), les prostituées de l'Égypte ancienne, les croisés... N'en jetons plus : les aiguilles s'activent depuis toujours, sur différentes sortes de peaux et pour divers usages - thérapeutiques, prophylactiques ou esthétiques.

En France, l'encre coule depuis le XVIIIe siècle. Les « bleus » fleurissent en marge de la bonne société, sur l'épiderme des bagnards et des légionnaires. Mais aussi sur celui des globe-trotters : marins et officiers rapportent de leurs périples des souvenirs indélébiles, comme l'ont fait, avant eux, certains compagnons du capitaine Cook, fascinés par le tatau qu'ils découvrent dans les îles du Pacifique. À partir de 1880, les femmes phénomènes, tatouées des pieds aux épaules, entrent en scène et exhibent leur épiderme piqué : la « belle Irène » se dévoile et remplit les salles de curieux et de voyeurs, tout comme la gironde Djita Salomé, soi-disant encrée par les Peaux-Rouges du Dakota. La vraie révolution a lieu en 1891, quand l'Américain Samuel O'Reilly, inspiré par les inventions de Thomas Edison, crée la machine à tatouer électrique. Elle s'implante très vite dans l'Hexagone[4]. Les aiguilles attirent les mauvais garçons, puis ceux qui les admirent. Les patrons du milieu[5], comme Pierre Loutrel, alias Pierrot le Fou, et Joseph Attia, lui aussi membre du gang des tractions avant[6], sont « bouzillés ». Comprendre : tatoués. Dans les années 1960, motards et rockers[7] s'y mettent, suivis des punks, des skins et de tout ce que l'Hexagone compte de rebelles. Le marquage corporel perd doucement de son odeur de soufre[8] : en 1982, une quinzaine de tatoueurs exercent en France. Ils sont 400 en 2000, puis le double en 2004.

La tribu des tatoués affiche aujourd'hui largement complet[9]. Il y a les fondus, tels l'hommepuzzle ou le fana d'égyptologie, couvert de hiéroglyphes de la tête aux pieds. Et les autres, qui se recrutent désormais parmi les « vous-et-moi ». « Quand j'ai débuté, il y a vingt ans, il fallait être musclé pour tenir une boutique, car les clients étaient plutôt rock 'n' roll », rappelle Tin-Tin, tatoueur VIP. Aujourd'hui, son studio ressemble à un panel marketing : « J'ai des flics, des banquiers, des sportifs, des étudiantes. Ils se tatouent par haine ou par amour, parce que leur cheval est mort ou que leur fiancé(e) est parti(e). » À croire qu'il y a autant de raisons de se tatouer… que de tatoués.

« Les tatouages sont les pages déchirées d'un agenda, une sorte de journal, tenu à même la peau[10], somme de souvenirs que l'individu égrène… », écrit le sociologue David Le Breton. Romain, 20 ans, acquiesce. Ce musicien s'est fait encrer en Grèce avec ses copains, comme les matafs d'antan, pour sceller le moment et l'amitié. Giselle, la trentaine, un peu sadomaso, a franchi le cap pour plaire à son homme, et par amour de la douleur. « Je me suis fait tatouer pour quitter les courants dominants, parce que le corps est le dernier espace de liberté qui nous reste, parce que ça déplaît aux moralisateurs et aux détenteurs du bon goût, parce que ça fascine et que ça choque, encore un peu », précise le comédien Pascal Tourain, qui a fait de son expérience un spectacle. D'autres s'illustrent[11] pour accepter leur corps, pour se singulariser… Ou bien pour faire joli, un point c'est tout[12]. Toujours est-il qu'ils sont de plus en plus nombreux, les adeptes du bijou indélébile. Et de plus en plus précoces. D'après le baromètre Jeunes de l'institut Médiamétrie, 40 % des 11-20 ans se déclarent tentés par un petit bleu… et 1 % d'entre eux sautent véritablement le pas. « Le tatouage esthétique, tendance, prime désormais sur le tatouage de revendication ou d'affiliation à un clan, surtout chez les ados, soupire Jérôme Pierrat, rédacteur en chef de Tatouage magazine. On a beau leur répéter à longueur d'éditos qu'il n'y a pas plus antinomique que la mode, éphémère, et le tatouage, permanent, il y en a toujours qui passent à l'acte sur un coup de tête. »

Et sans demander la permission à personne. « C'est une affaire de soi à soi, l'une des démarches les plus intimes que l'on puisse accomplir, note Nathalie, tatouée depuis ses 18 ans. Moi, je n'ai demandé la bénédiction à personne, ni à mes parents ni à mon ami. » Aujourd'hui, elle est mère de trois enfants… qu'elle ne souhaiterait pas franchement voir passer sous les aiguilles. Las ! Comment lutter, puisque les stars montrent le chemin ? « Par dizaines, les jeunes se pointent dans le studio avec la photo du tatouage de Zazie ou de Christina Aguilera, tempête Issa, tatoueur. Le mimétisme fait des ravages, ce qui n'est pas gratifiant pour nous, les professionnels. »

Dommage pour ceux qui, de plus en plus nombreux, cultivent leur style. Il y a les tenants de l'école « biomécanique », inspirée de l'univers d'Alien ; les as du motif tribal (polynésien, maori…), les adeptes de l'irezumi japonais, les ex-graffeurs passés de la bombe[13] au dermographe… « Aujourd'hui, la majorité des tatoueurs dessinent bien, ce qui est nouveau, souligne Jérôme Pierrat. Depuis les années 1990, ils sortent plus souvent des écoles d'art ou de graphisme que de Fleury-Mérogis[14]. Beaucoup peignent sur toile, quelques-uns exposent. » Certains réclament même le statut d'artiste tatoueur. En attendant, si le législateur s'intéresse de près au piquage, c'est plutôt pour des raisons d'hygiène et de santé publique. Une batterie de décrets sont en préparation pour le premier trimestre 2005, histoire[15] d'encadrer cette pratique. L'art de l'encre gravé dans le marbre[16]? Un comble...

Véronique Mougin — *L'Express*

---

1. **et pas qu'un peu** : énormément.
2. **depuis la nuit des temps** : depuis très longtemps, depuis toujours.
3. **s'encre** : inscrit des signes sur sa peau avec de l'encre (l'emploi de la voix pronominale est humoristique).
4. **l'Hexagone** : la France (à cause de son contour géographique).
5. **le milieu** : groupe social formé de personnes vivant d'activités illicites.
6. **le gang des tractions avant** : groupe de voleurs qui conduisaient des « tractions avant », voiture rapide des années trente et quarante.
7. **motards et rockers** : tendances de certains groupes de jeunes des années soixante.
8. **perd son odeur de soufre** : perd son image de transgression sociale.
9. **affiche complet** : il y en a dans tous les milieux sociaux. (« Afficher complet » s'emploie normalement pour une salle de spectacle ou un hôtel pour indiquer qu'il ne reste plus de place.)
10. **tenu à même la peau** : écrit sur la peau elle-même.
11. **s'illustrent** : se couvrent d'illustrations (ici encore, l'emploi de la voix pronominale est humoristique).
12. **un point c'est tout** : expression qui sert à indiquer que l'on ne veut pas discuter davantage une affirmation ou une décision.
13. **bombe** : bombe de peinture aérosol dont on se sert pour peindre des graffiti.
14. **Fleury-Mérogis** : une des plus grandes prisons françaises.
15. **histoire de** : afin de.
16. **gravé dans le marbre** : à l'origine, cette expression s'applique aux lois : ici, elle fait allusion aux décrets de la phrase précédente.

Compréhension du texte

1. Qui est Ötzi ? De quoi est-il la preuve ?

2. Dans quelles autres cultures a-t-on pratiqué le tatouage ?

3. Quels étaient en France les types de personnes qui se faisaient tatouer aux 18e et au 19e siècles ?

4. Qu'est-ce qui a provoqué une révolution dans le tatouage ?

5. Dans quels groupes sociaux y avait-il des tatoués au 20e siècle et qu'est-ce que ces groupes ont en commun ?

6. Quelle est la situation aujourd'hui ?

7. Quelles sont les motivations des clients des studios de tatouage ?

8. Est-ce que le tatouage est un phénomène en progression ?

9. Qu'est-ce qui amène les adolescents à se faire tatouer ?

10. Qu'est-ce qui pousse les jeunes en particulier vers le tatouage ?

11. Qu'est-ce qui a changé chez les tatoueurs professionnels ?

12. Pourquoi veut-on encadrer la pratique du tatouage par des règlements ? Quelle est l'ironie de cette situation ?

Questions d'ensemble

1. Identifiez les phases successives de l'histoire du tatouage en France.

2. Quels paradoxes l'article fait-il apparaître dans la mode actuelle du tatouage ?

3. Selon vous, qu'est-ce qui explique de nos jours le désir de se faire tatouer ?

VOCABULAIRE

LA TOILETTE ET L'HABILLEMENT

1. Les soins du corps

se laver   se nettoyer les mains, le visage
prendre un bain, une douche   un savon (*soap*)
une serviette (de bain) (*towel*)
se brosser les dents   une brosse à dents   **le dentifrice**
se raser (*to shave*)   **un rasoir   une lame** (*blade*)
une crème à raser   une lotion après-rasage
se nettoyer les ongles (m. pl.) (*nails*)   **se limer** les ongles
une lime (*file*)
un désodorisant (déodorant)   un antitranspirant
un parfum   une eau de toilette   une eau de Cologne
les produits (m. pl.) **de beauté**
le maquillage (*make-up*)   **se maquiller**
le fond de teint (*foundation*)   **le teint** (*complexion*)
le démaquillant (*cleanser*)   **fard à paupières** (*eye shadow*)
le mascara   le rouge à lèvres   la crème hydratante (*moisturizing*)
le vernis à ongles (*nail polish*)
se coiffer (*to do one's hair*)   **se peigner   un peigne** (*comb*)
la coupe de cheveux   la raie (*part*)   **une mèche** (*lock*)
se laver la tête   un shampooing (*shampooing*)
un sèche-cheveux

2. Les vêtements

s'habiller ≠ **se déshabiller   mettre** ≠ **enlever**
se vêtir ≠ **se dévêtir   un vêtement   une chaussure**
se chausser ≠ **se déchausser   porter** des vêtements (*to wear*)
passer une robe, une chemise (*to slip on*)
enfiler un pantalon, des bas (*to pull on, draw on*)

vêtements pour hommes
    un complet (un costume) : **un veston, un pantalon (+ un gilet)**
    une chemise (*shirt*)   **une cravate** (*tie*)
    un pardessus (*overcoat*)   **une chaussette** (*sock*)
    sous-vêtements : **un slip** (*briefs*), **un maillot de corps**

vêtements pour femmes

> **un tailleur** : **une jupe** (*skirt*), **une jaquette** (**une veste**)
> **un corsage** = **une blouse**   **un chemisier**   **une robe**
> **sous-vêtements** : **un bas** (*stocking*), **un (des) collant(s)**
>   (*pantyhose*), **une culotte** (*panties*), **une combinaison** (*slip*),
>   **un soutien-gorge** (*bra*)

vêtements unisexe

> **un manteau** (*coat*)   **un imperméable** (*raincoat*)   **un jean**
> **un pull (-over)**   **un chandail** (*sweater*)   **un tee-shirt**
> **un soulier** = **une chaussure**   **des (chaussures de) tennis**
> **un maillot de bain** (*bathing suit*)   **un pyjama**
> **col** (*collar*)   **une manche** (*sleeve*)   **une poche**
> **un bouton**   **(se) boutonner**   **une fermeture éclair** (*zipper*)
> **le tissu** : **le coton, la laine** (*wool*), **la soie** (*silk*), **le nylon,**
>   **le polyester, le velours côtelé** (*corduroy*)

> **la mise** (*dress, attire*)   **soigner sa mise** (*to dress with care*)
> **une tenue (une mise) soignée, élégante, négligée, décontractée**
> **être bien mis(e), bien habillé(e)**
> **suivre la mode** (*fashion*)   **être, se mettre à la mode**
> un vêtement **à la mode** ≠ **démodé**

Exercices

A. Complétez par le mot ou l'expression qui convient.

1. Après s'être rasé, on applique _____.

2. J'ai les cheveux tout mouillés. Peux-tu me prêter ton _____ ?

3. Sur la plage, tout le monde est en _____.

4. Les gens d'affaires ont tendance à s'habiller de façon conventionnelle : les hommes en _____ et les femmes en _____.

5. Il faut être en _____ soignée lorsqu'on se présente à une entrevue pour un emploi.

6. Beaucoup de femmes trouvent que les _____ sont plus pratiques que les bas.

7. Il pleut. Tu devrais mettre ton _____.

8. En été, je préfère porter des chemises à _____ courtes.

9. Les _____ masquent les odeurs de transpiration.

10. Lave-toi les mains à l'eau et au _____.

B. Faites de courtes phrases pour illustrer la différence entre :

un slip	*et*	une combinaison
un maillot de bain	*et*	un maillot de corps
une lame	*et*	une lime
la toilette	*et*	les toilettes
une chaussette	*et*	une chaussure

C. Complétez chacune des phrases à l'aide d'un infinitif (à la forme pronominale ou non) correspondant à l'un des substantifs ci-dessous :

bouton, soin, rasoir, brosse, chaussure, lime

1. Les gens élégants aiment _____ leur mise.
2. Si tu veux jouer de la guitare classique, il faut _____ soigneusement les ongles.
3. Avant de pénétrer dans une mosquée, on doit _____.
4. Il a tellement grossi qu'il n'arrive plus à _____ son veston.
5. Mon dentiste m'a recommandé de _____ les dents après chaque repas.
6. Certains hommes portent la barbe simplement parce qu'ils n'aiment pas _____.

D. Remplacez les mots en italique par un adjectif ou un verbe commençant par le préfixe **dé-**.

Modèle : J'aime rester *sans mes chaussures* quand je suis chez moi.
J'aime rester **déchaussé(e)** quand je suis chez moi.

1. Son visage est très différent lorsqu'on la voit *sans son maquillage*.
2. Mon col de chemise est trop étroit, c'est pourquoi je le laisse *ouvert*.
3. Ça m'est égal de porter des vêtements *qui ne sont plus à la mode*.
4. Le vent a *dérangé ma coiffure*.
5. Est-ce que tu *as enlevé tes vêtements* ?

E. Remplacez le mot qui ne convient pas.

1. Il se promenait, les mains dans les manches de son pantalon.
2. Les trois pièces d'un complet comprennent un veston, un pantalon et une jaquette.
3. Il faut se mettre de la crème hydratante sur le visage si on utilise un rasoir à lame.
4. Y a-t-il beaucoup de femmes qui portent du vernis à lèvres ?
5. L'hiver, il porte une combinaison sous sa chemise pour ne pas prendre froid.

Conversations, exposés, compositions

1. Quelles sont vos attitudes envers le maquillage ?

2. Aimez-vous les parfums et les eaux de toilette ? Décrivez votre parfum préféré.

3. Est-ce que vous vous préoccupez de votre coiffure ? Changez-vous souvent de coupe de cheveux ? Quels styles de coiffure préférez-vous chez les hommes et chez les femmes ?

4. Quels sont les vêtements que vous portez dans la vie de tous les jours ? En quelles occasions soignez-vous particulièrement votre tenue vestimentaire ?

5. De quels critères vous servez-vous dans l'achat de vos vêtements (la qualité, le prix, la mode, la durabilité, l'opinion de vos amis, l'impression que vous souhaitez donner, etc.) ? Exposez vos critères par ordre d'importance décroissante.

6. Êtes-vous plutôt conformiste ou plutôt anticonformiste dans votre apparence ? Recherchez-vous l'originalité ? (Pourquoi ? Comment ?)

7. Pouvez-vous classer les étudiant(e)s que vous fréquentez en fonction de leur façon de s'habiller ? Quelles sont les caractéristiques de chacun de ces groupes ?

8. Vous voulez créer une nouvelle mode de vêtements pour hommes ou pour femmes. Décrivez en quoi cette mode consistera.

9. Par quelles techniques et en faisant appel à quelles pulsions la publicité incite-t-elle les gens à « consommer » des vêtements ?

CHAPITRE 10

GRAMMAIRE

I LES DÉMONSTRATIFS

A. L'adjectif démonstratif

1. Formes

	singulier	pluriel
masculin	ce / cet	ces
féminin	cette	

L'adjectif démonstratif s'accorde en genre et en nombre avec le nom qu'il modifie.

- Il n'existe qu'une seule forme du pluriel (**ces**) pour le masculin et le féminin.

- Au masculin singulier, on emploie **ce** devant une consonne et **cet** devant une voyelle ou un **h** muet :

> ce chirurgien   cet infirmier
>
> ce héros   cet hôpital

2. Emplois

a) L'adjectif démonstratif sert à désigner un être ou une chose (ou un groupe d'êtres ou de choses) :

- qui sont présents dans la situation de communication :

> Regarde **ce** chien. On dirait qu'il est blessé.
>
> Prends **ce** comprimé pour ton mal de tête.

- dont on a fait mention ou dont on va faire mention :

> Je suis allé voir un médecin... **Ce** médecin m'a guéri.
>
> Écoutez bien **ces** conseils : mangez modérément et faites de l'exercice.

b) On ajoute au nom les particules adverbiales **-ci** et **-là** pour préciser l'être ou la chose que l'on désigne, en particulier pour distinguer entre deux êtres ou deux choses :

> Je crois que la salle d'opération se trouve à cet étage-ci.

> **Ce** patient**-ci** est en voie de guérison tandis que l'état de **ce** patient**-là** ne s'améliore pas.

En principe, **-ci** indique la proximité, et **-là** l'éloignement. Cependant, on emploie souvent la particule **-là** avec une simple valeur d'insistance :

> Ce bras**-là** me fait mal.

> Je continue à prendre **ces** médicaments**-là**.

c) L'adjectif démonstratif peut s'employer avec une valeur emphatique dans des exclamations :

> J'ai eu une de **ces** migraines !

B. Le pronom démonstratif variable

1. Formes

Le pronom démonstratif variable s'accorde en genre et en nombre avec le nom auquel il renvoie.

	singulier		pluriel	
	masculin	*féminin*	*masculin*	*féminin*
formes simples	celui	celle	ceux	celles
formes composées	celui-ci celui-là	celle-ci celle-là	ceux-ci ceux-là	celles-ci celles-là

2. Emplois

a) Les formes simples du pronom démonstratif ne s'emploient jamais seules; elles sont modifiées par :

– un complément prépositionnel (préposition + nom) :

> Le cerveau de l'homme est plus volumineux que **celui** du gorille.

> Mon médecin est plus jeune que **celui** de Suzanne.

> Cette pharmacie est bien moins grande que **celle** de la rue Moncton.

– une proposition relative :

> Je ne prends pas d'autres médicaments que **ceux** que m'a prescrits mon médecin.
>
> De tous tes amis, je préfère **celui** auquel tu m'as présenté hier.

b) On emploie les formes composées du pronom démonstratif pour remplacer un nom précédé d'un adjectif démonstratif :

> Prends ce **livre-ci**; moi, je prendrai **celui-là**.

On les emploie essentiellement pour faire une comparaison ou une distinction entre deux êtres ou deux choses :

> Quelle chemise préfères-tu ? **Celle-ci** ou **celle-là** ?
>
> Ces deux vins sont excellents mais **celui-ci** est plus sec que **celui-là**.

L'opposition entre **-ci** et **-là** correspond en principe à l'opposition proximité / éloignement. Cette opposition est surtout valable lorsqu'on emploie **celui-ci** et **celui-là** pour renvoyer respectivement au mot le plus proche (*the latter*) et le plus éloigné (*the former*) :

> Les deux plus grandes villes canadiennes sont Toronto et Montréal : **celle-ci** se trouve au Québec tandis que **celle-là** se trouve en Ontario.

C. Le pronom démonstratif invariable

Ce sont des pronoms neutres : **ce**, **ceci**, **cela**. Dans la langue familière, on emploie souvent **ça** au lieu de **cela**.

1. Ceci, cela

a) **Ceci** et **cela** s'emploient pour désigner des choses (des activités, des processus) qui ne sont pas nommées :

> Prends **ceci**, moi, je prendrai **cela**.
>
> Pendant qu'elle s'occupe de **ça**, je vais faire **ceci**.

Lorsqu'on ne distingue pas entre deux choses, on peut employer indifféremment **ceci** ou **cela**, mais **cela** (**ça**) est la forme la plus courante :

> Donne-moi **cela**.   Regarde **ça**.

b) On emploie **ceci** pour annoncer ce que l'on va dire et **cela** pour *reprendre* ce qu'on a dit :

> Remarquez bien **ceci** : la médecine est loin d'être parfaite.
>
> Ce genre de maladie ne se guérit pas; comprenez bien **cela**.

c) Le pronom **cela** (**ça**) s'emploie comme sujet d'un verbe (autre que le verbe **être** avec lequel on emploie **ce**) ou comme complément d'objet ou de préposition :

- pour reprendre une idée (une proposition ou un nom désignant une réalité complexe) qui a déjà été exprimée :

    Faire des études de médecine, **ça** demande de la détermination.

    Nous devons tous mourir. Penses-tu jamais à **cela** ?

    Les maux de tête, je connais **ça**.

- pour annoncer une idée qui n'a pas encore été exprimée :

    Cela me fait peur de penser à la maladie.

    Ça m'inquiète que tu tousses autant.

2. Le pronom *ce*

Ce s'emploie :

- comme antécédent d'un pronom relatif (voir le chapitre 11) :

    Est-ce que tu penses réellement **ce** que tu dis ?

    Je ne sais pas **ce** qui cause cette douleur.

- comme sujet du verbe **être** :

    C'est agréable. **Ce** serait utile.

REMARQUES

1   On emploie **c'** devant une voyelle : **c'**est, **c'**était.

2   On emploie **ç'** devant a : **ç'**a été, **ç'**aurait été.

3   On peut également employer **ce** (mais on emploie davantage **ça** dans la langue familière) lorsque le verbe **être** est précédé de **pouvoir** ou de **devoir** :

    Ce doit être vrai.   **Ç'**aurait pu être facile.

4   On emploie **ça** à la place de **ce** lorsque le verbe **être** est précédé d'un pronom :

    Ça lui serait difficile.

    Est-ce que **ça** vous serait agréable ?

3. L'emploi de *c'est*

a) On emploie **ce** (comme **ceci**, **cela**) pour reprendre une idée antérieurement exprimée par une phrase, un membre de phrase, un nom qui désigne une abstraction ou un complexe de choses, ou encore **ceci**, **cela** :

> Tu devrais consulter un médecin. **Ce** serait plus prudent.
>
> J'espère qu'il n'est pas malade. **Ce** serait dommage.
>
> Je vénère la médecine. Je crois que **c'**est ce que l'homme a fait de mieux.
>
> J'ai entendu parler de ton projet. **C'**est passionnant.
>
> Regarde ça : **c'**est très curieux.

REMARQUE

On emploie souvent **ce** pour reprendre et mettre en relief :

- une proposition sujet du verbe **être** :

> Savoir se soigner n'est pas toujours simple.
> → Savoir se soigner, **ce** n'est pas toujours simple.
>
> Ce qu'il a fait, (**c'**)est admirable.

- un nom ou plusieurs noms reliés à un autre nom par le verbe **être** :

> La santé est un bien précieux.
> → La santé, **c'**est un bien précieux.
>
> Le stress et le manque d'exercice, (**ce**) sont des facteurs d'affaiblissement de l'organisme.

---

b) On emploie également **ce** pour annoncer une idée qui n'a pas encore été exprimée :

> **C'**est douloureux, la migraine.
>
> **C'**est à toi de surveiller ton alimentation.

REMARQUE

Dans la langue soignée, on emploie le pronom **il** dans les constructions suivantes :

- **il est** + adjectif + **de** + infinitif :

    Il est essentiel de conserver la santé.

- **il est** + adjectif + **que** / **il est à** + infinitif + **que** :

    Il est heureux que tu n'aies pas été blessé.

    Il est à espérer qu'elle guérira.

Dans la langue parlée, **ce** est souvent employé à la place de **il** :

    C'est essentiel de conserver la santé.

    C'est heureux que tu n'aies pas été blessé.

    C'est à espérer qu'elle guérira.

---

c) Ce s'emploie pour présenter :

– un nom propre :

  Qui est-ce ? — **C'**est Louise Legrand.

– un pronom :

  Qui a dit ça ? — **C'**est lui.

  C'est celui-ci.

  C'est le tien.

  C'est ça.

– un superlatif :

  C'est le meilleur médecin de la région.

– un nom précédé d'un déterminant (article, adjectif possessif ou démonstratif, expression de quantité) :

  C'est une étudiante en médecine.

  C'est le pharmacien du village.

  C'est de la pénicilline.

  C'est mon médecin.

  C'est ce célèbre chirurgien que tout le monde connaît.

  C'est trop de travail.

REMARQUES

1   Les noms de profession, de nationalité, de religion peuvent s'employer comme adjectifs; dans ce cas, on emploie **il / elle est**. Comparez :

Elle était infirmière.   **C'**était une infirmière.

Il est Canadien.   **C'**est un Canadien.

Elle est catholique.   **C'**est une catholique.

2   **Il (elle) est** + adjectif, ou **c'est'** + *article* + nom

Lorsqu'on parle d'une personne, on emploie **c'est** suivi d'un nom de profession, de nationalité ou de religion pour *identifier* cette personne (on résume ce qu'elle est). On emploie **il (elle) est** pour la caractériser (on apporte des détails sur cette personne) :

Qui est-ce ?—**C'est** un dentiste. **Il est** Américain et protestant.

Connais-tu cette femme ?

– Oui, { **c'est** une infirmière.

{ **elle est** infirmière.

Généralement, on identifie d'abord et on caractérise ensuite.

d) On emploie la tournure **c'est... qui** pour mettre en relief le sujet d'une phrase et **c'est... que** pour mettre en relief n'importe quelle autre composante d'une phrase (sauf un verbe conjugué). Si l'on veut mettre en relief un pronom, il faut utiliser la forme accentuée du pronom (pronom disjoint) :

C'est le médecin **qui** m'a dit de prendre ça.

C'est lui **qui** m'a soignée.

C'est ce médicament **que** je prends.

C'est au médecin **qu'**il faut parler de tes malaises.

C'est à lui **qu'**il faut en parler.

C'est sur toi **que** je compte.

C'est demain **qu'**il entre à l'hôpital.

C'est paresseuse **qu'**elle est, et non malade.

C'est quand tu seras malade que tu le regretteras.

e) Dans tous les cas qui précèdent, on peut employer **ce sont** devant un nom, un superlatif ou un pronom pluriel :

Ces idées, **ce sont** de pures bêtises.

Ce sont des infirmières.

Ce sont les hôpitaux qui manquent dans cette région.

Ce sont eux que j'ai rencontrés.

Ce sont les pires maladies.

On préfère employer **ce sont** dans la langue écrite; dans la langue parlée, la forme du singulier **c'est** est plus courante.

REMARQUES

On emploie toujours le singulier avant :

- les pronoms **nous** et **vous** :

    C'est nous qui sommes malades et **c'est** vous qui vous plaignez !

- un adjectif pluriel (dans la mise en relief) :

    C'est malades qu'ils sont.

- un nom ou un pronom pluriel précédé d'une préposition :

    C'est des médicaments qu'il se méfie.

    C'est à eux qu'il faut poser la question.

II LES POSSESSIFS

A. L'adjectif possessif

1. Formes

(personnes)	singulier		pluriel
	masculin	*féminin*	
je	**mon**	**ma**	**mes**
tu	**ton**	**ta**	**tes**
il, elle, on	**son**	**sa**	**ses**
	masculin et *féminin*		
nous	**notre**		**nos**
vous	**votre**		**vos**
ils, elles	**leur**		**leurs**

a) L'adjectif possessif s'accorde en genre et en nombre avec le nom qui désigne l'être ou la chose possédée. Au contraire de l'anglais, le genre du possesseur n'est pas indiqué à la troisième personne du singulier :

> Il a pris **sa** pilule. (*pilule* est féminin)

> Elle voit **son** médecin. (*médecin* est masculin)

b) Alors que **ma**, **ta**, **sa** correspondent à l'article défini **la**, les formes, **mon**, **ton**, **son**, correspondent à **le** et à **l'**. On emploie donc **mon**, **ton**, **son** devant un nom (ou un adjectif) féminin qui commence par une voyelle ou un **h** muet :

ma jambe	*mais*	**mon** oreille
ta bouche	*mais*	**ton** épaule
sa hache	*mais*	**son** hôtesse
sa guérison	*mais*	**son** heureuse guérison

Attention : de même que l'on dit **le onze**, on emploie **ma**, **ta**, **sa**, devant **onzième** :

> **Sa** onzième opération.

2. Emplois

a) **Son**, **sa**, **ses**, **leur**, **leurs** peuvent renvoyer à un nom de chose :

> Visitez Fontainebleau, **son** château, **sa** forêt.

> Je n'aime pas prendre des médicaments : je me méfie de **leurs** effets secondaires.

On emploie l'article défini devant le nom qui désigne la chose possédée quand ce dernier est sujet du verbe **être** ou objet direct d'un autre verbe ; la possession est alors marquée par le pronom **en** :

> Ce n'est pas une maladie grave mais **le** traitement **en** est coûteux.

> On pratique rarement ce genre d'intervention et on peut difficilement **en** prévoir **les** conséquences.

b) On emploie **son**, **sa**, **ses** quand le possesseur est un pronom indéfini sujet (**on**, **chacun**, **quelqu'un**, **personne**) :

> On soigne **sa** petite santé.

> Chacun a **ses** malaises.

> Quelqu'un a oublié **son** chapeau dans la salle d'attente.

> Personne ne doit négliger **sa** santé.

Si on emploie **chacun(e)** en apposition au sujet, l'adjectif possessif est à la même personne que le sujet (**chacun** se place après le verbe) :

> Nous avons chacun **nos** particularités physiques.

> Ces infirmières ont chacune **leurs** tâches.

c) Comme **son**, **sa**, **ses** n'indiquent pas le genre du possesseur, il peut exister une ambiguïté concernant l'identité de ce dernier dans certains contextes :

> Henri a conseillé à son ami de consulter **son** médecin.

On évite l'ambiguïté en précisant à l'aide de **à lui**, **à elle** :

> Il lui a conseillé de consulter **son** médecin **à lui** (ou **à elle**).

Selon le contexte, on emploie également :

- l'adjectif **propre** :

> Elle préfère **son propre** médecin.

- **de** + *nom du possesseur* :

> Elle a consulté le médecin **d'**Henri.

- **celui (celle**, etc.) **de** + *nom du possesseur* :

> Elle a consulté celui **d'**Henri.

d) **Leur / leurs**

Ces adjectifs s'emploient lorsqu'il y a plus d'un possesseur. On emploie **leur** + *nom singulier* :

- s'il n'y a qu'un seul être ou objet possédé en commun :

> M. et Mme Durand ont rendu visite à **leur** fils à l'hôpital.

- s'il n'y a qu'un seul être ou objet possédé par le possesseur :

> Les infirmières doivent acheter elles-mêmes **leur** uniforme.

On emploie **leurs** + *nom pluriel* s'il y a plus d'un être ou objet possédé par le possesseur :

> Les médecins sont d'abord au service de **leurs** patients.

e) Il faut répéter l'adjectif possessif (de même que l'article ou l'adjectif démonstratif devant chaque nom d'une énumération :

> Le médecin m'a demandé de lui montrer **mes** bras et **mes** jambes.

On ne répète pas l'adjectif possessif :

- si les divers noms désignent la même personne :

> **Notre** ami et très estimé collègue...

– si les noms font partie d'une même catégorie :

> Je suis allé rendre visite à **mes** oncles et tantes.

> Inscrivez sur le formulaire les noms de **vos** parents et grands-parents.

> **Ses** parents et amis l'ont encouragé.

3. L'emploi de l'article à la place de l'adjectif possessif devant les noms qui désignent une partie du corps

(Les remarques qui suivent s'appliquent également à des noms comme **la vue**, **l'ouïe**, **l'air**, **la mine**, **la mémoire**, **l'imagination**, **la santé**, **la vie**, etc.)

a) On emploie normalement l'adjectif possessif devant un nom sujet :

> **Son** genou est enflé.

> **Mes** cheveux repoussent vite.

Toutefois, dans certaines expressions, on emploie un pronom complément d'objet indirect et on substitue l'article défini à l'adjectif possessif :

> **La** tête **me** tourne.

> **Les** bras **lui** démangent.

Avec la locution **faire mal**, on emploie l'un ou l'autre :

> **La**
> **Ma** } mâchoire **me** fait mal.

> **Le**
> **Son** } cou **lui** fait mal.

b) On emploie l'article défini devant un nom *complément* non qualifié par un adjectif :

– après un verbe qui exprime une action propre à la partie du corps désignée :

> J'ai ouvert **la** bouche.

> Elle a fermé **les** yeux.

> Pliez **les** genoux.

> Il a haussé **les** épaules.

> Gardez **le** dos droit.

> Tous les étudiants ont levé **la** main.

– après un verbe pronominal exprimant une action que le sujet exerce sur son propre corps :

> Je me lave **les** mains.

> Brosse-toi **les** dents.

Il s'est cassé **le** tibia.

Elle s'est mordu **les** lèvres.

Tu t'es tordu **la** cheville ?

Il s'est rasé **la** barbe.

Si le sujet exerce l'action sur une autre personne, celle-ci est représentée par un pronom objet indirect :

Je vais **te** brosser **les** cheveux.

L'infirmière **lui** a bandé **le** poignet.

Ce médecin **leur** a sauvé **la** vie.

Je **lui** ai serré **la** main.

– dans des expressions idiomatiques :

perdre la tête

perdre la vie = trouver la mort

donner la main à quelqu'un

traîner la jambe (la patte)

saigner du nez

Également après les locutions idiomatiques **avoir mal à**, **avoir froid à**, **avoir chaud à** :

J'ai mal à **la** gorge / **aux** dents / dans **le** dos.

Il a souvent froid **aux** pieds.

J'aurais trop chaud à **la** tête si je mettais un chapeau.

REMARQUE

Si le nom est qualifié par un adjectif ou un complément déterminatif, il est précédé de l'adjectif possessif :

Elle a baissé **ses** beaux yeux.

Il a haussé **ses** épaules d'athlète.

Lorsqu'il agit d'une action que le sujet exerce sur son propre corps, on utilise alors la forme simple du verbe plutôt que la forme pronominale :

Il **s'**est rasé **la** barbe.	*mais*	Il a rasé **sa** belle barbe.
Elle **s'**est peigné **les** cheveux.	*mais*	Elle a peigné **ses** longs cheveux.

> Par contre, si l'action s'exerce sur le corps d'une autre personne que le sujet, on conserve le pronom objet indirect pour éviter une ambiguïté possible :
>
> Sa mère **lui** a peigné **ses** long cheveux.
>
> Si l'adjectif est **droit** ou **gauche**, on emploie toujours l'article défini :
>
> Levez **la** main droite.
>
> Il s'est cassé **la** jambe gauche.
>
> J'ai mal à **l'**épaule gauche.

c) On emploie également l'article défini :

– lorsque le nom fait partie d'un membre de phrase complément descriptif de manière qui est séparé du reste de la phrase par une virgule (par une pause, à l'oral) :

Elle est restée assise, **les** yeux baissés.

Ils m'ont regardée, **la** bouche ouverte.

Elles sont entrées, **le** sourire **aux** lèvres.

– lorsque le nom est complément du verbe **avoir** et qu'il est qualifié par un adjectif :

Je trouve que tu as **la** mine fatiguée.

Il a **les** nerfs solides.

Il est également possible d'employer l'article indéfini :

Elle a **des** (**les**) cheveux blonds.

Lorsque l'adjectif précède le nom, on ne peut employer que l'article indéfini :

Elle a **un** joli visage.

Tu as **de** (**des**) beaux yeux bleus.

4. L'article défini ou l'adjectif possessif devant un nom qui désigne un détail vestimentaire :

a) On emploie l'article défini :

– lorsque le nom fait partie d'un complément descriptif de manière :

Il est entré, **le** parapluie à **la** main et le chapeau sur **la** tête.

Il était en train de travailler, **le** col de chemise entrouvert, **les** manches retroussées.

– lorsque le nom est complément du verbe **avoir** et qu'il est suivi d'un participe passé :

> Il avait **la** chemise déboutonnée.

> Tu as **le** pantalon déchiré.

> Il avait **la** casquette rabattue sur les yeux.

b) Dans tous les autres cas, on emploie l'adjectif possessif :

> Mets **ton** manteau.

> Il a retroussé **ses** manches.

B. Le pronom possessif

1. Formes

personnes	singulier		pluriel	
	masculin	*féminin*	*masculin*	*féminin*
je	le mien	la mienne	les miens	les miennes
tu	le tien	la tienne	les tiens	les tiennes
il, elle, on	le sien	la sienne	les siens	les siennes
	masculin	*féminin*	*masculin* et *féminin*	
nous	le nôtre	la nôtre	les nôtres	
vous	le vôtre	la vôtre	les vôtres	
ils, elles	le leur	la leur	les leurs	

Les formes de l'article défini **le** et **les** se contractent avec les prépositions **à** et **de** :

> à + le = au → au mien   de + le = du → du sien

> à + les = aux → aux vôtres   de + les = des → des leurs

2. Emploi et accord

a) Le pronom possessif remplace un nom précédé d'un adjectif possessif et s'accorde en genre et en nombre avec ce nom :

> Tes cheveux sont plus blonds que **les miens**.

> Est-ce que votre fils a attrapé la même grippe que **le nôtre** ?

> Ils ont une belle maison mais je préfère **la nôtre** à **la leur**.

b) On emploie **ce** (et non **il** ou **elle**) comme sujet du verbe **être** quand celui-ci est suivi d'un pronom possessif :

> À qui est cette brosse ? — C'est la mienne.
>
> Est-ce que c'est la tienne ? — Non, c'est la sienne.

c) Quand le sujet est un mot indéfini (**chacun**, **tout le monde**), on utilise les formes de la troisième personne du singulier :

> Choisir un médecin, c'est aussi une question de préférences personnelles, et chacun a **les siennes**.
>
> Tout le monde pense à la mort, et d'abord à **la sienne**.

III DISTINCTIONS, CONSTRUCTIONS, LOCUTIONS

A. L'adjectif démonstratif dans les expressions de temps

On emploie l'adjectif démonstratif dans des expressions de temps.

1. Pour une période de temps dans laquelle on se trouve au moment où l'on parle, ou qui se situe dans une unité de durée (*aujourd'hui*, *cette année*) plus grande dans laquelle on se trouve :

a) On emploie la forme simple du démonstratif avec :

ce matin, cet(te) après-midi, ce soir, cette semaine, ce printemps (été, etc.), cette année :

> J'ai eu la migraine **ce matin**.
>
> **Cet après-midi**, je vais aller chez le médecin.
>
> Je te trouve la mine fatiguée, **ce soir**.
>
> **Cette semaine**, je me sens (me suis senti, me sentirai) mieux.
>
> Je vais prendre (je prends, j'ai pris) du repos **cet été**.
>
> Tu es souvent enrhumé **cette** année.

b) **Cette nuit** = la nuit dernière ou la nuit prochaine :

> Elle a accouché **cette nuit**.
>
> Tu vas devoir rester à l'hôpital **cette nuit**.

c) On emploie la forme composée avec la particule **-ci** pour :

— **ce mois-ci** : Il va se faire opérer ce **mois-ci**.

— **ces jours-ci** : Je ne me sens pas très bien ces **jours-ci**.

2. Pour une période de temps qui se situe dans le passé, on emploie la forme composée avec la particule **-là** :

a) **Ce matin-là, cette semaine-là, ce printemps-là, cette année-là**, et également **ce mois-là, cette nuit-là** :

Ce soir-là, il tomba malade.

Nous avons tous deux eu la grippe **cette semaine-là**.

Cet hiver-là, elle a attrapé une pneumonie.

Il a passé une grande partie de **cette année-là** à l'hôpital.

C'est **cette nuit-là** qu'il a eu un accident d'automobile.

b) **Ce jour-là** s'oppose à **aujourd'hui** :

Ce jour-là, j'ai eu mal à la tête toute la journée.

c) **En ce temps-là, à cette époque-là** s'opposent à **de nos jours, aujourd'hui** (au sens large), **maintenant** :

De nos jours, on guérit les infections aux antibiotiques, mais **en ce temps-là** les antibiotiques n'existaient pas.

B. Constructions possessives

1. Appartenir à :

À qui appartient ce pyjama ? — { Il appartient **à** Paul.
{ Il **lui** appartient.

2. Être à :

À qui est ce stylo ? — { Il est **à** Paul.
{ Il est **à lui**.

Est-ce que c'est ta robe ? — Oui, elle est à moi.

Est-ce **à vous**, cela ? — Non, c'est **à eux**.

3. De + *nom* :

Est-ce la voiture **de** ton père ? — Non, c'est celle **de** Robert.

C. Le pronom possessif dans des locutions idiomatiques

1. Les miens, les tiens, etc.

Les formes du masculin pluriel du pronom possessif s'emploient pour désigner la famille ou le groupe d'amis, de partisans, d'alliés dont on fait partie :

> En période de crise, on pense d'abord à protéger **les siens**.
>
> Depuis combien de temps n'as-tu pas vu **les tiens** ?
>
> Serez-vous **des nôtres** pour l'anniversaire de Jean ?
>
> Êtes-vous **des nôtres** (= de notre camp) ou **des leurs** ?

2. Y mettre du sien

L'expression signifie participer à un effort collectif :

> Pour que le projet réussisse, il faudra que chacun **y mette du sien**.
>
> Je veux bien me montrer conciliant, mais je m'attends à ce que toi aussi, tu **y mettes du tien**.

3. Faire des siennes

C'est l'équivalent de faire des bêtises, des dégâts, avoir des caprices comme ceux qu'on a l'habitude de faire ou d'avoir :

> Leur fils a encore **fait des siennes** : il s'est battu avec ses camarades.
>
> Mon moteur recommence à **faire des siennes** : c'est la troisième fois en un mois que je dois aller au garage.
>
> Arrête de **faire des tiennes** : j'en ai assez d'obéir à tes caprices.

Exercices

I. Les démonstratifs

A. Complétez par la forme de l'adjectif démonstratif qui convient.

1. _____ médicament me donne la nausée.

2. Ressentez-vous souvent _____ douleurs ?

3. _____ homme n'a pas l'air bien portant.

4. Je suis sûr que tu trouveras _____ comprimés dans _____ pharmacie.

5. _____ maladie est-elle incurable ?

6. _____ petit hôpital va sans doute disparaître.

7. Avez-vous déjà suivi _____ genre de traitement ?

8. Est-ce que c'est _____ œil qui vous fait mal ?

B. Complétez par la forme du pronom démonstratif variable qui convient.

1. N'achète pas ces pilules-là. _____ sont moins chères et plus efficaces.

2. Je préfère mon médecin à _____ de Paul.

3. Il a consulté plusieurs spécialistes. _____ qui l'a finalement guéri est un médecin homéopathe.

4. À quelle clinique es-tu allé ? _____ de la rue Ontario ou _____ qui se trouve à l'extérieur de la ville ?

5. Yvette et sa mère sont toutes deux infirmières mais, naturellement, _____ a plus d'expérience que _____.

6. Le taux de mortalité infantile en Amérique du Nord est de beaucoup inférieur à _____ que connaissent les pays en voie de développement.

7. En quoi les méthodes de la médecine traditionnelle chinoise sont-elles différentes de _____ de la médecine occidentale ?

8. Est-ce que ce traitement est plus efficace que _____ que tu avais essayé auparavant ?

C. Complétez les phrases par le pronom démonstratif invariable qui convient : **ce**, **ceci**, **cela (ça)**.

1. Je me suis rappelé _____ que tu m'avais dit.

2. Permettez-moi de vous dire _____ : songez d'abord à conserver votre santé.

3. Est-ce que _____ vaut vraiment la peine de prendre de la vitamine C tous les jours ?

4. On a passé un documentaire sur l'acupuncture à la télé. _____ était passionnant et _____ m'a vraiment appris un tas de choses.

5. _____ est quelqu'un qui sait _____ que _____ est, la souffrance. Il a suffisamment connu _____ !

6. Faites de l'exercice. _____ vous fera du bien.

7. _____ m'intéresse, _____ que tu me dis là.

8. As-tu entendu parler de ce nouveau traitement contre le cancer ? _____ semble très prometteur.

9. _____ t'intéresserait de visiter un hôpital psychiatrique ?

10. Est-ce que _____ te dérange que je fume ?

D. Complétez par **ce** ou **il**.

1. Je vous présente mon ami Bernard Dupuis. _____ est physiothérapeute et _____ est le meilleur de toute la ville.

2. _____ est surprenant qu'elle ait guéri aussi rapidement mais, en tout cas, _____ est merveilleux !

3. Suivre un régime, _____ est bien, mais _____ est encore préférable de faire du sport pour perdre du poids.

4. _____ est très dévoué, ce médecin.

5. _____ est très complexe, le cerveau.

6. _____ est curieux, ça.

7. _____ est le plus moderne de la ville, cet hôpital.

8. _____ est étudiant en médecine, Pierre.

E. Mettez en relief les mots en italique à l'aide des constructions **c'est... qui, c'est... que.**

1. Elle s'est fracturé *le tibia*.

2. Tu dois prendre ces comprimés *avant les repas*.

3. *Il* s'est blessé.

4. Je suis *fatigué*, mais je ne suis pas malade.

5. *Ce médicament* me donne la nausée.

6. Elle *m*'a demandé conseil.

7. Vous avez besoin *de repos*.

8. Il a été sauvé *parce qu'il a été opéré à temps*.

F. Complétez à l'aide des adjectifs ou des pronoms démonstratifs qui conviennent.

Écoutez bien _____ : _____ n'est pas par hasard que vous êtes tombé malade mais parce que votre mode de vie est trop stressant. _____ est _____ qui a provoqué _____ malaises et _____ maux de tête. _____ que vous devez changer, _____ sont vos habitudes, en particulier _____ que vous avez prises au travail. Les médecins peuvent bien vous prescrire des médicaments mais _____ n'est qu'une solution temporaire, vous devez comprendre _____.

II. Les possessifs

A. Complétez par la forme de l'adjectif possessif qui convient au sujet de la phrase.

1. Écoute les conseils de _____ médecin et prends _____ médicament.

2. Quand j'étais à l'hôpital, j'ai reçu la visite de _____ parents et de _____ frère.

3. Tous les patients doivent présenter _____ carte d'assurance-maladie.

4. Je suppose que vous avez chacun _____ opinion sur la médecine.

5. Le médecin a dit à _____ infirmière de me faire une piqûre.

6. Nous avons décidé d'amener _____ enfant chez un pédiatre.

7. Elle a demandé à _____ mari de passer à la pharmacie.

8. Tout le monde a _____ petits malaises.

9. Deux des victimes de l'accident ont succombé à _____ blessures.

10. Jeannette a eu _____ bébé hier; _____ accouchement s'est très bien passé.

B. Complétez en employant la forme de l'adjectif possessif *ou* de l'article défini qui convient (faites les contractions nécessaires).

1. Je me suis fait mal à _____ pied.

2. Il avait trop bu et _____ tête lui tournait.

3. Je vais me faire couper _____ cheveux.

4. Ferme _____ yeux, je vais te faire une surprise.

5. Rentrez _____ ventre et gardez _____ dos droit.

6. Après avoir couru, nous avions mal à _____ mollets.

7. Il a posé _____ large main sur la mienne.

8. Elle tourna vers lui _____ beau visage.

9. Il écoutait, _____ oreille tendue et _____ regard inquiet.

10. L'enfant a ouvert _____ grands yeux.

11. Elle avait _____ bras croisés et _____ yeux au plafond.

12. Sa mère lui a massé _____ jambes fatiguées.

13. C'est une vieille maison mais _____ murs en sont encore solides.

14. Laisse _____ col de chemise ouvert.

15. Ils ont perdu _____ vie dans un accident.

C. Complétez par le pronom possessif qui convient.

1. Peux-tu me prêter ta machine à écrire ? _____ ne fonctionne pas bien.

2. Le fils de nos voisins a attrapé la grippe et, peu après, _____ aussi.

3. Comme je me plaignais de mon médecin, ils m'ont conseillé de consulter _____.

4. J'étais avec Paul quand l'accident s'est produit mais mes blessures ont été moins graves que _____.

5. Nous n'avons pas besoin d'y aller dans deux voitures : laissez _____ ici et montez avec nous.

6. Mes grands-parents disent que notre génération a la vie plus facile que _____.

D. Répondez aux questions affirmativement en employant la forme appropriée du pronom possessif.

1. Est-ce que c'est le médecin de Pierre ?

2. Est-ce que c'est ton stylo ?

3. As-tu mangé mon orange ?

4. Est-ce que c'est la fille de vos voisins ?

5. Est-ce qu'il a emprunté nos disques ?

III. Distinctions, constructions, locutions

A. Ajoutez la particule **-ci** ou **-là** après le nom si c'est nécessaire.

1. Qu'est-ce que tu deviens ces jours _____ ?

2. Tu as l'air fatigué. As-tu mal dormi cette nuit _____ ?

3. J'ai consulté un spécialiste le mois dernier, mais justement, ce jour _____, je n'avais aucun symptôme.

4. Je suis content que ce soit vendredi : cette semaine _____ a été épuisante.

5. Il a beaucoup neigé cet hiver _____ et il reste encore de la neige sur le sol, même si c'est le printemps maintenant.

6. Il est allé voir sa grand-mère à l'hôpital dimanche dernier et c'est ce soir _____ qu'elle est morte.

7. C'est ce mois _____ que je dois subir une intervention chirurgicale.

8. En ce temps _____ on arrachait les dents sans anesthésie.

B. Donnez deux réponses affirmatives aux questions suivantes selon le modèle.

> *Modèle :* Est-ce que c'est le cahier d'Hélène ?
> a) Oui, ce cahier lui appartient.
> b) Il est à elle.

1. Est-ce ta serviette ?

2. Est-ce que ce sont vos bicyclettes ?

3. Est-ce que c'est mon stylo ?

4. Est-ce la voiture de tes parents ?

5. Est-ce que ce sont les livres de ton frère ?

C. Remplacez les mots en italique par une expression équivalente.

1. Si votre fils continue à *se montrer insupportable*, il sera expulsé de l'école.

2. Pour qu'un mariage fonctionne bien, chacun doit *faire sa part*.

3. Je n'ai pas revu *ma famille* depuis que j'ai quitté l'Alberta l'an dernier.

Qu'est-ce que la maladie ?

L a maladie n'est pas une malchance ou un effet du hasard. Toute maladie résulte d'un ensemble de circonstances qui, à bien y penser, ne pouvaient conduire qu'à un déséquilibre de l'organisme. Il faut se méfier des relations simplistes du genre « la cigarette cause le cancer du poumon » ; si c'était vrai, plus de 50 % de la population souffrirait de ce type de cancer. La cigarette n'est qu'un facteur parmi d'autres pouvant mener au cancer du poumon. Quand, chez une même personne, plusieurs facteurs se trouvent associés, le risque est alors plus grand qu'elle contracte cette maladie.

Prenons l'exemple du cancer. D'après nos connaissances actuelles, les agents reliés à la genèse de cette maladie sont : l'hérédité, l'alimentation, les radiations, l'exposition à des substances cancérigènes et la baisse d'efficacité du système immunitaire. Il n'est pas nécessaire que tous ces facteurs soient réunis pour que le cancer survienne ; une irradiation massive ou une exposition prolongée à des concentrations élevées de substances cancérigènes peuvent conduire au cancer. Règle générale cependant, c'est la conjonction de l'influence de plusieurs éléments qui provoque cette maladie ; les tendances familiales, le type de carcinogène, la zone irradiée, etc. feront que le cancer surviendra à un endroit du corps plutôt qu'à un autre.

L'élément principal, dans tout cela, est certainement le système immunitaire. Il s'agit de l'ensemble de nos mécanismes de défense interne qui nous permettent de résister aux agressions extérieures ; cette défense s'effectue par diverses cellules spécialisées – les globules blancs, les ganglions lymphatiques, etc. – qui détruisent les agresseurs qui voudraient perturber le fonctionnement de l'organisme. Ce système ne sert pas qu'à résister au cancer, il permet de lutter contre toute maladie. Il est si important que lorsque certains êtres humains naissent avec une déficience au niveau de leur système immunitaire, ils succombent rapidement à une infection grave ou à d'autres maladies à moins de précautions inouïes. Règle générale, c'est plutôt à l'occasion d'une baisse de la capacité générale de ce système que s'installe la maladie ; et malheureusement, un grand nombre de facteurs peuvent influer sur ce système d'autodéfense : le stress, la fatigue, la malnutrition, le manque de résistance physique par inactivité, etc. Plusieurs substances chimiques dont nombre de médicaments ont aussi le même effet ; le Dr Albert Nantel, du Centre de toxicologie de Québec, vient d'émettre l'hypothèse que certains des gaz qui se dégagent de la mousse d'urée-formol pourraient agir à ce niveau, ce qui expliquerait la panoplie de troubles qui frappent les gens exposés.

Il faut insister sur l'importance du stress dans la genèse de la plupart des maladies. Dans une recherche maintenant célèbre, le Dr Thomas H. Holmes et son équipe de l'école de médecine de l'université de Washington ont mis au point une échelle permettant d'attribuer un nombre de points à divers événements stressants (de 11 à 100 points, selon l'effet de chaque événement). Ils ont ensuite suivi pendant un an un grand nombre de membres des Forces armées des É.-U. ; 49 % des gens qui ont accumulé plus de 300 points pendant cette période ont été malades, alors que seulement 9 % de ceux qui ont eu moins de 200 points l'ont été. Pendant les 12 mois suivants, les gens qui se situaient dans le tiers supérieur des points obtenus ont eu 90 % de plus de maladies que ceux qui faisaient partie du tiers inférieur.

Le stress apparaît donc comme un facteur primordial dans le déclenchement des maladies ; c'est un élément d'autant plus important qu'il relève de nos façons de vivre — socialement et individuellement ; il est donc à la portée de nos actions, collectives ou individuelles. Il serait bon de s'en souvenir tant dans les mesures préventives que nous pourrions envisager que dans les mesures curatives que nous mettrons en marche en cas de maladie.

La maladie est un symptôme, un signe qu'il y a quelque chose qui ne va pas dans notre façon de vivre : nous sommes trop exposés à certains facteurs de risque, trop angoissés, trop frustrés, trop pauvres, etc. La maladie et les malaises qui la précèdent constituent des signaux d'alarme précieux qu'il faut savoir écouter et qu'il faut apprendre à décoder. Car la vie n'est pas toujours aussi simple pour qu'on puisse facilement établir une relation de cause à effet entre ce malaise d'aujourd'hui et ce qui a perturbé notre équilibre. La situation se complique d'autant plus que nous sommes des êtres pensants et que nos pensées affectent tout le fonctionnement de notre organisme. La médecine reconnaît de plus en plus l'influence du psychisme dans le développement de certaines maladies ; [...] en fait il n'y a pas de maladies qui ne soient psychosomatiques; le psychisme et le physique exercent toujours une influence sur le processus pathologique et, à l'inverse, sont affectés par lui.

La maladie n'est jamais le résultat d'une génération spontanée ; elle a toujours des causes, aussi difficiles soient-elles à découvrir. Même les accidents sont souvent précipités par des facteurs du même type que ceux qui conduisent à la maladie : fatigue, trop grand stress, dépression, etc. Longtemps on a cru que la maladie était une punition des dieux, ce qui conduisait à la résignation et au défaitisme : que pouvait-on contre la malédiction divine, sinon tenter de l'amadouer par des sacrifices ou des offrandes ? Encore aujourd'hui subsiste souvent, tout particulièrement vis-à-vis de certaines maladies mentales, un sentiment de culpabilité qui conduit à un abandon presque total de la lutte ; or c'est exactement le contraire qu'il faudrait, puisque la mobilisation de toutes les forces est nécessaire à la bataille que l'organisme doit livrer contre l'envahisseur. Quand nous sommes malades, c'est que, la plupart du temps, nous avons agi contre la vie, nous avons accepté, toléré ou même été forcés de nous soumettre à des conditions pour lesquelles nous n'étions pas faits.

Dr Serge Mongeau — *Survivre aux soins*

Compréhension du texte

1. Pourquoi est-il simpliste de dire que « la cigarette cause le cancer du poumon » ?

2. Qu'est-ce qui augmente le risque de contracter une maladie ?

3. Quels sont les divers facteurs qui contribuent à engendrer le cancer ?

4. Quelle règle générale se dégage de la genèse du cancer ? Quelles sont les exceptions ?

5. Qu'est-ce que le système immunitaire et comment fonctionne-t-il ?

6. Qu'est-ce qui prouve l'importance primordiale du système immunitaire ?

7. Par quoi la capacité du système immunitaire peut-elle être affaiblie ?

8. Quelle hypothèse a été formulée au sujet de la mousse d'urée-formol ?

9. Comment est-on parvenu à mesurer le rapport entre le stress et la maladie ?

10. Pourquoi la question du stress est-elle importante du point de vue médical ?

11. Que représente la maladie pour l'auteur et que doit-on faire pour la prévenir ?

12. Comment l'auteur envisage-t-il la part du psychisme dans le processus pathologique ?

13. Expliquez la phrase : « La maladie n'est jamais le résultat d'une génération spontanée. »

14. Quelle est l'attitude envers la maladie que l'auteur dénonce ? Quelles sont les conséquences de cette attitude ?

15. Qu'est-ce qui est nécessaire pour lutter contre la maladie ?

Questions d'ensemble

1. Quelles sont les conceptions erronées de la maladie que l'auteur dénonce ? En quoi ces conceptions sont-elles néfastes ?

2. « Quand nous sommes malades, c'est que la plupart du temps, nous avons agi contre la vie... » Êtes-vous d'accord avec cette affirmation ? Quelle vous semble être la part des conditions de la vie sociale dans la genèse des maladies ?

3. Si l'on accepte les thèses du Dr Mongeau sur la maladie, quelles conclusions faut-il en tirer concernant le rôle que la médecine devrait jouer ? Ce rôle devrait-il être différent de celui que la médecine « officielle » se donne actuellement ?

VOCABULAIRE

MÉDECINE ET SANTÉ

1. Le corps

la tête : **le crâne**, **le front** (*forehead*), **la tempe**, **une oreille**, **un œil / des yeux**,
la paupière (*eyelid*), **la joue** (*cheek*), **la mâchoire** (*jaw*), **le nez** (*nose*)
la bouche : **la langue**, **la gencive** (*gum*), **une dent**
le tronc : **le cou** (*neck*), **la poitrine** (*chest*), **le ventre** (*belly*), **le bas-ventre**, **la hanche**
(*hip*), **le dos** (*back*)
le bras : **une épaule** (*shoulder*), **le coude** (*elbow*), **le poignet** (*wrist*)
la main : **la paume**, **le doigt**, **le pouce** (*thumb*), **l'index**
la jambe : **la cuisse** (*thigh*), **le genou** (*knee*), **le mollet** (*calf*)
la cheville (*ankle*), **le pied** : **le talon** (*heel*), **la plante du pied** (*sole*), **un orteil** (*toe*)
le cœur (*heart*), **le sang** (*blood*), **une artère**, **une veine**
un poumon (*lung*), **un estomac**, **le foie** (*liver*), **les intestins** (m. pl.)
un rein (*kidney*), **le cerveau** (*brain*), **un nerf**
un os (*bone*), **un ligament**, **un tendon**, **un muscle**, **la peau** (*skin*)

2. La santé / la maladie

être en bonne (mauvaise) santé = se porter bien (mal)
être bien portant ≠ malade
être sain(e) d'esprit ≠ avoir des troubles mentaux
un trouble (*malfunction; disease*)
attraper (*to catch*) **une maladie** (*disease; illness, sickness*)
attraper un rhume (*cold*), **une grippe** (*flu*)
perdre ≠ recouvrer la santé (*health*)

3. Les symptômes

ressentir une douleur (*to feel a pain*)   **avoir mal à** (la tête, etc.)
un malaise (*fit of faintness; minor ailment*)   **la fièvre**
avoir la nausée = avoir mal au cœur   **vomir**
éternuer (*to sneeze*)   **tousser** (*to cough*)
une migraine   **passer une nuit blanche** (*sleepness night*)
une infection   **une démangeaison** (*itching*)

4. Les accidents

une blessure (*injury; wound*)   **se blesser**
être **grièvement** (*severely*) blessé(e)
une coupure   **saigner** (*to bleed*)
une fracture   **se casser** (le bras)
une brûlure (*burn*)   **se brûler**   **une cicatrice** (*scar*)
une foulure (*sprain*)   **se fouler** (la cheville, le poignet)
se donner une entorse (*to sprain, twist one's ankle*)

5. Les soins médicaux

les soins (*care*)   **soigner un patient** (*to nurse; to attend*)
se soigner (*to take care of one's health*)
se faire soigner (*to undergo treatment*)
suivre un traitement   **traiter**
soulager (*to relieve*) **la souffrance**   **guérir** (*to cure*)
guérir d'une maladie (*to recover from*)   une blessure **guérit** (*to heal*)
être **en voie de guérison** (f.) (*on the way to recovery*)

un médecin   **un cabinet de médecin** (*consulting room*)
une consultation médicale   **un(e) spécialiste**
un chirurgien   **(se faire) opérer**   **la salle d'opération**
subir une intervention chirurgicale = une opération

un hôpital   **une clinique d'urgence** (f.) (*emergency*)
l'hospitalisation   **un(e) infirmier(ère)**
un diagnostic   **une radio(graphie) aux rayons X**

la grossesse (*pregnancy*)   **être enceinte** (*pregnant*)
recourir à l'avortement (*to resort to abortion*)   **accoucher** (*to deliver*)

une pharmacie   **un(e) pharmacien(ne)**
une ordonnance (*prescription*)   **un médicament** (*drug*)
une piqûre (*injection*)   **une pilule**
un comprimé (*tablet*)   **un antibiotique**

Exercices

A. Complétez les phrases par l'infinitif du verbe qui correspond au nom entre parenthèses.

   1. (toux) Tu devrais prendre du sirop pour arrêter de _____.

   2. (consultation) Comme elle a souvent la migraine, je lui ai conseillé de _____ un médecin.

3. (sang) La coupure que je me suis faite continue à _____.

4. (guérison) Cette blessure met du temps à _____.

5. (accouchement) Certaines femmes veulent maintenant _____ chez elles plutôt qu'à l'hôpital.

6. (souffrance) Tout le monde a peur de _____.

7. (éternuement) Je sais que j'ai pris froid : je ne cesse pas d'_____.

8. (soins) Comment ce médecin trouve-t-il le temps de _____ tant de malades ?

9. (hospitalisation) Il est très malade. Il faut l'_____ d'urgence.

10. (soulagement) On lui a donné des comprimés pour _____ la douleur.

B. Complétez les phrases par le nom qui correspond au verbe entre parenthèses.

1. (couper) Il s'est fait une vilaine _____ avec un couteau.

2. (avorter) La question de l'_____ soulève des controverses.

3. (diagnostiquer) Il est possible que le médecin ait commis une erreur de _____.

4. (intervenir) Ce chirurgien pratique souvent ce genre d'_____.

5. (fouler) Je crois que j'ai une _____ au poignet.

6. (traiter) Vous allez devoir subir un _____ de longue durée.

7. (blesser) Il a reçu une _____ à la tête en jouant au hockey.

8. (opérer) Es-tu jamais entré dans une salle d'_____ ?

9. (démanger) L'eczéma cause des _____.

10. (cicatriser) Ses brûlures ont laissé des _____.

C. Complétez par le mot qui convient.

1. Le biceps est un _____ du bras.

2. Les _____ s'appellent aussi des doigts de pied.

3. L'homme est l'animal qui a le _____ le plus développé.

4. La plupart des gens tiennent leur stylo entre le _____ et l'index.

5. Les _____ sont les organes de la respiration.

6. L'alcoolisme peut causer la cirrhose du _____.

7. Le _____ circule dans les artères et les _____.

8. Une cravate se porte autour du _____.

9. Elle avait les _____ bien rouges lorsqu'elle est rentrée de sa promenade.

10. Quand on a la nausée, on dit qu'on a mal au _____.

D. Remplacez les suites de mots en italique par des expressions équivalentes.

1. Je *n'ai pas dormi de la nuit*.
2. Il *n'est pas entièrement sain d'esprit*.
3. Elle *s'est foulé la cheville* en tombant.
4. Tu vas devoir *te faire opérer*.
5. Elle ne voulait pas avoir d'enfant et a décidé d'*interrompre sa grossesse*.
6. Elle attend *un bébé*.

E. Complétez par le mot ou l'expression qui convient.

1. Le médecin m'a fait entrer dans son _____.
2. Sa femme est tombée malade en pleine nuit et il l'a emmenée à la _____.
3. Il faut avoir une _____ du médecin pour se procurer des antibiotiques.
4. Laisse-moi te toucher le front, je vais te dire si tu as de la _____.
5. On lui a fait une _____ pour voir s'il avait une fracture ou une simple foulure.
6. Plusieurs personnes ont été _____ blessées dans cet accident et ont dû être hospitalisées.
7. On utilise des antibiotiques pour combattre les _____.
8. Tu risques de _____ un rhume si tu sors sans manteau et sans chapeau.

F. Trouvez les noms (désignant les parties du corps) auxquels correspondent les adjectifs suivants.

artériel	digital	osseux
cardiaque	dorsal	pulmonaire
cérébral	lingual	rénal
cervical	nerveux	stomacal
crânien	oculaire	temporal

Conversations, exposés, compositions

1. Jeu de rôles : vous allez chez le médecin et vous lui décrivez vos symptômes. Celle ou celui qui joue le médecin établit un diagnostic et prescrit un traitement.

2. Quel genre de lésions avez-vous déjà eues dans votre vie (blessures, brûlures, fractures, etc.) ? Dites comment l'accident s'est produit. Décrivez ce que vous avez ressenti, les soins que vous avez reçus, le processus de guérison.

3. Avez-vous déjà visité un hôpital ou avez-vous vous-même été hospitalisé(e) ? Quelles ont été vos impressions ?

4. Avez-vous jamais subi une opération ? En quoi a-t-elle consisté ?

5. Pensez-vous que la médecine moderne fasse un usage abusif et parfois inutile des interventions chirurgicales ?

6. Quelles sont les qualités que vous souhaitez trouver chez un médecin ? Quelles impressions les médecins qui vous ont traité(e) jusqu'à présent vous ont-ils laissées ?

7. Que pensez-vous de la profession d'infirmier ou d'infirmière ? Quelles sont les responsabilités qui s'y rattachent ? Croyez-vous que cette profession est suffisamment valorisée par rapport à celle de médecin ?

8. Connaissez-vous des médecines « alternatives », ou médecines « douces », (acupuncture, traitements homéopathiques, etc.) ? Dites sur quels principes elles sont fondées et donnez votre opinion sur leur valeur par rapport à la médecine occidentale moderne.

9. Quels sont les pour et les contre des accouchements à l'hôpital et des accouchements à domicile ?

10. Pensez-vous que l'on fasse un trop grand usage de médicaments dans les pays industrialisés ? De quels médicaments en particulier ?

11. Racontez une maladie que vous avez eue. Décrivez-en les symptômes, l'état physique et mental dans lequel vous vous trouviez et dites quels remèdes ont été utilisés pour vous soigner, qui vous a soigné(e); comment s'est déroulée votre convalescence, etc.

12. Exprimez vos opinions au sujet de l'euthanasie dans le cas des malades incurables. Faut-il à tout prix les maintenir en vie, même s'ils souhaitent mourir ? Devrait-on fournir aux individus qui le souhaitent les moyens de mettre un terme à leurs jours ?

CHAPITRE 11

GRAMMAIRE

I. L'INTERROGATION
A. L'interrogation totale
B. L'interrogation partielle

II. LES PRONOMS RELATIFS
A. Fonctionnement et formes
B. Emplois des pronoms relatifs dont l'antécédent est un nom ou un pronom
C. Emplois des pronoms relatifs dont l'antécédent est une proposition ou n'est pas exprimé
D. Remarques sur les propositions relatives

III. CONSTRUCTIONS : TOURNURES EXCLAMATIVES
A. **Comme / que / ce que**
B. **Quel**
C. **Que de**

LECTURE
Le plus long sentier de marche du Québec (André Désiront)

VOCABULAIRE
La nature et les activités de plein air

Conversations, exposés, compositions

GRAMMAIRE

 L'INTERROGATION

La phrase interrogative s'emploie pour poser une question. On distingue deux sortes de questions :

- l'interrogation totale : la question porte sur l'ensemble de la phrase et demande une réponse par **oui** ou par **non** :

    Es-tu en vacances ? — Oui. / Non.

Notez que si la question est négative, on y répond affirmativement par le mot **si** (et non **oui**) :

    N'es-tu pas en vacances ? — Si.

    N'est-elle pas déjà partie ? — Mais si, bien sûr.

- l'interrogation partielle : la question porte sur un constituant de la phrase (sujet, objet, complément circonstanciel) et commence par un mot interrogatif (pronom, adjectif ou adverbe) ; elle demande une réponse spécifique sous forme d'un nom, d'un pronom ou d'un complément circonstanciel (adverbe, complément prépositionnel, subordonnée circonstancielle) :

    Qui a déjà escaladé une montagne ? — Henri. / Mon frère. / Moi.

    Quel sport pratiques-tu ? — Le ski de fond.

    Où as-tu passé l'été ? — À la campagne.

    Pourquoi est-il parti ? — Parce qu'il était fatigué.

A. L'interrogation totale

On peut transformer une phrase déclarative en phrase interrogative en employant :

1. L'intonation

C'est la façon la plus courante de poser des questions dans la langue parlée. Alors que la phrase déclarative a une intonation descendante, on donne à la phrase une intonation montante pour la rendre interrogative en élevant la voix à la fin de la phrase :

- *interrogative :*   Il vit à la campagne ?

• *déclarative :*   Il vit à la campagne.

2. N'est-ce pas ?

On ajoute la formule invariable **n'est-ce pas** à la fin de la phrase. Ce genre de question s'emploie surtout lorsqu'on s'attend à une confirmation : la phrase est affirmative si l'on s'attend à la réponse **oui**, et négative si l'on s'attend à la réponse **non** :

> Cet arbre est bien un érable, n'est-ce pas ? — Oui.
>
> Tu ne fais pas de ski, n'est-ce pas ? — Non.

3. Est-ce que

On fait précéder la phrase de la formule invariable **est-ce que** :

> Est-ce que vous faites de l'équitation ?
>
> Est-ce qu'il n'y a pas de poissons dans ce lac ?

4. L'inversion

L'inversion appartient à la langue soutenue.

a) Si le sujet est un pronom personnel, on le place après le verbe :

- verbe à un temps simple : Es-tu sportif ?
- verbe à un temps composé : Avez-vous nagé ?
- verbe à la forme négative : Ne faites-vous pas de ski ?

REMARQUES

1 Les pronoms de la troisième personne du singulier (**il**, **elle**, **on**) doivent être précédés du son [t]. Si le verbe se termine par une voyelle ou un **e** muet, on intercale **-t-** entre le verbe et le pronom :

> Marche-t-il beaucoup ?
>
> Se promène-t-elle souvent ?
>
> Nage-t-on dans cette rivière ?

Si le verbe se termine par la lettre **d**, celle-ci se prononce [t] :

> Prend-il des leçons de ski ?

> **2** Si le pronom sujet est **je**, on ne fait pas l'inversion d'un verbe au présent (employez **est-ce que**). L'inversion avec **je** est possible, mais peu fréquente, avec les verbes **aller**, **voir**, **devoir**, **être** et **pouvoir** :
>
> vais-je, ai-je, dois-je, suis-je, puis-je

b) Si le sujet est un nom, il est placé avant le verbe ou l'auxiliaire, mais celui-ci est suivi d'un pronom (**il**, **elle**, **ils**, **elles**) qui représente le nom :

Vos enfants font-ils de la planche à voile ?

Ta sœur a-t-elle ramassé des coquillages ?

B. L'interrogation partielle

Elle se caractérise par l'emploi d'un mot interrogatif qui est placé au début de la phrase et qui est suivi, soit de **est-ce que** (ou parfois de **est-ce qui**), soit de l'inversion :

Quand est-ce que tu es arrivé ?

Quand es-tu arrivé ?

Dans la langue familière, on conserve souvent l'ordre des mots de la phrase déclarative en plaçant le mot interrogatif à la fin de la phrase :

Tu es arrivé quand ?

1. Les adverbes interrogatifs *combien*, *comment*, *pourquoi*, *quand* et *où*

a) Les adverbes interrogatifs peuvent être suivis de :

– **est-ce que** :

Comment est-ce qu'il a réussi à escalader ce rocher ?

Où est-ce que ta sœur est allée en vacances ?

– l'inversion *verbe + pronom personnel sujet* :

Quand êtes-vous allés à la pêche ?

Pourquoi n'a-t-il pas aimé son séjour à la campagne ?

– l'inversion *nom sujet + verbe + pronom* :

Quand les touristes viennent-ils ici ?

Combien une planche à voile peut-elle coûter ?

b) À l'exception de **pourquoi**, les adverbes interrogatifs peuvent également être suivis de l'inversion *verbe + nom sujet*, pourvu que le verbe soit à un temps simple et qu'il n'ait pas de complément d'objet :

> Combien gagne un moniteur de ski ?
>
> Comment fonctionne ce moteur ?
>
> Quand arrive Suzanne ?
>
> Où se trouve la plage ?
>
> *mais*
>
> *Pourquoi* le niveau de la rivière est-il si bas ?
>
> Où Pierre a-t-il dressé *sa tente* ?

2. Les pronoms interrogatifs invariables

On les emploie pour poser une question sur l'identité d'une personne ou d'une chose (d'une activité, d'un processus).

a) *Formes simples*

Pour poser une question sur l'identité d'une personne, on emploie toujours **qui**; pour une question sur l'identité d'une chose, la forme du pronom dépend de sa fonction :

fonction	personne	chose
sujet	qui	—
objet direct	qui	que
complément prépositionnel	qui	quoi

Exemples

- *sujet :* (personne) Qui a fait ça ?
- *objet direct :* (personne) Qui as-tu amené ?
  (chose) Que fait-il ?
- *complément prépositionnel :* (personne) À qui as-tu emprunté ces skis ?
  (chose) De quoi parlent-ils ?

REMARQUES

1   Ces pronoms sont toujours suivis de l'inversion, sauf le pronom **qui** *sujet*.
    Si le sujet de la phrase est un nom, on emploie l'inversion *nom sujet +*
    verbe + pronom, sauf après le pronom **que** qui doit être suivi de l'inversion
    verbe + nom :

> Qui Paul a-t-il emmené à la pêche ?

> Avec qui ton frère joue-t-il au tennis ?

> À quoi les enfants jouent-ils ?

> *mais*

> Que mangent les poissons ?

> Qu'ont fait les alpinistes en atteignant le sommet ?

2   On fait l'élision du **e** de **que** devant une voyelle :

> Qu'a-t-il dit ? Qu'écoute-t-elle ?

3   **Quoi** peut s'employer seul, sans être précédé de préposition, dans une
    question elliptique :

> Quoi ? Qu'est-ce que tu as dit ?

4   La préposition est toujours placée devant **qui** ou **quoi**, tout au début
    de la phrase interrogative.

5   Il n'existe pas de forme simple du pronom sujet pour poser une question
    sur l'identité d'une chose ; il faut utiliser la forme longue ou renforcée.

b) *Formes longues*

Elles se construisent en ajoutant **est-ce qui** au pronom sujet et **est-ce que**
au pronom objet direct ou complément prépositionnel ; la seule forme qui
existe pour le pronom sujet représentant une chose est la forme longue
qu'est-ce qui (**que** + est-ce qui).

fonction	personne	chose
sujet	qui est-ce qui	qu'est-ce qui
objet direct	qui est-ce que	qu'est-ce que
complément prépositionnel	qui est-ce que	quoi est-ce que

Exemples

- *sujet :*
  - (*pers.*) Qui est-ce qui a fait ça ?
  - (*chose*) Qu'est-ce qui cause la pollution des lacs ?

- *objet direct :*
  - (*pers.*) Qui est-ce que tu as rencontré ?
  - (*chose*) Qu'est-ce qu'il fait ?

- *complément prépositionnel :*
  - (*pers.*) À qui est-ce que tu as emprunté ces skis ?
  - (*chose*) De quoi est-ce qu'ils parlent ?

REMARQUE

On emploie **Qu'est-ce que c'est que** + *nom* pour demander une définition :

Qu'est-ce que c'est qu'un feuillu ? — C'est un arbre qui porte des feuilles, par opposition à un conifère.

---

3. L'adjectif et le pronom interrogatifs variables

a) *L'adjectif interrogatif* **quel (quelle, quels, quelles)**

Il **s**'accorde en genre et en nombre avec le nom qu'il accompagne.

- Il peut être directement suivi du nom; si le nom est complément d'une préposition, celle-ci est placée en tête de phrase. Sauf si le nom est sujet du verbe, il est suivi soit de **est-ce que**, soit de l'inversion (*verbe + pronom sujet* ou *nom sujet + verbe + pronom sujet*) :

  Quels arbres poussent dans cette région ?

  - Quelle montagne as-tu escaladée ?
  - Quelle montagne est-ce que tu as escaladée ?

  - À quelle heure Pierre est-il rentré de sa promenade ?
  - À quelle heure est-ce que Pierre est rentré de sa promenade ?

- L'adjectif interrogatif est souvent séparé du nom par le verbe **être** (qui peut lui-même être précédé de **devoir** ou de **pouvoir**) :

  Quel est le meilleur endroit pour prendre du poisson ?

  Quels sont ces arbres ?

  Quelles peuvent être ses chances de devenir champion de ski ?

  Quelle devrait être la politique du gouvernement en matière de protection de l'environnement ?

b) *Le pronom interrogatif* **lequel** *(laquelle, lesquels, lesquelles)*

Il remplace **quel** + *nom* et s'accorde en genre et en nombre avec le nom auquel il renvoie. Sauf s'il est sujet, il est suivi de **est-ce que** ou de l'inversion :

> De tous les sports, lequel préfères-tu ?
> De tous les sports, lequel est-ce que tu préfères ?

> J'ai plusieurs variétés de fleurs dans mon jardin. Lesquelles aimerais-tu que je cueille pour t'offrir ?

> Avez-vous beaucoup d'amis ? Avec lesquels est-ce que vous faites de la voile ?

Lequel étant composé de l'article défini **le** et de **quel**, on fait les contractions suivantes :

à + lequel = auquel	de + lequel = duquel
à + lesquels = auxquels	de + lesquels = desquels
à + lesquelles = auxquelles	de + lesquelles = desquelles

> Je connais tous ces alpinistes. **Auquel** veux-tu que je te présente ? **Desquels** as-tu déjà entendu parler ?

Il n'y a pas de contraction avec le féminin singulier : **à laquelle**, **de laquelle**.

II LES PRONOMS RELATIFS

A. Fonctions et formes

Observons les deux phrases suivantes :

> J'ai des skis. Ces skis sont presque neufs.

On pourrait remplacer *ces skis* dans la seconde phrase par le pronom personnel sujet **ils** :

> J'ai des skis. **Ils** sont presque neufs.

On peut également remplacer *ces skis* ou *ils* par le pronom relatif **qui** :

> J'ai des skis **qui** sont presque neufs.

En employant un pronom relatif, on rattache les deux phrases ensemble et on forme une seule phrase qui comprend :

– une proposition principale   *J'ai des skis...*

– et une proposition subordonnée   *...qui sont presque neufs.*

Le pronom relatif introduit donc une proposition subordonnée relative. Il a une *fonction* dans cette proposition (dans notre exemple, **qui** est sujet) ; il a également, dans la proposition principale, un *antécédent* qui est le nom auquel il renvoie (*des skis*).

L'antécédent peut être un pronom :

> Je préfère **ceux** qui sont presque neufs.

Parfois le pronom relatif n'a pas d'antécédent ou a pour antécédent une proposition entière :

> Il aime seulement **ce qui** est neuf.

> Pierre a encore emprunté mes skis, **ce qui** m'irrite.

Le choix du pronom relatif est déterminé par sa fonction dans la subordonnée : sujet, objet direct, objet de préposition. Il dépend aussi de la nature de son antécédent : l'antécédent est un nom ou un pronom qui désigne une personne; l'antécédent est un nom ou un pronom qui désigne une chose ; l'antécédent est une proposition ou il n'y a pas d'antécédent (la catégorie « idée » dans le tableau suivant).

Les pronoms relatifs

fonction	personne	chose	idée
sujet	qui	qui	ce qui
objet direct	que	que	ce que
objet de préposition	qui lequel	lequel (où)	(ce) + prép. + quoi
objet de **de**	dont	dont	ce dont

B. Emplois des pronoms relatifs dont l'antécédent est un nom ou un pronom

1. **Qui** est le pronom relatif sujet (l'antécédent désigne une personne ou une chose) :

> J'admire { les gens / ceux } **qui** font de l'alpinisme.

> Regarde { les belles roses / celles } **qui** poussent dans ce jardin.

2. **Que** (**qu'** devant une voyelle ou un h muet) est le pronom relatif objet direct (il représente une personne ou une chose) :

> Connais-tu le garçon **que** Sylvie a emmené en excursion ?

> Les arbres **qu'**on a abattus étaient des érables.

3. Comme complément d'une préposition (autre que **de**), on emploie les formes du pronom **lequel** (**laquelle**, **lesquels**, **lesquelles**) qui s'accordent avec l'antécédent.

a) Si l'antécédent désigne une chose (ou un animal), on doit employer les formes de **lequel** :

> La barque **dans laquelle** ils ont traversé le lac est faite en bois.

> Le cheval **sur lequel** elle est montée est très doux.

b) Si l'antécédent désigne une personne, on a le choix entre le pronom **qui** (l'emploi le plus fréquent) et les formes de **lequel** :

> Les amis avec $\left\{ \begin{array}{l} \textbf{qui} \\ \textbf{lesquels} \end{array} \right\}$ je fais de la voile sont très sportifs.

REMARQUE

On ne peut pas employer **qui** après les prépositions **parmi** et **entre**; il faut employer les formes de **lequel** :

> Les gens **parmi lesquels** nous nous trouvions étaient tous des touristes.

> Les deux femmes **entre lesquelles** j'étais assise fumaient constamment.

---

c) **Lequel**, **lesquels** et **lesquelles** se contractent avec les prépositions **à** et **de** :

> Le camarade **auquel** j'ai prêté mes skis ne me les a pas rendus.

> Les montagnes près **desquelles** se trouvait notre hôtel étaient très élevées.

> L'arbre au pied **duquel** je m'étais assis était un chêne.

> Je vais enfin pouvoir contempler ces paysages **auxquels** j'ai si longtemps rêvé !

d) On emploie **où** plutôt que **lequel** précédé d'une préposition lorsque l'antécédent désigne :

– un lieu (endroit ou contenant) :

> Nous avons pêché dans un ruisseau **où** il y avait beaucoup de truites. (*dans lequel*)

Voici une photo du lac **où** nous sommes allés. (*auquel*)

J'ai lu plusieurs articles **où** on parlait des pluies acides. (*dans lesquels*)

REMARQUE

On peut également employer **d'où** et **par où** :

Je ne connais pas la région **d'où** tu viens.

Voici le chemin **par où** ils sont passés.

– une période de temps (jour, mois, année, époque, moment, etc.) :

Il a plu tout le temps la semaine **où** nous étions en vacances.

J'ai eu peur au moment **où** j'ai vu un ours dans le bois.

4. On emploie régulièrement **dont** plutôt que **de qui** ou **de** + *une forme de* **lequel**.

a) Rappelons que la préposition **de** peut introduire :

– le complément d'un verbe ou d'une locution verbale :

Je veux escalader la montagne **dont** on m'a tant parlé. (*on **m'a parlé de** cette montagne*)

Montre-moi le voilier **dont** tu as envie. (*tu **as envie de** ce voilier*)

– le complément d'un nom :

J'ai un ami **dont** le père est guide de montagne. (***le père de** cet ami est guide*)

Voilà un arbre **dont** j'ignore le nom. (*j'ignore **le nom** de cet arbre*)

– le complément d'un adjectif :

J'ai acheté de nouveaux skis **dont** je suis très content. (*je suis **content de** ces nouveaux skis*)

– le complément d'un adverbe de quantité :

Elle m'a présenté à ses amis, **dont** la plupart font eux aussi de l'équitation. (***la plupart de** ses amis font de l'équitation*)

b) Il y a deux cas où **dont** ne peut pas remplacer **de qui** ou **duquel**, etc. :

– lorsque **de** fait partie d'une locution prépositive (**près de, au cours de, à côté de, à propos de**, etc.) :

Le lac **autour duquel** nous nous sommes promenés est bordé de sapins. (*nous nous sommes promenés **autour de** ce lac*)

Il a engagé la conversation avec la jeune femme **à côté de qui** il était assis.
(*il était assis **à côté de** cette jeune femme*)

– lorsque le pronom relatif remplace le complément d'un nom qui est lui-même précédé d'une préposition. Ainsi :

C'est l'homme **avec la femme de qui** je joue au tennis.
(*je joue au tennis **avec la femme de** cet homme*)

Ce fut une escalade **à la réussite de laquelle** personne n'avait cru.
(*personne n'avait cru **à la réussite de** cette escalade*)

C. Emploi des pronoms relatifs avec une proposition comme antécédent ou sans antécédent

1. Ce qui s'emploie comme sujet :

De plus en plus de lacs sont pollués, **ce qui** inquiète les scientifiques.

Ce qui lui plaît, c'est de faire du ski nautique.

Faites ce **qui** vous tente.

2. Ce que s'emploie comme complément d'objet direct :

Il y avait des serpents dans les bois, **ce que** tu ne m'avais pas dit.

Ce que ses parents ne comprennent pas, c'est qu'elle n'aime pas faire du camping.

Prends **ce que** tu veux.

3. Quoi s'emploie comme complément d'une préposition, qui peut elle-même être précédée de **ce** (**ce** est toujours exprimé en début de phrase) :

Heureusement que j'aime nager, **sans quoi** je me serais ennuyé à la plage.

Ce sur quoi on peut compter, c'est l'amitié.

Sais-tu (**ce**) **à quoi** je pense ?

4. Ce dont s'emploie de la même façon que **dont** pour introduire le complément d'un verbe ou d'une locution verbale, ou encore d'un adjectif :

Ce dont il a besoin, c'est de faire du sport. (*avoir besoin de*)

Elle était en retard au rendez-vous, **ce dont** elle s'est excusée. (*s'excuser de*)

Mon fils aime l'escalade, **ce dont** je suis content. (*être content de*)

D. Remarques sur les propositions relatives

1. L'ordre des mots

a) Lorsque le pronom relatif est complément, le sujet de la proposition relative peut être placé après le verbe, si le sujet est un nom :

Quels sont les endroits **que** $\left\{\begin{array}{l}\text{fréquentent les touristes ?}\\ \text{les touristes fréquentent ?}\end{array}\right.$

Les montagnes **où** $\left\{\begin{array}{l}\text{poussent ces fleurs}\\ \text{ces fleurs poussent}\end{array}\right\}$ sont d'accès difficile.

Ce dont $\left\{\begin{array}{l}\text{a envie mon frère}\\ \text{mon frère a envie}\end{array}\right\}$ c'est de voyager.

(Si le sujet de la proposition relative est un pronom personnel, il est toujours placé avant le verbe.)

b) Lorsque le pronom relatif **dont** est complément d'un nom ou d'un adjectif (mais non d'un verbe), le nom sujet doit précéder le verbe :

Voilà un bateau **dont** le moteur est puissant.

C'est un jeune homme **dont** les parents peuvent être fiers.

mais

J'ai vu un documentaire sur la région **dont** $\left\{\begin{array}{l}\text{nos amis ont parlé.}\\ \text{ont parlé nos amis.}\end{array}\right.$

2. Les relatives indéfinies

Nous avons déjà observé certains relatifs indéfinis qui sont suivis du subjonctif (voir le chapitre 9 : **qui que**, **quoi que**, etc.). Le pronom relatif **qui**, suivi de *l'indicatif*, peut lui aussi s'employer comme relatif indéfini (son antécédent **celui** ou **toute personne** est sous-entendu) :

– sujet du verbe principal :

Qui vivra verra.

Honni soit **qui** mal y pense.

– objet direct :

Écoute **qui** tu veux.

– objet indirect :

Demande **à qui** tu voudras.

3. Le subjonctif dans les propositions relatives

Comme dans le cas des subordonnées complétives après des verbes d'opinion et de déclaration (voir le chapitre 9), on emploie tantôt le subjonctif, tantôt l'indicatif (ou le conditionnel) dans certaines propositions relatives selon l'attitude — subjective ou objective — de la personne qui parle.

a) L'antécédent est indéfini (les pronoms **quelqu'un**, **quelque chose**, un nom précédé de **un(e)** ou **des**).

On emploie le subjonctif dans la relative lorsqu'on n'est pas sûr de l'existence de la personne ou de la chose désignée par l'antécédent, par exemple lorsqu'on emploie des expressions comme :

— *chercher* : Je cherche un lac qui ne **soit** pas pollué.

— *avoir besoin de* : Paul a besoin de quelqu'un qui le **comprenne**.

Évidemment, le choix d'employer soit le subjonctif, soit l'indicatif, dépend de l'attitude de la personne qui parle : si cette personne veut exprimer qu'elle ignore si un tel lac ou une telle personne existe réellement, elle emploiera le subjonctif ; par contre, elle emploiera l'indicatif si elle croit qu'un tel lac ou qu'une telle personne existe :

> Je cherche un sentier qui descend jusqu'au lac.
> (= *Je suis sûr qu'un tel sentier existe, et je suis en train d'essayer de le trouver.*)

> Paul a besoin de quelqu'un qui le comprendra.
> (= *Moi, qui parle, je suis sûr qu'une telle personne existe; il suffira que Paul la trouve.*)

C'est surtout après une proposition principale à la forme interrogative ou négative (et lorsque l'antécédent est **rien**, **personne** ou un nom précédé de **aucun(e)**) que l'on trouve le subjonctif :

> Connaissez-vous une plage où il n'y **ait** pas trop de monde ?

> Existe-t-il encore des ruisseaux où l'on **puisse** pêcher la truite ?

> Je ne connais personne qui **fasse** de l'escalade.

> Il n'y a rien que l'on **puisse** faire.

b) L'antécédent du pronom relatif est modifié par un superlatif ou par une expression à valeur restrictive (**il n'y a que**, **le seul**, **l'unique**, **le premier**, **le dernier**).

Dans ce cas, l'emploi du subjonctif est quasi automatique, bien que l'on puisse employer l'indicatif pour insister sur la réalité du fait :

> C'est le plus beau verger que nous $\left\{ \begin{array}{l} \text{ayons vu} \\ \text{avons vu} \end{array} \right\}$ en Ontario.

> Il n'y a que lui qui $\left\{ \begin{array}{l} \text{ait traversé} \\ \text{a traversé} \end{array} \right\}$ le lac à la nage.

> C'est la première montagne que j' $\left\{ \begin{array}{l} \text{aie escaladée.} \\ \text{ai escaladée.} \end{array} \right.$

III CONSTRUCTIONS : TOURNURES EXCLAMATIVES

A. Comme / que / ce que

On emploie **comme**, **que** et **ce que** (langue familière) en début de phrase pour faire porter l'exclamation sur :

– un adjectif attribut :

Comme
Que   } l'air est pur !
Ce que

– un verbe (ou une locution verbale) accompagné ou non d'un adverbe :

Comme
Que   } tu joues bien au tennis !
Ce que

Comme
Qu'   } il fait chaud !
Ce qu'

REMARQUE

Avec un adjectif ou un verbe exprimant une émotion, on emploie également, mais moins fréquemment, **combien** :

Combien je suis heureuse de vous voir !

Combien nous avons eu peur !

B. Quel

On emploie l'adjectif **quel** (**quelle**, **quels**, **quelles**) en début de phrase pour faire porter l'exclamation sur un nom accompagné ou non d'un adjectif épithète :

Quel beau voilier il a acheté !

Quelles fleurs magnifiques vous avez dans votre jardin !

Quelle chaleur il fait !

Quel courage ! **Quelle** endurance !

C. Que de

Que de s'emploie devant un nom pour faire porter l'exclamation sur la quantité :

> **Que de** gens il y avait sur la plage !

> **Que de** fleurs dans ce jardin !

Exercices

I. L'interrogation

A. Transformez les phrases suivantes en questions en utilisant 1) l'intonation et 2) **est-ce que**.

1. Les voisins sont partis en camping.

2. Tu veux faire une promenade à travers champs.

3. Le vendeur leur a montré comment monter la tente.

4. Ses grands-parents font un séjour dans une station balnéaire.

B. Mettez les phrases à la forme interrogative en utilisant l'inversion.

1. Vous avez une caravane.

2. J'ai le temps de faire une promenade avant le repas.

3. Tu lui avais prêté tes skis.

4. Il a réussi à atteindre le sommet de la montagne.

5. Sa mère cultive des roses.

6. Les enfants ont joué dans le sable.

7. Nous nous promènerons le long de la rivière.

8. Elle n'a jamais fait de ski de fond.

C. Formulez les questions qui correspondent aux réponses suivantes en employant des adverbes interrogatifs et l'inversion (deux formes sont parfois possibles).

> *Modèle :* Paul arrive demain.
> Quand arrive Paul ? / Quand Paul arrive-t-il ?

1. J'ai traversé le lac en barque.

2. Ce voilier coûte 20 000 $.

3. Mes parents étaient inquiets parce que mon frère n'était pas encore rentré de son excursion en montagne.

4. Les enfants vont à la plage.

5. Nous sortirons du bois avant la nuit.

6. Mon amie va à la campagne chez son oncle.

7. On attrape les poissons avec une canne à pêche.

D. Complétez les phrases à l'aide de **qui**, **qui est-ce qui** ou **qui est-ce que**.

1. _____ veut se baigner ?

2. _____ as-tu emmené faire du canoë ?

3. _____ a emprunté ma planche à voile ?

4. _____ vous avez vu à la plage ?

E. Complétez les phrases à l'aide de **que**, **qu'est-ce que** ou **qu'est-ce qui**.

1. _____ il faut faire pour avoir de beaux légumes dans le jardin ?

2. _____ est mauvais pour le gazon ?

3. _____ a été planté dans ce coin du jardin ?

4. _____ es-tu allé cueillir dans le verger ?

F. Posez la question qui correspond au sujet de la phrase en employant **qui est-ce qui** ou **qu'est-ce qui**.

1. *Mes parents* aiment faire du ski alpin.

2. *Cette montagne* est difficile à escalader.

3. *Les paysages de cette région* attirent les touristes.

4. *Une équipe d'alpinistes japonais* a atteint le sommet.

G. Posez la question qui correspond à l'objet direct de la phrase en employant **qui est-ce que** ou **qu'est-ce que**.

1. J'ai cueilli *des fleurs* sauvages.

2. Ils ont rencontré *d'autres Québécois* en camping.

3. Elle emmènera *ses amis* faire de l'équitation.

4. Nous avons décidé d'acheter *une caravane*.

H. Formulez les questions qui correspondent aux réponses suivantes. Employez la préposition qui convient, suivie de **qui** ou de **quoi** et de l'inversion.

1. Mon frère est allé faire une randonnée *avec Lucie*.

2. Elle rêve *d'un chalet* au bord de l'eau.

3. Mes parents ont envie *de jouer au tennis*.

4. Leurs enfants se sont plaints *de leur moniteur de ski*.

5. J'ai prêté mes skis *au voisin*.

6. On a besoin *d'une barque* pour aller pêcher sur un lac.

I. Complétez les questions à l'aide d'un pronom interrogatif invariable de forme longue.

1. Avec _____ on fait avancer un canoë ? — Avec une pagaie.

2. _____ cause la pollution des lacs ? — Les pluies acides.

3. _____ tu as rencontré à la plage ? — Mes camarades de classe.

4. À _____ elle a emprunté la barque ? — Aux voisins.

5. _____ a nagé le plus vite ? — Ma sœur.

6. _____ tu as attrapé en allant à la pêche ? — Quelques truites.

7. _____ pousse dans les sous-bois ? — Des broussailles.

8. De _____ il a le plus besoin ? — De délassement.

9. _____ va tondre le gazon ? — C'est Hélène.

10. _____ on pourrait planter dans le jardin ? — Des arbustes.

J. Complétez les questions par la forme de **quel** ou de **lequel** qui convient (n'oubliez pas les contractions avec **à** et **de**).

1. _____ chemin faut-il prendre pour aller au lac ?— Celui de droite.

2. _____ sont ces arbres ? — Ce sont des pins.

3. _____ de ces fleurs sont des iris ? — Je ne sais pas.

4. À _____ plage voulez-vous aller aujourd'hui ?

5. À _____ de tes amis as-tu prêté ta planche à voile ?

6. J'ai deux sœurs qui font de l'alpinisme. De _____ est-ce que tu parles ?

7. De _____ genre de skis est-ce que tu as besoin ?

8. Entre une plage de sable et une plage de galets, _____ préfères-tu ?

9. De _____ de ces champions de la voile avais-tu entendu parler ?

10. _____ peuvent bien être ses chances d'atteindre le sommet ?

II. Les pronoms relatifs

A. Reliez les deux phrases en remplaçant les mots en italique par **qui** ou **que**.

1. Voilà un homme. *Cet homme* aime faire de l'alpinisme.

2. Certains arbustes n'ont pas résisté à l'hiver. Mon père avait planté *ces arbustes*.

3. Il collectionne *les coquillages*. Il ramasse ces coquillages sur les plages.

4. Le ruisseau est rempli de truites. *Ce ruisseau* traverse notre propriété.

B. Complétez à l'aide de **qui** ou de **que**.

1. C'est un galet _____ j'ai rapporté de la plage.

2. Il a remis à l'eau les poissons _____ il avait pêchés.

3. Les gens _____ ne veulent pas se brûler la peau devraient utiliser une bonne crème solaire.

4. J'ai déjà escaladé une montagne _____ était plus haute que celle-ci.

5. Comment s'appellent les fleurs _____ poussent au bord de ce ruisseau ?

C. Reliez les deux phrases en remplaçant les mots en italique par un pronom relatif (**qui** ou une forme de **lequel**).

1. Je vais vous présenter des amis. Je fais de la plongée sous-marine avec *ces amis*.

2. Le ski est un sport. Elle a dû renoncer à *ce sport* après son accident.

3. Voilà l'arbre. Je m'étais endormi sous *cet arbre*.

4. Ce sont de vieux skis. Je tiens beaucoup à *ces skis*.

5. À la plage, il y avait une petite fille. François a donné un coquillage à *cette petite fille*.

6. Il faut identifier les pollueurs. Nous devons nous battre contre *ces pollueurs*.

7. Je vais vous montrer la chute d'eau. Je me suis fait photographier devant *cette chute d'eau*.

8. Il y a de nombreux problèmes écologiques. Le public n'est pas encore sensibilisé à *ces problèmes*.

D. Complétez par le pronom relatif qui convient (**qui** ou une forme de **lequel** ; n'oubliez pas les contractions).

1. La forêt dans _____ nous nous trouvions était sombre.

2. Les touristes parmi _____ elle était assise parlaient allemand.

3. La planche à voile est un sport à _____ de plus en plus de gens s'intéressent.

4. Les enfants à _____ elle enseignait l'équitation l'aimaient beaucoup.

5. Parle-moi de la jeune femme avec _____ tu pars en vacances.

E. Reliez les deux phrases en remplaçant les mots en italique par le pronom relatif qui convient (**dont** ou **de qui, duquel, de laquelle**, etc.).

1. J'ai une tente. Je suis fort satisfait de *cette tente*.

2. Son père lui a acheté la planche à voile. Il avait envie *de cette planche à voile*.

3. La vallée était large de deux kilomètres. Nous étions au milieu *de cette vallée*.

4. Nous avons gravi la montagne. Notre hôtel se trouvait au pied *de cette montagne*.

5. Je vais te présenter mon ami Pierre. J'ai passé mes vacances d'hiver dans la maison *de cet ami*.

6. Le chêne est un arbre. Le feuillage *de cet arbre* est magnifique.

7. Les pluies acides sont un facteur de pollution. Il existe beaucoup de controverses au sujet *de ce facteur de pollution*.

8. Ma voisine a une planche à voile. Elle n'a pas encore réussi à se servir *de cette planche à voile*.

F. Complétez les phrases suivantes par **que**, par **dont** ou par **où**.

1. Nous sommes partis en camping la semaine _____ il a tant plu.

2. Voilà une photo de la vallée _____ nous avons campé.

3. La tente _____ nous avions apportée n'était pas complètement imperméable.

4. Nous n'avions pas le genre de vêtements _____ nous aurions eu besoin.

5. C'est une photo de la montagne _____ nous avons fait l'escalade et _____ nous avons fait un pique-nique.

6. Les sentiers _____ nous avons suivis étaient assez faciles à gravir.

7. Le moment _____ je me souviens le mieux, c'est celui _____ nous avons atteint le sommet.

G. Complétez les phrases à l'aide de **ce qui, ce que, ce dont, ce à quoi,** etc.

1. Je ne comprends pas _ce qui_ pousse les gens à escalader des montagnes.

2. _Ce dont_ tu as besoin, c'est de délassement.

3. Il a commencé à pleuvoir pendant que nous étions en train de pêcher, _ce à quoi_ nous ne nous attendions pas. *s'attendre à ...*

4. _Ce qui_ me tente, c'est de faire de la plongée sous-marine.

5. Écoute _ce que_ le moniteur de ski te conseille de faire.

6. Elle s'est cassé la jambe en escaladant un rocher, _ce qui_ est dommage.

7. Mon père m'a obligé à tondre le gazon, _ce dont_ je n'avais pas du tout envie. *de ...*

8. _Ce qui_ m'intéresse, ce sont les sports de plein air.

9. _Ce que_ je préfère, c'est le ski de fond.

10. _Ce à quoi_ elle aspire, c'est à se reposer.

H. Mettez le verbe entre parenthèses au présent de l'indicatif ou du subjonctif.

1. Il y a trop de monde sur les plages ; j'aimerais en trouver une où il n'y (avoir) _____ presque personne, mais je n'en connais aucune qui (être) _____ suffisamment isolée.

2. Mon frère est le seul de la famille qui (savoir) _____ nager.

3. Je n'ai encore trouvé personne qui (vouloir) _____ descendre les rapides avec moi en canoë.

4. Il a rencontré quelqu'un qui (faire) _____ de l'alpinisme.

5. Cette rivière est la plus belle qui (être) _____ !

III. Constructions

Mettez les phrases suivantes aux diverses formes exclamatives possibles en faisant les changements nécessaires.

1. Vous êtes bronzés.
2. C'est une plage magnifique.
3. Il y a beaucoup de monde sur la plage.
4. C'est une merveille, ce voilier.
5. Tu nages vite.
6. Les véliplanchistes sont nombreux.

Le plus long sentier de marche du Québec

Beau temps, mauvais temps, de mai à octobre, il y a toujours du monde sur la plate-forme qui coiffe le cap Gaspé, à l'extrémité est du parc Forillon. Sur la trentaine de personnes qui musardent autour du phare et des panneaux d'interprétation, une bonne moitié portent des sacs à dos et ont chaussé les gros brodequins du randonneur au long cours[1].

Mais combien parmi eux savent qu'ils sont arrivés au bout du Sentier international des Appalaches (SIA), une piste qui, à travers monts et vallées, court sur 1079 kilomètres en effleurant quelques-uns des plus hauts sommets du nord-est du continent, depuis le mont Katahdin (1606 mètres), dans le Maine, en passant par le mont Carleton, qui, avec ses 820 mètres, est le point culminant du Nouveau-Brunswick, et le mont Jacques-Cartier, qui domine la Gaspésie de ses 1268 mètres ?

« Il n'y a pas plus d'une cinquantaine de personnes qui parcourent le sentier au complet chaque année, mais il y en a des milliers qui en empruntent des tronçons, notamment le dernier, qui, de l'Anse-aux-Sauvages au cap Gaspé, est une promenade de quatre kilomètres qui ménage de beaux points de vue sur la mer », remarque Jacques Fournier, directeur du marketing du parc Forillon. « Nous recevons environ 170 000 visiteurs chaque année et la randonnée pédestre est l'activité la plus pratiquée dans le parc. »

C'est parce que la randonnée devient de plus en plus populaire que Viateur De Champlain a remué ciel et terre pour baliser le parcours du SIA et y construire les refuges et les plates-formes de camping où font étape les adeptes de la longue randonnée. Pour ce passionné de plein air, qui, entre deux expéditions, travaille comme directeur des services administratifs au cégep de Matane, l'achèvement du sentier était aussi une façon de faire découvrir aux touristes la Haute-Gaspésie et l'arrière-pays. « Entre Sainte-Anne-des-Monts et le parc Forillon, les gens filent à 100 kilomètres à l'heure sur la 132 et ils ne voient rien du secteur nord de la Gaspésie, qui est une des plus belles parties de la péninsule, dit-il. Il faut marcher un peu pour le découvrir et nous avons tracé le parcours du sentier de manière à ce que les gens découvrent aussi bien nos plus belles montagnes que les points de vue les plus spectaculaires sur la mer. »

Le Sentier international des Appalaches est le prolongement naturel de l'Appalachian Trail, une piste de 3455 kilomètres qui, depuis les années 1930, relie le mont Springer, en Géorgie, au mont Katahdin, dans le Maine. Au milieu des années 1990, une poignée d'Américains passionnés de randonnée lançaient le projet de compléter le trajet jusqu'à la fin de la grande épine dorsale montagneuse de l'est du continent. Mis au courant, Viateur De Champlain décide de s'occuper de la partie québécoise du projet. Pendant cinq ans, avec sa conjointe, Jocelyne Desrosiers, qui est aujourd'hui directrice générale du SIA, il fait le siège des maires et des conseillers municipaux de la moitié des villages gaspésiens. « Nous avons réussi à les persuader que c'était une façon d'attirer des touristes et de les retenir là où ils ne s'arrêtent pas habituellement », explique Jocelyne Desrosiers. De contributions en subventions, le couple réussit à récolter trois millions de dollars, dont il se sert pour baliser le chemin et pour construire les refuges et les emplacements de camping qui le jalonnent. Quant aux travaux de défrichage et à l'aménagement du sentier lui-même, ils sont effectués par des centaines de bénévoles, qui continuent d'en assurer l'entretien. En tout, 33 000 vignettes blanc et bleu ont été fixées sur des arbres ou des poteaux pour baliser les 644 kilomètres de la partie québécoise du trajet. On a construit 23 refuges et 33 plates-formes de camping, de manière à offrir aux randonneurs de longue haleine[2] une possibilité de faire étape tous les 12 kilomètres.

Le sentier, qui pénètre au Québec à Matapédia, traverse la réserve faunique de Matane et le parc de la Gaspésie en longeant la chaîne des Chic-Chocs. Il atteint la côte à Mont-Saint-Pierre, d'où il serpente tantôt le long de la mer, tantôt en haut des falaises, traversant des villages dont l'austère beauté est trop méconnue, comme l'Anse Pleureuse, Mont-Louis, Grande-Vallée ou l'Anse-à-Valleau, avant de pénétrer dans le parc Forillon.

La première randonneuse à avoir parcouru les 644 kilomètres de la partie québécoise du SIA est une résidente de Nouvelle-Écosse, Helen Wilcox, qui a terminé le trajet en juillet. Lundi dernier, quatre Américains arrivaient au cap Gaspé, après 10 mois d'un périple de 7622 kilomètres depuis Key West, en Floride (car un autre sentier relie Key West au mont Springer). Pendant leur traversée du New Hampshire, la seule femme du petit groupe, Jolaine Koly, a succombé aux charmes d'un de ses trois compagnons. Ils se marieront le 15 décembre. Dans un refuge de grande randonnée, naturellement !

« Les Américains compilent des statistiques : on sait que, sur les 2378 randonneurs qui ont tenté de parcourir les 3455 kilomètres de l'Appalachian Trail l'an dernier, 366 ont terminé après un périple d'environ cinq mois, puisqu'on marche entre 20 et 25 kilomètres par jour », dit Viateur De Champlain. « Nous n'avons pas les moyens de savoir combien de gens auront parcouru tout le SIA cette année, mais nous estimons qu'environ 25 000 personnes y auront fait au moins une journée de randonnée. »

Selon une étude réalisée pour la Fédération québécoise de la marche, sur le million de Québécois qui pratiquent régulièrement la marche, 294 000 font de la

« longue randonnée » (ce qui signifie au moins deux jours consécutifs de marche). Les animateurs du SIA s'attendent à une bonne affluence ces prochaines semaines, quand les couleurs de l'automne enflammeront le paysage, particulièrement dans le parc Forillon et dans le parc de la Gaspésie.

André Désiront — *La Presse*

---

1. **randonneur au long cours** : expression plaisante pour désigner une personne qui fait des randonnées de plusieurs jours et qui parcourt ainsi de longues distances (« au long cours » s'applique au sens propre à un capitaine de navire qui fait de longues traversées).
2. **randonneur de longue haleine** : autre expression plaisante : « de longue haleine » s'applique normalement à un travail, un effort, un combat, etc.

Compréhension du texte

1. Où se trouve le cap Gaspé ? Que sont en train de faire les gens qui s'y trouvent ? À quoi reconnaît-on les randonneurs ?

2. Qu'est-ce que le SIA et qu'est-ce qu'il a de remarquable ?

3. Où se trouve le cap Forillon ? Quelle est la principale activité des visiteurs et pourquoi ?

4. Qui est Viateur de Champlain ? À quoi a-t-il consacré ses efforts ? Quel était son but ?

5. Qu'est-ce que le sentier, tel qu'il a été tracé, permet de découvrir ?

6. Qu'est-ce que l'Appalachian Trail ? Quel rapport y a-t-il entre celui-ci et le SIA ?

7. Comment Viateur de Champlain et sa compagne ont-ils fait pour réunir les fonds nécessaires au projet ?

8. Quels genres de travaux fallait-il effectuer ? Quel rôle ont joué les bénévoles ?

9. Comment a-t-on balisé la piste ?

10. À quoi servent les refuges et les plate-formes ?

11. Les paysages que traverse le sentier sont-ils uniformes ou divers ?

12. Combien de temps a-t-il fallu au groupe d'Américains pour aller de Key West à Gaspé ? Qu'est-ce que ce groupe a de particulier ?

13. Quel est le pourcentage de randonneurs qui ont réussi à parcourir l'Appalachian Trail en entier ?

14. Par quel type de randonneurs le SIA est-il surtout emprunté ?

15. Pourquoi les animateurs s'attendent-ils à accueillir bientôt un bon nombre de visiteurs ?

Questions d'ensemble

1. D'après les faits cités dans cet article, qui semble prendre l'initiative de l'aménagement et de l'entretien des sentiers de marche en Amérique du Nord ? Quelle est la part que prennent les autorités et les collectivités ?

2. Qu'est-ce qui témoigne de la popularité de la randonnée au Québec ? Résumez les types de randonnée évoqués dans cet article.

3. Quels vous semblent être les divers bénéfices que l'on peut retirer des sentiers de marche à tous les niveaux ?

Vocabulaire

La nature et les activités de plein air

1. À la montagne

le pied   le sommet = la cime = le faîte   le versant (*side*)
une chaîne de montagnes   un plateau   une vallée
le roc   la glace (*ice*)   le torrent (*mountain stream*)
faire l'escalade, l'ascension d'une montagne   grimper (*to climb*)
atteindre le sommet   découvrir un panorama
faire de l'alpinisme (*mountain-climbing*)   un(e) alpiniste
faire du ski alpin   un skieur, une skieuse
une station de sports d'hiver   un chalet de ski

2. Au bord de l'eau

la mer   une vague (*wave*)   la marée (haute / basse) (*tide*)
une plage (*beach*)   le sable (*sand*)   les galets (m. pl.) (*pebbles*)
se baigner (*to take a dip*)   nager (*to swim*)   plonger (*to dive*)
faire de la plongée sous-marine (*skin diving*)
prendre un bain de soleil = se faire bronzer   ramasser des coquillages
faire de la voile (*to sail*)   un voilier
faire de la planche à voile (*windsurfing*)   un(e) véliplanchiste
une station balnéaire (*seaside resort*)

un lac   une rive (*side of lake or river*)
un fleuve   une rivière, un ruisseau (*stream, brook*)
un(des) rapide(s)   une chute d'eau   le courant
faire du canoë   pagayer   une pagaie
ramer (*to row*)   une barque   un bateau à moteur
pêcher (*to fish*)   aller à la pêche   un pêcheur, une pêcheuse

3. À la campagne et en forêt

le jardin   jardiner = faire du jardinage
tondre le gazon (*to mow the grass*)   la pelouse (*the lawn*)
cultiver = faire pousser   une plante, une fleur
planter une graine (*seed*)   un arbuste (*shrub*)
un verger (*orchard*)   cueillir (*to pick*)   faire la cueillette
un champ (*field*)   une prairie (*meadow*)   une vache (*cow*)

admirer le paysage (*landscape*)   respirer l'air pur
se détendre = se délasser (*to relax*)   se reposer   le repos (*rest*)

faire une promenade à travers champs   un chemin (*country road*)
faire de l'équitation = monter à cheval (m.) (*to ride a horse*)
une randonnée (*bike*)   faire de la randonnée (pédestre)
faire du ski de randonnée, de fond   une piste (*trail*)
camper   faire du camping   dresser, monter une tente
une caravane, une roulotte (*trailer*)

une forêt   un bois   un sentier (*path*)   un sous-bois
l'orée (f.), la lisière d'un bois (*edge, skirt*)
les broussailles (f. pl.) (*undergrowth*)   une fougère (*fern*)

un arbre : le pied, une racine (*root*), le tronc, la cime / le faîte,
    une branche, une feuille, le feuillage
les conifères (m. pl.) : un pin, un sapin (*fir*), une épinette (*spruce*)
les feuillus (m. pl.) : un érable (*maple*), un bouleau (*birch*),
    un chêne (*oak*), un hêtre (*beech*), un orme (*elm*)

Exercices

A. Remplacez le mot qui ne convient pas.

1. Il faut ramer pour faire avancer un canoë.
2. Le Saint-Laurent est un des plus grands ruisseaux du monde.
3. Chaque été, elle fait de la nage sous-marine.
4. Quand je campe, je monte toujours ma roulotte sous les arbres.
5. J'ai cueilli de superbes coquillages sur la plage.

B. Complétez par le mot qui convient.

1. Il a traversé le lac à la nage jusqu'à la _____ opposée.
2. Il faut tondre régulièrement le _____ pour avoir une belle pelouse.
3. Est-ce qu'on peut _____ la truite dans ce ruisseau ?
4. Beaucoup de _____ sont morts en tentant d'escalader l'Everest.
5. L'été, les vaches passent la journée dans la _____.

C. Substituez un synonyme au mot ou à l'expression en italique.

1. L'hôtel où nous allons est situé au *bas* d'une montagne.
2. Elle *s'est fait bronzer* au soleil toute l'après-midi.
3. Leurs enfants ont appris à monter *à cheval* pendant les vacances.
4. Je suis allé me promener jusqu'au *bord* du bois.
5. As-tu jamais grimpé jusqu'au *faîte* d'un arbre ?

D. Complétez à l'aide du substantif qui correspond au verbe entre parenthèses et qui convient au contexte.

1. (détendre) Il n'y a rien de tel qu'un séjour à la campagne lorsqu'on a besoin de _____.

2. (bronzer) Il est recommandé d'utiliser une bonne crème de _____ lorsqu'on prend un bain de soleil.

3. (cueillir) C'est à la fin de l'été que l'on fait la _____ des pommes.

4. (tondre) Nos nouveaux voisins viennent de s'installer et, comme ils n'ont pas encore de _____, je leur ai prêté la nôtre.

E. Comment appelle-t-on les gens qui se livrent aux activités suivantes ?

1. aller à la pêche (*des pêcheurs*)
2. se promener
3. faire de l'alpinisme
4. faire du camping
5. faire de la planche à voile
6. faire du ski
7. ramer
8. nager
9. se baigner dans la mer, dans un lac

Conversations, exposés, compositions

1. Quel est le cadre naturel que vous préférez : la mer, la montagne ou la campagne ? Donnez les raisons de votre préférence.

2. Quelles sont vos activités de plein air favorites ?

3. Avez-vous déjà visité des parcs nationaux ou provinciaux ? Lesquels ? Les avez-vous trouvés bien aménagés ? Pensez-vous qu'il devrait y en avoir davantage ?

4. Y a-t-il des contrées sauvages ou encore peu exploitées que vous aimeriez visiter ?

5. Quelle est votre attitude envers la chasse et la pêche ?

6. Pensez-vous que la nature soit suffisamment protégée ou non ? Fournissez des exemples pour défendre votre point de vue.

7. La vie citadine ou la vie rurale : idéalement, laquelle choisiriez-vous ?

8. Fait-on suffisamment d'efforts pour protéger les espèces en voie de disparition et la faune en général ?

9. Quels sont les problèmes écologiques qui vous préoccupent le plus ? Quelles solutions envisagez-vous ?

10. Décrivez un lieu naturel que vous aimez particulièrement ou qui vous a laissé une impression mémorable.

11. Racontez une journée que vous avez passée dans la nature, les activités auxquelles vous vous êtes livré(e), ce que vous avez découvert, etc.

CHAPITRE 12

Conversations, exposés, compositions

GRAMMAIRE

I LA NÉGATION

A. Les adverbes de négation

1. Ne... pas

On forme une phrase négative en ajoutant **ne... pas** à une phrase affirmative.

a) Place de **ne... pas**

- Les deux éléments de l'adverbe entourent le verbe à un temps simple ou l'auxiliaire à un temps composé :

  Ne faites **pas** ça.

  Je **n'**ai **pas** compris son comportement.

- **Ne** précède toujours le(s) pronom(s) objet(s) :

  Ne le dites **pas**.

  Elle **ne** m'en a **pas** parlé.

- Lorsqu'on utilise l'inversion du verbe et du pronom sujet, **ne** se place devant le verbe (et les pronoms objets) et **pas** après le pronom sujet :

  Sans doute **n'**a-t-elle **pas** tort.

  Ne le trouvez-vous **pas** sympathique ?

  Pourquoi leur fils **ne** les aime-t-il **pas** ?

- Les deux éléments de l'adverbe se placent ensemble devant le verbe à l'infinitif (et les pronoms objets) :

  Il préfère **ne pas** rester seul.

  Il lui a demandé de **ne pas** le déranger.

- S'il s'agit des verbes **être** et **avoir** employés seuls ou comme auxiliaires, **ne** et **pas** peuvent également entourer **être** et **avoir** :

  Elle craint de $\left\{ \begin{array}{l} \textbf{ne pas} \text{ être} \\ \textbf{n'}\text{être } \textbf{pas} \end{array} \right\}$ assez intelligente.

  Je regrette de $\left\{ \begin{array}{l} \textbf{ne pas} \text{ avoir su} \\ \textbf{n'}\text{avoir } \textbf{pas} \text{ su} \end{array} \right\}$ la comprendre.

b) Omission de **pas**

Dans la langue soutenue, on peut omettre **pas** après les verbes **cesser, oser, pouvoir, savoir** :

Je **n'**ose vous le demander. (*ou* : Je **n'**ose **pas...**)

Vous **ne** pouvez comprendre. (*ou* : Vous **ne** pouvez **pas...**)

2. Autres adverbes de négation

Les autres adverbes de négation s'emploient de la même façon que **ne... pas**.

a) Ne... pas encore s'emploie par opposition à **déjà** :

Suzanne est-elle (déjà) rentrée ? — Non, elle **n'**est **pas encore** rentrée.

REMARQUE

Toujours pas est l'équivalent de **pas encore** mais ajoute une nuance d'impatience, d'étonnement ou d'inquiétude :

Elle **n'**est **toujours pas** rentrée.

---

b) Ne... jamais s'emploie par opposition à **une fois, quelquefois, des fois, parfois, souvent, toujours, de temps en temps** :

Il est parfois de mauvaise humeur, mais il **n'**est **jamais** agressif.

On emploie parfois **jamais** en début de phrase et **ne** devant le verbe :

Jamais je **ne** l'ai vu se mettre en colère.

REMARQUE

Jamais, employé seul, sans **ne**, a un sens positif (*ever*) :

As-tu **jamais** rencontré un vrai timide ?

C'est la femme la plus spirituelle que nous ayons **jamais** connue.

---

c) Ne... plus s'emploie par opposition à encore et à **toujours** (dans le sens de **encore**) :

Vit-il encore seul ? – Non, il **ne** vit **plus** seul, il s'est marié.

Ta grand-mère est-elle toujours aussi active ? – Non, elle **ne** l'est **plus**.

d) Ne... guère s'emploie dans la langue soutenue par opposition à **beaucoup** et à **très** : **guère** se comporte comme les autres adverbes de quantité :

A-t-elle beaucoup de complexes ? – Non, elle **n'a guère** de complexes.

A-t-il de l'affection pour ses parents ? – Il **n'en a guère**.

Es-tu très optimiste ? - **Je ne** le suis **guère**.

e) Ne... nulle part s'emploie par opposition à **quelque part**, **partout**. Si le verbe est à un temps composé, **nulle part** se place après le participe passé :

As-tu vu mon carnet d'adresses quelque part ? - Non, je **ne** l'ai vu **nulle part**.

f) Ne... pas... non plus s'oppose à aussi. **Non plus** se place après le participe passé si le verbe est à un temps composé :

Elle n'est pas sympathique et son mari (**ne** l'est **pas**) **non plus**.

Je ne lui ai pas dit un mot et elle ne m'a pas adressé la parole **non plus**.

B. Les adjectifs et les pronoms négatifs

1. Les adjectifs négatifs

Aucun(e) et **nul(le)** ont tous deux le sens de **pas un(e)**, **pas un(e) seul(e)** (ils s'opposent à **quelques, certains, plusieurs, tous, des, un**) et sont accompagnés de l'adverbe **ne** qui précède le verbe. Ils s'accordent en genre avec le nom qu'ils précèdent (les formes du pluriel **aucun(e)s** et **nul(le)s** ne s'emploient qu'avec des noms toujours pluriels). L'emploi de **nul(le)** est limité à la langue littéraire.

Aucune ambition **ne** le tourmente.

Nul enfant **n'**est capable d'une telle férocité.

Nous **n'**avons eu **aucune** difficulté à nous entendre.

Je **n'**ai **nul** besoin de votre affection.

> ### REMARQUE
>
> Placé après le nom ou employé comme attribut, **nul** est un adjectif qualificatif qui signifie :
>
> – qui n'existe pas, qui se réduit à rien, qui est sans effet :
>
> > La possibilité d'un tel événement est absolument **nulle**.
>
> – qui est sans valeur :
>
> > Ses poèmes sont **nuls**.
> >
> > Ce film est **nul**.

2. Les pronoms négatifs

a) **Aucun(e)** et **nul(le)** s'emploient également comme pronoms : **aucun(e)** peut être sujet ou objet du verbe; **nul(le)** s'emploie uniquement comme sujet. Ils sont accompagnés de **ne** qui précède le verbe :

> **Aucune** de mes amies n'est prétentieuse.
>
> **Nul n'**est sans défaut.

S'il est objet direct, **aucun(e)** est accompagné du pronom **en** ; il est placé après le participe passé d'un verbe à un temps composé et après un infinitif :

> Il y avait peut-être des gens sympathiques à cette soirée mais je **n'**en ai rencontré **aucun**.
>
> Elle a plusieurs amies mais elle a préféré **n'**en inviter **aucune**.

b) **Personne** et **rien** (qui s'opposent à **quelqu'un** et à **quelque chose**) s'emploient comme sujets ou objets et sont toujours accompagnés de l'adverbe **ne** qui précède le verbe :

> **Personne ne** peut le faire rire.
>
> **Rien ne** l'amuse.
>
> Il **n'**aime **personne**.
>
> Elle **ne** veut **rien**.
>
> Je **n'**ai besoin de **personne**.
>
> Il **n'**a envie de **rien**.

Lorsque **personne** et **rien** sont objets directs et que :

– le verbe est à un temps composé, **personne** se place après le participe passé, **rien** entre l'auxiliaire et le participe passé :

Il **n'**a vu **personne**.

Il **n'**a **rien** fait.

– le verbe est à l'infinitif, **personne** se place après le verbe, **rien** avant le verbe :

Je préfère **ne** voir **personne**.

Je préfère **ne rien** faire.

C. L'omission de *ne*

1. Dans la langue familière, **ne** est fréquemment omis :

Sois pas méchant !

C'est pas très intéressant.

Tu souris jamais.

Ils sont pas encore venus.

Il fait rien.

2. Dans la langue courante, on omet **ne** dans des réponses elliptiques (sans verbe) :

Qui est fatigué ? — Pas moi.

Es-tu timide ? — Plus maintenant.

Les adverbes **pas encore**, **jamais** et **nulle part** ainsi que les pronoms négatifs peuvent s'employer seuls dans une réponse :

Êtes-vous parfois déprimé ? — Jamais.

As-tu déjà mangé ? — Pas encore.

Où es-tu allée ? — Nulle part.

A-t-elle des amis ? — Aucun.

Que fait-il ? — Rien.

Qui fréquente-t-elle ? — Personne.

3. Après **sans** :

Faites-le venir sans **plus** tarder.

Elle réussit à vivre seule sans **jamais** s'ennuyer.

Peut-on vivre sans aimer **personne** ?

Il travaille sans **aucun** enthousiasme.

Je suis incapable de rester sans **rien** faire.

D. La conjonction négative *ni*

Ni s'emploie par opposition à **et**, **ou**, **soit** pour relier dans une même phrase deux éléments de même nature (noms, verbes, propositions, etc.).

1. Ni... ni... ne

Cette construction s'emploie pour relier deux noms ou deux pronoms sujets. Le verbe se met généralement au pluriel (c'est le sens qui dicte l'accord du verbe) :

Ni Hélène **ni** son mari
Ni elle **ni** lui } **n'**ont le sens de l'humour.

Ni ton père **ni** toi **n'**êtes des gens optimistes.

Notez qu'on emploie les formes accentuées des pronoms personnels.

2. Ne... ni... ni... *ou* ne... pas... ni

Ces deux constructions sont équivalentes et s'emploient pour coordonner :

a) deux noms ou pronoms objets directs :

Elle **n'**a { **ni** / **pas** } le courage **ni** la force de faire cela.

Je **n'**ai aimé **ni** son mari **ni** ses enfants.

Je **n'**ai **pas** aimé son mari **ni** ses enfants.

On omet l'article partitif et l'article indéfini avec la construction **ne... ni... ni...** :

Il a **un** chien et **un** chat.

Il **n'**a **ni** chien **ni** chat.

J'ai mangé **du** jambon et **des** pommes de terre.

Je **n'**ai mangé **ni** jambon **ni** pommes de terre.

Par contre, avec la construction **ne... pas... ni**, il faut employer **de** (qui remplace l'article indéfini ou partitif après un verbe à la forme négative) :

Il n'a pas **de** chien ni **de** chat.

Je n'ai pas mangé **de** jambon ni **de** pommes de terre.

b) deux objets indirects (il faut répéter la préposition) :

Il **ne** s'intéresse $\begin{Bmatrix} \textbf{ni} \\ \textbf{pas} \end{Bmatrix}$ à la politique **ni** aux sports.

Je **n'**ai envie **ni** de chocolat **ni** de crème glacée.

Je **n'**ai **pas** envie de chocolat **ni** de crème glacée.

c) deux infinitifs :

Elle **n'**aime $\begin{Bmatrix} \textbf{ni} \\ \textbf{pas} \end{Bmatrix}$ boire **ni** danser.

d) deux participes passés (pourvu que les deux verbes se conjuguent avec le même auxiliaire) :

Nous **n'**avons $\begin{Bmatrix} \textbf{ni} \\ \textbf{pas} \end{Bmatrix}$ bu **ni** mangé.

e) deux adjectifs :

Je **ne** suis $\begin{Bmatrix} \textbf{ni} \\ \textbf{pas} \end{Bmatrix}$ triste **ni** déprimé.

f) deux propositions subordonnées :

Je **ne** veux $\begin{Bmatrix} \textbf{ni} \\ \textbf{pas} \end{Bmatrix}$ qu'on me téléphone **ni** qu'on vienne me voir.

Elle **ne** sait $\begin{Bmatrix} \textbf{ni} \\ \textbf{pas} \end{Bmatrix}$ où il est allé **ni** quand il est parti.

3. Ne... ni ne...

Cette construction s'emploie pour relier deux verbes qui ont le même sujet (**pas** est facultatif après le premier verbe) :

Ce jeune homme timide **ne** parle (**pas**) **ni ne** rit.

E. Combinaisons de négations

Il est possible de combiner plusieurs négations dans une même proposition *pourvu que l'on omette* **pas** : ainsi **ne... pas encore** est réduite à **ne... encore**. L'ordre des négations est le suivant :

adjectifs et pronoms sujets	adverbes	adjectifs et pronoms objets
aucun nul personne rien	ne + plus + guère + encore + jamais	aucun nul personne rien

Exemples

Aucun homme **n'**a **encore jamais** mis le pied sur Mars.

Rien ne m'étonne **plus guère**.

Personne ne veut **jamais rien** faire avec lui.

Nous **n'**avons **plus jamais rien** fait ensemble.

Un homme génial, je **n'**en ai **encore** rencontré **aucun**.

Il **ne** parle **plus** à **personne**.

REMARQUES

1 **Plus** peut précéder les adjectifs et pronoms sujets (mais pas **nul**) :

Plus { **rien** / **personne** / **aucun** jeu } **ne** l'amuse.

2 On peut employer **jamais plus** aussi bien que **plus jamais** :

Elle **ne** veut { **jamais plus** / **plus jamais** } faire confiance à **personne**.

3 Les adverbes **nulle part** et **non plus** sont placés (dans cet ordre) *après* les adjectifs et pronoms objets :

Il **ne** fait **rien non plus**.

Sa grand-mère **ne** rencontre **plus personne nulle part**.

Je **n'**ai trouvé **aucun** de ses disques **nulle part non plus**.

F. Tableau récapitulatif

	Forme négative	Forme affirmative
Adverbes	ne... pas	
	ne... pas encore ne... toujours pas	déjà
	ne... jamais	une fois, quelquefois, parfois, souvent, toujours, de temps en temps
	ne... plus	encore, toujours
	ne... guère	beaucoup, très
	ne... nulle part ne... pas... non plus	quelque part, partout aussi
Adjectifs	ne... aucun (nul) aucun (nul)... ne	quelques, certains, plusieurs, tous, des, un
Pronoms	ne... aucun (nul) aucun (nul)... ne	un, certains, quelques-uns, plusieurs
	ne... personne personne... ne	quelqu'un
	ne... rien rien... ne	quelque chose
Conjonctions	ne... ni... ni ne pas... ni ne... ni ne	et, ou, soit... soit
Combinaisons fréquentes	ne... plus jamais ne... plus rien ne... plus personne ne... plus nulle part ne... jamais rien ne... jamais personne ne... jamais nulle part	encore souvent encore quelque chose encore quelqu'un encore quelque part toujours quelque chose toujours quelqu'un toujours quelque part

II Les adjectifs et les pronoms indéfinis

Certains adjectifs et pronoms indéfinis ont déjà fait l'objet de remarques que nous ne reprendrons pas ici :

– le pronom indéfini sujet **on** (chapitre 1) ;

– l'adjectif **quelque** (... **que**) et les pronoms **qui que**, **quoi que**, etc. (voir le chapitre 9) ;

– les pronoms et adjectifs négatifs **aucun** et **nul** ainsi que les pronoms **personne** et **rien** dans la première section du présent chapitre.

1. Autre(s)

a) *Adjectif*

- Il est placé devant le nom et après le déterminant :

  Elle a **d'autres** qualités que la simple persévérance.

  Son **autre** défaut, c'est la paresse.

- Il est placé après les pronoms personnels **nous** et **vous** pour opposer le groupe désigné au reste :

  Nous **autres**, nous sommes travailleurs, tandis que vous **autres**, vous êtes paresseux.

- Il peut s'employer comme attribut :

  Elle est devenue **autre** que la jeune fille innocente que nous connaissions.

- Avec le nom **chose** et sans être précédé d'un article, il forme une expression invariable :

  Autre chose me préoccupe.

  J'ai besoin **d'autre** chose.

b) *Pronom*

- Il est précédé d'un article :

  J'ai un des deux livres mais je ne trouve pas **l'autre**.

- Précédé de l'article indéfini **un(e)**, il peut signifier *une autre personne, quelqu'un d'autre* :

  Pierre a accepté; **un autre** aurait refusé.

  Suzanne a obéi alors qu'**une autre** se serait rebellée.

- **L'un(e)... l'autre, les un(e)s... les autres** marquent l'opposition :

  Il a deux frères : **l'un** est introverti, **l'autre** extraverti.

- **L'un(e) l'autre, (les un(e)s les autres)**, employé avec un verbe pronominal, marque la réciprocité :

    Ils se regardent **l'un l'autre**.

    Elles se parlaient **les unes aux autres**.

2. **Certain**

a) *Adjectif*

- Placé avant le nom, il s'emploie au singulier, toujours précédé de **un(e)**, au sens de *imprécis* :

    Je vous comprends jusqu'à **un certain** point.

- **Certains / certaines**, placé devant le nom, s'emploie au sens de **quelques** (par opposition à **d'autres**) :

    Certains enfants sont hyperactifs.

    Certaines personnes ont trop d'énergie ; d'autres pas assez.

REMARQUE

Employé après le nom comme épithète ou comme attribut, **certain** est un adjectif qualificatif qui signifie *sûr, inévitable, évident* :

    Il se dirige vers une réussite **certaine**.

    Elle est ambitieuse, c'est **certain**.

---

b) *Pronom*

Certain(e)s s'emploie seulement au pluriel; comme objet direct, il s'emploie en conjonction avec **en**; il peut être suivi d'un complément (**de** + *nom* ; **d'entre** + *pronom*) :

    Elle a beaucoup d'amis; j'**en** ai rencontré **certains**.

    Certaines de ces revues de psychologie sont intéressantes.

    Certains d'entre nous ont plus d'agressivité que d'autres.

3. Chaque / chacun(e)

a) *L'adjectif* **chaque** se place devant un nom singulier :

> **Chaque** enfant est différent.

b) Le *pronom* **chacun(e)** s'accorde en genre et en nombre avec le nom auquel il renvoie ; il peut être suivi de **de** + *nom* ou *pronom* :

> **Chacune de** mes amies (**d'**elles) a une personnalité particulière.

> Ces deux livres ont **chacun** leur mérite.

Employé au masculin, **chacun** a aussi le sens de tout le monde :

> **Chacun** aime parler de soi.

4. Différent(e)s et divers(es)

Différent(e)s et **divers(es)** sont des adjectifs, qui se placent devant un nom pluriel et ont un sens similaire à *quelques, certains, plusieurs* :

> Je les ai rencontrés à **différentes** reprises.

> **Divers** points de vue furent échangés pendant la discussion.

REMARQUE

Employés après le nom comme épithètes ou attributs, ce sont des adjectifs qualificatifs :

> Elle est très **différente** de sa sœur.

> Ses amis sont des gens très **divers**.

> L'amour et l'amitié sont des sentiments **différents**.

---

5. Maint

Maint est un adjectif archaïque ou littéraire qui ne s'emploie guère qu'au pluriel dans des expressions, avec le sens de *beaucoup de* :

> C'est arrivé **maintes** fois.

> Nous eûmes **maintes** occasions d'en parler.

6. Même

a) *Adjectif*

- Placé devant le nom et précédé d'un article défini, il exprime l'identité :

  Il a les **mêmes** goûts que moi.

- Placé après un nom ou un pronom disjoint (auquel il est rattaché par un trait d'union), **même** sert à mettre en relief :

  Je vous rapporte les paroles **mêmes** qu'il a employées.

  Elle s'est sortie elle-**même** de sa dépression.

- Après un nom désignant une qualité, il en marque le plus haut degré :

  Cet homme est la générosité **même**.

b) *Pronom*

Même s'emploie précédé de l'article défini :

Sa sœur aussi a des qualités, mais ce ne sont pas les **mêmes**.

7. N'importe quel, etc.

N'importe signifie *qui est sans importance*.

a) N'importe quel est une locution adjectivale indéfinie (*any, whatever*) :

Parles-en à **n'importe quelle** femme : elle te dira la même chose.

b) Les pronoms **n'importe lequel, n'importe qui, n'importe quoi**

- **N'importe lequel** peut être suivi d'un complément (**de** + *nom*; **d'entre** + *pronom*) :

  Je vous offre **n'importe lequel de** ces livres.

  N'importe laquelle d'entre elles sait taper à la machine.

- **N'importe qui** signifie *une personne quelconque*, **n'importe quoi** signifie *une chose quelconque* :

  N'importe qui est capable d'agressivité.

  Ne dis pas **n'importe quoi** ! Réfléchis avant de parler.

8. Plusieurs

a) *Adjectif* invariable

Plusieurs exprime un nombre indéterminé (entre **quelques** et **beaucoup de**) :

Je connais **plusieurs** personnes vaniteuses.

b) *Pronom* invariable

- Il peut être suivi d'un complément (**de** + *nom*; **d'entre** + *pronom*) :

  Plusieurs de mes amis sont légèrement timides.

  Vous avez rencontré **plusieurs d'entre** eux.

- Employé comme objet direct, il est accompagné de **en** :

  Vous **en** avez rencontré **plusieurs**.

- Il s'emploie aussi au sens de *plusieurs personnes* :

  Le restaurant était plein ; **plusieurs** attendaient debout dans le vestibule.

9. Quelconque

Quelconque est un adjectif placé après le nom au sens de *n'importe quel* :

Invente un prétexte **quelconque** si tu ne veux pas assister à cette réunion.

Il s'emploie également comme adjectif qualificatif au sens de *médiocre, ordinaire, insignifiant* :

Elle n'a guère d'originalité ; c'est une artiste tout à fait **quelconque**.

10. Quelque / quelqu'un, quelque chose

a) L'*adjectif* **quelque(s)** est placé devant le nom.

- Au singulier, il signifie soit *un peu de*, soit *un... quelconque* :

  Il a été jaloux **quelque** temps, mais ça n'a pas duré.

  Ils auraient souhaité que leur fils trouve **quelque** emploi.

- Au pluriel, il signifie *un petit nombre de* et peut être précédé d'un déterminant :

  Je connais **quelques** personnes qui sont timides à l'excès.

  Les **quelques** amis qui me sont chers sont des gens simples et sans prétention.

b) Les *pronoms* **quelqu'un** et **quelque chose**

- **Quelqu'un** au singulier désigne *une personne* :

  Quelqu'un vous demande au téléphone.

- **Quelques-uns**, **quelques-unes** désigne des *personnes* ou des *choses* ; comme objet direct, il s'emploie avec **en** ; il peut être suivi d'un complément (**de** + *nom*; **d'entre** + *pronom*) :

  J'**en** ai acheté **quelques-uns.**

  Quelques-unes de mes amies consultent régulièrement un psychologue.

  Quelques-unes d'entre elles sont chroniquement dépressives.

- **Quelque chose** est un pronom invariable qui désigne une chose indéterminée :

  Quelque chose a fait peur aux enfants.

  Avez-vous besoin de **quelque chose** ?

11. Tel

Tel est un adjectif placé devant le nom :

– avec le sens de *un… particulier* :

  Qu'est-ce qui fait que l'on naît avec **tel** ou **tel** tempérament ?

– pour désigner une chose précise que l'on ne veut pas nommer :

  On m'avait fixé un rendez-vous pour **telle** date.

REMARQUE

Comme adjectif qualificatif, **tel** s'emploie de plusieurs façons dont voici les principales :

- Il marque la ressemblance et a le sens de *pareil, semblable* :

  – devant le nom :

    On ne peut pas faire confiance à de **tels** gens.

  – lorsqu'il est redoublé :

    Tel père, **tel** fils.

  – employé comme attribut en début de phrase et suivi de l'inversion du verbe et du nom (au sens de *ainsi*) :

    Telle est la nature humaine.

- Il a le même sens que *comme* lorsqu'il est suivi de **que +** nom, pronom ou proposition :

   Une femme **telle** qu'Hélène est rare.

   Tu as de la chance d'avoir des parents **tels** que les tiens.

   Il faut s'accepter **tel** qu'on est.

- Il marque l'intensité au sens de *si grand* :

   – placé avant le nom :

      Je ne l'ai jamais vu dans une **telle** colère.

   – après le nom et suivi de **que +** proposition :

      Son optimisme est **tel** que même sa maladie ne le déprime pas.

12. Tout

a) *Adjectif*

- Au singulier, **tout(e)** suivi d'un nom sans article a le sens de *n'importe quel* :

   Tout individu a droit au respect.

   Tu peux me téléphoner à **toute** heure du jour ou de la nuit.

REMARQUE

Comme adjectif qualificatif, **tout** s'emploie :

- devant un nom précédé d'un article, d'un démonstratif ou d'un possessif, avec le sens de *entier* :

   Toute sa famille l'a aidé à surmonter sa dépression.

   Elle a passé **toute** la journée à pleurer.

   Je ne comprends rien à **toute** cette histoire.

   Attention : **tout le monde** (*everybody*) ≠ **le monde entier** (*the whole world*).

- devant un nom sans article dans des locutions : **à toute vitesse**, **de tout temps**, **en toute simplicité**, etc.

- Au pluriel, **tous (toutes)** a le sens de l'*ensemble, la totalité* et il est généralement suivi d'un article, d'un démonstratif ou d'un possessif :

    Tous les adolescents se rebellent contre leurs parents.

    Tous mes amis sont sympathiques.

    Connais-tu **tous** ces gens-là ?

    Tous a également le sens de *chaque* devant une expression de temps ou d'espace :

    L'autobus passe **toutes** les vingt minutes.

    Quand je conduis, je m'arrête **tous** les cent kilomètres pour me reposer.

b) *Pronom*

- **Tous (toutes)** représente un ou plusieurs noms exprimés auparavant :

    Il a beaucoup d'amis qui sont **tous** des gens intéressants.

    On peut employer **tous** comme sujet avant le verbe ou après le verbe (dans ce dernier cas, en conjonction avec **ils, elles**) :

    Toutes sont émotives.

    Elles sont **toutes** émotives.

    Observez les constructions de l'objet direct et de l'objet indirect :

    Je **les** connais **tous**.

    Je **les** ai **toutes** connues. (*temps composé*)

    Je **leur** $\left\{ \begin{array}{l} \textbf{parle} \\ \textbf{ai parlé} \end{array} \right\}$ **à tous**.

- Le pronom **tout** est invariable lorsqu'il désigne la totalité de ce qui existe ou de ce dont on parle :

    Tout l'ennuie.

    Il pense qu'il sait **tout**.

    Elle a **tout** fini.

    As-tu pensé à **tout** ?

III CONSTRUCTIONS

A. *Ne... que* et la restriction

1. L'adverbe **ne... que** est l'équivalent de **seulement** et sert à exprimer la *restriction* et non la négation. **Que** se place immédiatement devant les mots sur lesquels porte la restriction :

> Elle **ne** suit **que** des cours de psychologie.
>
> Je **n**'ai téléphoné **qu**'à Pierre.
>
> Il **ne** se sent détendu **qu**'à la campagne.
>
> Je ne suis pas désespéré, je **ne** suis **que** triste.
>
> Elle **n**'est heureuse **que** quand elle peut voyager.

Par opposition, **seulement** suit immédiatement le verbe à un temps simple ou l'auxiliaire à un temps composé :

> J'ai **seulement** téléphoné à Pierre.
>
> Elle est **seulement** heureuse quand elle peut voyager.

2. On ne peut pas employer **ne... que** dans les cas suivants :

a) Si **que** se trouve déjà dans la phrase, on emploie **seulement** :

> Je veux **seulement** que tu sois heureuse.
>
> Alain ressemble beaucoup à son frère; il est **seulement** moins grand que lui.

b) Dans une réponse elliptique (sans verbe), on emploie **seulement** :

> Qui est de mauvaise humeur ? — **Seulement** Hélène.

c) Lorsque la restriction porte sur le sujet de la phrase, on emploie :

– **il n'y a que... qui** + *subjonctif* :

> **Il n'y a que** le médecin **qui** puisse vous conseiller à ce sujet.
>
> **Il n'y a qu**'eux **qui** s'y connaissent.

– l'adjectif **seul** *après* le pronom disjoint et *avant* ou *après* le nom :

> Eux **seuls** s'y connaissent.
>
> **Seul** le médecin ⎫
> Le médecin **seul** ⎭ peut vous conseiller à ce sujet.

d) Lorsque la restriction porte sur le verbe de la phrase, on emploie **seulement** ou **ne faire que** + *l'infinitif du verbe* :

Ne lui parle pas de ça,
$\begin{cases} \text{tu } \textbf{ne ferais que} \text{ le mettre en colère.} \\ \text{tu le mettrais } \textbf{seulement} \text{ en colère.} \end{cases}$

REMARQUE

Ne faire que, selon le contexte, peut également avoir le sens de ne pas cesser de :

Depuis sa dépression nerveuse, il **ne fait que** regarder la télé toute la journée.

B. Pronoms indéfinis + **de** + adjectif / + **à** + *infinitif*

1. **Quelqu'un**, **quelque chose**, **personne** et **rien** peuvent être modifiés par un adjectif (au masculin singulier) précédé de la préposition **de** :

C'est **quelqu'un** d'intéressant.

As-tu pensé à **quelque chose** d'amusant ?

Il ne connaît **personne** de sympathique.

Je n'ai **rien** trouvé de joli dans ce magasin.

2. Ces mêmes pronoms peuvent être suivis d'un infinitif précédé de la préposition **à** pourvu que ce soit l'infinitif d'un verbe transitif :

C'est **quelqu'un** à connaître.

As-tu pensé à **quelque chose** à faire ?

Il ne connaît **personne** à inviter.

Je n'ai **rien** trouvé à acheter dans ce magasin.

3. Les deux constructions peuvent se combiner :

C'est **quelqu'un** d'intéressant à connaître.

As-tu pensé à **quelque chose** d'amusant à faire ?

Il ne connaît **personne** de sympathique à inviter.

Je n'ai **rien** trouvé de joli à acheter dans ce magasin.

C. Emplois adverbiaux des indéfinis

1. **N'importe comment, n'importe où** et **n'importe quand** sont trois locutions adverbiales.

   a) **N'importe comment** = de n'importe quelle façon, sans méthode, mal :

   > Il ne se soucie pas de ce qu'on pense de lui et il s'habille **n'importe comment**.

   b) **N'importe où** = à n'importe quel endroit :

   > Cette femme n'a peur de rien : elle voyage seule **n'importe où**.

   c) **N'importe quand** = à n'importe quel moment (heure, date, etc.) :

   > Venez nous rendre visite **n'importe quand**.

2. **Même** s'emploie comme adverbe (*even*) :

   > **Même** le père
   > Même lui
   > est timide dans cette famille.

   > Il prétend **même** qu'il est modeste.

   > **Même** auparavant elle était vaniteuse.

   > Il n'est pas seulement intelligent, il est **même** génial.

3. **Quelque** s'emploie comme adverbe dans la langue soutenue au sens de *environ* lorsqu'il est placé devant un nombre :

   > Une maison de **quelque** dix mètres de haut.

4. **Tout** s'emploie comme adverbe :

   a) Devant un adjectif au sens de *entièrement, tout à fait* :

   > Il se sentait **tout** joyeux.

   > Ses amis étaient **tout** contents de le voir.

   Bien qu'employé comme adverbe (donc invariable), il prend les formes **toute** et **toutes** devant un adjectif féminin (singulier ou pluriel) qui commence par une consonne ou un **h** aspiré (il reste invariable devant une voyelle ou un **h** muet) :

   > Elle est **toute** douce.

   > *mais*

   > Elle est **tout** indécise.

   > Elles étaient **toutes** honteuses.

   > *mais*

   > Elles semblaient **tout** heureuses.

b) Devant un autre adverbe :

Il a dit cela **tout** innocemment.

c) Devant un *gérondif* (voir le chapitre 14) pour exprimer :

– une circonstance qui accompagne l'action principale :

Elle chantait **tout** en prenant sa douche.

– une opposition :

Tout en étant sociable, il reste un homme réservé.

Exercices

I. La négation

A. Mettez les phrases à la forme négative.

1. Il a des complexes.
2. Tu es facile à vivre.
3. Je connais des gens malhonnêtes.
4. Il a peur des gens agressifs.
5. Êtes-vous contente ?
6. Nous sommes allés consulter un psychologue.
7. Elle a accusé son mari d'être trop soupçonneux.
8. On s'habitue à l'hypocrisie des autres.
9. S'est-il vanté de ses exploits ?
10. Soyez modeste.
11. Le trouvez-vous sympathique ?
12. Je leur reproche leur méfiance.
13. Attends-toi à le trouver plus sociable.
14. Donnez-leur des conseils.

B. Mettez le verbe à l'infinitif à la forme négative.

1. Il essaie de dominer ses amis.
2. Elle fait des efforts pour imposer ses opinions.
3. On peut tout obtenir à condition d'être impatient.
4. Elle regrette d'avoir eu des enfants.
5. Il se vante d'avoir de la patience.

[annotation manuscrite : pour "être" et "avoir" n'être pas et n'avoir pas sont possibles.]

[annotation manuscrite : de ne pas avoir de patience.]

C. Mettez la phrase à la forme négative en employant l'adverbe entre parenthèses.

1. (ne... jamais) Je me mets en colère.
2. (ne... guère) Elle a de la patience avec les enfants.
3. (ne... nulle part) Ils ont voyagé.
4. (ne... plus) Il est aussi timide qu'avant.
5. (ne... pas encore) Avez-vous compris les causes de votre inhibition ?
6. (ne... pas toujours) Elle a réussi à s'affirmer face à son mari.

D. Répondez aux questions négativement en employant l'adverbe indiqué et en remplaçant les mots en italique par des pronoms.

ne... plus

1. Est-il toujours *enthousiaste* ?
2. A-t-il encore autant *d'admiration pour les hommes politiques* ?

ne... pas non plus

3. Je n'ai pas connu *de gens violents*. Et toi ?
4. Elle ne semble pas avoir *de complexes*. Et son frère ?

ne... pas encore

5. As-tu déjà vu *ton père* se mettre en colère ?
6. A-t-il réussi à surmonter sa *timidité* ?

ne... jamais

7. As-tu souvent envie *de te montrer agressif* ?
8. A-t-elle parfois fait *des crises de colère* ?

ne... guère

9. Est-ce que tu trouves *Hélène* très sympathique ?
10. As-tu rencontré beaucoup *de gens aussi généreux* ?

E. Répondez négativement par une phrase complète en employant **aucun(e) / personne / rien... ne**.

1. Est-ce que quelque chose te fait peur ?
2. Qui est aussi généreux que lui ?
3. Est-ce que toutes ses sœurs sont aussi timides qu'elle ?
4. Est-ce que quelqu'un lui a reproché son manque de tact ?
5. Est-ce qu'une de tes amies n'est pas devenue psychiatre ?
6. Qu'est-ce qui s'est passé entre eux ?

F. Même exercice en employant **ne... aucun(e) / personne / rien**.

    1. As-tu quelques complexes ?

    2. Qu'est-ce que tes parents te reprochent ?

    3. Qui déteste-t-elle ?

    4. Qu'est-ce que ses parents ont fait pour l'aider ?

    5. Ont-ils fait certains efforts ?

    6. Qui est-ce qu'elle a insulté ?

    7. De quoi a-t-il peur ?

    8. À qui est-ce qu'il s'est confié ?

    9. Est-il insolent envers tous ses professeurs ?

    10. Avec qui ont-ils essayé de faire connaissance ?

G. Donnez une réponse négative elliptique (sans verbe) en employant **jamais, personne, pas moi, aucun, plus maintenant**, etc.

    1. Qu'est-ce qui t'inquiète ?

    2. Où es-tu allé hier soir ?

    3. Quand l'avez-vous vu découragé ?

    4. Elle n'est pas très sympathique. Et son mari ?

    5. Je voudrais voir le directeur. Est-il déjà parti ?

    6. Connaissez-vous un seul égoïste qui soit parfaitement heureux ?

    7. Est-ce que tu as encore le cafard ?

    8. Qui peut se vanter de ne jamais avoir été hypocrite ?

    9. Qu'est-ce que tu as envie de faire ?

    10. Lequel d'entre vous a une moto ? Toi ?

H. Mettez les phrases à la forme négative en employant **ne... ni... ni** ou **ni... ni... ne**.

    1. Elle est gentille et sympathique.

    2. Sa femme et lui sont faciles à vivre.

    3. Il a de l'ambition et de la volonté.

    4. Elle sait ce qu'elle veut et où elle va.

    5. Il a peur des chiens et des chevaux.

    6. Elle est capable de se détendre et de s'amuser.

    7. Il n'a pas pu s'habituer aux soupçons et aux sautes d'humeur de sa femme.

    8. Il aurait voulu avoir une femme et des enfants.

I. Répondez aux questions négativement.

    1. Est-ce que quelqu'un a fait quelque chose pour empêcher cela ?

    2. As-tu déjà parlé à quelqu'un de ce projet ?

3. Est-ce que tu t'intéresses toujours beaucoup à la psychanalyse ?

4. Votre fils fait-il encore quelquefois des crises de colère ?

5. Est-ce qu'il pratique encore un sport ?

6. Est-ce qu'on vous a déjà dit quelque chose à ce sujet ?

J. Mettez les phrases au passé composé.

1. Il ne dit jamais rien.

2. Elle ne parle guère à personne.

3. Je ne la rencontre jamais nulle part.

4. Nous ne les invitons plus non plus.

5. La police ne trouve rien nulle part.

II. Les adjectifs et les pronoms indéfinis

A. Remplacez les mots en italique par le pronom indéfini qui convient et faites les autres changements nécessaires.

1. J'ai *plusieurs bons amis.*

2. Son comportement irrite *toutes les femmes.*

3. *Chaque individu* est un mélange particulier de qualités et de défauts.

4. Il a fait *quelques plaisanteries.*

5. Il y a *certains livres* qui inspirent la mélancolie.

6. Tu ne connais pas encore *l'autre facette de son caractère.*

7. *N'importe quel psychologue* vous dira la même chose.

8. Elle fait confiance à *tous ses amis.*

B. Complétez par l'adjectif indéfini qui convient.

1. Il devient agressif _____ fois qu'il prend un verre de trop.

2. Elle a été de mauvaise humeur pendant _____ la soirée.

3. Il existe _____ théories sur la meilleure façon de traiter la dépression.

4. Je ne sais pas comment elle arrive à s'entendre avec son mari, car il n'a pas du tout le _____ caractère qu'elle.

5. Tu devrais te reposer _____ temps.

6. Passe me voir à _____ moment de la soirée : je serai à la maison.

7. _____ personnes ont plus de difficultés que _____ à s'affirmer.

8. Nous étions en retard et je n'ai pas pu parler longtemps avec Éric ; nous avons à peine eu le temps d'échanger _____ nouvelles.

9. Vincent n'a probablement pas pu venir pour une raison _____.

C. Complétez par le pronom indéfini qui convient.

1. _____ peut faire cela, il suffit de le vouloir.

2. Il y a _____ que je ne comprends pas : pourquoi essaie-t-il tellement d'impressionner les _____ ?

3. Si tu veux maigrir, il faut que tu cesses de manger _____ et que tu suives un régime.

4. Existe-t-il _____ qui soit totalement exempt de vanité ?

5. J'ai de la chance d'avoir de bons amis : quand j'étais à l'hôpital, ils sont _____ venus me rendre visite et _____ d'eux m'a apporté un cadeau.

6. Les gens généreux ne sont pas aussi rares qu'on le dit ; personnellement, j'en ai rencontré _____.

III. Constructions

A. Refaites les phrases en faisant porter la restriction sur les mots en italique. Employez **ne... que** à moins d'être obligé d'employer une autre construction.

1. Il est timide *avec les femmes*.

2. *Les gens prétentieux* me sont antipathiques.

3. Tu manques *d'un peu d'humour*.

4. J'espère *que tu seras de meilleure humeur ce soir*.

5. *Tu* le trouves antipathique.

6. Il n'est pas insociable, il est *réservé*.

7. Il *parle* mais il n'agit pas.

8. Qui n'est pas encore arrivé ? — *Hélène*.

B. Combinez les éléments fournis selon le modèle.

> *Modèle :* J'ai trouvé quelque chose / intéressant / faire.
> J'ai trouvé quelque chose d'intéressant.
> J'ai trouvé quelque chose à faire.
> J'ai trouvé quelque chose d'intéressant à faire.

1. C'est quelque chose / magnifique / regarder.

2. Il n'y a rien / frais / boire.

3. La police n'a trouvé personne / suspect / arrêter.

4. Elle voudrait connaître quelqu'un / facile / rendre heureux.

Le caractère

Alain est le pseudonyme d'Émile Chartier (1868-1951), philosophe et professeur de philosophie dont les écrits continuent d'exercer une grande influence. Le texte suivant illustre bien le rôle central qu'Alain attribue à la volonté dans la construction de la personnalité.

Le caractère est littéralement une marque reçue du dehors. Naturellement l'empreinte dépend aussi de l'être qui la subit. Il est donc vrai de dire que le caractère enferme le tempérament et l'humeur ; mais ce n'est pas tout dire. Un homme très vigoureux, très puissant, a souvent plus d'humeur que de caractère. Le caractère c'est l'humeur contrainte. Par exemple un horloger d'humeur impatiente prendra un caractère, par la lutte entre ses mouvements naturels et les actions de son métier. De même un militaire d'humeur inégale prendra du caractère. Le caractère est ainsi la marque du métier sur un tempérament et une humeur qui résistent au métier. Le caractère exprime donc bien la nature, mais par une lutte des circonstances contre la nature ; et c'est surtout par la famille, le négoce, la fonction que les circonstances contrarient notre nature. Notre caractère doit donc beaucoup à la société ; notre nature explosive, ainsi comprimée, est ce qui porte un caractère. Dans une vie sauvage, il y a plutôt de l'humeur. Un grand esprit comme Beethoven a seulement de l'humeur. En Gœthe, au contraire, le corps sait saluer ; aussi la nature ne s'y montre que par ruses et voies détournées.

L'humeur fait bosse ; on la lit aisément ; on peut la manier physiologiquement ; par exemple un fauteuil large à un homme gros, voilà un remède à l'humeur. Mais le caractère est fait d'humeur déguisée, de colère rentrée, de haine différée, de désir transposé. Un être faible comme le petit La Baudraye de Balzac, dans *la Muse*, est une énigme souvent, parce que ses ressentiments viennent de loin[1]. Chauchard[2], maître absolu dans ses magasins, renvoyait toutes les femmes rousses ; ce n'était qu'humeur. S'il avait dû vivre trente ans avec une femme rousse, peut-être aurait-il pris du caractère.

L'humeur n'a pas le temps de penser ; elle crie, elle frappe. Le caractère pense beaucoup ; il n'a d'abord que des pensées, ou, pour parler autrement, ses réactions sont toutes ajournées. C'est pourquoi il y a de la dissimulation en tout caractère, et toujours une teinte de tristesse. Une des choses qui assombrissent l'homme, c'est la promesse de souci qu'il se fait à lui-même, d'après une longue expérience ; et ce souci à venir est déjà souci ; c'est pourquoi un caractère marqué se défie même du bonheur. Et cette prédiction, comme toutes les prédictions de l'ordre moral, se réalise par sa propre puissance. Il n'est donc pas absurde de dire que l'homme est l'esclave de son caractère.

Seulement le commun langage, qui ne se trompe jamais, me redresse ici. Car, quand on dit d'un homme qu'il a du caractère, on entend qu'il sait vouloir, et qu'il ne se laisse point gouverner. À son tour, donc, l'homme de caractère va imprimer sa propre marque sur les choses et sur les gens. Il va gouverner, par son caractère ; il va montrer constance, patience, ténacité. Mais on ne veut pourtant point dire que l'homme de caractère va subir l'événement. L'usage a rassemblé les deux sens en un mot, ce qui nous invite à réfléchir sur la puissance d'un caractère. Un homme énergique gouverne souvent par son humeur ; il lâche sa colère à point nommé[3], et c'est ainsi qu'il meut[4] la masse inerte des subalternes. Napoléon savait bien se servir de ses terribles mouvements d'humeur. Or un caractère est une arme, encore mieux que l'humeur. Vouloir changer son propre caractère est une de ces entreprises qui rendent triste, parce qu'elles sont vaines. Au contraire l'homme de volonté se reconnaît à ceci qu'il ne discute jamais devant la situation donnée, mais qu'il s'y établit et part de là pour la changer ; de même il se prend comme il est, n'ayant point l'idée qu'un caractère est mauvais absolument ; en vérité l'on fait ce qu'on veut de son caractère, et sans le changer. Il est vain de souhaiter d'être grand si l'on est petit ; l'homme petit, à la salle d'armes, fait deux pas au lieu d'un ; en revanche, il est léger et offre une moindre surface. Cet art est subalterne. Mais c'est un grand art, et de même espèce, que d'agir avec toutes ses forces, telles qu'on les trouve ; ce qui suppose qu'on ne prononce jamais qu'on est par caractère incapable de ceci ou de cela. Les grands négociateurs ne sont pas moins forts par ce qu'on appelle leurs défauts. Il n'y a qu'à se rappeler ce que le père Grandet[5] faisait de son bégaiement. Un timide, qui se sait timide, est bien capable de gouverner les autres par cela même. Et la manie du soupçon peut bien soutenir un genre de confiance ; car on se sent gardé par soi. Il ne s'agit que de laisser le caractère à sa place, et l'humeur aussi ; comme ces habiles, qui font outil de tout.[6] Disons qu'avant de montrer du caractère il faut avoir un caractère.

Alain — *Esquisses de l'homme*

---

1. **viennent de loin** : remontent loin dans son passé.
2. **Chauchard** : homme d'affaires qui fut l'un des premiers à ouvrir (en 1855) un « grand magasin », les Galeries du Louvre.
3. **à point nommé** : au moment opportun.
4. **meut** : du verbe mouvoir qui signifie « mettre en mouvement, donner une impulsion ».
5. **le père Grandet** : autre personnage plus grand que nature créé par Balzac dans le roman *Eugénie Grandet*, c'est un homme d'argent, grand spéculateur qui amasse une fortune, tout en se montrant avare et tyrannique envers sa famille.
6. **qui font outil de tout** : qui savent tirer profit de toutes les circonstances et s'en servir pour leurs propres fins.

Compréhension du texte

1. De quel processus est-ce que le caractère est le résultat ?
2. Quels sont les éléments en présence dans ce processus ?
3. Chez quel genre de personnes est-ce que l'humeur domine ?
4. Qu'est-ce qui est nécessaire à la formation du caractère ?
5. Quelle est la différence essentielle entre l'humeur et le caractère ?
6. Pourquoi y a-t-il toujours une certaine tristesse dans le caractère ?
7. Que signifie communément l'expression « avoir du caractère » ? Qu'y a-t-il de positif dans cette expression ?
8. Quels sont les deux sens du mot caractère que l'usage a rassemblés ?
9. Quand est-ce que l'humeur est utile ?
10. Comment le caractère peut-il devenir une arme ?
11. Qu'est-ce qu'il est vain de faire et quelle est la bonne attitude à adopter ?
12. Comment les défauts peuvent-ils être positifs ?
13. En quoi consiste l'habileté ?

Questions d'ensemble

1. « Avant de montrer du caractère, il faut avoir un caractère » : expliquez cette conclusion à la lumière des deux idées centrales développées dans le texte.
2. Qu'est-ce que le caractère apporte à la personne et qu'est-ce que cela lui enlève ?
3. Quel rôle Alain accorde-t-il à la volonté dans la conduite de l'existence ?

VOCABULAIRE

LE CARACTÈRE ET L'HUMEUR

1. Les traits de caractère

sympathique = aimable, plaisant
gentil(le), bienveillant(e) (*kind*)
honnête, franc(che)
poli(e), courtois(e), patient(e)
modeste, simple
généreux(euse), chaleureux(euse)

antipathique
méchant(e), hostile
malhonnête, hypocrite
impoli(e), grossier(ère), impatient(e)
vantard(e) (*boastful*), vaniteux(euse)
égoïste (*selfish*), froid(e)

extraverti(e)
ouvert(e)   sociable
décontracté(e)   détendu(e) (*relaxed*)
désinvolte (*casual*)

introverti(e)
réservé(e)   insociable
tendu(e)   inhibé(e)
complexé(e)

2. Le bon et le mauvais caractère

avoir (**un**) **bon** caractère
un **heureux** caractère
un caractère **en or**
être **facile à vivre**
confiant(e) (*trustful*)
affectueux(se), tendre, doux(ce)
avoir (**le sens**) **de l'humour** (m.)
souple, accommodant(e)

avoir (**un**) **mauvais** caractère
un **sale** caractère
un caractère **de chien / de cochon**
difficile à vivre, insupportable
méfiant(e), soupçonneux(euse) (*suspicious*)
dur(e), violent(e)
manquer d'humour
têtu(e), entêté(e) (*stubborn*)

3. En avoir ou pas

avoir du carasctère
une **forte personnalité**
un homme, une femme **de caractère**
fort(e)   énergique
avoir de la **maturité** (d'esprit)
être **assuré(e)**, **sûr(e) de soi**
s'affirmer
décidé(e), résolu(e), volontaire

manquer de caractère

faible   indolent(e), mou(molle)
rester infantile
timide
s'effacer
indécis(e), irrésolu(e), hésitant(e)

4. L'humeur (f.) (mood)

être **de bonne / mauvaise humeur**
être **d'humeur égale** ≠ avoir **des sautes** (f. pl.) **d'humeur**
être **gai(e), heureux(euse), content(e)** ≠ **triste, mélancolique, découragé(e)**
voir la vie en rose ≠ **avoir le cafard** = être **déprimé(e)**
avoir le moral ≠ **avoir le moral à zéro**
être **soupe au lait** : se mettre facilement en colère

Exercices

A. Remplacez le mot qui ne convient pas.

1. Il est tellement accommodant qu'on n'arrive jamais à le faire changer d'avis.
2. Quand on s'éveille de bonne humeur le matin, on voit la vie en noir.
3. Les gens timides ont tendance à s'affirmer face aux autres.
4. C'est une femme de caractère qui a une faible personnalité.
5. Tu as de la chance d'avoir épousé une femme qui a un caractère en argent.

B. Complétez par l'adjectif qui convient.

1. Laissez-vous aller : vous êtes trop _tendu_.
2. C'est un homme si _généreux_ qu'il donnerait sa chemise.
3. Sa femme lui est très fidèle ; il n'a aucune raison d'être _____.
4. Les gens qui sont toujours d'humeur _égale_ sont faciles à vivre.
5. Je vais être _franc_ avec vous parce que je ne supporte pas l'hypocrisie.

C. De quoi manquent-ils ?

1. Ils ne rient pas assez. (*Ils manquent d'humour.*)
2. Ils se vantent trop.
3. Ils n'arrivent pas à s'affirmer.
4. Ils sont indolents.
5. Ils se comportent comme des enfants.
6. Ils sont incapables de faire des compromis.

D. Indiquez le masculin et le féminin de l'adjectif qui correspond à chacun des noms suivants :

la bienveillance _bienveillant/e_   l'indécision _indécis/e_   l'hypocrisie _hypocrite_

la confiance _confiant/e_   l'indolence _indolent/e_   la réserve _réservé/e_

la douceur _doux/douce_   la grossièreté _grossier/e_   la souplesse _souple_

E. Remplacez les mots en italique par une expression synonyme :

1. Quand elle s'est levée ce matin, elle *se sentait joyeuse et optimiste*.
2. Elle *se fâche pour un oui et pour un non*.
3. Il n'a pas évolué, il a *conservé une mentalité d'enfant*.
4. Je déteste les gens *qui disent une chose et qui en pensent une autre*.

F. Indiquez le substantif qui correspond à chacun des adjectifs suivants :

assuré	facile	gentil
détendu	fier	honnête
entêté	franc	volontaire

Conversations, exposés, compositions

1. Quelle est la qualité qui vous attire le plus ? Pourquoi ? Quel est le défaut qui vous répugne le plus et pourquoi ?
2. Quelles caractéristiques possèdent en commun les gens que vous trouvez sympathiques ? Ceux que vous trouvez antipathiques ?
3. Les gens qui ont une forte personnalité sont-ils faciles à vivre ?
4. Que signifie pour vous « avoir le sens de l'humour » ?
5. Quelle combinaison de qualités et de défauts rechercheriez-vous chez votre partenaire idéal(e) ?
6. Est-ce que vous vous entendez mieux avec les personnes qui ont les mêmes traits de caractère que vous ou avec celles qui ont les traits opposés ?
7. Faites la caricature morale d'une personne que vous connaissez de près ou de loin ; décrivez ses caractéristiques en donnant des exemples de son comportement.
8. Rédigez *deux* versions de votre autoportrait : a) l'une destinée à une agence de rencontres (*dating agency*) ; b) l'autre destinée à une agence de placement (*employment agency*).

CHAPITRE 13

GRAMMAIRE

I LE PASSIF

A. La phrase passive

1. Structure

Dans la phrase passive, le sujet du verbe n'agit pas, il subit une action qui est accomplie par un agent (exprimé ou non dans la phrase). Observons les transformations qui s'opèrent dans le passage d'une phrase active à une phrase passive :

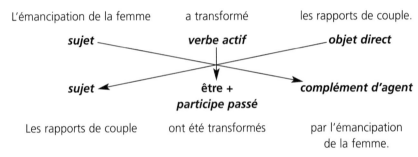

phrase active	→	phrase passive
a) Sujet	→	complément d'agent introduit par la préposition *par*;
b) Verbe actif au passé composé	→	*être* (passé composé) + participe passé du verbe (qui s'accorde avec le sujet);
c) Objet direct	→	sujet.

Ces transformations appellent les remarques qui suivent.

2. Le complément d'agent

a) Le complément d'agent n'est pas nécessairement exprimé. C'est le cas lorsque l'agent de l'action est jugé sans importance ou n'est pas connu :

> Leur mariage sera annoncé bientôt.

> L'expression « union libre » était déjà employée au siècle dernier.

b) Le complément d'agent est généralement précédé de la préposition **par**; il peut cependant être précédé de la préposition **de** avec certains verbes :

– avec des verbes de sentiment comme **aimer, détester, estimer, haïr, respecter**, on peut employer soit **de**, soit **par** selon que l'on envisage la situation sous un angle statique ou dynamique :

> Don Juan était aimé **des** femmes.

> Don Juan a été passionnément aimé **par** les femmes.

> Il est estimé $\left\{ \begin{array}{l} \textbf{de} \\ \textbf{par} \end{array} \right\}$ tous ses collègues.

– avec des verbes comme **accompagner, couvrir, entourer, précéder, suivre**, on emploie **de** lorsqu'il s'agit d'un état, et **par** lorsqu'il s'agit d'une action :

> Elle était accompagnée **de** son mari lorsqu'elle est venue.
> Elle a été accompagnée à l'hôpital **par** son mari.

> Il a grandi entouré **de** frères et sœurs.
> Il a été entouré **par** ses frères et sœurs à sa descente du train.

> Une préposition est suivie **d'**un nom.
> Il était suivi **par** un détective privé.

– avec certains verbes qui s'emploient au sens figuré :

> Il était rongé **de** jalousie.

> *mais*

> Le fromage a été rongé **par** les souris. (*sens propre*)

3. Le verbe à la voix passive

a) Le participe passé du verbe au passif s'accorde en genre et en nombre avec le sujet :

> Elle est admir**ée** de toutes ses connaissances.

> Ces enfants ont été élev**és** par leurs grands-parents.

b) Seul le complément *d'objet direct* du verbe à la voix active peut devenir *sujet* du verbe au passif. Il s'ensuit que seuls les verbes *transitifs* peuvent se mettre au passif. C'est là une différence importante entre le français et l'anglais.

c) Quand le verbe est au passif, c'est l'auxiliaire **être** qui se met au temps voulu :

> Pierre aide Suzanne. (*présent*)
> Suzanne **est** aidée par Pierre.

> Pierre aidait Suzanne. (imparfait)
> Suzanne **était** aidée par Pierre.

À un temps composé, deux participes passés se suivent : **été** qui reste invariable, et le participe passé du verbe au passif qui, lui, s'accorde avec le sujet :

> Pierre a aidé Suzanne. (*passé composé*)
> Suzanne **a été** aidée par Pierre.

> Pierre avait aidé Suzanne. (*plus-que-parfait*)
> Suzanne **avait été** aidée par Pierre.

B. Le passif impossible

Par opposition à l'anglais, il est impossible en français de faire une phrase passive dans les cas suivants.

1. **Un verbe intransitif** — qui n'est suivi d'aucun complément, comme **mourir** ou qui est suivi d'un complément prépositionnel, comme **parler à** ou **rire de** — ne peut pas se mettre à la voix passive. Alors qu'en anglais, le complément de la préposition peut devenir sujet du verbe au passif (*Answer when* **you** *are spoken to*), il faut en français employer une phrase active :

> Réponds quand on te parle.

> On riait de lui.

Exceptions : **obéir à, pardonner à**

> { On lui obéit.   { On vous pardonne.
> { Il est obéi.   { Vous êtes pardonné.

2. **Le complément d'objet *indirect*** d'un verbe transitif ne peut pas devenir le sujet de ce verbe au passif.

Examinons la phrase active :

> On a promis une récompense à Henri.
>   *objet direct*   *objet indirect*

– l'objet direct peut naturellement devenir sujet du verbe au passif (bien que cette construction soit peu fréquente : la phrase active est préférable) :

> Une récompense a été promise à Henri.

– mais l'objet indirect *Henri* ne peut pas devenir sujet (alors qu'en anglais on pourrait dire : *Henry was promised a reward*).

En envisageant la question sous un autre angle, on peut dire qu'en français il est impossible de former une phrase comprenant un verbe au passif suivi d'un complément d'objet direct. Avec les verbes qui se construisent à la fois avec un complément d'objet direct et un complément d'objet indirect, lorsqu'on n'exprime pas l'agent de l'action, on emploie **on** comme sujet du verbe actif :

> On lui a dit la vérité.

> On a montré le document au directeur.

C. Substituts du passif

Dans les cas précédemment cités, le passif est impossible en français ; dans une variété d'autres cas où le passif est théoriquement possible, l'usage français préfère l'emploi soit de la forme active, soit de la forme pronominale.

1. L'agent de l'action est exprimé

Si l'agent de l'action est exprimé, il peut être soit complément d'agent du verbe passif, soit sujet du verbe actif :

> Leur union a été détruite par la jalousie.

> La jalousie a détruit leur union.

Le choix entre la voix passive et la voix active dépend du choix du sujet de la phrase (on peut choisir de parler soit de *la jalousie*, soit de *leur union*).

Parfois cependant, l'usage dicte le choix de la voix active. C'est ainsi, par exemple, qu'on n'emploie pas un pronom disjoint comme complément d'agent :

> [Le voyage de noces a été préparé par lui.]

On dira spontanément :

> Il a préparé le voyage de noces.

ou, s'il s'agit d'opérer une mise en relief :

> C'est lui qui a préparé le voyage de noces.

2. L'agent n'est pas exprimé

Si l'agent n'est pas exprimé, on peut remplacer le passif par :

a) **on** + *verbe actif* :

> Mon parapluie a été volé.

> On a volé mon parapluie.

C'est la construction qu'on emploie en français dans les cas où le passif est impossible (voir précédemment). Par ailleurs, on observe que cette construction est souvent préférée en français à la construction passive — ce qui est l'inverse de l'anglais.

On peut remarquer ainsi que cette construction s'emploie avec la tournure **être en train de** + *infinitif* (qui ne s'emploie jamais suivie d'un infinitif passif) :

> On est en train de réparer ma voiture.

On l'emploie aussi avec le verbe **faire** ou un verbe de perception (**voir, entendre**, etc.) suivi d'un infinitif :

> On leur a fait signer un contrat.

> On l'a vu quitter la pièce.

b) la voix pronominale, dans le cas d'un fait *habituel* ou *connu*. On peut employer la forme pronominale de certains verbes (voir le chapitre 4) dans un sens passif, le sujet étant le même que dans la phrase passive (dans cette construction, le sujet ne peut pas désigner une personne) :

> Le verbe « aller » est conjugué avec l'auxiliaire **être**.
> Le verbe « aller » se conjugue avec l'auxiliaire **être**.

> L'argent se dépense facilement.

> Cela ne se fait plus.

II. LE TOUR FACTITIF

Le tour factitif (ou causatif) consiste à employer le verbe **faire** suivi d'un infinitif pour exprimer que l'action désignée par l'infinitif n'est pas accomplie par le sujet lui-même mais que celui-ci provoque, invite ou oblige quelqu'un ou quelque chose d'autre à accomplir cette action.

A. Le tour factitif à un complément

1. L'infinitif a un sujet mais pas d'objet

Le sujet de l'infinitif est en même temps complément d'objet direct de **faire**.

a) Si c'est un nom, il se place *après* l'infinitif :

> Elle fait lire **son fils**.

> Il a fait rire **ses enfants**.

b) Si c'est un pronom (objet direct), il se place avant **faire** :

> Elle **le** fait lire.

> Il **les** a fait rire.

Remarquez que le participe passé de **faire** reste invariable dans cette construction : il ne s'accorde pas avec le complément d'objet direct si celui-ci le précède.

2. L'infinitif a un objet direct mais pas de sujet

On ne mentionne pas qui accomplit l'action.

a) Si l'objet direct est un nom, il se place naturellement après l'infinitif :

> Elle fait tondre **le gazon** chaque semaine.

b) Si c'est un pronom, il se place avant **faire** :

> Elle **le** fait tondre chaque semaine.

3. Faire + *infinitif*

Faire + *infinitif* forme une unité : dans les deux cas, le nom suit l'infinitif et le pronom précède **faire**. Toutefois :

– à l'impératif affirmatif, le pronom est à sa place normale, après **faire** :

> Fais-**le** lire. (*ton fils*)

> Fais-**le** tondre. (*le gazon*)

– **faire** peut être séparé de l'infinitif par un adverbe négatif ou autre :

> Tu ne me fais **pas** rire.

> Il nous fait **beaucoup** travailler.

B. Le tour factitif à deux compléments

Que se passe-t-il lorsque le sujet de l'infinitif (qui est aussi l'objet direct de **faire**) est exprimé, et que l'infinitif a lui aussi un objet direct ?

1. Le sujet de l'infinitif

Le sujet de l'infinitif devient complément d'objet indirect de **faire**.

a) Si le sujet de l'infinitif est un nom, il est placé après l'infinitif (après l'objet direct si celui-ci est un nom) et précédé de la préposition **à** :

> Elle fait lire des romans **à son fils**.
> Elle en fait lire **à son fils**.

b) Si le sujet de l'infinitif est un pronom, c'est un pronom objet indirect qui est placé avant **faire** :

> Elle **lui** fait lire des romans.
> Elle **lui** en fait lire.

2. À *ou* par

Le sujet de l'infinitif, si c'est un nom, est précédé de **à** mais peut également être précédé de **par** :

$$\text{Elle fait tondre le gazon } \begin{Bmatrix} \textbf{à} \\ \textbf{par} \end{Bmatrix} \text{ son mari.}$$

Dans l'exemple qui précède, on peut employer indifféremment **à** ou **par**.
Ce n'est pas toujours le cas :

a) On emploie **par** pour désigner l'agent de l'action dans le cas d'un verbe qui peut se construire avec un objet indirect :

> Il fait envoyer une lettre **par** sa femme.

Si l'on disait « à sa femme », la phrase serait ambiguë : est-ce sa femme qui écrit la lettre ou à sa femme que la lettre est destinée ? L'emploi de **par** élimine l'ambiguïté :

> Il fait envoyer une lettre à leur fils **par** sa femme.

b) On emploie **à** quand celui qui accomplit l'action retire de celle-ci un bénéfice éventuel :

> Ils font faire du sport **à** leurs enfants.

C. Autres remarques

1. Se faire + *infinitif*

Le tour factitif peut s'employer à la forme pronominale : le sujet de **faire** provoque une action dont il est l'objet, directement ou indirectement.

a) L'infinitif n'a pas de complément d'objet direct : l'agent est précédé de la préposition **par** (sens dynamique) ou de la préposition **de** (sens statique), qu'il s'agisse d'un nom ou d'un pronom :

> Elle s'est fait aimer **de** $\begin{cases} \text{Pierre.} \\ \text{lui.} \end{cases}$

> Il a réussi à se faire comprendre $\begin{cases} \textbf{de} \text{ ses parents.} \\ \textbf{d'}\text{eux.} \end{cases}$

> Nous nous sommes fait inviter **par** nos amis.

> Elle s'est fait gronder **par** sa mère.

b) L'infinitif a un complément d'objet direct : l'agent est toujours précédé de **par** :

> Ce jeune ménage s'est fait construire une maison (**par** un architecte).

> T'es-tu fait faire une robe de mariée **par** une couturière ?

2. On fait

Le tour factitif ne s'emploie jamais au passif. Employez toujours **on fait** lorsque l'agent n'est pas exprimé :

> On fait lire les enfants.

> On nous a fait attendre.

> On leur a fait signer un contrat de mariage.

3. Verbe pronominal

Un verbe pronominal peut s'employer sans pronom réfléchi dans la construction causative :

> Elle a fait **taire** les enfants. (*se taire*)

> On nous fit **asseoir**. (*s'asseoir*)

III CONSTRUCTIONS : *LAISSER* ET LES VERBES DE PERCEPTION

Comme **faire**, le verbe **laisser** et les verbes de perception **apercevoir**, **regarder**, **voir**, **écouter**, **entendre** et **sentir** peuvent être suivis d'un infinitif, mais la construction à laquelle on aboutit ainsi diffère du tour factitif en certains points.

1. L'infinitif a un sujet mais pas d'objet direct

a) Si le sujet de l'infinitif est un nom, il peut se placer avant ou après l'infinitif :

> Je regarde
> - passer **les voitures**.
> - **les voitures** passer.

Toutefois, le sujet se place *devant* l'infinitif si celui-ci est suivi d'un complément prépositionnel ou d'un adverbe :

> Elle laisse **ses enfants** jouer au ballon.

> J'ai entendu **les voisins** se disputer au sujet de leurs projets.

b) Si le sujet de l'infinitif est un pronom, il est placé avant le verbe conjugué (c'est un pronom objet direct puisque le sujet de l'infinitif est complément d'objet direct du verbe conjugué) :

> Je **les** regarde passer.

> Elle **les** laisse jouer au ballon.

2. L'infinitif a un objet direct mais pas de sujet

a) Si c'est un nom, il se place après l'infinitif :

> J'ai vu abattre **l'arbre**.

b) Si c'est un pronom, il se place avant le verbe conjugué :

> Je **l'**ai vu abattre.

3. L'infinitif a un sujet et un objet direct

a) Si ce sont des noms, chaque nom se place après le verbe dont il est complément :

> Elle écoute **son mari** raconter **sa journée**.

> Ils laissent **leur fils** emprunter **la voiture**.

b) Si ce sont des pronoms, la construction la plus simple est de placer chaque pronom devant le verbe dont il est complément :

> Elle **l'**écoute **la** raconter.

> Ils **le** laissent **l'**emprunter.

REMARQUE

Si le pronom complément de l'infinitif est **le**, **la**, **les** ou **en**, on peut aussi placer ce pronom devant le verbe conjugué :

Je vous laisse raconter l'histoire. →
- Je vous laisse **la** raconter.
- *ou*
- Je vous **la** laisse raconter.

Dans ce dernier cas, si le pronom sujet de l'infinitif est à la troisième personne, on emploie **lui** ou **leur** :

Je laisse Paul raconter l'histoire. →
- Je **le** laisse la raconter.
- *ou*
- Je la **lui** laisse raconter.

---

4. Le participe passé

Le participe passé du verbe conjugué aux temps composés s'accorde (à la différence de **faire**) avec l'objet direct si celui-ci précède le verbe :

> Ces enfants, je **les** ai **vus** grandir. (*les enfants grandissent*)

> Notre fille, nous l'avons laiss**ée** sortir le soir.

Il faut bien distinguer entre l'objet direct du verbe conjugué, qui est aussi *sujet* de l'infinitif, et l'objet direct de l'infinitif : dans le cas où c'est l'objet direct de l'infinitif qui précède le verbe conjugué, il n'y a pas d'accord :

> Ces maisons, je les ai **vu** construire.

> (*on construit les maisons, et non : les maisons construisent*)

> Les arbres qu'il a laiss**é** abattre étaient des chênes.

> (*on abat les chênes, et non : les chênes abattent*)

Exercices

I. Le passif

A. Mettez les phrases au passif.

1. Le charme de Françoise avait attiré le jeune homme.
2. Les parents des jeunes mariés ont organisé le repas de noces.
3. On ne nous a pas invités au mariage.
4. L'attitude de son mari l'a déçue.
5. Un notaire préparera leur contrat de mariage.
6. L'ennui a détruit leur liaison.
7. Est-ce que leur divorce a traumatisé leurs enfants ?
8. La naissance du premier enfant bouleverse toujours la vie d'un couple.

B. Complétez les phrases suivantes, en employant **par** ou **de**, et justifiez votre réponse.

1. Leur union a été détruite ____*par*____ la jalousie.
2. Leur rupture fut précédée ___*à / par*___ une période de tension et de mésentente.
3. Elle a été saisie ___*par / à*___ une panique totale quand son mari lui a annoncé son intention de divorcer.
4. Un enfant a besoin de se sentir entouré ____*de*____ l'affection de ses parents.
5. Le héros de ce roman est violemment aimé ___*de / par*___ plusieurs femmes.
6. La cérémonie de mariage sera suivie ____*par*____ un banquet.

C. Mettez les phrases au passif quand c'est possible.

1. Alain avait promis à Sylvie de l'épouser.
2. Paul a demandé ma sœur en mariage.
3. Est-ce qu'on t'a dit quand aurait lieu leur mariage ?
4. Il n'a pas peur qu'on le prenne pour un célibataire endurci.
5. Son mari lui a offert une bague.
6. Est-ce qu'on permet aux célibataires d'adopter des enfants ?
7. Devrait-on parler de sexualité aux enfants dans les écoles ?
8. Est-ce qu'on connaît le taux actuel des divorces ?

D. Transformez les phrases en mettant le verbe soit à la voix active, soit à la voix pronominale.

1. À quoi l'augmentation du taux des divorces peut-elle être attribuée ?
2. La garde des enfants a été confiée à la mère par le tribunal.
3. Il n'est attiré que par ce type de femme.
4. L'entente entre les partenaires d'un couple est obtenue à force de compromis.
5. La maison était immaculée : il était évident que le ménage venait d'être fait.
6. Elle voulait être admirée et respectée de ses amants.

II. Le tour factitif

A. Transformez les phrases selon les modèles proposés.

> *Modèle :* J'ai demandé qu'on répare ma voiture.
> J'ai fait réparer ma voiture.
> Je l'ai fait réparer.

1. Il a demandé qu'on ouvre les fenêtres.
2. Elle demande qu'on nettoie ses robes.
3. Demandez qu'on fasse le ménage.
4. Je demanderai qu'on tonde le gazon.
5. Le notaire a demandé qu'on signe le document.

> *Modèle :* Il a demandé au visiteur d'entrer.
> Il a fait entrer le visiteur.
> Il l'a fait entrer.

6. Demandez aux enfants de sortir.
7. Elle a demandé aux invités de prendre un siège.
8. Nous demanderions au médecin de venir.
9. Il demande à sa femme de répondre au téléphone.
10. Il demande aux étudiants de répéter.

Modèle : Nous avons ri à cause de sa plaisanterie.
Sa plaisanterie nous a fait rire.

11. Ils pleurent à cause de cette mauvaise nouvelle.

12. Vous dormirez à cause de ces médicaments.

13. J'ai changé d'avis à cause de ce qui est arrivé.

14. Elle a fui à cause de sa mauvaise humeur.

B. Faites des phrases selon le modèle.

Modèle : Sa femme tient les comptes du ménage. (Henri)
Henri fait tenir les comptes du ménage à sa femme.
Henri lui fait tenir les comptes du ménage.

1. Chantal a rencontré cet homme. (ses amis)

2. Vous avez perdu la tête. (l'amour)

3. Ses enfants font le ménage. (la voisine)

4. Paul a compris qu'elle avait besoin de plus d'indépendance. (sa femme)

5. Sa fille aînée suit des cours de ballet. (Mme Lapointe)

6. Je rougis. (vos compliments)

C. Répondez aux questions en remplaçant les noms par des pronoms.

Modèle : Est-ce que Jean fait faire du sport à ses enfants ?
Oui, il leur en fait faire.

1. Est-ce que le notaire fait signer un contrat aux futurs époux ?

2. Est-ce qu'elle fait faire la vaisselle à sa fille ?

3. Est-ce qu'ils font manquer le train à Paul ?

4. Est-ce qu'on fait payer plus d'impôts aux célibataires ?

5. Est-ce qu'ils ont fait savoir la date de leur mariage à leurs amis ?

D. Transformez les phrases selon les modèles.

Modèle : On a bien compris Alain.
Alain s'est bien fait comprendre.
Son père prête de l'argent à Paul.
Paul se fait prêter de l'argent par son père.

1. Son mari lui apporte le petit déjeuner au lit.

2. Ses parents ont grondé Julien.

3. On les a invités au mariage.

4. Tout le monde respecte Régine.

5. On a raconté la cérémonie de mariage à la grand-mère.

6. On a présenté Alice au bel inconnu.

E. Complétez les phrases suivantes à l'aide de **à**, **de** ou **par** (faites les contractions qui s'imposent).

1. Elle s'est fait reconduire chez elle _____ son petit ami.

2. On dit que l'amour fait faire des folies _____ les gens les plus sages.

3. Je ne pourrai pas assister à la cérémonie ; je vais me faire remplacer _____ ma femme.

4. Comment faut-il se comporter pour se faire respecter _____ ses enfants ?

5. Serait-il juste de faire payer plus d'impôts _____ les célibataires ?

6. Elle aime se faire cuisiner des repas fins _____ son mari.

7. Sachez vous faire apprécier _____ votre conjoint.

8. Elle fait prendre des vitamines _____ ses enfants.

9. Il a fait envoyer des fleurs à Hélène _____ sa secrétaire.

10. Ils ont fait organiser leur voyage de noces _____ une agence de voyage.

III. Constructions

A. Faites des phrases selon le modèle (deux constructions sont parfois possibles).

Modèle : Les enfants jouaient. (elle a laissé)

Elle a laissé { les enfants jouer.
{ jouer les enfants.

1. Ils se disputent. (j'entends)

2. Son épouse entrait dans un magasin. (il a vu)

3. Un vent frais lui caressait le visage. (elle sentait)

4. Son amie parle. (il aime écouter)

5. Il fait ce qu'il veut. (ses parents laissent)

6. Son fils dormait. (il regardait)

B. Répondez aux questions en remplaçant les mots en italique par des pronoms.

1. Est-ce que tu as vu *ces gens* se quereller ?

2. Est-ce qu'ils laissent *leur fils* emprunter *la voiture* ?

3. Est-ce que tu m'as entendu fermer *la porte* ?

4. Est-ce que tu as regardé *les ouvriers* repeindre *la maison* ?

5. Est-ce qu'on vous a laissé prendre *des photos* ?

Au pays des sans-enfants

Loin d'être effrayés par la dénatalité qui frappe leur patrie, de plus en plus d'Allemands excluent de devenir parents. Surtout les jeunes hommes, prêts à se faire stériliser pour écarter tout risque de paternité. Et les incitations des pouvoirs publics ne semblent pas convaincre ces « objecteurs de procréation ».

Il venait d'y avoir la catastrophe de Tchernobyl, c'était en 1986, raconte Retchie. « J'étais tellement dégoûté par ce monde que j'ai décidé que je ne voulais pas d'enfants. Je suis allé voir un urologue à Berlin. Nous avons discuté pendant au moins cinq heures mais ma décision était prise. Je me suis fait stériliser. J'avais 23 ans. » Il y a deux ans, Retchie, employé dans une grande société de déménagement du sud de l'Allemagne, a sérieusement envisagé avec sa femme d'avoir un enfant. « Mais cela supposait une nouvelle opération très coûteuse avec des chances de réussite limitées. » Il a préféré renoncer.

Non seulement l'Allemagne connaît le mouvement de dénatalité le plus important d'Europe, mais, expression plus rarement relevée du malaise de la société allemande, le « désir d'enfants » y est en diminution jusque dans sa population masculine. Selon le site spécialisé netdoktor.de, 3 % des hommes allemands en âge de procréer étaient stérilisés en l'an 2000, contre 0,5 % en 1992. Quant au nombre des naissances, il a été divisé par deux entre 1960 et 2004 pour atteindre 700 000 bébés. L'Allemagne est en train de devenir un pays sans enfants. À ce rythme, le pays comptera 68,5 millions d'habitants en 2050, contre 82 millions à l'heure actuelle. À condition de laisser la porte ouverte à 100 000 émigrés chaque année.

Stupéfaction dans le gouvernement

Ces chiffres n'effraient pas Retchie : « Ce ne serait pas une grande perte pour l'humanité. Je n'ai jamais ressenti le moindre patriotisme sur la question. » Ils laissent aussi de marbre[1] Rudolph Körner, 50 ans, qui estime « ne rien devoir à la société ». Propriétaire d'une boulangerie écolo de Kreuzberg (un quartier turc et alternatif de Berlin), il finance lui-même son assurance retraite et maladie, sans ponctionner les ressources de la Nation. Il y a quinze ans, il s'est fait stériliser : « Je ne ressentais pas en moi la nécessité impérieuse d'avoir un enfant. Ma mère nous a élevés dans l'idée que nous devions être totalement indépendants. Je n'ai jamais voulu me marier. Pourtant, je pense que j'aurais été un bon père. » Sa compagne, Nina, de dix ans sa cadette[2], a accepté sa décision. Elle ne voulait plus prendre la pilule « à cause de toute cette chimie que l'on impose au corps ». Il trouvait les préservatifs « pénibles ». La stérilisation était « le meilleur contraceptif ». (…)

« Refuser les enfants, c'est refuser la vie », s'est exclamé Otto Schily en mai dernier. Le ministre de l'Intérieur du gouvernement Schröder venait de prendre connaissance avec stupéfaction d'une étude réalisée par l'Institut fédéral de la population (BIB). Jusqu'à présent, on expliquait le taux de fécondité très bas de l'Allemagne (1,3 enfant par femme contre 1,9 en France) par un dysfonctionnement des institutions publiques : un système de garde inadapté ou inexistant, pas assez de crèches (seuls 3 % des 0-3 ans y sont accueillis dans les Lander de l'ouest), quasiment pas d'écoles ouvertes au-delà de 14 heures, ce qui contraint les femmes à choisir entre vie professionnelle et familiale. « Les enfants, cela coûte cher et cela empêche de faire carrière, voilà le problème », résume Sandra, 21 ans, étudiante à l'université de Bielefeld. Pour s'émanciper du modèle « Kirche, Kinder, Küche » (église, enfants, cuisine), les Allemandes souhaitant travailler ont ainsi renoncé à la maternité. 26,8 % des femmes âgées de 30 à 44 ans n'ont pas d'enfants. Quand elles ont fait des études supérieures, la proportion atteint 40 %. Celle qui ose donner son bébé à garder avant l'âge de 3 ans est perçue comme une « Rabenmutter » (mère corbeau).

« Pouvoir décider librement »

Pourtant, en révélant que l'absence de désir d'enfants chez les jeunes adultes est en très nette augmentation et que l'intérêt des hommes pour les bébés est deux fois plus limité que celui des femmes, l'étude de l'Institut fédéral de la population soulève un problème encore plus profond. 26,3 % des hommes âgés de 20 à 39 ans disent ne pas vouloir de descendance. Et 36 % des « sans-enfants » tiennent à le rester. C'est, là encore, deux fois plus qu'il y a dix ans. Le fait de vivre seul, de ne pas avoir de relation stable, ou la crainte de ne pas être en mesure d'assurer un avenir convenable à sa progéniture joue certes un rôle important. Mais le refus de paternité est d'abord un réflexe individualiste : les personnes interrogées invoquent leur envie de profiter de la vie, sans être obligées d'abandonner leurs hobbies. Les considérations sur les coûts engendrés par une naissance et les difficultés à concilier vie de famille et travail viennent après.

« Je n'ai jamais voulu faire de plan de carrière. J'ai toujours vécu au jour le jour et cela ne convient pas à la vie de famille », raconte Reiner Schipporeit, 53 ans. Il y a treize ans, l'une de ses petites amies, enceinte, souhaitait garder l'enfant. Pas lui. L'avortement s'est mal passé, il a décidé de se faire stériliser : « Le fait de pouvoir décider librement de se reproduire ou pas nous distingue des animaux. » Ces hommes qui refusent d'endosser la paternité ont hérité d'un surnom : « objecteurs de procréation ».

« Le plus inquiétant dans ce nouveau phénomène », estime Franz-Xaver Kaufmann, sociologue à l'université de Bielefeld, « c'est que les jeunes Allemands jugent tout à fait acceptable de ne pas avoir d'enfants. Avec l'égalité des sexes, les jeunes hommes ont compris que devenir père supposait une prise de responsabilité non seulement financière mais sociale, et ils ne sont pas prêts à l'assumer. » « C'est sans doute de l'égoïsme », dit Rudolph. « C'est plutôt le signe d'une profonde insécurité », confesse Retchie. « Cela traduit l'incapacité de se projeter dans l'avenir », avance Reiner. Rudolph complète en invoquant l'histoire : « Peut-être est-ce lié au fait que nous avons perdu notre identité avec le nazisme. Les Allemands se sont réfugiés dans des valeurs très matérialistes. Avoir une belle maison, une grosse voiture, se payer de belles vacances, c'est primordial. Les enfants, c'est secondaire. »

(…)« Je ne vois pas comment on va revenir en arrière », remarque Rudolph Körner. « Les conditions nécessaires au bon accueil des enfants ne sont pas réunies dans notre société. Une famille de quatre enfants est considérée comme asociale. Déjà, quand j'étais petit, en Bavière, les enfants dérangeaient. » Là encore, les Allemands, qui sont les rois du concept, ont trouvé une expression très symptomatique : « Kinderfeindlich » (ennemi des enfants). Oliver, 47 ans, raconte qu'un jour où il se promenait sur un sentier, au bord du lac Wannsee à Berlin, avec ses deux jeunes enfants, deux cyclistes roulant à vive allure[3] lui ont crié : « Les gosses en laisse ! » Les histoires de voisins anti-enfants ne manquent pas. Récemment, la cour de justice de Hambourg a donné raison à un couple âgé qui réclamait la fermeture d'une crèche au motif que les petits étaient trop bruyants.

Des années de léthargie

(…) Après des années de léthargie, les pouvoirs publics ont pris quelques initiatives. Le gouvernement « rouge-vert » a débloqué, il y a trois ans, 4 milliards d'euros pour que les écoles puissent recevoir des élèves toute la journée. Quelques communes ont lancé des politiques pronatalité. Depuis qu'elle a investi dans les infrastructures, Laer, une petite ville de Westphalie, détient le record national des naissances. Pourtant, le maire Vert, Hans-Jürgen Schminke, reste circonspect. « Nous avons ouvert une section pour les moins de 3 ans pour quinze enfants, et nous n'avons reçu que huit demandes, » raconte-t-il. « C'est à se demander si le besoin existe vraiment. » Dietmar Tuldi, maire SPD[4] de la petite commune de Ellern, a, pour sa part, multiplié les cadeaux de bienvenue aux nouveau-nés : outre l'ouverture d'un compte d'épargne doté de 250 euros, le pépiniériste du village offre un arbre fruitier à tous les bébés, et le menuisier une chaise d'enfant. « Il y a quelques années, nous avions jusqu'à dix naissances par an, se souvient-il. Et maintenant, plus que cinq bébés. » Or la commune s'est dotée en 1992 d'une magnifique crèche pour 650 000 euros. « C'était un investissement très lourd. Ce serait dommage de le gâcher. »

La politique pro-enfants de Ellern a séduit Uwe Borns. L'ingénieur et son épouse, 37 ans tous les deux, qui cherchaient un cadre de vie agréable pour Lennard, 14 mois, s'y sont installés début juillet. Uwe ne souhaite pourtant pas mettre son fils à la crèche avant 3 ans : « Cette année, je travaille quatre jours par semaine et ma femme une journée. L'année prochaine, ce sera l'inverse. » L'idée que les deux parents profitent de l'offre de garde pour travailler à plein temps l'offusque : « On ne met pas des enfants au monde pour s'en débarrasser tout de suite. »

Parce qu'il a franchi le pas[5] de la paternité, Uwe a l'impression d'être au sommet de la modernité. Ce transfert idéologique permettra-t-il de repeupler l'Allemagne ? Pas sûr. Les Allemands ont besoin d'un changement radical de mentalité. Une révolution procréatrice. Sinon, dans quarante ans, ils seront quasiment une espèce en voie de disparition.

Odile Benyahia-Kouider — *Libération*

1. **laisser de marbre** : laisser insensible, indifférent, froid comme le marbre (*marble*).
2. **de dix ans sa cadette** : dix ans plus jeune que lui.
3. **à vive allure** : assez vite.
4. **SPD** : social-démocrate.
5. **franchir le pas** : prendre la décision.

Compréhension du texte

1. Qu'est-ce qui a décidé Retchie à se faire stériliser ? A-t-il regretté cette décision par la suite ?

2. Quels sont les chiffres qui permettent de dire que l'Allemagne est en train de devenir un pays sans enfants ?

3. Qu'est-ce qui indique que le « désir d'enfants » est en diminution chez les hommes ?

4. Qu'est-ce qui a motivé la décision de Rudolph Körner d'opter pour la stérilisation ? Comment justifie-t-il son attitude de « ne rien devoir à la société » ?

5. Comment est-ce qu'on expliquait jusqu'à présent le taux de fécondité très bas en Allemagne ?

6. Quel nouveau facteur de dénatalité l'étude de l'Institut fédéral de population fait-elle apparaître ?

7. À quoi faut-il attribuer le refus de paternité ?

8. Pourquoi Reiner Schipporeit a-t-il choisi la stérilisation ?

9. D'où vient l'expression « objecteur de procréation » et quelles sont les connotations de ce surnom ?

10. Qu'est-ce qui inquiète le plus le sociologue ? Quelles explications Retchie, Reiner et Rudolph donnent-ils de ce comportement ?

11. Par quoi se manifeste l'hostilité envers les enfants ?

12. Quelles initiatives ont été prises pour encourager les gens à avoir des enfants ? Ces initiatives portent-elles fruit ?

13. En quoi Uwe Borns est-il atypique ?

14. Quelle est la menace qui pèse sur les Allemands ?

Questions d'ensemble

1. Quelle différence y a-t-il entre les mobiles des femmes et les mobiles des hommes dans la décision de ne pas avoir d'enfants ?

2. Que doivent faire et que peuvent faire les pouvoirs publics face au problème que pose la dénatalité ?

3. Considérez-vous le refus d'avoir des enfants comme le symptôme d'un malaise qui serait celui de l'ensemble d'une société ?

4. Y a-t-il des différences entre ce qui se passe en Allemagne et ce que vous observez dans votre propre pays ?

Vocabulaire

L'amour, le couple, la famille

1. L'amour

rencontrer qqn = faire **une rencontre**
plaire à qqn = **attirer** qqn
éprouver, ressentir (*to feel*) **de l'attirance envers** qqn
partager (*to share*) **les goûts, les intérêts de** qqn
avoir **le coup de foudre = tomber** instantanément **amoureux de** qqn
un(e) ami(e) (*boy-friend, girl-friend*)   **un(e) amant(e)** (*lover*)
une aventure (*brief affair*)
une liaison (*long-term affair, relationship*)
rompre avec qqn (*to break up*)   **une rupture**

2. Couples

un couple ≠ **un(e) célibataire** (*single man or woman*)
vivre **en couple** ≠ vivre **seul(e)**

le mariage   être **marié(e)**
le mari, l'époux / la femme, l'épouse
se marier avec qqn = **épouser** qqn

l'union de fait = l'union libre = la cohabitation
le conjoint de fait (*common law spouse*)
vivre ensemble (mon compagnon, ma compagne)

la(les) noce(s) = les réjouissances du mariage
le mariage **civil, religieux**   **une alliance** (*wedding ring*)
se passer la bague (*ring*) **au doigt** = se marier
le voyage de noces   **la lune de miel**

la séparation   **se séparer de** qqn   être **séparé(e)**
le divorce   **divorcer (d')avec** qqn   **un(e) divorcé(e)**
payer, verser / toucher, recevoir **une pension alimentaire** (*alimony*)
avoir **la garde des enfants** (*custody*)

NEL

3. Le ménage, la famille

un jeune ménage = un jeune couple
se mettre en ménage (*to set up a household*)
faire bon ménage = bien s'entendre
former **un ménage uni** ≠ **désuni**
faire **une scène** (à qqn)   avoir **des scènes de ménage**
une dispute = une querelle

faire le ménage (*to do the housework*)
partager les travaux ménagers (*housework chores*)
une ménagère = une femme au foyer (qui ne travaille pas à l'extérieur)
un homme au foyer   **le foyer** (*home*)

fonder (*to start*) **une famille**
un fils / une fille unique (*only son or daughter*)
une famille nombreuse = avec plusieurs enfants
une famille monoparentale = avec un seul parent (père ou mère)
une mère (un père) célibataire
le soutien de famille (*breadwinner*)

élever (*to raise*) un enfant = **faire l'éducation** d'un enfant
un enfant bien élevé (*well brought up*) ≠ **mal élevé**

Exercices

A. Comment appelle-t-on :

1. un couple récemment marié ?

2. une dispute entre les partenaires d'un couple ?

3. la bague que portent les gens mariés ?

4. la période de bonheur et d'entente au début du mariage ?

5. une liaison amoureuse de courte durée ?

B. Complétez par le mot ou l'expression qui convient.

1. Leur _____ a duré plusieurs années mais ils ont fini par rompre.

2. Tout de suite après la cérémonie de mariage, ils ont quitté la ville et sont partis en _____.

3. Lors d'une séparation légale, c'est plus souvent à la mère qu'au père que la _____ des enfants est confiée.

4. Ils sont tombés amoureux l'un de l'autre dès qu'ils se sont rencontrés : ce fut le _____.

5. De nos jours, il y a des couples où c'est la femme qui travaille à l'extérieur et l'homme qui reste au _____ et s'occupe des enfants.

C. Remplacez les mots en italique par un synonyme.

1. Il a dit qu'il voulait me présenter à *sa femme*.
2. Ce qu'il *ressent* envers elle, c'est de l'amitié, mais non de l'amour.
3. Ils ont souvent des *querelles* mais ils se réconcilient tout de suite.
4. Elle *s'est mariée avec* un ingénieur.
5. *L'union libre* est de plus en plus répandue.

D. Trouvez une autre façon de dire :

1. Je me sens attiré(e) par cette personne.
2. Mes parents n'ont eu qu'un seul enfant.
3. Elle vit seule avec ses deux enfants.
4. Ils se sont passé la bague au doigt.

Conversations, exposés, compositions

1. Mariage ou union libre ? Quels sont les avantages et les inconvénients de l'un par rapport à l'autre ?
2. Quelle(s) explication(s) voyez-vous au fait qu'une proportion de plus en plus importante des gens adultes vivent seuls, en particulier dans les centres urbains ?
3. Vous semble-t-il réaliste de vouloir se marier « pour la vie » ?
4. Quels seraient vos critères dans le choix d'un(e) partenaire pour la vie à deux ?
5. Envisagez-vous d'avoir des enfants ? Pourquoi ou pourquoi pas ?
6. Pensez-vous qu'il soit plus difficile d'être un enfant unique ?
7. Les célibataires devraient-ils avoir la possibilité d'adopter un enfant ?
8. Inventez une formule de vacances pour célibataires et rédigez une annonce publicitaire qui en vante les mérites.
9. Rédigez de façon humoristique le dialogue d'une scène de ménage.

CHAPITRE 14

GRAMMAIRE

I L'INFINITIF

A. Formes

Il existe deux temps de l'infinitif : présent et passé.

1. L'infinitif présent

Les verbes à l'infinitif présent ont les terminaisons suivantes :

- verbes réguliers : **-er**, **-ir**, **-re**

    juger, punir, défendre

- verbes irréguliers : **-er**, **-ir**, **-oir**, **-re**

    aller, fuir, vouloir, vivre

2. L'infinitif passé

a) L'infinitif passé est formé de l'auxiliaire avoir ou être et du participe passé du verbe :

    avoir jugé, être allé, s'être promené

L'accord du participe passé s'effectue de la même façon qu'aux temps composés.

b) L'infinitif passé exprime l'antériorité par rapport :

- au verbe principal :

    Regrettez-vous d'**avoir commis** ce crime ?

- à un moment futur :

    J'espère **avoir fini** d'ici demain.

3. L'infinitif passif

L'infinitif des verbes transitifs peut être mis à la voix passive :

- au présent :

    Il ne s'attendait pas à **être condamné** à une amende pour si peu.

– au passé :

> Après **avoir été attaquée** dans la rue, elle n'a plus osé sortir seule.

4. L'infinitif des verbes pronominaux

Le pronom réfléchi du verbe pronominal à l'infinitif se met à la même personne que le sujet du verbe principal :

> Un avocat doit **se** battre pour son client.

> Vous ne devriez pas **vous** laisser aller à votre agressivité.

> Nous regrettons de ne pas **nous** être inscrites à la faculté de droit.

B. Emplois

1. L'infinitif comme nom

a) Un petit nombre d'infinitifs peuvent s'employer comme noms singuliers, précédés d'un article ; ils désignent une action ou un état non achevé et se rencontrent surtout dans des expressions idiomatiques :

> le laisser-aller

> Il en a perdu le boire et le manger.

b) D'autres infinitifs sont devenus des noms comme les autres et s'emploient au pluriel comme au singulier :

> le(s) devoir(s), le(s) rire(s)

2. L'infinitif comme mode de la proposition indépendante

a) On emploie l'infinitif avec une valeur impérative pour donner des instructions ou des ordres *par écrit* de façon impersonnelle :

– recettes de cuisine :

> **Mélanger** la farine et le beurre. **Faire** fondre.

– modes d'emploi :

> **Mettre** quelques gouttes du liquide dans un litre d'eau.

– pancartes diverses, directives, règlements :

> **Ne pas marcher** sur le gazon. **Garder** la droite.

b) L'infinitif peut s'employer dans des phrases interrogatives et exclamatives : il correspond à un verbe conjugué ayant pour sujet soit la personne qui parle, soit son interlocuteur, soit une personne indéterminée :

> « Pourquoi **avoir commis** ce crime ? » se demandait l'assassin.

> **Dévaliser** une banque ! Tu n'y penses pas sérieusement !

> Que **faire** lorsqu'on est mis en état d'arrestation ?

3. L'infinitif sujet

L'infinitif, employé sans article, et accompagné ou non d'un complément, peut être sujet du verbe de la phrase :

> **Voler** est un crime.

> **Mener** une enquête criminelle prend généralement du temps.

4. L'infinitif complément d'un verbe

a) Certains verbes se construisent avec les prépositions **à** et **de** devant l'infinitif complément : les plus usuels ont été mentionnés aux chapitres 3 et 4 (consultez également l'appendice B).

b) L'infinitif n'est pas précédé d'une préposition après les verbes qui entrent dans les catégories suivantes (consultez l'appendice B pour une liste complète) :

- **faire, laisser** et les verbes de perception (voir le chapitre 13);

- **devoir, pouvoir** et **savoir** (voir le chapitre 15);

- les verbes impersonnels **il faut** et **il vaut mieux**;

- les verbes de mouvement : **aller, descendre, entrer, passer, venir,** etc.;

- les verbes de déclaration (**affirmer, dire, nier**), de volonté (**vouloir, compter, désirer**), d'intention et de pensée (**compter, croire, espérer, s'imaginer, penser**);

- les verbes exprimant le goût, la préférence : **aimer, aimer mieux, détester, préférer.**

c) Certains verbes ont plus d'une construction, chacune ayant une signification distincte :

- **commencer à (de)** (*début d'une action*) / **commencer par** (*première action d'une série*) :

  > Il a commencé **à** voler **à** l'âge de dix ans.

  > Le notaire a commencé **par** nous donner lecture du contrat, puis nous a demandé si nous avions des questions.

- **finir de** (*cesser de*) / **finir par** (*arriver à un résultat*) :

  > J'aurai fini **de** travailler à quatre heures.

  > La police a fini **par** arrêter le coupable.

- **décider de** (*prendre une décision*) / **décider** quelqu'un **à** (*persuader*) :

  > Il a décidé **de** léguer tous ses biens à des œuvres de charité.

  > Son notaire l'a décidé **à** faire un testament.

- **demander** à quelqu'un **de** (*prier, ordonner*) / **demander à** (*demander l'autorisation*) :

  Le juge a demandé à l'accusé **de** se lever.

  L'accusé a demandé **à** prendre la parole.

- **penser** (*avoir l'intention*) / **penser à** (*ne pas oublier ou s'occuper de*) :

  Votre fils pense-t-il encore entreprendre des études de droit ?

  Il faut que je pense **à** passer chez le notaire bientôt.

  Elle pense **à** faire un testament.

- **venir** (mouvement) / **venir de** (*passé récent*) / **en venir à** (*en arriver à un point tel que ...*) :

  Un policier est venu nous interroger.

  L'assassin vient **d'**être arrêté il y a une heure à peine.

  Certaines victimes en viennent **à** désespérer de la justice.

REMARQUE

Certains verbes ont deux constructions sans différence de sens : **aimer / aimer à**, **commencer à / commencer de**, **continuer à / continuer de** (la première des deux constructions données est la plus usuelle).

---

d) L'infinitif remplace obligatoirement une subordonnée complétive au subjonctif dont le sujet serait le même que celui du verbe principal (voir le chapitre 9) :

  Il souhaite devenir avocat.

  Elle regrette d'avoir commis ce délit.

Toutefois, avec les verbes de pensée (**croire**, **espérer**, **penser**, **s'imaginer**, etc.) et de déclaration (**déclarer**, **dire**, **nier**, etc.), les deux constructions sont possibles :

Je ne pense pas { que j'aie commis une infraction. / avoir commis une infraction.

Vous avez déclaré { que vous aviez été témoin de l'accident. / avoir été témoin de l'accident.

5. L'infinitif complément d'un nom ou d'un adjectif

L'infinitif est précédé des prépositions **à** ou **de**.

a) De s'emploie :

- après une expression verbale idiomatique formée de **être** + *adjectif* et exprimant le sentiment, la disposition, l'opinion (**content / mécontent, enchanté / furieux, sûr / pas sûr, obligé / libre**, etc.) :

    Je suis contente **d'**avoir été acquittée.

    Je ne suis pas certain **de** gagner ce procès.

- après une expression verbale idiomatique formée de **avoir** + *nom* (**avoir besoin, envie, l'habitude, l'intention, raison, tort**, etc.) ou de quelques autres verbes suivis de noms (**prendre le temps, donner l'impression**, etc.) :

    Tu as raison **d'**intenter un procès à cet individu malhonnête.

- après **il est** (ou **c'est** dans la langue familière : voir le chapitre 10) suivi d'un adjectif (qui exprime un jugement) :

    Il est (c'est) facile **de** condamner sans essayer de comprendre.

    Il est juste **de** punir les coupables.

    Il, pronom impersonnel, est le sujet apparent du verbe **être** et anticipe le sujet réel (*punir les coupables est juste*).

- après **c'est** + *nom* :

    C'est une honte **de** condamner sans essayer de comprendre.

    Dans cette construction, c'est le pronom neutre **ce** qu'on utilise comme sujet apparent pour anticiper le sujet réel (*condamner sans essayer de comprendre est une honte*).

b) À s'emploie :

- après certains adjectifs comme :

bon / mauvais	**possible / impossible**
léger / lourd	**intéressant / ennuyeux**
beau / laid	**long / court**

    C'est un procès intéressant **à** suivre.

    L'infinitif précise l'action pour laquelle l'adjectif s'applique. Notez que l'adjectif peut être attribut du pronom **ce** qui reprend une proposition exprimée antérieurement (l'infinitif n'a pas de complément dans cette construction) :

    Condamner sans essayer de comprendre, **c'**est facile **à** faire.

- après les adjectifs **seul**, **dernier** et les nombreux ordinaux (**premier**, **deuxième**, etc.) :

> Le juge est le seul **à** décider.

> C'est la deuxième banque **à** être dévalisée cette semaine.

- après un adjectif ou un nom lorsque l'infinitif exprime l'intensité d'une réaction ou d'une conséquence :

> L'assassin était laid **à** faire peur.

> J'ai entendu un bruit **à** tout casser.

- après un nom pour indiquer la fonction ou l'usage de ce que désigne le nom :

> un appartement **à** louer   une machine **à** calculer

- après un nom pour exprimer l'obligation ou la nécessité :

> Voici les règlements **à** observer. (*qu'il faut observer*)

> C'est un avocat **à** entendre. (*qu'il faut entendre*)

II LES PARTICIPES

A. Le participe passé

1. Forme verbale

a) Le participe passé est la forme du verbe qui se combine avec l'auxiliaire **avoir** ou **être** pour constituer les temps composés (et surcomposés) du verbe à la voix active (sur l'accord du participe passé, voir les chapitres 2 et 4).

b) C'est également la forme des verbes transitifs qui se combine avec l'auxiliaire **être** pour constituer le *passif* de ces verbes (voir le chapitre 13).

c) Le participe passé de sens passif peut s'employer sans l'auxiliaire **être** :

> Les crimes **commis par** les toxicomanes augmentent.

On pourrait également dire :

> Les crimes **qui sont** commis par les toxicomanes augmentent.

2. Adjectif

Dans l'exemple précédent, le participe passé était suivi d'un complément d'agent (*par les toxicomanes*) ; les participes passés de sens passif peuvent également s'employer sans complément d'agent et ont alors le même fonctionnement que les adjectifs (comme épithètes, ils suivent toujours le nom) :

Les voitures **volées** sont souvent vendues comme voitures d'occasion.

3. Nom

Un grand nombre de noms masculins et féminins sont formés à partir de participes passés :

un(e) accusé(e), un(e) condamné(e), une conduite, un écrit, une plainte, etc.

4. Prépositions

Les participes passés employés comme prépositions (*devant* un nom) sont invariables :

– **excepté ≠ y compris :**

Tous les jurés, **y compris** la jeune femme, le pensaient coupable.

– **passé :**

Passé dix-huit heures, les bureaux sont fermés.

– **vu** (étant donné, en raison de) :

Vu la jeunesse du condamné, le juge a réduit la peine.

B. Le participe présent

1. Formes

a) Le participe présent se forme à partir de la première personne du pluriel de l'indicatif présent ; on enlève la terminaison -**ons** pour obtenir le radical, auquel on ajoute la terminaison -**ant** :

juger	→	nous jug**eons**	→	**jugeant**
puni	→	nous puniss**ons**	→	**punissant**
se plaindre	→	nous nous plaign**ons**	→	**se plaignant**

Les verbes **avoir**, **être** et **savoir** ont un radical irrégulier :

ayant   **étant**   **sachant**

b) La forme composée du participe présent est formée du participe présent de l'auxiliaire **avoir** ou **être** suivi du participe passé du verbe :

ayant jugé, étant sorti, s'étant plaint

c) Le participe présent et sa forme composée peuvent se mettre à la voix passive (verbes transitifs uniquement) :

> **étant jugé, étant puni**
>
> **ayant été jugé, ayant été puni**

d) Le participe présent est une forme verbale qui s'emploie soit seule, soit précédée de la préposition **en** : dans ce dernier cas, on l'appelle le *gérondif*. Par ailleurs, à partir de certains participes présents se sont formés :

- des noms : **un(e) passant(e)**, **un(e)**, **débutant(e)**;

- des prépositions : **suivant, durant**;

- des adjectifs : un avocat **consultant**, la partie **plaignante**.

REMARQUE

Un certain nombre d'adjectifs se distinguent par l'orthographe des participes présents qui leur correspondent :

participe présent	adjectif
communiquant	communicant
différant	différent
équivalant	équivalent
fatiguant	fatigant
négligeant	négligent
etc.	

---

2. Emplois du participe présent (forme simple et forme composée)

Le participe présent s'emploie principalement dans la langue écrite. La forme composée marque l'antériorité par rapport au verbe principal.

a) Le participe présent est l'équivalent d'une proposition relative commençant par **qui** (sujet) :

> Les gens **voulant** (*qui veulent*) faire un testament devraient consulter un notaire.
>
> Il aimerait mieux engager un avocat **ayant** déjà **plaidé** (*qui a plaidé*) une cause de ce genre.

b) Le participe présent peut exprimer un rapport de cause à effet :

> **Craignant** les cambriolages, les voisins ont fait installer un système d'alarme.
>
> L'agression **ayant** eu lieu à trois heures du matin, personne n'en a été témoin.

c) Il peut exprimer un rapport de temps :

- un rapport d'antériorité (antériorité *immédiate* si l'on emploie la forme simple, alors que la forme composée indique que l'action est *complétée* avant celle du verbe principal). Le sujet du participe présent est le même que celui du verbe principal et le participe précède la proposition principale :

  Se levant, l'avocat prit la parole.

  Ayant relu ses notes, l'avocat prit la parole.

- un rapport de postériorité. Le participe suit la proposition principale, a le même sujet que le verbe principal et indique la conséquence de l'action principale :

  L'assassin a tiré, **tuant** la victime d'une seule balle.

- un rapport de simultanéité si le sujet du participe présent est complément d'objet direct du verbe principal :

  Je l'ai rencontré **sortant** du restaurant.

Cette dernière construction se rencontre surtout avec un verbe de perception suivi d'un infinitif :

J'ai regardé l'avocat plaider, **gesticulant** et **levant** les yeux au ciel.

d) La forme composée du participe présent des verbes qui se conjuguent avec l'auxiliaire **être** est souvent réduite au participe passé, employé soit seul, soit en conjonction avec **sitôt (aussitôt)**, **dès** ou **une fois** :

Une fois **sortie** de la salle de tribunal, elle se sentit mieux. (*étant sortie*)

Sitôt **entrés** dans la maison, les voleurs entrèrent en action. (*étant entrés*)

Par ailleurs, on peut également omettre l'auxiliaire **être** des participes présents à la voix passive :

Les jurés **choisis**, le procès pourra commencer. (*Les jurés étant choisis* ou *ayant été choisis*)

Le contrat **signé**, ils ouvrirent une bouteille de champagne. (*Le contrat étant signé* ou *ayant été signé*)

3. Emplois du gérondif

Le participe présent précédé de la préposition **en** (la seule préposition qui puisse le précéder) constitue le gérondif. Le verbe au gérondif a le même sujet que le verbe principal. L'action désignée par le verbe au gérondif et celle désignée par le verbe principal sont *concomitantes* : le verbe au gérondif désigne une action qui *accompagne* l'action principale. Le gérondif peut exprimer diverses nuances selon le contexte.

a) La concomitance

Le verbe au gérondif exprime la circonstance dans laquelle se produit l'action désignée par le verbe principal (c'est l'équivalent d'une subordonnée introduite par **pendant que**) :

> La jeune femme a pleuré **en témoignant**. (*pendant qu'elle témoignait*)

> Le policier a été tué **en faisant** une patrouille.

b) Le moment

Le verbe au gérondif exprime le moment où l'action principale a lieu (l'équivalent d'une subordonnée introduite par **au moment où**) :

> Il a vu le voleur **en entrant** dans la pièce.

c) La manière et le moyen

Le gérondif exprime, en plus de la concomitance, la manière dont l'action principale s'effectue :

> L'avocat a défendu son client **en invoquant** des circonstances atténuantes.

On peut placer le verbe au gérondif en début de phrase s'il exprime le moyen par lequel un résultat (exprimé par le verbe principal) a été atteint :

> **En se pliant** aux règlements, on évite les ennuis.

d) Tout en

On fait précéder le gérondif de l'adverbe **tout** :

– pour insister sur la concomitance de deux actions :

> Je réfléchissais **tout en écoutant** les témoins d'une oreille distraite.

– pour marquer une opposition, une concession :

> **Tout en sachant** son client coupable, un avocat doit le défendre.
> (*même s'il sait que son client est coupable*)

Exercices

I. L'infinitif

A. Remplacez le verbe en italique par ceux qui sont indiqués à la suite de la phrase. Faites précéder l'infinitif d'une préposition si c'est nécessaire (revoyez au besoin les listes données aux chapitres 3 et 4).

1. Je *veux* consulter un avocat. (préfère, hésite, accepte, refuse, souhaite)

2. L'accusé *espère* être acquitté. (s'attend, compte, désire)

3. Il *est allé* parler à la police. (a refusé, est retourné, a essayé, a réussi)

4. Les juges *ont laissé* le suspect parler. (ont forcé, ont conseillé, ont écouté, ont défendu)

5. Cette jeune avocate *souhaite* défendre des assassins (entreprend, travaille, s'apprête, s'efforce)

6. Son voisin *a osé* déposer une plainte contre elle. (s'est décidé, a failli, a tenu, a menacé)

B. Complétez les phrases par la préposition **à** ou **de** si c'est nécessaire.

1. Elle a décidé _____ faire un testament et elle est allée _____ consulter un notaire.

2. Il a nié _____ avoir connu la victime et a affirmé _____ être innocent mais les jurés ont refusé _____ le croire.

3. Il faut _____ éviter _____ conduire lorsqu'on a bu de l'alcool.

4. Je vous invite _____ venir _____ prendre un verre chez moi.

5. Si vous souhaitez _____ continuer _____ suivre des cours de droit, il vaudrait mieux commencer _____ étudier davantage.

C. *En prison !* Les règlements suivants sont donnés à l'impératif : rendez-les *impersonnels* en employant l'infinitif (faites les autres changements qui s'imposent).

> *Modèle :* Ne vous asseyez pas par terre dans les corridors.
> Ne pas s'asseoir par terre dans les corridors.

1. Ne faites pas de bruit après l'extinction des lumières.

2. N'écrivez pas sur les murs.

3. Ne vous arrêtez pas devant la porte de sortie.

4. Levez-vous en présence des gardiens.

5. Ne sortez pas de l'atelier sans permission.

D. Remplacez les complétives par des infinitifs (au présent ou au passé).

> *Modèle :* Ils avouent qu'ils ont participé au cambriolage.
> Ils avouent avoir participé au cambriolage.

1. J'espère que je ne me ferai jamais agresser.

2. L'accusé a déclaré qu'il était chez lui à l'heure du crime.

3. Ce policier pense qu'il sera bientôt promu détective.

4. Comment pouvez-vous nier que vous avez emporté l'argent de la caisse ?

5. Le témoin affirme qu'il reconnaît l'accusé.

E. Complétez les phrases avec **à** ou **de**.

1. Il serait terrible _____ condamner un innocent.

2. Elle a été la seule _____ témoigner en faveur de l'accusé.

3. Il a eu tort _____ penser qu'il serait facile _____ cambrioler ce magasin.

4. Fabriquer de la fausse monnaie, ce n'est pas facile _____ faire.

5. Ce serait une bonne chose _____ installer un système antivol.

6. Son assassinat serait trop horrible _____ raconter.

7. Pour les criminels, la prison est seulement un risque _____ courir.

8. Penses-tu que cette femme ait pu être capable _____ assassiner son mari ?

9. Le juge m'a donné l'impression _____ être peu favorable à l'accusé.

F. Complétez par une préposition (**à, de, par**) si c'est nécessaire.

1. Le juge a demandé au témoin _____ s'expliquer.

2. Pensez _____ faire un testament avant qu'il ne soit trop tard.

3. Nos voisins faisaient trop de bruit; nous avons dû demander à la police _____ intervenir.

4. Ce cocaïnomane en est venu _____ commettre des vols pour pouvoir continuer _____ s'acheter de la drogue.

5. Vous finirez _____ vous faire arrêter si vous ne ralentissez pas !

6. Elle a décidé _____ déposer une plainte contre l'individu qui la harcelait.

7. Pensez-vous _____ signer ce contrat avant la fin du mois ?

8. Je ne demande pas l'impossible : je demande simplement _____ exprimer mon point de vue.

II. Les participes

A. Transformez les phrases suivantes en remplaçant les mots en italique par le participe présent ou sa forme composée.

1. Quels conseils donneriez-vous aux gens *qui craignent* de se faire cambrioler ?

2. *Comme il avait fait* de la prison, il avait de la difficulté à se trouver un emploi.

3. *Il tourna la tête et* il vit un policier qui le suivait.

4. *Comme la victime était* un enfant, le juge se montra d'autant plus sévère envers l'accusé.

5. Qui a reconnu l'homme *qui avait dévalisé* la banque ?

6. Un voleur a cambriolé l'appartement voisin *et il a emporté* les bijoux et l'argenterie.

7. *Après qu'il a eu fini* ses études de droit, leur fils s'est orienté vers la politique.

B. Transformez les phrases en remplaçant *une fois que* ou *aussitôt que* par *une fois* ou *sitôt* et la forme conjuguée du verbe par le participe passé.

> *Modèle :* Aussitôt que je me suis couché, je me suis endormi.
> Sitôt couché, je me suis endormi.

1. Une fois qu'il est devenu avocat, il s'est consacré aux affaires criminelles.
2. Aussitôt que les propriétaires furent partis, les cambrioleurs pénétrèrent dans la maison.
3. Une fois qu'il a été mort, son domaine a été partagé entre les héritiers.
4. Une fois que les voleurs ont été arrêtés, on a retrouvé l'argent.
5. Aussitôt que le contrat sera rédigé, nous les signerons.

C. Mettez les verbes entre parenthèses au participe présent ou au gérondif (précédé de **tout** au besoin).

1. Le voleur a pris la fuite _____ (voir) les policiers arriver.
2. _____ (poursuivre) des études de droit, elle a continué à faire du théâtre amateur.
3. _____ (savoir) qu'il hériterait d'une fortune, Marcel ne se souciait guère de son avenir.
4. _____ (soutenir) qu'ils détestent la violence, beaucoup de gens se montrent favorables à la peine capitale.
5. _____ (mettre) les gens en prison, on ne résout pas le problème de la criminalité.
6. Il a passé la frontière _____ (présenter) de faux papiers.
7. Le conducteur de l'automobile s'est enfui _____ (abandonner) le motocycliste blessé au bord de la route.
8. Elle a commis une erreur _____ (accepter) de signer ce contrat.

Prostitution : légaliser ou pas ?

Pour certains groupes de femmes, les prostituées sont surtout des victimes ; pour d'autres, elles sont des « travailleuses sexuelles » avec des droits.

L e « Guide international du sexe », vendu 30 dollars aux États-Unis, fournit à ses lecteurs les « bons plans » du sexe dans le monde entier. On y lit : « Depuis que les Chinois ont déclaré la richesse, c'est la gloire, des femmes sans le sou, sans relations et sans capacités intellectuelles ont exploité le seul atout dont elles disposent pour s'enrichir rapidement. Il leur suffit d'une chambre, d'un lit et d'une lampe rouge pour faire un bordel. Ces femmes gagnent ainsi beaucoup plus d'argent, à raison de 30 dollars par client, qu'en travaillant à l'usine pour quatre dollars par jour. Telle est la réalité dans presque tous les pays sous-développés. » Le même guide poursuit que chacun doit tirer le meilleur bénéfice possible de cette activité commerciale : « Si une personne préfère utiliser son corps de cette façon plutôt que de trimer pour un patron esclavagiste, et si les hommes veulent bien les payer plus que des tarifs de misère[1], pourquoi pas ? Si ce n'est ni votre corps, ni votre argent, ça ne vous regarde pas[2]. Tant que les problèmes économiques de la planète et ceux de la surpopulation ne sont pas résolus, il faut bien que quelqu'un paye. »

Quelqu'un, mais qui ? Les plus pauvres, les plus vulnérables ? L'industrie du sexe a pris une dimension internationale ; elle constitue une source importante de revenus pour de nombreux pays, en particulier en Asie. Le problème est que la prostitution n'est pas tout à fait légale. Est-ce que sa légalisation réduirait les inégalités et les abus subis par les femmes prostituées ? Ou bien aurait-elle pour effet d'anéantir des décennies d'efforts en faveur de la promotion des droits humains et du statut des femmes ?

Vifs échanges entre camps

À première vue, il s'agit du énième épisode d'un éternel débat. À première vue seulement. Car le débat ne porte plus sur la moralité – la prostitution est-elle un vice, et les clients sont-ils hommes fautifs ? – mais sur des notions éthiques – la prostitution est-elle une forme d'exploitation qui doit être abolie ou une activité qu'il faut réglementer ? Ces questions divisent les mouvements de femmes dans le monde. En gros, deux camps s'affrontent. L'un milite pour l'éradication de la prostitution : c'est le cas de la Coalition contre le trafic des femmes, par exemple. L'autre camp considère les prostituées comme des « travailleuses sexuelles », à qui il faut donner des droits : c'est la position de groupes basés surtout aux

Pays-Bas, aux États-Unis et en Angleterre. Entre les deux camps, les échanges sont vifs. La Coalition affirme que l'autre camp défend les intérêts des « maquereaux et des trafiquants ». Ce dernier répond que les abolitionnistes, enfermées dans la tour d'ivoire du féminisme universitaire, sont coupées du vécu quotidien des femmes prostituées.

La ligne de partage repose sur la distinction entre la prostitution « libre », revendiquée par les « travailleuses sexuelles », et la prostitution « forcée », qui serait le lot de la majorité des femmes, selon les abolitionnistes. Les deux camps reconnaissent que cette distinction est simpliste, mais pour des raisons différentes. Il est évident que la petite Népalaise de 12 ans, vendue à un bordel d'Inde où sévit le sida, n'a jamais été consentante. Pas plus que ne dispose de son libre arbitre la toxicomane new-yorkaise qui doit remplir son quota de passes pour que son proxénète lui donne sa dose de drogue. Mais qu'en est-il de l'Ukrainienne qui, chômeuse, va travailler en Allemagne comme serveuse et se retrouve dans un bordel ?

« La distinction entre la prostitution libre et forcée occulte l'impact considérable des conditions sociales et économiques que sont la pauvreté, la marginalisation, l'absence de perspectives et l'antériorité d'abus sexuels », estime Aurora Javate de Dios, de la branche Asie-Pacifique de la Coalition. « La crise économique, les désastres naturels, les troubles politiques et les conflits rendent femmes et enfants plus vulnérables et en font des proies faciles pour les recruteurs du sexe, et cela partout, mais surtout dans les pays en développement », ajoute-t-elle. À ses yeux, les lois visant à distinguer les deux types de prostitution légitimeront implicitement les relations patriarcales et serviront, au mieux, à identifier les formes extrêmes de coercition, sans tenir compte du facteur pauvreté. Dans l'autre camp, la frontière entre la prostitution libre et forcée paraît tout aussi aléatoire. « Quand les gens ont-ils la liberté de choix, en particulier sur le marché du travail ? L'ouvrier dans une usine chimique à qui son salaire permet à peine de survivre ? La femme qui, à cause de son origine sociale, ne pourra jamais développer ses compétences ? Pourquoi cette question du choix ne devrait-elle s'appliquer qu'à la prostitution ? », demande Lin Chew, ancienne porte-parole de la Fondation contre le trafic des femmes, une ONG[3] des Pays-Bas.

Les deux parties se rejoignent toutefois sur la nécessité de la dépénalisation et de l'abrogation des lois qui répriment les prostituées au nom de la moralité et de l'ordre public. Au-delà, les points de vue divergent à nouveau. Pour les abolitionnistes, les femmes sont des victimes, mais quiconque tire profit de leur exploitation doit être condamné. Pour les groupes de défense des prostituées, on n'aidera pas les travailleuses sexuelles si on condamne leurs employeurs à la clandestinité. On peut cependant essayer de garantir un minimum, à savoir, que ces travailleuses soient protégées des risques du métier et traitées correctement. On en arrive alors au rôle de l'État.

Sur cette question, les groupes pour les droits des prostituées se divisent à leur tour. Certains sont pour une dépénalisation complète, c'est-à-dire la suppression de toute réglementation. D'autres militent pour la légalisation de la prostitution, avec des contrôles règlementaires. Exemples : des licences peuvent être accordées, assorties d'une obligation de contrôles sanitaires ; les plans d'urbanisme peuvent prévoir d'implanter les « éros centres » à l'écart des zones résidentielles ; les lieux de travail peuvent être soumis à une réglementation, portant par exemple sur l'éclairage, la ventilation, la qualité des matelas ou les précautions contre l'incendie ; il peut être illégal d'obliger une femme à boire de l'alcool avec un client ; des conditions spéciales peuvent s'appliquer au calcul des impôts sur le revenu ; enfin, la couverture sociale peut être garantie.

En théorie, ce type de règles vise à protéger les prostituées. Mais certains textes ont un effet inverse, soulignent plusieurs groupes de travailleuses sexuelles. À propos des maisons closes gérées par l'Etat, le groupe américain Coyote (en faveur d'une totale dépénalisation de la prostitution) estime ainsi qu'il n'y a pas « de pire cauchemar que de devoir travailler comme fonctionnaire dans le commerce du sexe, où il existe un long passif d'abus commis par la police... D'autre part, les clients préfèrent certes les bordels – un homme arrive dans un endroit où toutes les femmes attendent en rang en d'être choisies – mais pour les femmes c'est une situation extrêmement inconfortable et dégradante. »

Des cours de prostitution...

Quant aux licences accordées aux bordels « légaux » ou aux prostituées, qui obligent à des contrôles médicaux fréquents, « elles ne garantissent en rien la sécurité du client et de la prostituée », estiment les porte-parole du groupe Coyote. À leurs yeux, les prostituées n'ont pas besoin qu'on les oblige à ces contrôles, dans des services publics sous-équipés où elles sont souvent traitées comme du bétail. Elles se soumettront d'elles-mêmes à des visites médicales, en vertu des seules règles de la libre concurrence. Et Coyote d'ajouter crûment : « Un restaurant perd sa réputation si la nourriture n'est pas fraîche et si ses clients tombent malades ; les mêmes auto-régulations s'appliqueront à la prostitution. » Pour la Coalition contre le trafic des femmes, le débat sur le rôle de l'État camoufle les vrais enjeux. Ce groupe est opposé à l'appellation « travailleuses du sexe » pour les prostituées : il est méprisant pour ces dernières, alors qu'il légitimise les rôles du proxénète, du rabatteur ou du trafiquant. « Ce que les femmes prostituées subissent dans leur "emploi" équivaut à ce qui, dans d'autres contextes, est la définition du harcèlement sexuel et de l'abus sexuel au travail », estime Janice Raymond, de la Coalition. À ses yeux, ce n'est pas parce que les prostituées sont payées que l'abus qu'elles subissent n'existe plus.

J. Raymond signale qu'aux Pays-Bas, il existe des cours payants auxquels peuvent s'inscrire des candidates à la prostitution ou des prostituées qui désirent mieux se former. On y propose des jeux de rôles dans les bars et même des cours sur la fiscalité de la prostitution. « Quelle personne censée encouragerait une quelconque adolescente à suivre ces cours ? Pourquoi laisser faire la promotion

de ce "commerce", alors que rien n'est fait pour aider les prostituées à en sortir ? »,
demande J. Raymond. Elle donne cette réponse : « Parce qu'il est plus simple de
croire que la prostitution est un choix pour les femmes... Si la question du choix
doit être posée, posons-la aux clients. Pourquoi des hommes choisissent-ils
d'acheter les corps de millions de femmes et d'enfants, d'appeler ça du sexe, et
d'en tirer, apparemment, un grand plaisir ? »

Amy Otchet — *Le Courrier de l'Unesco*

---

1. **de misère** : très bas, qui suffisent à peine à survivre.
2. **ça ne vous regarde pas** : ça ne vous concerne pas, ce n'est pas de vos affaires.
3. **ONG** : organisation non gouvernementale qui intervient dans le champ international
   (Amnesty International, Médecins sans frontières, etc.).

Compréhension du texte

1. À quelle activité se livrent certaines femmes dans les pays sous-développés pour gagner de l'argent ? Comment s'explique ce phénomène ?

2. Quels sont les arguments utilisés par le « Guide » pour justifier cet état de choses ?

3. Quels seraient les effets de la légalisation selon ceux qui en sont partisans et ceux qui s'y opposent ?

4. En quels termes se posait le débat autrefois et en quels termes se pose-t-il aujourd'hui ?

5. Quels sont les deux camps qui s'opposent et de quoi s'accusent-ils l'un l'autre ?

6. Pourquoi la distinction entre prostitution « libre » et « forcée » n'est-elle pas facile à faire ?

7. Pourquoi est-il dangereux de faire cette distinction, selon la Coalition ?

8. Comment Lin Chew réplique-t-elle à cet argument ?

9. Sur quel aspect de la dépénalisation les deux camps sont-ils d'accord et sur lequel sont-ils en désaccord ?

10. Quels sont les contrôles règlementaires que devrait imposer l'État selon les partisans de la légalisation ?

11. Pourquoi les partisans d'une dépénalisation totale sont-ils opposés à ce genre de réglementation ?

12. Quelle critique le groupe Coyote fait-il des licences que l'État pourrait accorder ?

13. Comment le débat sur le rôle de l'État camoufle-t-il les vrais enjeux, selon la Coalition ?

14. Comment la question du choix est-elle posée et pourquoi est-elle posée de cette manière ?

Questions d'ensemble

1. Quels arguments de chacun des deux camps trouvez-vous les plus convaincants ? Quels sont ceux qui vous semblent les plus douteux ?

2. L'éradication de la prostitution vous semble-t-elle possible ? Quels pourraient être les moyens utilisés pour réaliser cet objectif ?

3. Quels seraient les avantages et les inconvénients d'une réglementation de la prostitution imposée par l'État ?

4. Imaginez des réponses à la dernière question posée dans cet article.

Vocabulaire

Le droit et la justice

1. Le droit (*law*)

une **loi** (*law*)   un **règlement** (*regulation*)
appliquer la loi (*to carry out*)   **se plier aux lois** (*to obey*)
le **droit civil**   le **droit criminel**
intenter un procès à qqn (*to sue*)   **poursuivre** qqn **en justice** (*to prosecute; to sue*)
un **procès civil** (*lawsuit*)   un **procès criminel** (*trial*)

2. Le notaire

un **contrat**   la **signature**   un **acte authentique, notarié**
un **testament** (*will*)   **léguer** (*to bequeath*)
une **succession** (*inheritance, estate*)
hériter (**de** qqch.)   un **héritier, une héritière**
faire **un héritage**

3. Le tribunal (*court*)

un **juge**   **juger**   **prononcer un jugement** (*decision, sentence*)
un(e) **avocat(e)**   **plaider**   un **jury**   un **juré**
un(e) **accusé(e)**   **accuser** ≠ **défendre**   une **preuve** (*evidence, proof*)
un(e) **plaignant(e)**   **déposer une plainte contre** qqn
un **témoin** (*witness*)   **témoigner**   un **témoignage**

condamner ≠ **acquitter**   **coupable** ≠ **innocent**
une **amende** (*fine*)   la **prison**
condamner à **une peine** (de x ans) de prison (*to sentence to jail*)
une peine avec sursis (*suspended sentence*)   **faire appel** (m.)

4. Les crimes

un **crime**   un **délit, une infraction** (*offence*)
commettre un crime, un meurtre, un vol, etc.
un **meurtre, un assassinat**   **assassiner, tuer** (*to kill*)
un **vol** (*theft*)   **voler**   un **vol à main armée**
un **cambriolage** (*burglary*)   **cambrioler une maison**

dévaliser qqn, une banque, etc. (*to rob*)
une attaque, une agression (*assault*)   **un viol**
le trafic de stupéfiants (m. pl.), **de drogues** (f. pl.)
un faux (*forgery*)   **une fraude**
un détournement de fonds (*embezzlement*)

5. La police

un policier : **la police municipale, provinciale**
un gendarme : **la Gendarmerie royale du Canada**
régler **la circulation** (*to control traffic*)
patrouiller   faire **une patrouille**
enquêter (*to investigate*)   faire, mener **une enquête**
l'intervention sociale   **la protection de la propriété**
arrêter   **procéder à l'arrestation** de qqn

Exercices

A. Comment appelle-t-on les gens qui commettent...

    1. un crime ? (des criminels)

    2. un meurtre ?

    3. un vol ?

    4. un cambriolage ?

    5. une agression ?

    6. une fraude ?

    7. un faux ?

B. Complétez par le nom qui convient.

    1. Le notaire aide les héritiers à régler la _____ du défunt.

    2. De combien de _____ un jury se compose-t-il ?

    3. Il a été condamné à payer une _____ de deux cents dollars pour avoir commis cette infraction.

    4. Elle a eu de la chance de n'être condamnée qu'à une _____ avec sursis.

    5. La police mène une _____ sur la disparition de ce jeune homme.

C. Complétez par le substantif qui correspond au verbe entre parenthèses.

    1. (poursuivre) Le gouvernement a engagé des _____ contre cette compagnie.

    2. (appliquer) L' _____ de la loi est censée être la même pour tout le monde.

    3. (cambrioler) Le _____ a eu lieu pendant la nuit.

4. (prouver) Quelle _____ a-t-on de la culpabilité de l'accusé ?

5. (signer) Nous avons rendez-vous chez le notaire demain pour la _____ du contrat.

6. (défendre) Engagez un bon avocat pour assumer votre _____.

7. (hériter) S'ils sont riches, c'est qu'ils ont fait un gros _____.

8. (acquitter) Même après son _____, les gens ont continué à le soupçonner.

D. Remplacez les mots en italique par des synonymes.

1. Il a été accusé de s'être livré au *commerce illicite* de *drogues*.

2. Le juge a donné raison à *l'homme qui avait déposé la plainte*.

3. Chacun est tenu d'*obéir* aux lois.

4. Dans la plupart des villes, il existe des centres d'aide aux victimes d'*agression sexuelle*.

5. Les policiers font généralement leur *ronde de surveillance* par groupes de deux.

Conversations, exposés, compositions

1. Le système du procès criminel devant jury est-il efficace et juste ? Quelles vous semblent être les qualités d'un bon juré ?

2. Avez-vous jamais été témoin ou victime d'un crime ? Racontez.

3. Quel vous semble être le rôle de la prison ? Est-elle un moyen de réhabilitation efficace ? Peut-on envisager des solutions qui soient préférables ?

4. Que devrait-on ou pourrait-on faire pour aider les victimes des crimes ?

5. Êtes-vous pour ou contre la peine capitale ?

6. Quelle perception avez-vous du policier ? Plutôt positive ou plutôt négative, et pourquoi ? Avez-vous jamais eu des contacts avec la police ? De quel genre et quelles impressions en avez-vous retirées ?

7. La justice est-elle la même pour tous dans notre société ? Connaissez-vous des exemples d'injustice ?

8. Vous souhaitez qu'on rende légal quelque chose qui est actuellement illégal (*ou inversement* : vous souhaitez qu'on rende illégal quelque chose qui est actuellement légal) : exposez vos arguments.

9. La transmission de biens d'une génération à l'autre par héritage est-elle un facteur d'injustice sociale ? Une part de l'héritage devrait-elle aller à l'État ?

CHAPITRE 15

GRAMMAIRE

I. LE DISCOURS INDIRECT

A. La phrase déclarative et la concordance des temps
B. La phrase impérative au discours indirect
C. L'interrogation indirecte
D. Les expressions de temps

II. DEVOIR, POUVOIR, SAVOIR ET CONNAÎTRE

A. **Devoir**
B. **Pouvoir** + *infinitif*
C. **Savoir** et **connaître**

LECTURE

Le citoyen et les élections (Philippe Duhamel)

VOCABULAIRE

Le gouvernement et la politique

Conversations, exposés, compositions

GRAMMAIRE

 ## LE DISCOURS INDIRECT

On peut rapporter les paroles ou les pensées de quelqu'un (ou ce qu'on a dit ou pensé soi-même) soit directement, soit indirectement :

- le discours direct consiste à les reproduire textuellement, sans rien y changer (à l'écrit, on entoure la citation de *guillemets*) :

   > Sylvie réfléchissait : « Pour qui vais-je voter demain ? »

   > Il se tourna vers moi : « Est-ce que la politique vous intéresse ? »

   > « Je ne voterai certainement pas pour ce candidat », pensait-il.

- le discours indirect consiste à les rapporter dans une proposition subordonnée introduite par un verbe de déclaration ou d'interrogation (**demander**, **dire**, **promettre**, etc.) ou encore de pensée (**croire**, **penser**, etc.) :

   > Sylvie réfléchissait, se demandant pour qui elle allait voter le lendemain.

   > Il se tourna vers moi et me demanda si la politique m'intéressait.

   > Il pensait qu'il ne voterait certainement pas pour ce candidat.

Le passage du discours ou « style » direct au discours indirect entraîne certains changements. Remarquons tout de suite pour ne plus y revenir qu'au discours indirect :

- il faut ajouter au besoin des verbes introductifs (ici « se demandant », « me demanda ») ;

- les *personnes* des pronoms et des verbes (ainsi que des adjectifs possessifs) doivent être modifiées pour obéir à la logique.

A. La phrase déclarative et la concordance des temps

1. **Une phrase déclarative** au discours direct devient une subordonnée complétive introduite par **que** au discours indirect :

   > Le candidat déclare : « De grands changements auront lieu. »

   > Le candidat déclare **que** de grands changements auront lieu.

Il faut répéter **que** lorsqu'on juxtapose ou qu'on coordonne plusieurs subordonnées :

> Le candidat déclare **que** de grands changements auront lieu, **que** tout le monde en bénéficiera, et **qu'**il en prend l'engagement solennel.

2. La « **concordance des temps** » désigne l'ensemble des rapports entre le temps de la proposition principale et celui de la proposition subordonnée : des changements de temps peuvent intervenir lorsqu'on passe du discours direct au discours indirect.

   a) Si le temps du verbe de la proposition principale (le verbe introductif) est le *présent* ou le *futur*, aucun changement n'intervient :

   Le ministre { annonce : / annoncera : } « Les impôts { ont diminué. » / diminuent. » / diminueront. » }

   Le ministre { annonce / annoncera } que les impôts { ont diminué. / diminuent. / diminueront. }

   b) Si le verbe introductif est à un temps du passé, les changements suivants se produisent :

discours direct	discours indirect
présent Il a dit : « Je ne vote pas. »	*imparfait* Il a dit qu'il ne votait pas.
passé composé Elle disait : « Il a eu tort. »	*plus-que-parfait* Elle disait qu'il avait eu tort.
futur J'ai ajouté : « Ils seront là. »	*conditionnel présent* *(futur dans le passé)* J'ai ajouté qu'ils seraient là.
futur antérieur Il avait indiqué : « Nous aurons bientôt trouvé une solution. »	*conditionnel passé* *(futur antérieur dans le passé)* Il avait indiqué qu'ils auraient bientôt trouvé une solution.

Lorsque le temps de la citation est déjà l'imparfait, le plus-que-parfait, le conditionnel présent ou le conditionnel passé, aucun changement n'intervient lorsqu'on passe au discours indirect.

Le présent de l'indicatif dans une citation peut se retrouver au discours indirect lorsqu'il présente l'aspect permanent, c'est-à-dire lorsque les paroles que l'on rapporte continuent à exprimer une vérité au moment présent :

> Il disait : « La Terre est ronde. »

> Il disait que la Terre est ronde.

B. La phrase impérative au discours indirect

Au discours indirect, le verbe au mode impératif se met à l'infinitif et on le fait précéder de la préposition **de** :

> { Nos amis nous ont conseillé : « Adressez-vous à votre député. »
> { Nos amis nous ont conseillé **de** nous adresser à notre député.

> { Le député a dit : « Faites-moi confiance. »
> { Le député a dit **de** lui faire confiance.

Les verbes **demander** et **dire** pouvant exprimer l'ordre aussi bien que la déclaration (voir le chapitre 9), ils peuvent être suivis de **que** et du subjonctif, de même que **proposer** et **suggérer** :

> Le député a dit **qu'**on lui **fasse** confiance.

> Il a suggéré **qu'**ils **aillent** voter au plus tôt.

C. L'interrogation indirecte

La subordonnée complétive est introduite par les verbes **chercher**, **comprendre**, **(se) demander**, **ignorer**, **savoir**. Les changements au niveau des *temps* des verbes et des *personnes* des pronoms, des verbes et des adjectifs possessifs sont les mêmes que dans le cas du passage de la phrase déclarative à une complétive introduite par **que**. D'autres modifications interviennent selon le type d'interrogation.

1. L'interrogation totale

La subordonnée interrogative est introduite par **si** :

> Il a demandé : { « Y aura-t-il bientôt des élections ? »
> { « Est-ce qu'il y aura bientôt des élections ? »

> ⟶ Il a demandé **s'**il y aurait bientôt des élections.

Comme la subordonnée fait partie de la phrase déclarative, on élimine 1) **est-ce que**, 2) l'inversion, 3) l'intonation interrogative (le point d'interrogation à l'écrit).

> ### REMARQUE
>
> **Si** correspond ici à *whether* et peut être suivi d'un verbe au futur ou au conditionnel (contrairement au **si** de condition) :
>
> { Elle se demande si elle **ira** voter.
> { Elle se demandait si elle **irait** voter.

2. L'interrogation partielle

a) Les mots interrogatifs

Les mots interrogatifs des catégories suivantes ne changent pas :

- les adverbes interrogatifs **combien**, **comment**, **où**, **pourquoi**, **quand** :

  { Je me demande : « Combien de temps resteront-ils au pouvoir ? »
  { Je me demande combien de temps ils resteront au pouvoir.

  { Elle a demandé : « Où est-ce que tu es allée ? »
  { Elle a demandé où j'étais allée.

- l'adjectif **quel** et le pronom interrogatif **lequel** :

  { Elle m'a demandé : « Pour quel candidat comptes-tu voter ? »
  { Elle m'a demandé pour quel candidat je comptais voter.

  { J'ai demandé : « Auquel des Ministères devrais-je m'adresser ? »
  { J'ai demandé auquel des Ministères je devrais m'adresser.

Dans le cas des pronoms interrogatifs invariables, les formes longues (avec **est-ce que** et **est-ce qui**) sont éliminées. On utilise donc uniquement la forme simple :

{ Je me demande : { « Qui est-ce qui } a gagné les élections ? »
{ { « Qui }
{ Je me demande **qui** a gagné les élections.

Par ailleurs, en ce qui concerne les pronoms qui représentent des choses, le pronom sujet **qu'est-ce qui** devient **ce qui**, et le pronom objet direct ou attribut **que** ou **qu'est-ce que** devient **ce que** :

{ Ils m'ont demandé : « Qu'est-ce qui a causé cette révolte ? »
{ Ils m'ont demandé **ce qui** avait causé cette révolte.

{ Je lui ai demandé : { « Que faut-il faire ? »
{ { « Qu'est-ce qu'il faut faire ? »
{ Je lui ai demandé **ce qu'**il fallait faire.

b) L'ordre des mots

Dans l'interrogation indirecte, on n'emploie jamais ni **est-ce que (est-ce qui)**, ni l'inversion du verbe et d'un pronom sujet. L'ordre des mots est donc celui de la phrase déclarative. Toutefois, comme dans le cas des propositions relatives (chapitre 11), il est possible de placer le nom sujet *après* le verbe, pourvu que le verbe n'ait pas d'objet direct ou indirect, avec les mots **combien**, **comment**, **où** et **quand** (mais pas **pourquoi**) :

Je me demande quand
{ auront lieu les élections.
{ les élections auront lieu.

mais

Je me demande pourquoi ce ministre veut démissionner.

J'ignore quand le premier ministre prendra une décision.

L'inversion du verbe et du nom sujet est également possible avec :

– **ce que** :

J'aimerais savoir ce que
{ signifie ce discours.
{ ce discours signifie.

– *préposition* + **qui** ou **quoi** :

Je me demande pour qui ont voté mes parents.

On ignore vers quoi mènera cette politique.

c) On peut employer l'infinitif dans la subordonnée (pourvu que le sujet soit le même que celui de la principale) avec le sens de **pouvoir** ou de **devoir** + l'*infinitif* du verbe de la subordonnée :

Elle se demande comment (*elle pourrait*) rencontrer le député.

Je me demande pour qui (*je devrais*) voter.

Il ignore quel candidat (*il devrait*) soutenir.

Avec l'infinitif, on emploie le pronom interrogatif **que** ou **quoi** (objet direct, représentant une chose) à la place de **ce que** :

Je me demande **que (quoi)** penser de ce projet de loi.
(*ce que je devrais penser*)

D. Les expressions de temps

Les expressions de temps changent lorsque le verbe introductif est au passé :

Il a dit : « Je pars **demain**. »
Il a dit qu'il partait **le lendemain**.

Elle pensait : « Il a été élu député il y a dix ans. »
Elle pensait qu'il avait été élu député dix ans auparavant.

Les correspondances sont les suivantes (voir aussi le chapitre 10, III–A) :

discours direct	discours indirect
avant-hier	l'avant-veille
hier	la veille
aujourd'hui	ce jour-là
demain	le lendemain
après-demain	le surlendemain
ce matin, ce soir, etc.	ce matin-là, etc.
cette semaine, ce mois-ci	cette semaine-là, ce mois-là
cet été, cette année, etc.	cet été-là, cette année-là
la semaine dernière, passée	la semaine précédente
le mois prochain	le mois suivant
il y a deux mois	deux mois avant, auparavant
dans deux mois	deux mois après, plus tard

II DEVOIR, POUVOIR, SAVOIR ET CONNAÎTRE

A. Devoir

Employé comme verbe principal, **devoir** (*to owe*) signifie :

– *avoir une dette* :

> Je dois une centaine de dollars à mon frère.

– *tenir* quelque chose *de* quelqu'un ou *de* quelque chose :

> Savez-vous à quoi ce député doit sa popularité ?

> Il doit son poste à un oncle influent.

Comme verbe semi-auxiliaire suivi d'un infinitif, **devoir** a des sens différents selon le temps et le mode (indicatif ou conditionnel) auxquels il est conjugué et selon le contexte.

1. Au présent et à l'imparfait de l'indicatif

Au présent et à l'imparfait (« présent dans le passé »), **devoir** s'emploie principalement pour exprimer :

– un futur proche ou un futur proche dans le passé :

> Le premier ministre doit visiter la région la semaine prochaine.

> Le premier ministre devait visiter la région la semaine dernière mais il a dû interrompre sa tournée.

Par rapport à la construction **aller** + *infinitif*, **devoir** ajoute l'idée que *normalement* le fait se produira ou allait se produire, donc une nuance d'*intention*.

– la probabilité :

> Nos amis doivent être contents que leur cousin ait gagné les élections.

> Je crois que mon grand-père devait être socialiste, d'après ce que mon père m'a dit de lui.

Devoir au présent et à l'imparfait peut également s'employer pour exprimer l'*obligation* ou la *nécessité* dans certains contextes qui ne sont pas ambigus :

> Vous devez voter si vous voulez que les choses changent.

> À cette époque-là, les ouvriers devaient lutter pour faire reconnaître leurs droits.

Toutefois, chaque fois qu'il pourrait y avoir ambiguïté entre ce sens et les précédents, on précise l'idée de nécessité ou d'obligation en employant **il faut (fallait) que** + *subjonctif* ou **être obligé de** + *infinitif* :

> Il fallait que j'aille parler à mon député.

> Elle est obligée de partir demain.

L'idée d'obligation réglementaire est rendue par l'expression **être tenu de** + *infinitif* :

> Les citoyens sont tenus d'obéir à l'État.

2. Au passé composé et au plus-que-parfait

Deux sens :

– la probabilité :

> Sylvie n'est pas encore rentrée. Elle a dû être retardée par la circulation.

> Il avait dû être militant socialiste dans sa jeunesse, car il parlait parfois avec nostalgie des grandes manifestations de cette époque-là.

– l'obligation ou la nécessité :

> Il a dû s'exiler.
>
> Ils avaient dû faire des compromis avant d'en arriver à une entente.

3. Au futur et au passé simple

L'obligation et la nécessité :

> Le gouvernement devra modifier ses politiques s'il entend se maintenir au pouvoir.
>
> La police dut intervenir pour disperser les manifestants.

4. Au conditionnel présent ou passé

Au conditionnel présent, **devoir** exprime :

– une obligation morale, une suggestion, un conseil :

> Je devrais m'intéresser à la politique, c'est vrai.
>
> Le gouvernement devrait faire quelque chose.

– la probabilité dans l'avenir :

> Notre parti devrait bientôt arriver au pouvoir.
>
> Le premier ministre devrait avoir pris une décision d'ici demain.

Le conditionnel passé ajoute l'*idée de l'irréel du passé* (voir le chapitre 7) et s'emploie donc surtout pour exprimer un regret ou un reproche :

> Cela n'aurait pas dû arriver.
>
> Vous auriez dû voter.

B. Pouvoir + *infinitif*

Pouvoir comme verbe semi-auxiliaire exprime essentiellement trois modalités.

1. La possibilité

C'est **être capable, être en mesure, en état de** faire quelque chose :

> Peux-tu me dire à quelle heure aura lieu la manifestation ?
>
> Le député m'a fait dire qu'il me recevrait dès qu'il le pourrait.
>
> Entouré de conseillers corrompus, il n'a pas pu garder le pouvoir très longtemps.

> **REMARQUE**
>
> **Savoir** exprime une capacité d'agir qui résulte d'un apprentissage, d'une habitude ou d'un effort de la volonté :
>
> > Pour être politicien, il faut savoir prononcer un discours.
> >
> > Il ne sait pas motiver ses subordonnés.
> >
> > Tout vient à point à qui sait attendre. (*proverbe*)
>
> Il arrive que l'on emploie **pouvoir** pour exprimer la capacité, mais alors, par opposition à **savoir**, l'emploi de **pouvoir** exprime une capacité spontanée, non apprise :
>
> > Il sait nager.
> >
> > *mais*
> >
> > Il peut nager pendant des heures sans s'arrêter.

2. La permission

Avoir le droit, l'autorisation, la liberté, la possibilité raisonnable de faire quelque chose :

> On peut voter à l'âge de dix-huit ans.
>
> Vous pouvez entrer.
>
> Personne ne peut critiquer le gouvernement dans ce pays.
>
> Peut-on dire qu'il s'agit bien là d'une dictature ?

3. L'hypothétique

Lorsqu'on parle de quelque chose d'incertain :

> Le gouvernement peut tomber dans six mois, dans un an...
>
> La situation politique peut changer.
>
> Je peux me tromper.

C. Savoir et connaître

Il ne faut pas confondre les verbes **savoir** et **connaître**.

1. On emploie **savoir** mais jamais **connaître** :

– avec un infinitif :

> Cette candidate sait soulever l'enthousiasme des foules.

– avec une subordonnée complétive (**que**) :

> Je ne savais pas que tu t'intéressais à la politique.

– avec une interrogation indirecte :

> Il ne sait pas pour qui voter.

> Je ne savais pas quand auraient lieu les élections.

2. On emploie **connaître** mais jamais **savoir** avec un objet direct qui désigne :

– une personne :

> Connaissez-vous Mme Doré ?

REMARQUES

1 Un nom propre peut désigner l'œuvre d'un artiste, d'un écrivain, etc. :

> Je ne connaissais pas Roch Carrier : c'est ma cousine qui m'a fait connaître ses livres.

2 Au passé composé, **connaître** suivi d'un nom désignant une personne a le sens de *faire la connaissance de* :

> J'ai connu Armand en 1980 et nous nous sommes revus occasionnellement depuis.

– un animal :

> Il connaît bien les chevaux.

– un endroit :

> Connaissez-vous Ottawa ?

– un objet concret :

> Est-ce que tu connais cette plante ?

3. **Savoir** et **connaître** peuvent tous deux avoir pour objet direct un nom désignant un fait, une abstraction.

a) **Savoir** s'emploie pour exprimer que l'on possède entièrement une connaissance qui a été apprise :

> Mon fils a été puni parce qu'il ne savait pas sa leçon.

> Sais-tu les paroles de cette chanson ?

Savoir peut d'ailleurs avoir le sens d'*apprendre, d'être informé de quelque chose* :

> Avez-vous su la nouvelle ?

> La démission du Ministre se sait déjà.

b) Connaître s'emploie pour exprimer que quelque chose nous est familier, que nous en avons pris connaissance auparavant et que nous pouvons donc le reconnaître :

> Je connais cette chanson.

> Connaissez-vous les opinions politiques de M. Morand ?

Connaître peut aussi indiquer que l'on fait l'expérience de quelque chose :

> Il a connu la ferveur révolutionnaire pendant sa jeunesse.

> Le gouvernement connaît des difficultés en ce moment.

c) Savoir et **connaître** sont souvent interchangeables :

> Je sais / connais le chinois.

> Il sait / connaît mon adresse.

> C'est un homme qui sait / connaît bien son métier.

Exercices

I. Le discours indirect

A. Formulez les phrases suivantes en discours indirect.

1. Le candidat de l'opposition dira sûrement : « Les choses changeront quand nous serons au pouvoir. »

2. Son adversaire affirme : « Les finances du pays n'ont jamais été aussi saines et c'est grâce à la gestion équilibrée du gouvernement actuel. »

3. Certains économistes ont indiqué : « La conjoncture globale est défavorable et le gouvernement va bientôt devoir prendre des mesures. »

4. Le ministre des Finances a reconnu : « Le redressement économique a été général et notre pays en a lui aussi bénéficié, mais l'avenir semble moins rose et il faudra faire des sacrifices. »

5. Le chef de l'opposition officielle a constaté : « Le déficit aura bientôt atteint un niveau critique mais le gouvernement actuel n'a annoncé aucune mesure pour le réduire. »

6. « Ce sera le problème essentiel des prochaines années », prédisait récemment dans un discours l'ancien ministre du Développement économique.

B. Formulez les phrases impératives en discours indirect.

1. Les organisateurs de la manifestation ont demandé : « Ne provoquez pas les forces de police et restez calmes en tout temps. »

2. Son amie lui conseille : « Écris au premier ministre. »

3. Je leur dirais : « Ne votez plus pour cet incapable. »

4. Il nous avait dit : « Faites-moi confiance. »

5. On m'a conseillé : « Évitez de discuter de politique si vous ne voulez pas vous faire d'ennemis. »

C. Formulez les questions suivantes en discours indirect.

1. Mes amis m'ont demandé : « Est-ce que tu vas voter ? »

2. Je me suis souvent demandé : « Devrais-je faire de la politique ? »

3. La journaliste lui a demandé : « Vous représenterez-vous aux prochaines élections ? »

4. On a demandé au premier ministre : « Quand comptez-vous rencontrer le chef d'État américain et quels seront vos principaux sujets de discussion ? »

5. Je voulais vous demander : « Où aura lieu la manifestation ? »

6. Bien des gens lui demandaient : « Pouvons-nous nous attendre à des changements réels ? Lesquels pensez-vous effectuer en premier ? »

7. Nous vous demandons : « Qu'est-ce qui va se passer en cas de crise ? Qu'avez-vous l'intention de faire ? Quelles précautions avez-vous prises ? »

8. Je me suis déjà demandé : « Qui est-ce qui décide vraiment des orientations économiques du pays ? »

9. J'aurais voulu savoir : « De quoi a-t-on besoin pour régler le problème du chômage ? »

10. Nos adhérents nous demandent : « Qu'est-ce que nous pouvons faire pour aider le parti ? »

D. Formulez les phrases en discours indirect et changez les expressions de temps.

1. Je lui ai demandé : « Pourquoi les conservateurs ont-ils perdu les élections il y a deux ans ? »

2. Un fonctionnaire m'a expliqué : « Vous devrez vous présenter au bureau des déclarations dans deux jours. »

3. Le chef du parti a déclaré : « Hier nous avons perdu une bataille mais demain nous remporterons la victoire. » *le chef du parti a déclaré que la veille ils avaient perdu une bataille mais le lendemain ils remporteraient la victoire.*

4. Les militants se demandaient : « Qu'est-ce que nous allons faire le mois prochain ? Ne faut-il pas prendre position dès aujourd'hui ? »

5. La journaliste a demandé : « Qui est-ce qui est responsable de ce qui s'est produit la semaine dernière ? »

II. Devoir, pouvoir, savoir et connaître

A. Refaites les phrases en employant **devoir** au temps et au mode appropriés.

> *Modèle :* C'est dommage que tu n'aies pas voté.
> Tu aurais dû voter.

1. Il est probable que nos voisins ont voté pour le candidat conservateur.
2. On s'attend à ce que le premier ministre annonce sa décision dans le courant de la semaine.
3. Il faudra que le gouvernement trouve une solution à la crise.
4. Nous étions censés rencontrer le député hier soir, mais il a eu un empêchement.
5. Je vous conseille d'éviter de parler de politique avec lui.

B. Complétez en employant le présent soit de **pouvoir**, soit de **savoir**.

1. Il _____ parler cinq langues.
2. _____-vous parler un peu moins fort, s'il vous plaît ?
3. Un bon politicien _____ prononcer de beaux discours.
4. Elle _____ prononcer un discours d'une heure sans jamais reprendre son souffle.
5. Il ne _____ rien voir sans lunettes.
6. Je ne _____ pas comprendre pourquoi vous adhérez à ce parti.

C. Complétez en employant le présent de **savoir** ou de **connaître** (indiquez les cas où les deux sont possibles).

1. Je ne _sais_ pas qui est ce monsieur.
2. _Connaissez_-vous cette personne ?
3. Les électeurs _savent_ que les promesses électorales ne sont pas toujours tenues.
4. Vous _connaissez_ les politiciens : des mots, encore des mots !
5. Je _sais_ / _connais_ mes droits et mes devoirs de citoyen.
6. Je _connais_ cette candidate mais je ne _sais_ pas grand-chose sur son programme politique.

Le citoyen et les élections

Les élections comme moment privilégié de la démocratie parlementaire. En pleine[1] campagne électorale, sentez-vous que votre pouvoir de citoyen atteint un sommet ? Sentez-vous que votre voix porte davantage[2] ? Votre influence sur les affaires de la cité est-elle véritablement en plein exercice ?

Le moment électoral présente au citoyen du 21e siècle une question de première importance. Combien de fois ai-je entendu les juges dans les causes de désobéissance civile nous dire : il suffit de changer le parti au pouvoir, pourquoi manifester ? Vous n'aimez pas les partis en lice, pourquoi ne pas en créer un nouveau ?

La question se pose effectivement : pourquoi diable s'organiser et se mobiliser comme citoyens si tous nos problèmes peuvent se régler en changeant le parti au pouvoir ?

Aveu : je n'ai voté que deux fois depuis l'âge de 18 ans. Pas tant par a priori idéologique que par réelle incapacité à donner mon consentement à l'un ou l'autre des partis. Parfois aussi, le temps pour me rendre aux urnes semblait mieux investi dans mon activité militante (produire un dépliant, organiser une réunion à l'extérieur de mon comté, etc.).

Le vote comme symbole de démocratie

Disons ceci : la personne dont la citoyenneté se résume à faire une croix tous les quatre ans n'exerce qu'une citoyenneté de façade, un succédané. Le processus électoral chez nous se résume à entériner des choix faits ailleurs, à faire pile ou face[3] entre des paramètres étroits et présélectionnés. Combien de partis considèrent, une fois au pouvoir, détenir un chèque en blanc de leur électorat ? Ainsi vu, le vote pour un parti ou un autre consiste souvent à lui donner simplement notre pouvoir. « Peu importe[4] pour qui tu votes, c'est toujours le gouvernement qui gagne. »

Des élections pour la justice

Les idées de droite et les tendances fascisantes ont déjà leur(s) parti(s). Pour eux, ça va bien. Mais pour ceux et celles qui veulent une juste répartition de la richesse, la réduction ou l'élimination des dépenses militaires, protéger les forêts, forcer les multinationales à payer leurs impôts et à réinvestir ici leurs profits... Quel parti ? « Si voter pouvait changer quelque chose, ce serait illégal. » Si jamais on avait un tel parti, il ne serait pas élu. S'il l'était, nous aurions un coup d'État.

Pourquoi pas un nouveau parti ?

Ou pourquoi je ne crois pas à la création d'un tiers parti. Combien de fois allons-nous blâmer la qualité des ingrédients pour l'échec du gâteau et refuser de voir que c'est la recette qui n'est pas bonne ? Oublions les sectes d'extrême gauche, éternelles perdantes qui prouvent à chaque élection que 95 % à 99 % des gens les ignorent. Si la tendance se maintient, la planète sera détruite avant d'avoir réussi à créer un tiers parti et à le faire élire.

Les partis socialistes européens, le CCF, le PQ[5] ont jusqu'à présent de bien tristes bilans. Les Partis vert allemand et français ont appuyé la guerre au Kosovo et les bombardements de l'OTAN (avec les armes à l'uranium).

Attend-on encore un sauveur ou une sauveuse ? Un messie ? Pourquoi fuir nos problèmes et penser que la bonne personne au pouvoir pourra les régler ?

La trahison des idéaux démocratiques est inévitable dans notre système où les coûteuses campagnes de marketing et les fabricants d'images achètent les votes. Les orientations des partis finissent par être dictées par les sondages et l'influence des lobbies.

L'alternative : réveil citoyen et démocratie participative

Pour l'État, la citoyenneté doit se limiter au vote tous les quatre ans. Ne pas « voter » par l'action citoyenne entre les élections, c'est se condamner à toujours perdre ses élections. C'est renoncer à l'exercice d'une véritable citoyenneté, si ce n'est quinze minutes tous les quatre ou cinq ans.

La période des élections peut quand même[6] être un bon moment pour faire valoir[7] sa cause. Les politiciens sont plus disponibles et plus vulnérables. Mais c'est aussi le derby des causes de toutes sortes. La stratégie des suffragettes permet de concentrer toutes ses énergies sur un seul comté où l'on veut défaire un candidat.

Oubliez le mythe du pouvoir concentré en haut et diffusé vers le bas. La réalité est tout autre : le pouvoir repose sur le consentement des gouvernés. Ce pouvoir sera d'autant plus grand qu'il s'exerce en l'absence de contre-pouvoirs, de résistances. En restant passif, on laisse la machine grossir.

Des actions d'éclat sont possibles. Par exemple, en suivant les politiciens en tournée. Mais la sécurité est souvent très serrée, surtout pour les grands noms.

L'impact de la mondialisation se fait sentir par une démocratie exécutive. La démocratie municipale, syndicale et associative, celle où notre vote compte, en prend pour son rhume[8]. C'est tout l'odieux des fusions municipales annoncées : détruire le dernier palier de gouvernement où les citoyens avaient encore une influence.

La démocratie est un engagement quotidien où nous avons la capacité de choisir ce que nous mangeons, notre travail, notre vie culturelle, nos transports, notre type de gouvernement. La démocratie parlementaire est un échec. Bâtissons autre chose par un mouvement mondial de citoyenneté.

Philippe Duhamel — *Radio-Canada*

_____

1. **en pleine** : au milieu de.
2. **porte davantage** : se fait mieux entendre ; est plus puissante.
3. **faire pile ou face** : *to flip the coin*.
4. **peu importe** : cela n'a pas d'importance.
5. **le CCF, le PQ** : le CCF, c'était la Co-operative Commonwealth Federation, qui est devenue le NPD (Nouveau Parti démocratique) au Canada ; le PQ, c'est le Parti québécois au Québec.
6. **quand même** : malgré tout.
7. **faire valoir** : attirer l'attention sur.
8. **en prend pour son rhume** : est malmenée ; en sort amoindrie.

Compréhension du texte

1. Pourquoi les élections sont-elles un « moment privilégié » ?

2. Quelle est la question que posent souvent les juges dans les causes de désobéissance civile ?

3. Quelles raisons l'auteur donne-t-il pour n'avoir voté que deux fois ?

4. Qu'est-ce qu'il reproche au processus électoral ?

5. Quelle est, selon lui, l'attitude des partis une fois arrivés au pouvoir ?

6. Quel genre de parti est, selon l'auteur, absent de la scène politique ?

7. Expliquez l'image du gâteau (ingrédients, recette).

8. Pourquoi faut-il oublier l'extrême gauche ?

9. Qu'est-ce qui menace l'avenir si la situation actuelle ne change pas ?

10. Qu'est-ce que l'auteur reproche aux partis dits « de gauche » ?

11. Pourquoi l'attente d'un messie est-elle malsaine ?

12. Quelles sont les causes de la trahison des idéaux démocratiques ?

13. Que faudrait-il faire d'autre que voter tous les quatre ans et pourquoi ?

14. De quoi peut-on quand même profiter durant la période des élections ?

15. Quel est le mythe et quelle est la réalité en ce qui concerne le pouvoir ?

16. Comment se fait sentir la mondialisation ? Donnez-en un exemple.

17. Qu'est-ce que l'auteur préconise en fin de compte ?

Questions d'ensemble

1. Qu'est-ce que l'auteur reproche essentiellement au système actuel de démocratie parlementaire ? Partagez-vous ses sentiments à cet égard ?

2. Quelles solutions propose-t-il ? Ces solutions vous semblent-elles réalistes ? Comment voyez-vous votre propre participation au processus politique ?

VOCABULAIRE

LE GOUVERNEMENT ET LA POLITIQUE

1. Le gouvernement (Canada)

un système parlementaire
le pouvoir législatif :
    le Parlement fédéral : le Sénat, la Chambre des communes
    le Parlement provincial : l'Assemblée législative (Q. : **l'Assemblée nationale**)

le pouvoir exécutif :
    le premier ministre, le Cabinet des ministres (le Conseil exécutif)

le pouvoir judiciaire :
    la Cour suprême, etc.

2. Le pouvoir et les régimes politiques

prendre, garder, perdre **le pouvoir** (*power; authority*)
être **au** pouvoir = **détenir** (*to hold*) le pouvoir
gouverner   les gouvernants   les gouvernés

la politique (*politics*)   **une politique** (*policy*) sociale, etc.

un régime totalitaire (à parti unique) **un régime libéral**
une dictature   **une démocratie**
une monarchie   **une république**

3. Les partis politiques

le Nouveau Parti démocratique (N.P.D.)   **le Parti libéral** (P.L.)
le Parti progressiste conservateur (P.C.)   **le Parti québécois** (P.Q.)
le Parti démocrate (É.-U.)   **Le Parti républicain** (É.-U)
la gauche   le centre   la droite
être, se situer **à** droite, **au** centre, **à** gauche
adhérer à (*to join*) un parti   **un(e) adhérent(e)** = **un membre**
militer   un(e) militant(e)

4. Les élections

voter   **le droit de vote**   **un bulletin de vote**
un scrutin (*poll, ballot*)   **le bureau de vote, de scrutin**
élire   **un(e) électeur(-trice)**   **la liste électorale**
appuyer, soutenir, être partisan d'un candidat (*to support*)

une campagne électorale   **un programme politique** (*platform*)
briguer des suffrages (*to canvass for votes*)   **la propagande**
un suffrage = une voix = un vote   **un sondage** (*opinion poll*)

5. Les débats (m.)

le parti **majoritaire**   **la majorité**   **l'opposition**
un député (*representative, member*)
siéger (1) = avoir un siège
siéger (2) = être **en séance** (*to be sitting, in session*)
une séance (*session, meeting*)   **lever la séance** (*to adjourn*)
déclarer la séance ouverte (*to open the meeting*)
prendre la parole (*to take the floor*)   **donner la parole à** qqn
déposer (*to table*) **un projet de loi** (*bill*)
amender   proposer **un amendement**
promulguer une loi   **légiférer sur** (*to legislate on*)

6. Divers

l'État / un(e) citoyen(ne)   **une nation / un peuple**

l'administration = la fonction publique
une manifestation (*political demonstration*)   **un(e) manifestant(e)**
une classe, une couche (*stratum*) **sociale**
la classe populaire, la classe moyenne, la classe dominante

Exercices

A. Complétez par le mot ou l'expression qui convient.

    1. Le Parlement fédéral du Canada comprend le Sénat et _____.

    2. Le Parlement détient le _____ législatif.

    3. Tous les candidats font des promesses au cours de leur _____ électorale.

    4. Une grande _____ a eu lieu cette semaine dans les rues de la capitale pour protester contre les nouvelles politiques économiques annoncées par le gouvernement.

5. Les fonctionnaires sont des gens qui travaillent dans _____.

6. Selon les derniers _____ la popularité du parti au pouvoir a beaucoup baissé.

B. Remplacez le mot en italique par un synonyme.

1. Sais-tu combien ce parti a de *membres* ?

2. Tous les candidats doivent briguer les *votes* des électeurs.

3. L'opposition a proposé plusieurs *modifications* au projet de loi.

4. Il y a d'une part *ceux qui détiennent* le pouvoir et d'autre part *ceux qui doivent obéir au pouvoir*.

5. L'Assemblée *est en séance* depuis deux heures de l'après-midi.

C. Complétez par le substantif qui correspond au verbe entre parenthèses.

1. (soutenir) Des personnes influentes ont apporté leur _____ au candidat libéral.

2. (prendre) Cette controverse a donné lieu à des _____ de position diamétralement opposées de la part des deux candidats.

3. (adhérer) Notre parti gagne en popularité et les nouvelles _____ sont de plus en plus nombreuses.

4. (siéger) Aux dernières élections provinciales, notre parti a perdu dix _____.

D. Remplacez le mot ou l'expression qui ne convient pas.

1. Ce nouveau plan de loi a été adopté à l'unanimité.

2. Est-ce que les ouvriers appartiennent à la couche moyenne ?

3. La séance a été fermée à 20 h 15.

4. Ton frère est-il fonctionnaire dans le service public fédéral ou provincial ?

Conversations, exposés, compositions

1. Qu'est-ce qui caractérise un système parlementaire comme celui du Canada ?

2. Citez certaines différences entre le système de gouvernement canadien et le système américain.

3. Quelles sont les différences entre un régime totalitaire et un régime démocratique ?

4. Est-il préférable dans un pays (ou une province) qu'il y ait seulement deux partis ou qu'il y en ait plus de deux ?

5. Lors d'une élection, quels sont les facteurs qui déterminent votre choix de tel candidat plutôt que de tel autre ?

6. Quelle vous semble être l'importance que joue de nos jours l'utilisation des médias dans les campagnes électorales ?

7. Quels sont les avantages et les inconvénients du fédéralisme canadien ?

8. Choisissez un problème actuel d'ordre politique ou social qui vous semble prioritaire : exposez en quoi il consiste et quelles en sont les causes ; proposez une solution en précisant les moyens nécessaires pour y parvenir.

APPENDICES

APPENDICE A

CONJUGAISONS

APPENDICE B

VERBES (+ PRÉPOSITION) + INFINITIF

APPENDICE C

L'IMPARFAIT ET LE PLUS-QUE-PARFAIT DU SUBJONCTIF

APPENDICE A

CONJUGAISONS

 I LA CONJUGAISON DES VERBES RÉGULIERS

Infinitif		Participe		Indicatif						
Présent	*Passé*	*Présent*	*Passé*	*Présent*	*Imparfait*	*Passé simple*	*Futur*	*Passé composé*	*Plus-que-parfait*	*Passé antérieur*
Verbes en -er										
parler	avoir parlé	parlant	parlé	parle	parlais	parlai	parlerai	ai parlé	avais parlé	eus parlé
				parles	parlais	parlas	parleras	as parlé	avais parlé	eus parlé
				parle	parlait	parla	parlera	a parlé	avait parlé	eut parlé
				parlons	parlions	parlâmes	parlerons	avons parlé	avions parlé	eûmes parlé
				parlez	parliez	parlâtes	parlerez	avez parlé	aviez parlé	eûtes parlé
				parlent	parlaient	parlèrent	parleront	ont parlé	avaient parlé	eurent parlé
Verbes en -ir										
finir	avoir fini	finissant	fini	finis	finissais	finis	finirai	ai fini	avais fini	eus fini
				finis	finissais	finis	finiras	as fini	avais fini	eus fini
				finit	finissait	finit	finira	a fini	avait fini	eut fini
				finissons	finissions	finîmes	finirons	avons fini	avions fini	eûmes fini
				finissez	finissiez	finîtes	finirez	avez fini	aviez fini	eûtes fini
				finissent	finissaient	finirent	finiront	ont fini	avaient fini	eurent fini
Verbes en -re										
vendre	avoir vendu	vendant	vendu	vends	vendais	vendis	vendrai	ai vendu	avais vendu	eus vendu
				vends	vendais	vendis	vendras	as vendu	avais vendu	eus vendu
				vend	vendait	vendit	vendra	a vendu	avait vendu	eut vendu
				vendons	vendions	vendîmes	vendrons	avons vendu	avions vendu	eûmes vendu
				vendez	vendiez	vendîtes	vendrez	avez vendu	aviez vendu	eûtes vendu
				vendent	vendaient	vendirent	vendront	ont vendu	avaient vendu	eurent vendu

Futur antérieur	Impératif Présent	Conditionnel Présent	Passé	Subjonctif Présent	Imparfait	Passé	Plus-que-parfait
aurai parlé		parlerais	aurais parlé	parle	parlasse	aie parlé	eusse parlé
auras parlé	parle	parlerais	aurais parlé	parles	parlasses	aies parlé	eusses parlé
aura parlé		parlerait	aurait parlé	parle	parlât	ait parlé	eût parlé
aurons parlé	parlons	parlerions	aurions parlé	parlions	parlassions	ayons parlé	eussions parlé
aurez parlé	parlez	parleriez	auriez parlé	parliez	parlassiez	ayez parlé	eussiez parlé
auront parlé		parleraient	auraient parlé	parlent	parlassent	aient parlé	eussent parlé
aurai fini		finirais	aurais fini	finisse	finisse	aie fini	eusse fini
auras fini	finis	finirais	aurais fini	finisses	finisses	aies fini	eusses fini
aura fini		finirait	aurait fini	finisse	finît	ait fini	eût fini
aurons fini	finissons	finirions	aurions fini	finissions	finissions	ayons fini	eussions fini
aurez fini	finissez	finiriez	auriez fini	finissiez	finissiez	ayez fini	eussiez fini
auront fini		finiraient	auraient fini	finissent	finissent	aient fini	eussent fini
aurai vendu		vendrais	aurais vendu	vende	vendisse	aie vendu	eusse vendu
auras vendu	vends	vendrais	aurais vendu	vendes	vendisses	aies vendu	eusses vendu
aura vendu		vendrait	aurait vendu	vende	vendît	ait vendu	eût vendu
aurons vendu	vendons	vendrions	aurions vendu	vendions	vendissions	ayons vendu	eussions vendu
aurez vendu	vendez	vendriez	auriez vendu	vendiez	vendissiez	ayez vendu	eussiez vendu
auront vendu		vendraient	auraient vendu	vendent	vendissent	aient vendu	eussent vendu

CONJUGAISONS

II LA CONJUGAISON DES VERBES RÉGULIERS AUXILIAIRES *AVOIR* ET *ÊTRE*

Infinitif		Participe		Indicatif						
Présent	*Passé*	*Présent*	*Passé*	*Présent*	*Imparfait*	*Passé simple*	*Futur*	*Passé composé*	*Plus-que-parfait*	*Passé antérieur*
avoir	avoir eu	ayant	eu	ai	avais	eus	aurai	ai eu	avais eu	eus eu
				as	avais	eus	auras	as eu	avais eu	eus eu
				a	avait	eut	aura	a eu	avait eu	eut eu
				avons	avions	eûmes	aurons	avons eu	avions eu	eûmes eu
				avez	aviez	eûtes	aurez	avez eu	aviez eu	eûtes eu
				ont	avaient	eurent	auront	ont eu	avaient eu	eurent eu
être	avoir été	étant	été	suis	étais	fus	serai	ai été	avais été	eus été
				es	étais	fus	seras	as été	avais été	eus été
				est	était	fut	sera	a été	avait été	eut été
				sommes	étions	fûmes	serons	avons été	avions été	eûmes été
				êtes	étiez	fûtes	serez	avez été	aviez été	eûtes été
				sont	étaient	furent	seront	ont été	avaient été	eurent été

Futur antérieur	Impératif Présent	Conditionnel Présent	Passé	Subjonctif Présent	Imparfait	Passé	Plus-que-parfait
aurai eu		aurais	aurais eu	aie	eusse	aie eu	eusse eu
auras eu	aie	aurais	aurais eu	aies	eusses	aies eu	eusses eu
aura eu		aurait	aurait eu	ait	eût	ait eu	eût eu
aurons eu	ayons	aurions	aurions eu	ayons	eussions	ayons eu	eussions eu
aurez eu	ayez	auriez	auriez eu	ayez	eussiez	ayez eu	eussiez eu
auront eu		auraient	auraient eu	aient	eussent	aient eu	eussent eu
aurai été		serais	aurais été	sois	fusse	aie été	eusse été
auras été	sois	serais	aurais été	sois	fusses	aies été	eusses été
aura été		serait	aurait été	soit	fût	ait été	eût été
aurons été	soyons	serions	aurions été	soyons	fussions	ayons été	eussions été
aurez été	soyez	seriez	auriez été	soyez	fussiez	ayez été	eussiez été
auront été		seraient	auraient été	soient	fussent	aient été	eussent été

CONJUGAISONS

III LA CONJUGAISON DES VERBES IRRÉGULIERS

La plupart des verbes qui suivent sont des paradigmes : un grand nombre d'autres verbes se conjuguent sur le même modèle. On trouvera la liste de ces autres verbes à la page qui suit le dernier des tableaux ci-dessous.

| Infinitif Participes (Auxiliaire) | Indicatif | | | | Conditionnel | Impératif | Subjonctif |
	Présent	Imparfait	Passé simple	Futur	Présent		Présent
acquérir	acquiers	acquérais	acquis	acquerrai	acquerrais		acquière
	acquiers	acquérais	acquis	acquerras	acquerrais	acquiers	acquières
acquérant	acquiert	acquérait	acquit	acquerra	acquerrait		acquière
acquis	acquérons	acquérions	acquîmes	acquerrons	acquerrions	acquérons	acquérions
	acquérez	acquériez	acquîtes	acquerrez	acquerriez	acquérez	acquériez
(avoir)	acquièrent	acquéraient	acquirent	acquerront	acquerraient		acquièrent
aller	vais	allais	allai	irai	irais		aille
	vas	allais	allas	iras	irais	va	ailles
allant	va	allait	alla	ira	irait		aille
allé	allons	allions	allâmes	irons	irions	allons	allions
	allez	alliez	allâtes	irez	iriez	allez	alliez
(être)	vont	allaient	allèrent	iront	iraient		aillent
(s')asseoir (1)	assieds	asseyais	assis	assiérai	assiérais		asseye
	assieds	asseyais	assis	assiéras	assiérais	assieds-toi	asseyes
asseyant	assied	asseyait	assit	assiéra	assiérait		asseye
assis	asseyons	asseyions	assîmes	assiérons	assiérions	asseyons-nous	asseyions
	asseyez	asseyiez	assîtes	assiérez	assiériez	asseyez-vous	asseyiez
(être)	asseyent	asseyaient	assirent	assiéront	assiéraient		asseyent
(s')asseoir (2)	assois	assoyais	assis	assoirai	assoirais		assoie
	assois	assoyais	assis	assoiras	assoirais	assois-toi	assoies
	assoyant	assoit	assoyait	assit	assoira	assoirait	assoie
assis	assoyons	assoyions	assîmes	assoirons	assoirions	assoyons-nous	assoyions
	assoyez	assoyiez	assîtes	assoirez	assoiriez	assoyez-vous	assoyiez
(être)	assoient	assoyaient	assirent	assoiront	assoiraient		assoient
battre	bats	battais	battis	battrai	battrais		batte
	bats	battais	battis	battras	battrais	bats	battes
battant	bat	battait	battit	battra	battrait		batte
battu	battons	battions	battîmes	battrons	battrions	battons	battions
	battez	battiez	battîtes	battrez	battriez	battez	battiez
(avoir)	battent	battaient	battirent	battront	battraient		battent

Infinitif Participes (Auxiliaire)	Indicatif				Conditionnel	Impératif	Subjonctif
	Présent	*Imparfait*	*Passé simple*	*Futur*	*Présent*		*Présent*
boire	bois	buvais	bus	boirai	boirais		boive
	bois	buvais	bus	boiras	boirais	bois	boives
buvant	boit	buvait	but	boira	boirait		boive
bu	buvons	buvions	bûmes	boirons	boirions	buvons	buvions
	buvez	buviez	bûtes	boirez	boiriez	buvez	buviez
(*avoir*)	boivent	buvaient	burent	boiront	boiraient		boivent
conclure	conclus	concluais	conclus	conclurai	conclurais		conclue
	conclus	concluais	conclus	concluras	conclurais	conclus	conclues
concluant	conclut	concluait	conclut	conclura	conclurait		conclue
conclu	concluons	concluions	conclûmes	conclurons	conclurions	concluons	concluions
	concluez	concluiez	conclûtes	conclurez	concluriez	concluez	concluiez
(*avoir*)	concluent	concluaient	conclurent	concluront	concluraient		concluent
conduire	conduis	conduisais	conduisis	conduirai	conduirais		conduise
	conduis	conduisais	conduisis	conduiras	conduirais	conduis	conduises
conduisant	conduit	conduisait	conduisit	conduira	conduirait		conduise
conduit	conduisons	conduisions	conduisîmes	conduirons	conduirions	conduisons	conduisions
	conduisez	conduisiez	conduisîtes	conduirez	conduiriez	conduisez	conduisiez
(*avoir*)	conduisent	conduisaient	conduisirent	conduiront	conduiraient		conduisent
connaître	connais	connaissais	connus	connaîtrai	connaîtrais		connaisse
	connais	connaissais	connus	connaîtras	connaîtrais	connais	connaisses
connaissant	connaît	connaissait	connut	connaîtra	connaîtrait		connaisse
connu	connaissons	connaissions	connûmes	connaîtrons	connaîtrions	connaissons	connaissions
	connaissez	connaissiez	connûtes	connaîtrez	connaîtriez	connaissez	connaissiez
(*avoir*)	connaissent	connaissaient	connurent	connaîtront	connaîtraient		connaissent
coudre	couds	cousais	cousis	coudrai	coudrais		couse
	couds	cousais	cousis	coudras	coudrais	couds	couses
cousant	coud	cousait	cousit	coudra	coudrait		couse
cousu	cousons	cousions	cousîmes	coudrons	coudrions	cousons	cousions
	cousez	cousiez	cousîtes	coudrez	coudriez	cousez	cousiez
(*avoir*)	cousent	cousaient	cousirent	coudront	coudraient		cousent

Infinitif Participes (Auxiliaire)	Indicatif				Conditionnel	Impératif	Subjonctif
	Présent	Imparfait	Passé simple	Futur	Présent		Présent
courir	cours	courais	courus	courrai	courrais		coure
	cours	courais	courus	courras	courrais	cours	coures
courant	court	courait	courut	courra	courrait		coure
couru	courons	courions	courûmes	courrons	courrions	courons	courions
	courez	couriez	courûtes	courrez	courriez	courez	couriez
(avoir)	courent	couraient	coururent	courront	courraient		courent
craindre	crains	craignais	craignis	craindrai	craindrais		craigne
	crains	craignais	craignis	craindras	craindrais	crains	craignes
craignant	craint	craignait	craignit	craindra	craindrait		craigne
craint	craignons	craignions	craignîmes	craindrons	craindrions	craignons	craignions
	craignez	craigniez	craignîtes	craindrez	craindriez	craignez	craigniez
(avoir)	craignent	craignaient	craignirent	craindront	craindraient		craignent
croire	crois	croyais	crus	croirai	croirais		croie
	crois	croyais	crus	croiras	croirais	crois	croies
croyant	croit	croyait	crut	croira	croirait	croie	croie
cru	croyons	croyions	crûmes	croirons	croirions	croyons	croyions
	croyez	croyiez	crûtes	croirez	croiriez	croyez	croyiez
(avoir)	croient	croyaient	crurent	croiront	croiraient		croient
croître	croîs	croissais	crûs	croîtrai	croîtrais		croisse
	croîs	croissais	crûs	croîtras	croîtrais	croîs	croisses
croissant	croît	croissait	crût	croîtra	croîtrait		croisse
crû (crue)	croissons	croissions	crûmes	croîtrons	croîtrions	croissons	croissions
	croissez	croissiez	crûtes	croîtrez	croîtriez	croissez	croissiez
(avoir)	croissent	croissaient	crûrent	croîtront	croîtraient		croissent
cueillir	cueille	cueillais	cueillis	cueillerai	cueillerais		cueille
	cueilles	cueillais	cueillis	cueilleras	cueillerais	cueille	cueilles
cueillant	cueille	cueillait	cueillit	cueillera	cueillerait		cueille
cueilli	cueillons	cueillions	cueillîmes	cueillerons	cueillerions	cueillons	cueillions
	cueillez	cueilliez	cueillîtes	cueillerez	cueilleriez	cueillez	cueilliez
(avoir)	cueillent	cueillaient	cueillirent	cueilleront	cueilleraient		cueillent

Infinitif Participes (Auxiliaire)	Indicatif				Conditionnel	Impératif	Subjonctif
	Présent	*Imparfait*	*Passé simple*	*Futur*	*Présent*		*Présent*
devoir devant dû (due) (*avoir*)	dois dois doit devons devez doivent	devais devais devait devions deviez devaient	dus dus dut dûmes dûtes durent	devrai devras devra devrons devrez devront	devrais devrais devrait devrions devriez devraient	 dois devons devez	doive doives doive devions deviez doivent
dire disant dit (*avoir*)	dis dis dit disons dites disent	disais disais disait disions disiez disaient	dis dis dit dîmes dîtes dirent	dirai diras dira dirons direz diront	dirais dirais dirait dirions diriez diraient	 dis disons dites	dise dises dise disions disiez disent
écrire écrivant écrit (*avoir*)	écris écris écrit écrivons écrivez écrivent	écrivais écrivais écrivait écrivions écriviez écrivaient	écrivis écrivis écrivit écrivîmes écrivites écrivirent	écrirai écriras écrira écrirons écrirez écriront	écrirais écrirais écrirait écririons écririez écriraient	 écris écrivons écrivez	écrive écrives écrive écrivions écriviez écrivent
envoyer envoyant envoyé (*avoir*)	envoie envoies envoie envoyons envoyez envoient	envoyais envoyais envoyait envoyions envoyiez envoyaient	envoyai envoyas envoya envoyâmes envoyâtes envoyèrent	enverrai enverras enverra enverrons enverrez enverront	enverrais enverrais enverrait enverrions enverriez enverraient	 envoie envoyons envoyez	envoie envoies envoie envoyions envoyiez envoient
faire faisant fait (*avoir*)	fais fais fait faisons faites font	faisais faisais faisait faisions faisiez faisaient	fis fis fit fîmes fîtes firent	ferai feras fera ferons ferez feront	ferais ferais ferait ferions feriez feraient	 fais faisons faites	fasse fasses fasse fassions fassiez fassent

Infinitif Participes (Auxiliaire)	Indicatif				Conditionnel	Impératif	Subjonctif
	Présent	*Imparfait*	*Passé simple*	*Futur*	*Présent*		*Présent*
falloir fallu (*avoir*)	il faut	il fallait	il fallut	il faudra	il faudrait		il faille
fuir fuyant fui (*avoir*)	fuis fuis fuit fuyons fuyez fuient	fuyais fuyais fuyait fuyions fuyiez fuyaient	fuis fuis fuit fuîmes fuîtes fuirent	fuirai fuiras fuira fuirons fuirez fuiront	fuirais fuirais fuirait fuirions fuiriez fuiraient	fuis fuyons fuyez	fuie fuies fuie fuyions fuyiez fuient
haïr haïssant haï (*avoir*)	hais hais hait haïssons haïssez haïssent	haïssais haïssais haïssait haïssions haïssiez haïssent	haïs haïs haït haïmes haïtes haïrent	haïrai haïras haïra haïrons haïrez haïront	haïrais haïrais haïrait haïrions haïriez haïraient	hais haïssons haïssez	haïsse haïsses haïsse haïssions haïssiez haïssent
joindre joignant joint (*avoir*)	joins joins joint joignons joignez joignent	joignais joignais joignait joignions joigniez joignaient	joignis joignis joignit joignîmes joignîtes joignirent	joindrai joindras joindra joindrons joindrez joindront	joindrais joindrais joindrait joindrions joindriez joindraient	joins joignons joignez	joigne joignes joigne joignions joigniez joignent
lire lisant lu (*avoir*)	lis lis lit lisons lisez lisent	lisais lisais lisait lisions lisiez lisaient	lus lus lut lûmes lûtes lurent	lirai liras lira lirons lirez liront	lirais lirais lirait lirions liriez liraient	lis lisons lisez	lise lises lise lisions lisiez lisent

Infinitif Participes (Auxiliaire)	Indicatif				Conditionnel	Impératif	Subjonctif
	Présent	*Imparfait*	*Passé simple*	*Futur*	*Présent*		*Présent*
mettre	mets	mettais	mis	mettrai	mettrais		mette
	mets	mettais	mis	mettras	mettrais	mets	mettes
mettant	met	mettait	mit	mettra	mettrait		mette
mis	mettons	mettions	mîmes	mettrons	mettrions	mettons	mettions
	mettez	mettiez	mîtes	mettrez	mettriez	mettez	mettiez
(avoir)	mettent	mettaient	mirent	mettront	mettraient		mettent
mourir	meurs	mourais	mourus	mourrai	mourrais		meure
	meurs	mourais	mourus	mourras	mourrais	meurs	meures
mourant	meurt	mourait	mourut	mourra	mourrait		meure
mort	mourons	mourions	mourûmes	mourrons	mourrions	mourons	mourions
	mourez	mouriez	mourûtes	mourrez	mourriez	mourez	mouriez
(être)	meurent	mouraient	moururent	mourront	mourraient		meurent
naître	nais	naissais	naquis	naîtrai	naîtrais		naisse
	nais	naissais	naquis	naîtras	naîtrais	nais	naisses
naissant	naît	naissait	naquit	naîtra	naîtrait		naisse
né	naissons	naissions	naquîmes	naîtrons	naîtrions	naissons	naissions
	naissez	naissiez	naquîtes	naîtrez	naîtriez	naissez	naissiez
(être)	naissent	naissaient	naquirent	naîtront	naîtraient		naissent
ouvrir	ouvre	ouvrais	ouvris	ouvrirai	ouvrirais		ouvre
	ouvres	ouvrais	ouvris	ouvriras	ouvrirais	ouvre	ouvres
ouvrant	ouvre	ouvrait	ouvrit	ouvrira	ouvrirait		ouvre
ouvert	ouvrons	ouvrions	ouvrîmes	ouvrirons	ouvririons	ouvrons	ouvrions
	ouvrez	ouvriez	ouvrîtes	ouvrirez	ouvririez	ouvrez	ouvriez
(avoir)	ouvrent	ouvraient	ouvrirent	ouvriront	ouvriraient		ouvrent
partir	pars	partais	partis	partirai	partirais		parte
	pars	partais	partis	partiras	partirais	pars	partes
partant	part	partait	partit	partira	partirait		parte
parti	partons	partions	partîmes	partirons	partirions	partons	partions
	partez	partiez	partîtes	partirez	partiriez	partez	partiez
(être)	partent	partaient	partirent	partiront	partiraient		partent

Infinitif Participes (Auxiliaire)	Indicatif				Conditionnel	Impératif	Subjonctif
	Présent	*Imparfait*	*Passé simple*	*Futur*	*Présent*		*Présent*
peindre peignant peint *(avoir)*	peins peins peint peignons peignez peignent	peignais peignais peignait peignions peigniez peignaient	peignis peignis peignit peignîmes peignîtes peignirent	peindrai peindras peindra peindrons peindrez peindront	peindrais peindrais peindrait peindrions peindriez peindraient	 peins peignons peignez	peigne peignes peigne peignions peigniez peignent
plaire plaisant plu *(avoir)*	plais plais plaît plaisons plaisez plaisent	plaisais plaisais plaisait plaisions plaisiez plaisaient	plus plus plut plûmes plûtes plurent	plairai plairas plaira plairons plairez plairont	plairais plairais plairait plairions plairiez plairaient	 plais plaisons plaisez	plaise plaises plaise plaisions plaisiez plaisent
pleuvoir pleuvant plu *(avoir)*	il pleut	il pleuvait	il plut	il pleuvra	il pleuvrait		il pleuve
pouvoir pouvant pu *(avoir)*	peux, puis peux peut pouvons pouvez peuvent	pouvais pouvais pouvait pouvions pouviez pouvaient	pus pus put pûmes pûtes purent	pourrai pourras pourra pourrons pourrez pourront	pourrais pourrais pourrait pourrions pourriez pourraient		puisse puisses puisse puissions puissiez puissent
prendre prenant pris *(avoir)*	prends prends prend prenons prenez prennent	prenais prenais prenait prenions preniez prenaient	pris pris prit prîmes prîtes prirent	prendrai prendras prendra prendrons prendrez prendront	prendrais prendrais prendrait prendrions prendriez prendraient	 prends prenons prenez	prenne prennes prenne prenions preniez prennent

Infinitif Participes (Auxiliaire)	Indicatif				Conditionnel	Impératif	Subjonctif
	Présent	Imparfait	Passé simple	Futur	Présent		Présent
recevoir recevant reçu (avoir)	reçois reçois reçoit recevons recevez reçoivent	recevais recevais recevait recevions receviez recevaient	reçus reçus reçut reçûmes reçûtes reçurent	recevrai recevras recevra recevrons recevrez recevront	recevrais recevrais recevrait recevrions recevriez recevraient	 reçois recevons recevez	reçoive reçoives reçoive recevions receviez reçoivent
résoudre résolvant résolu (avoir)	résous résous résout résolvons résolvez résolvent	résolvais résolvais résolvait résolvions résolviez résolvaient	résolus résolus résolut résolûmes résolûtes résolurent	résoudrai résoudras résoudra résoudrons résoudrez résoudront	résoudrais résoudrais résoudrait résoudrions résoudriez résoudraient	 résous résolvons résolvez	résolve résolves résolve résolvions résolviez résolvent
rire riant ri (avoir)	ris ris rit rions riez rient	riais riais riait riions riiez riaient	ris ris rit rîmes rîtes rirent	rirai riras rira rirons rirez riront	rirais rirais rirait ririons ririez riraient	 ris rions riez	rie ries rie riions riiez rient
savoir sachant su (avoir)	sais sais sait savons savez savent	savais savais savait savions saviez savaient	sus sus sut sûmes sûtes surent	saurai sauras saura saurons saurez sauront	saurais saurais saurait saurions sauriez sauraient	 sache sachons sachez	sache saches sache sachions sachiez sachent
suffire suffisant suffi (avoir)	suffis suffis suffit suffisons suffisez suffisent	suffisais suffisais suffisait suffisions suffisiez suffisaient	suffis suffis suffit suffîmes suffîtes suffirent	suffirai suffiras suffira suffirons suffirez suffiront	suffirais suffirais suffirait suffirions suffiriez suffiraient	 suffis suffisons suffisez	suffise suffises suffise suffisions suffisiez suffisent

Infinitif Participes (Auxiliaire)	Indicatif				Conditionnel	Impératif	Subjonctif
	Présent	Imparfait	Passé simple	Futur	Présent		Présent
suivre	suis	suivais	suivis	suivrai	suivrais		suive
	suis	suivais	suivis	suivras	suivrais	suis	suives
suivant	suit	suivait	suivit	suivra	suivrait		suive
suivi	suivons	suivions	suivîmes	suivrons	suivrions	suivons	suivions
	suivez	suiviez	suivîtes	suivrez	suivriez	suivez	suiviez
(avoir)	suivent	suivaient	suivirent	suivront	suivraient		suivent
tenir	tiens	tenais	tins	tiendrai	tiendrais		tienne
	tiens	tenais	tins	tiendras	tiendrais	tiens	tiennes
tenant	tient	tenait	tint	tiendra	tiendrait		tienne
tenu	tenons	tenions	tînmes	tiendrons	tiendrions	tenons	tenions
	tenez	teniez	tîntes	tiendrez	tiendriez	tenez	teniez
(avoir)	tiennent	tenaient	tinrent	tiendront	tiendraient		tiennent
vaincre	vaincs	vainquais	vainquis	vaincrai	vaincrais		vainque
	vaincs	vainquais	vainquis	vaincras	vaincrais	vaincs	vainques
vainquant	vainc	vainquait	vainquit	vaincra	vaincrait		vainque
vaincu	vainquons	vainquions	vainquîmes	vaincrons	vaincrions	vainquons	vainquions
	vainquez	vainquiez	vainquîtes	vaincrez	vaincriez	vainquez	vainquiez
(avoir)	vainquent	vainquaient	vainquirent	vaincront	vaincraient		vainquent
valoir	vaux	valais	valus	vaudrai	vaudrais		vaille
	vaux	valais	valus	vaudras	vaudrais	vaux	vailles
valant	vaut	valait	valut	vaudra	vaudrait		vaille
valu	valons	valions	valûmes	vaudrons	vaudrions	valons	valions
	valez	valiez	valûtes	vaudrez	vaudriez	valez	valiez
(avoir)	valent	valaient	valurent	vaudront	vaudraient		vaillent
venir	viens	venais	vins	viendrai	viendrais		vienne
	viens	venais	vins	viendras	viendrais	viens	viennes
venant	vient	venait	vint	viendra	viendrait		vienne
venu	venons	venions	vînmes	viendrons	viendrions	venons	venions
	venez	veniez	vîntes	viendrez	viendriez	venez	veniez
(être)	viennent	venaient	vinrent	viendront	viendraient		viennent

Infinitif Participes (Auxiliaire)	Indicatif				Conditionnel	Impératif	Subjonctif
	Présent	Imparfait	Passé simple	Futur	Présent		Présent
vêtir	vêts	vêtais	vêtis	vêtirai	vêtirais		vête
	vêts	vêtais	vêtis	vêtiras	vêtirais	vêts	vêtes
vêtant	vêt	vêtait	vêtit	vêtira	vêtirait		vête
vêtu	vêtons	vêtions	vêtîmes	vêtirons	vêtirions	vêtons	vêtions
	vêtez	vêtiez	vêtîtes	vêtirez	vêtiriez	vêtez	vêtiez
(avoir)	vêtent	vêtaient	vêtirent	vêtiront	vêtiraient		vêtent
vivre	vis	vivais	vécus	vivrai	vivrais		vive
	vis	vivais	vécus	vivras	vivrais	vis	vives
vivant	vit	vivait	vécut	vivra	vivrait		vive
vécu	vivons	vivions	vécûmes	vivrons	vivrions	vivons	vivions
	vivez	viviez	vécûtes	vivrez	vivriez	vivez	viviez
(avoir)	vivent	vivaient	vécurent	vivront	vivraient		vivent
voir	vois	voyais	vis	verrai	verrais		voie
	vois	voyais	vis	verras	verrais	vois	voies
voyant	voit	voyait	vit	verra	verrait		voie
vu	voyons	voyions	vîmes	verrons	verrions	voyons	voyions
	voyez	voyiez	vîtes	verrez	verriez	voyez	voyiez
(avoir)	voient	voyaient	virent	verront	verraient		voient
vouloir	veux	voulais	voulus	voudrai	voudrais		veuille
	veux	voulais	voulus	voudras	voudrais	veux, veuille	veuilles
voulant	veut	voulait	voulut	voudra	voudrait		veuille
voulu	voulons	voulions	voulûmes	voudrons	voudrions	voulons, veuillons	voulions
	voulez	vouliez	voulûtes	voudrez	voudriez	voulez, veuillez	vouliez
(avoir)	veulent	voulaient	voulurent	voudront	voudraient		veuillent

PARADIGMES

Autres verbes ayant la même conjugaison

acquérir	conquérir, s'enquérir, requérir
battre	abattre, combattre, débattre, rabattre
conclure	exclure; *inclure (participe passé : inclus)*
conduire	construire, cuire, déduire, détruire, enduire, induire, instruire, introduire, produire, réduire, séduire, traduire; *luire, reluire, nuire (participe passé : lui, relui, nui)*
connaître	apparaître, disparaître, paraître, reconnaître
coudre	découdre, recoudre
courir	accourir, discourir, parcourir, secourir
craindre	contraindre, plaindre
croître	accroître, décroître
cueillir	accueillir, recueillir
dire	contredire, dédire, interdire, médire, prédire, redire
écrire	circonscrire, décrire, inscrire, prescrire, proscrire, souscrire, transcrire
envoyer	renvoyer
faire	défaire, refaire, satisfaire
fuir	s'enfuir
joindre	enjoindre, rejoindre
lire	élire, relire
mettre	admettre, commettre, omettre, permettre, promettre, soumettre, transmettre
naître	renaître
partir	*auxiliaire être* : sortir, ressortir, repartir, se repentir *auxiliaire avoir* : dormir, endormir, mentir, sentir, servir
peindre	atteindre, astreindre, dépeindre, déteindre, enfreindre, feindre, geindre, restreindre, craindre
plaire	déplaire, complaire
prendre	apprendre, comprendre, entreprendre, surprendre, suspendre, reprendre
recevoir	apercevoir, concevoir, décevoir, percevoir
résoudre	absoudre, dissoudre *(participe passé : absous, absoute; dissous, dissoute)*
rire	sourire
tenir	appartenir, détenir, contenir, obtenir, maintenir
vaincre	convaincre
valoir	équivaloir, prévaloir
vêtir	dévêtir, revêtir
venir	*auxiliaire être* : devenir, intervenir, parvenir, provenir, revenir, survenir *auxiliaire avoir* : circonvenir, contrevenir, subvenir, prévenir, vivre, revivre, survivre
voir	entrevoir, revoir; prévoir *(futur et conditionnel : je prévoirai, je prévoirais)*

APPENDICE B

VERBES (+ PRÉPOSITION) + INFINITIF

 ## I VERBES + INFINITIF (SANS PRÉPOSITION)

affirmer
aimer
aimer mieux
aller
amener
apercevoir
assurer
avoir beau
avouer
compter
courir
croire
daigner
déclarer
descendre
désirer
détester
devoir
dire
écouter

emmener
entendre
entrer
envoyer
espérer
faillir
faire
falloir (il faut)
se figurer
s'imaginer
juger
jurer
laisser
mener
monter
nier
oser
paraître
partir
passer

penser
pouvoir
préférer
prétendre
se rappeler
reconnaître
regarder
retourner
savoir
sembler
sentir
sortir
souhaiter
soutenir
supposer
valoir mieux (il vaut mieux)
venir
voir
vouloir

II VERBES + À + INFINITIF

s'abaisser
s'accorder
s'accoutumer
s'acharner
aider
aimer
s'amuser
s'appliquer
apprendre
s'apprêter
arriver
aspirer
s'attacher
s'attendre
autoriser
avoir
se borner
chercher
commencer
concourir
condamner
conduire
se consacrer
consentir
consister
conspirer
continuer
contribuer

convier
(se) décider
demander
(se) destiner
se disposer
dresser
encourager
(s')engager
enseigner
s'évertuer
exceller
exhorter
s'exposer
se fatiguer
(se) forcer
(s')habituer
se hasarder
hésiter
inciter
s'intéresser
inviter
jouer
se mettre
mettre du temps
obliger
s'obstiner
s'offrir

parvenir
passer du temps
penser
perdre du temps
persévérer
persister
se plaire
pousser
prendre plaisir
se préparer
se refuser
renoncer
répugner
se résigner
se risquer
se résoudre
réussir
servir
songer
suffire
surprendre
tarder
tendre
tenir
travailler
en venir
viser

III VERBES + DE + INFINITIF

s'abstenir
accepter
(s')accuser
achever
admirer
affecter
s'agir (il s'agit
ambitionner
(s')arrêter
avoir besoin
avoir la chance
avoir coutume
avoir envie
avoir hâte
avoir honte
avoir l'air
avoir l'intention
avoir peur
avoir raison
avoir le temps
avoir tort
s'aviser
blâmer
brûler
cesser
(se) charger
choisir
commande
commencer
conseiller
se contenter
continuer
convaincre
convenir
craindre
crier
décider
(se) défendre

demander
se dépêcher
désespérer
dire
(se) dispenser
dissuader
écrire
s'efforcer
empêcher
s'empresser
enrager
entreprendre
essayer
s'étonner
éviter
s'excuser
faire bien
faire exprès
faire semblant
se fatiguer
feindre
(se) féliciter
finir
se flatter
se garder
se hâter
inspirer
interdire
jouir
juger bon
(se) jurer
se lasser
menacer
mériter
se moquer
mourir
négliger

obtenir
s'occuper
offrir
ordonner
oublier
pardonner
parler
permettre
persuader
(se) plaindre
prendre soin
prescrire
se presser
prier
(se) promettre
(se) proposer
punir
(se) rappeler
recommander
refuser
regretter
se réjouir
remercier
se repentir
(se) reprocher
résoudre
rêver
rire
risquer
souffrir
soupçonner
se souvenir
suggérer
supplier
tâcher
tenter
se vanter

Appendice C

L'imparfait et le plus-que-parfait du subjonctif

I. Formes

1. L'imparfait du subjonctif

À la troisième personne du singulier du passé simple (pour lequel il existe trois terminaisons : **-a**, **-i**t et **-u**t), on ajoute les terminaisons suivantes :

	parler *(il parla)*	*vendre* *(il vendit)*	*croire* *(il crut)*
-sse	parlasse	vendisse	crusse
-sses	parlasses	vendisses	crusses
-^(t)	parlât	vendît	crût
-ssions	parlassions	vendissions	crussions
-ssiez	parlassiez	vendissiez	crussiez
-ssent	parlassent	vendissent	crussent

2. Le plus-que-parfait du subjonctif

Il est composé de l'imparfait du subjonctif de l'auxiliaire **avoir** ou **être** et du passé composé du verbe :

finir	*venir*
j'eusse fini	je fusse venu
tu eusses fini	tu fusses venu
il eût fini	il fût venu
nous eussions fini	nous fussions venus
vous eussiez fini	vous fussiez venu(s)
ils eussent fini	ils fussent venus

II. Emplois

L'imparfait et le plus-que-parfait du subjonctif ne s'emploient plus dans la langue parlée et sont de plus en plus rarement utilisés dans la langue écrire soutenue et même dans la langue littéraire. Il est cependant utile de les connaître pour aborder la lecture de textes littéraires antérieurs à l'époque contemporaine.

Lorsque les quatre temps du subjonctif sont employés, leur répartition est la suivante :

	Temps du subjonctif dans la subordonnée	
Temps dans la principale	Action simultanée ou postérieure	Action antérieure
A. *Présent ou futur de l'indicatif*	**1.** *Présent*	**2.** *Passé*
B. *Temps du passé de l'indicatif ou conditionnel présent ou passé*	**1.** *Imparfait*	**2.** *Plus-que-parfait*

Exemples :

> **A.1**. Elle veut que son mari l'attende.
> **B.1**. Elle voulait que son mari l'attendît.

> **A.1**. Je ne crois pas qu'ils soient partis.
> **B.1**. Je n'aurais pas cru qu'ils fussent partis.

Dans l'usage contemporain, le présent et le passé du subjonctif remplacent respectivement l'imparfait et le plus-que-parfait, de sorte qu'on dirait ou qu'on écrirait :

> **A.1**. Elle voulait que son mari l'attende.
> **B.1**. Je n'aurais pas cru qu'ils soient partis.

Sur l'emploi du plus-que-parfait du subjonctif dans la phrase conditionnelle, voir le chapitre 7 (Le conditionnel passé / Emplois / Remarque).

REMERCIEMENTS

Yvon Simard, « Tu parles-tu le français du Québec ? », *Partir*, automne 1997.

Nicolas Bérubé, « Informer ou faire peur ? », *La Presse*, 21 octobre 2002.

John Lasseter, « Chez Pixar, nous sommes tous des enfants » (Propos recueillis par Denis Rossano), *L'Express*, 22 novembre 2004.

Marie Valla, « L'éducation pour tous ? », *Voir*, 2002.

Sophie Perrier, « Quand l'homme apprend le temps partiel », *Libération*, 3 mai 1999.

Lisa-Marie Gervais, « Acheter pour acheter », *La Presse*, 16 septembre 2002.

Georges Pérec, « Le tout ou le rien », tiré de *Les Choses*, © Éditions René Julliard, 1965.

Louise Lemieux « Manger plus de fruits et de légumes », *Le Soleil*, 18 octobre 2004.

Véronique Mougin, « Tribus des tatoués », *L'Express*, 14 février 2005.

Dr Serge Mongeau, « Qu'est-ce que la maladie ? » tiré de *Survivre aux soins médicaux*, Éditions Québec/Amérique.

André Désiront, « Le plus long sentier de marche du Québec », *La Presse*, 11 septembre 2002.

Odile Benyahia-Kouider, « Au pays des sans-enfants », *Libération*, 13 septembre 2005.

Amy Otchet, « Prostitution : légaliser ou pas ? », Courrier de L'Unesco, décembre 1998.

Philippe Duhamel, « Le citoyen et les élections » entrevue avec Philippe Duhamel, extrait de l'émission *Indicatif présent* de la Première Chaîne de la radio Radio-Canada. Animation : Marie-France Bazzo, réalisation : Danielle Leblanc.

Lexique

Sont traduits ici les mots et expressions des textes de lecture qui n'appartiennent pas au vocabulaire fondamental et dont le sens n'est pas immédiatement apparent en contexte. L'astérisque (*) indique que le mot appartient au registre familier ; le chiffre renvoie au(x) chapitre(s) où le mot est employé.

abattre : to knock down, 7
abrogation (f.) : repeal, 14
abuser de : to exploit, 2
accéder : to gain access, 4
accorder : to grant, to issue, 14
s'accrocher : to hang on, 3
accueil (f.) : reception, welcome, 13
accueillir : to cater to, 6
achèvement (m.) : completion, 11
s'activer : to get busy, 9
actuel : present, 13
adage (m.) : saying, 4
adepte (m./f.) : enthusiast, 9, 11
affiche (f.) : poster, 5
affluence (f.) : crowd, 11
affreux : horrible, 8
affronter : to confront, 14
agacer : to annoy, to irritate, 2
agenda (m.) : diary, 9
aïeul (m.) : forebear, 9
aiguille (f.) : needle, 9
ailleurs : elsewhere, 15
aisément : easily, 4
ajourner : postpone, put off, 12
ajouter : to add, 8
aléatoire : random, 14
alimentation (f.) : food consumption, 8
allégé : light, 8
allégresse : joy, cheerfulness, 7
allier : to combine, 4
s'allonger : to get longer, 6
de bon aloi : of good quality, 7
alpiniste (m.) : mountain climber, 9
amadouer : to placate, 10
âme (f.) : soul, 3
améliorer : to improve, 8

aménagement (m.) : laying out, 11
aménager : to convert, 7
s'amenuiser : to dwindle, 6
amoncellement (m.) : accumulation, 7
amovible : removable, 7
ampleur (f.) : extent, 6
anéantir : to destroy, to ruin, 14
animateur (m.) : coordinator, organizer, 11
antan : yesteryear, 9
appartenance (f.) : affiliation, membership, 2
appartenir : to belong, 6
appellation (f.) : name, 14
apport (m.) : contribution, 1
appuyer : to support, 15
d'après : according to, 4
libre arbitre (m.) : free will, 14
arête (f.) : fishbone, 9
as (m.) : ace, 9
prendre d'assaut : to storm, 6
assorti de : along with, 14
assouvir : to satisfy, 6
assumer : to take (responsibility), 13
s'assumer : to come to terms with oneself, 5
atout (m.) : asset, 14
atteindre : to reach, 11
en attendant : meanwhile, 9
attirer : to attract, 9
attrape-nigaud (m.) : confidence trick
attristé : sad, 2
aube (f.) : dawn, 4
au-delà : beyond (that), 14
augmentation (f.) : increase, 4
augmenter : to increase, 8
autonome : self-employed, freelance;independent, 5

avenir (m.) : future, 13
aveu (m.) : confession, 15
avis (m.) : opinion, 6
avortement (m.) : abortion, 13
avouer : to admit, to confess, 3
bagnard (m.) : convict, 9
baisse (f.) : decrease, 10
faire **baisser** : to lower, 5, 8
baliser : to mark, 11
balisé : waymarked, 11
bambin (m.) : small child, 5
banc (m.) : bench, 7
baptiser : to christen, to name, 3
batterie (f.) : slew, 9
bavard : talkative, 3
bavarder : to chat, to talk, 7
bégaiement (m.) : stammer, stutter, 12
beigne (m.) : donut, 8
bénédiction (f.) : blessing, 9
bénévolat (m.) : volunteer work, 5
bénévole (m./f.) : volunteer, 11
bétail (m.) : cattle, 14
bêtement : foolishly, 4
bêtise (f.) : stupidity, 4
bienfaisant : beneficial, salutary, 7
bienvenue (f.) : welcome, 13
bijou (m.) : jewel, 9
bilan (m.) : activity report, 15
blague (f.) : joke, 3
bobo (m.) : sore, ache, hurt, 2
boisson gazeuse (f.) : carbonated soft drink, 8
bonbon (m.) : candy, 8
bondir : to jump, 2
bord (m.) : side, 1
bordel (m.) : brothel, 14
bosse (f.) : bump
boulangerie (f.) : bakery, 13
boulot* (m.) : job, 3
bourreau (m.) : tormenter, 6
Bourse (f.) : Stock Exchange, 5
au **bout de** : at the end of, 11
brimer : to belittle, 3
brodequin (m.) : boot, 11
bruit (m.) : noise, 8
brut : gross, 6
bruyant : noisy, 13
bûcher : to study for, 5

buisson (m.) : bush, 7
cachet (m.) : character, style, 7
cadeau (m.) : gift, present, 13
cadre *de vie* : living environment, 13
cagibi (m.) : small room, storageroom, 7
camelote (f.) : junk, 8
camoufler : to cover up, 1
franchir le **cap** : to make the jump, 9
carence (f.) : lack, deprivation, 6,
carnet à dessin (m.) : sketchbook, 3
casse-croûte (m.) : snack; snack-bar, 8
cauchemar (m.) : nightmare, 14
cause (f.) : cause, 15
cependant : however, 14
certes : admittedly, 5, 14
chaîne (f.) : network, 2; range, 11
se **chamailler** : to bicker, 3
chambarder : to turn upside down, 8
chambre (f.) *de bonne* : bed-sitter's (maid's) room, 7
charge (f.) : responsibility, 5
chasseur (m.) : hunter, 9
moyen (m.) *de* **chauffage** : heating system, 7
chausser : to put on (shoes), 11
chemin (m.) : way, path, road, 1, 9, 11
cheminot (m.) : railroad man, 15
chêne (m.) : oak, 7
chèvre (f.) : goat, 8
chiffre (m.) : figure, 13
chômeur, -euse (m./f.) : unemployed man / woman, 14
chuchoter : to whisper, 1
cibler : to target, 6
citoyen(enne) : citizen, 15
clin d'œil (m.) : wink, 4
maison **close** (f.) : brothel, 14
cœur (m.) : heart, 1
coffre (m.) *à linge sale* : laundry chest, 7
coiffer : to be on top of, 11
col (m.) : mountain pass, 9
comble (m.) : the limit, 9
comblé : having everything one could wish for
combler : to fill; to make up for, 6
combler *le fossé* : to fill the gap, 15
commanditer : to sponsor, 5
commune (f.) : town, village, 13

compatriote (m./f.) : fellow-country (wo)man, 4

complaisance (f.) : complacency, 7

comportement (m.) : behaviour, 3, 8

comprimé : contained, subdued, 12

se rendre **compte** *de* : to realize, 2

compte *d'épargne* : savings account, 13

compter : to have, 9

sans **compter** *que* : especially as, 8

comté (m.) : county, 15

de **concert** : in unison, 5

concevoir : to develop, to design, 3

concurrence (f.) : competition, 8, 14

conduire à : to lead to, 10

confiance (f.) : trust

conjoint(e) (m./f.) : spouse, 11

se **consacrer** : to devote oneself, 3

conscient : aware, 8

consentir : to grant, 8

consentement (m.) : consent, 15

en **conserve** : canned, 8

consommateur (m.) : consumer, 8

constater : to observe, 8

contenant (m.) : container, 8

contenu (m.) : content(s), 8,

contraint : constrained, 12

contrarier : to thwart, to hinder, 12

par **contre** : on the other hand, 4

convenable : decent, reasonable, 13

corbeau (m.) : crow, raven, 13

cordon (m.) : cord, 7

côte (f.) : coast, 11

cotisation (f.), contribution, dues, 2

couler : to flow, 9

coulissant : sliding, 7

couloir (m.) : corridor, 6

d'un **coup** : just like that, 8

sur un **coup** *de tête* : on a whim, 9

coupable : guilty, 6

coupure (f.) *de journal* : newspaperclipping, 2

cour (f.) : yard, 7

courant (m.) : trend, 9

coût (m.) : cost, 4

coûter cher : to be expensive, 4

coûteux : costly, 15

couverture médiatique (f.) : media coverage, 2

couverture sociale (f.) : social security cover, 14

crèche (f.) : day-care centre, 5, 13

créneau (m.) : niche, 4

creux (m.) : hollow, 1

croisé (m.) : crusader, 9

croisière (f.) : cruise, 7

croissance (f.) : growth, 4

croissant : growing, 6

croulant : ramshackle, 7

crouler *sous* : to crumble under, 7

croustilles (f.pl.) : chips, 8

casser la **croûte** : to have a bite, 1

crûment : bluntly, 14

cuit : cooked, 8

culminant : highest, 11

culpabiliser : to make someone feel guilty, 6

culpabilité (f.) : guilt, 10

davantage : more, 8

déballer : to unpack, to open, 6

débarquer : to land, 3

se **débarrasser** *de* : to get rid of, 6, 13

débiteur (m.) : debtor, 6

débloquer : to release, 13

débourser : to pay out, 4

décaper : to scour, 7

décennie (f.): decade, 14

déchirer : to tear (out), 9

déclenchement (m.) : setting off, triggering off, 10

déclencheur : trigger, 5

décret (m.) : decree, 9

décroissance (f.) : decrease, 2

défaillance (f.) : lapse, 7

défaitisme (m.) : defeatism, 10

défectueux : defective, 7

défi (m.) : challenge, 3, 4, 9

se **défier** *de* : to distrust

déformer : to distort, 2

défrichage (m.) : clearance, 11

se **dégager** : to emanate, 10

dégonfler : to deflate, 2

déloyal : unfair, 8

démarche (f.) : move, step, 9; undertaking, 3

déménagement (m.) : moving, 13

démesurément : excessively, 6

demeure (f.) : dwelling place, 7

démuni : impoversihed, helpless, 6

dénatalité (f.) : fall in the birth rate, 13
dénombrer : to count, 6
dénouement (m.) : outcome, 6
dépénalisation (f.) : decriminalization, 14
dépense (f.) : expenditure, 4
dépenses (f.pl.) : spending, 15
déplaire à : to be disliked by, 9
dépliant (m.) : leaflet, 15
déranger : to disturb, to be a nuisance, 5, 13
déréglé : out of whack, 8
dermographe (m.) : tattoo machine, 9
se **dérouler** : to unfold, 3
désormais : henceforth, 9
détenir : to have, to hold, 6, 15
détenteur (m.) : holder, guardian, 9
dette hypothécaire (f.) : mortgage, 6
se **dévoiler** : to take off one's veils, 9
diable (m.) : devil, 15
différé : postponed
diffuser : to broadcast,2; to spread, 15
dilapider : to squander, 6
discours (m.) : speech, 3
disponible : available, 6, 8, 15
dissimuler : to conceal, to hide, 5,
machine **distributrice** (f.) : vending machine, 8
divertir : to entertain, 3
divertissement (m.) : entertainment, 6
dommage : too bad, 9
donner *sur* : to overlook, to give onto, 7
doter : to allocate; to equip, 13
douleur (f.) : pain, 9
doyen (m.) : oldest member; dean, 2
durée (f.) : duration, 4
durer : to last, 3, 6
à *l'écart de* : well away from, 14
échappatoire (f.) : escape, way out, 6
échec (m.) : failure, 15
échecs (m.) : chess, 5
échelle (f.) : scale, 10
éclairage (m.), lighting; light, perspective, 8, 14
action **d'éclat** (m.) : grand gesture, 15
écran (m.) : screen, 3
effectuer : to do, 11
en **effet** : indeed, 2
effets (m.pl.) : clothes, 6
efficacité (f.) : efficiency, 10

effleurer : to touch, to brush against, 11
*s'***efforcer** : to try hard, 3
effrayer : to alarm, to frighten, 2, 7, 13
église (f.) : church, 13
élaborer : to develop, 3
élaboration (f.) development, 8
éloigné : remote, 4
*s'***éloigner** : to move away from, 4
électorat (m.) : electorate, voters, 15
élevé : high, 4
élever : to raise, 13
élu : elected, 3
embrasser : to kiss, 1
émerveillement (m.) ; sense of wonder, 3
*n'***empêche** *que* : all the same, 6
emplacement (m.) : site, 11
empreinte (f.) : impression, imprint, 12
emprunter : to take, to use, 11
encadrer : to control, 9
enceinte : pregnant, 13
encre (f.) : ink, 9
endetté : in debt, 6
endettement (m.) : debt, 4
endosser : to take on, 13
endroit (m.) : place, 8
enfermer : to contain, 12
enflammer : to set ablaze, 11
engagement (m.) : commitment, 4, 6, 15
engager : to hire, 5
*s'***engager** : to get involved, 4
énième : umpteenth, 14
enjeu (m.) : stake; issue, 4, 14
enlèvement (m.) : kidnapping, 2
enquête (f.) : survey, study,
enquêter : to conduct an investigation, 5
entendre : to mean, 12
entériner : to ratify, 15
groupe **d'entraide** (f.) : self-help group, 6
entraîner : to carry along, 3
entrepreneur (m.) : contractor, 7
entreprise (f.) : business, company, 5
entretien (m.) : upkeep, 7
assurer **l'entretien** : to maintain, 11
envahisseur : invader, 10
environ : about, 11
épicerie (f.) : grocery store, 8
épiderme (f.) : skin, 9
épine (f.) : thorn, 9

épine dorsale (f.) : backbone, 11
épissure (f.) : splice, 7
*à l'*époque : at the time, 5
éprouver : to feel, 3, 6
épuisé : exhausted, 9
équipe : team, 5
espion (m.) ; spy, 3
essor (m.) : boom, 3
estimer : to feel, 14
*s'*établir : to settle, 12
étape (f.) : stage, step, 3
faire **étape** : to stop off, to halt, 11
étouffer : to suffocate, to feel stifled, 7
étroit : narrow, 4, 15
exclure : to rule out, 13
exercer : to practice, 9
exigence (f.) : demand, 4
exposition (f.) : exhibition, 9
fabricant d'images (m.) : image maker
façon (f.) : way, manner, 2

faillir (+ inf.) : almost, nearly, 2
faillite (f.) : bankruptcy, 6
faire **faillite** : to be a failure, 15
fait (m.) : fact, 4
falaise (f.) : cliff, 11
faramineux : staggering, 6
fautif : culpable, 14
fécondité (f.) : fertility, 13
fer (m.) : iron, 3
faire **fi de** : to ignore, 6
fidéliser : to secure the loyalty of, 2
se **fier à** : to rely on, to trust, 8
fil (m.) : thread; wire, 7
filer : to speed along, 11
finissant (m.) : graduate, 4
fiscalité (f.) : fiscal issues, 14
fléau (m.) : blight, curse, 2
fleurir : to blossom, 9
flic (m.) : cop, 9
fonction (f.) : post, office, 12
fonctionnaire (m./f.) : civil servant, 14
fondu* (m.) : fanatic, 9
forcément : necessarily, 2
format : size, 7, 8
se **former** : to train, 14
de **fortune** : makeshift, 7
fouiller : to examine, 2

foulée (f.) : wake, 2
fournir : to give, to provide, to supply, 14
à **moindres** *frais* : at very little cost, 4
frappant : striking, 2
frapper : to affect; to hit, 8, 13, 15
frénésie (f.) : frenzy, 6
friand : fond of, 8
frontière (f.) : boundary, 14
fuir : to run away from, 15
gâcher : to waste, 13
gagner : to win, 4, 8
ganglion (m.) *lymphatique* : lymph gland, 10
garde (f.) : day-care, 13
se *monter une* **garde-robe** : to acquire a
    (full) wardrobe, 6
gazon (m.) : lawn, grass, 7
gel (m.) : freeze, 4
gêner : to bother, to disturb, 3
gérer : to manage, 6, 14
gestion (f.) : management, 6
gestionnaire (m. / f.) : manager, 5
gironde : shapely, 9
glaces (f.pl.) : icefields
globule (m.) : (blood) corpuscle, 10
goût (m.) : inclination, taste, 9
graffeur (m.) : graffiti artist, 9
graisse (f.) : shortening, 8
grandir : to grow up, 3
gras (m.) : fat, 8
grippe (f.) : flu, 2
en **gros** : roughly speaking, 14
grosseur (f.) : size, 8
grossier : rough, 7
guerre (f.) *d'usure* : war of attrition, 7
en **guise de** : by way of, for, 1
habile : clever, 12
haine (f.) : hatred, 9
faire **halte** : to halt, to stop, 1
harcèlement (m.) : harassment, 14
honteux : disgraceful, 13
horloger (m.) : clockmaker, 12
huile (f.) : oil, 8
humus (m.) : leaf mould, 7
île (f.) : island, 9
impardonnable : unforgivable, 2
implantation (f.) : setting up, 4
implanter : to build, 14
*s'*implanter : to establish itself, 9

impôt (m.) : tax, 14, 15
imprévisible : unpredictable, 2
incendie (m.) : fire, 14
incontestablement : undeniably, 7
incontournable : essential, 3
indélébile : indelible, 9
inégal : changeable, erratic, 12
influer *sur* : to affect, 10
informatique (f.) : Information Technology, computers
inouï : extraordinary, 10
insalubre : insanitary, 7
*s'***inscrire** : to register, 14
insensible : insensitive, 5
insolite : unusual, 4
insolvabilité (f.) : insolvency, 6
insouciant : happy-go-lucky, 7
*s'***installer** : to settle, 13
instituteur (m.) : primary school teacher, 5
*s'***instruire** : to get an education, 4
insupportable : unbearable, 7
intéressés (m.pl.) : those concerned, 5
invité(e)-vedette : star guest, 5
ivresse (f.) : intoxication, exhilaration, 7
jalonner : to punctuate, 11
jaser : to chatter, 1
jeter : to call out, 13
jouet (m.) : toy, 3
journal *de combat* (m.) : militant newspaper, 2
jus (m.) : juice, 8
lâcher : to let loose, 12
laisse (f.) : leash, 13
laitue (f.) : lettuce, 8
lancer : to launch, set up, start, 2, 5
lasser : to weary, tire out, 7
lentille (f.) : lens, 2
lézardé : full of cracks, 7
en **lice** : in the running, 15
lien (m.) : connection, link, relationship, 2, 6
lieu (m.) : place, site, 14
au lieu *de* : instead of, 4
avoir lieu : to take place, 9
local (m.) : place, 6
longer : to run alongside, 11
lot (m.) : lot, fate, 7
louer : to rent, 6
ludique : recreational, 6

lutte (f.) : fight, struggle, 10, 12
lutter *contre* : to fight against, 8, 9, 10
magasinage (m.) : shopping, 6
maigrir : to lose weight, 8
maire (m.) : mayor, 11, 15
mal (m.) : ill, 15
mal (m.) : evil, 4
malaise (m.) : feeling of sickness, 10
malgré : despite, 4
manchette (f.) : headline, 2
manier : to handle, to manipulate, 12
manifester : to demonstrate, 15
maquereau* (m.) : pimp, 14
mettre en **marche** *une mesure* : to take, initiate a step, 10
marcher : to work, 13
en **marge** *de* : outside, on the fringes of, 9
marin (m.) : sailor, 9
mataf* (m.) : sailor, 9
matelas (m.) : mattress, 14
matraquer : to bombard, 6
méconnu : unrecognized, 11
ménage (m.) : household, 4
ménager : to provide, to allow for, 11
mener : to lead, 3
menuisier (m.) : carpenter, 13
méprisant : insulting, 14
messie (m.) : messiah, 15
en **mesure** *de* : in a position to, 13
métier (m.) : work, trade, 12, 14
mettre *au courant* : to inform, 11
mettre *au point* : to develop, 10
mettre *de côté* : to save, to put aside, 6
mettre *en train* : to get under way, 6
mettre *en valeur* : to highlight, 3
meurtre (m.) : murder, 2
meurtrier : fatal, 2
milieu (f.) : environment, 8
militant (m.) : activist, 15
mobilier (m.) : set of furniture, 6
moitié (f.) : half, 11
momie (f.) : mummy, 9
monde (m.) : world, 2, 13 ; people, 11
mondialisation (f.) : globalization,15
mot *d'ordre* (m.) : catchword, 13
motif (m.) : pattern
mousse (f.) : foam, 10
musarder : to wander around, 11

nager : to swim, 5
naissance (f.) : birth, 5, 13
néerlandais : Dutch, 5
négliger : to neglect, 5
négoce (m.) : trade
net : marked, 13
remettre à **neuf** : to renovate, 7
niveau (m.) : level, 3, 6
nocif : harmful, 2
noirceur (f.) : darkness, 1
notamment : in particular, 3
notoire : obvious, 7
numéro (m.) : issue, 2
nutraceutique (f.) : medical food, 8
s'obstiner : to argue, 8
occulter : to conceal, to obscure, 14
s'occuper de : to take care of, 5
offusquer : to offend, 13
à l'opposé de : contrary to, 2
or (m.) : gold, 3
organe (m.) *d'information* : newspaper, publication, 2
orner : to adorn, 9
oser : to dare, 4
d'où : hence, 4
outil (m.) : tool, 12,
outiller : to equip, 8
outre : in addition to, 13
ouverture (f.) *d'esprit* : open-mindedness, 4
ouvrier (m.) : worker, 14
palier (m.) : level, 15
tomber en **panne** : to run out (of gas), 1
panneau (m.) : signboard, 11
panoplie (f.) : set, 10
pantin (m.) : puppet, 6
paperasses (f. pl.) : useless old papers, 7
parcourir : to cover, to walk all the way, 11
parcours (m.) : path, route, course, 11,
pari (m.) : bet, gamble, 4
parité (f.) : parity, 15
ligne de **partage** : dividing line, 14
partager : to share, 5
parti pris (m.) : bias, 4
à **partir** *de* : from, 4
y **parvenir** : to get there, 3
pas (m.) : step, 8, 12
sauter le pas : to take the plunge, 9
passage (m.) : transition, 5

passe (f.) : trick, 14
passif (m.) : list of liabilities, 14
passionné : enthusiast, 11
patate* (f.) : potato; heart, 1
patrie (f.) : homeland, 13
patron (m.) : boss, 9, 14
pavé (m.) : paving stone, 7
les **Pays-Bas** : the Netherlands, 5, 14
paysage (m.) : landscape, scenery, 11
peau (f.) : skin, 9
à **peine** : barely, 13, 14, 15
se **pencher sur** : to look into, 2
pénible : tiresome, 13
pépiement : chirping, 7
pépiniériste (m.) : nurseryman, 13
perdant,e (m./f.) : loser, 15
péripéties (f.pl.) : twists and turns, 3
périple (m.) : journey, voyage, 9, 11
permanent (m.) *syndical* : union official, 15
se **permettre** : to afford, 4
perspective (f.) : prospect, 7
peser *sur* : to weigh on, 15
phare (m.) : lighthouse, 11
pilule (f.) : pill, 13
piquage (m.) : needle-pricking, 9
piquer : to needle, to pierce, 9
piste (f.) : track, trail, 11
placarder : to stick, 5
place à : to make room for, to give way to, 5
placer : to invest, 6
plafond (m.) : ceiling, 3
faire le **plein** : to fill up, 1
plein *air* (m.) : outdoors, 11
plutôt : rather, 9
poids (m.) : weight, 8
poignée (f.) : handful, 11
se **pointer** : to turn up, 9
politique (f.) : politics
portail (m.) : gateway, 13
porte-monnaie (m.) : purse, 6
porte-parole (m./f.) : spokesperson, 14
porte-voix (m.) : mouthpiece, 15
à (la) **portée** *de* : within range; suitable for; within reach 10, 13
porter *sur* : to apply to, 14
poteau (m.) : post, 11
poubelle (f.) : garbage can, 8
pour *peu que* : if only, 7

pourrir : to rot, 7
poursuivre : to go on, 14; to sue, 3
se **précipiter** : to rush, 3
préservatif (m.) : condom, 13
pression (f.) : pressure, 4
prestation (f.) : session, 13
prétexte (m.) : excuse, 1
preuve (f.) : evidence, proof, 9
en **prévision** *de* : in anticipation of, 4
prévoir : to allow for, 14
primer : to take precedence, 9
privilégier : to give priority to, 8
procès (m.) : lawsuit, 3
prolongement (m.) : extension, 11
à **propos** *de* : regarding, 14
propulser : to propel, 3
propre *à* : peculiar to, 3
propriétaire (m./f.) : owner, 13
provenir : ro come from, 3
provisoire : provisional, 7
provoquer : to cause, 10
proxénète (m.) : pimp, 14
prunelle (f.) : eye (pupil), 2
puce (f.) : chip, 3
puissance (f.) : power, strength, 12
puissant : powerful, 3
quant *à* : as for, 13
quasiment : almost, 13
quotidien (m.) : daily life, 2, 7
quotidien : daily, 12, 15
rabatteur (m.) : tout, 14
ragoût (m.) : stew, 11
à **raison** *de* : at the rate of, 14
donner **raison** : to vindicate, 3
rallonge (f.) : extension cord, 7
randonnée (f.) : walking; hiking;
     backpacking; trek, 11
rang (m.) : row, 7, 14
rapporter : to yield (a profit), 8
rassasier : to fill, to sate, 8
faire des **ravages** : to wreak havoc, 9
rayer : to delete, to remove, 14
recette (f.) : recipe, 15
récit (m.) : story, 3
réclamer : to ask for, to demand, 8, 13
récolter : to collect, 11
recteur (m.) : president (university), 4
reculer : to push back, 7

rédacteur-en-chef (m.) : editor-in-chief, 9
rédaction (f.) : editorial staff, 1
rédiger : to write, 1
régal (m.) : treat, 1
se **régaler** *de* : to enjoy (a treat), 1
régime (m.) : diet, 8
règle (f.) : rule, 14
réglementer : to regulate, 14
régler : to fix, to settle, to sort out, 2, 15
se **rejoindre** : to be in agreement, 14
 prendre le **relais** : to take over, 5
relation (f.): connection; relationship, 14
relever : to notice, 13
relever *de* : to be conditioned by, 10
relier : to link, 11
relié *à* : connected with, 10
remettre : to hand in, to present, 14
remplir : to fill, 9
remuer *ciel et terre* : to move heaven and
     earth, 11
renvoyer : to dismiss, 12
réparti : spread, 4
répartition (f.) : distribution, 15
repasser : to iron, 5
réprimer : to restrain, to repress, 14
réseau (m.) : network, 4
réserve (f.) *faunique* : wildlife reserve, 11
ressentir : to feel, 6, 13
se **ressourcer** : to go back to one's roots, 11
résumer : to sum up, 5
se **résumer** *à* : to come down to, 15
retraite (f.) : retirement, 13
à la **retraite** : retired, 11
se **réunir** : to get together, 6
réunion (f.) : meeting, 15
réussite (f.) : success, 13
en **revanche** : on the other hand, 5, 12
réveil (m.) : awakening, 15
revendication (f.) : protest, 9
revendiquer : to be proud of, 5; to claim, 14
revenu (m.) : income, 6, 14
revoir : to change, 2
révolu : over, past, 5
rideau (m.) : curtain, 6
rompre : to break, 5
ronger : to eat away at, 6
rude : rough; tough, 11
rupture (f.) : breaking off, 15

ruse (f.) : trick, stratagem, 12
sac *à dos* (m.) : backpack, 11
sain : healthy, 8
saisir : to grasp, 1
salle (f.) : auditorium, 9
salle *d'armes* : fencing room, 12
salle (f.) *d'eau* : shower-room, 7
salle (f.) *de rédaction* : editorial office, 2
saluer : to take a bow
sang (m.) : blood, 8
sanitaire : health-related, 14
sauter : to jump; to be knocked down, 1, 7
sauvage : wild, 12
sauveur (m.) : savior, 15
à **savoir** : namely, 14
sceller : to seal, 9
scène (f.) : stage, 9
sein (m.) : breast, 2, 8
au **sein** *de* : within, 6
semer : to spread, 6
sens (m.) : meaning, 1
sensibiliser : to make more aware, 8
sentier (m.) : footpath, trail, 11, 13
sentier *balisé* (m.) : waymarked trail, 11
serpenter : to wind, 11
serré : tight, 15
serveur, -euse (m./f.) : waiter, waitress, 14
service (m.) *à la clientèle* : customer service, 5
sévir : to be rife
signaler : to point out, to report, 2, 14
silex (m.) : flint, 9
se **singulariser** : to look different, 9
situer : to set, 2
slogan (m.) : watchword, 5
société (f.) : company, 3, 13
soi-disant : so-called, 5; allegedly, 9
sol (m.) : ground, 3
se **solder** *par* : to end in, 13
solvabilité (f.) : solvency, 6
sommet (m.) : peak, 11
sondage (m.) : opinion poll, 5, 15
sonner : to ring, 8
sans le **sou** : penniless, 2, 14
souci (m.) : concern, 9; worry, 12
soulagé : relieved, 8
soulagement (m.) : relief, 6
soulager : to alleviate, 8

soulever : to raise, 13
souligner : to emphasize, 9
soupçon (m.) : suspicion
soupirer : to sigh, 8
souscrire *à* : to endorse; to take out (insurance), 6
soutenir : to assert, to claim, 5; to support, 3, 12
soutenir : to maintain, 2
souvenir (m.) : memory, 9
spectacle (m.) : show, 4
stade (m.) : stage, 6
stand (m.) : booth, 13
subalterne : subordinate, 12
subir : to be subjected to, 12, 14
subitement : suddenly, 6
subsister : to remain, 10
subvention (f.) : grant, 11
succédané (m.) : substitute, not the real thing, 15
succomber : to succumb, to die, 2; to yield, 9
succomber *aux charmes* : to fall for, 11
à la **sueur** *de son front* : by the sweat of his brow, 5
suintant : sweating (wall), 7
sujet (m.) *de discorde* : reason to disagree, 2
summum (m.) : height, 13
superficie (f.) : surface area, 7
supporter : to put up with, 3
surgelé : frozen, 5, 8
surgir : to appear, 7
surnom (m.) : nickname, 1, 13
survenir : to arise, to occur, 2
susciter : to raise up, create, 7
syndicat (m.) : union, 5, 15
tableau (m.) *d'affichage* : bulletin board, 2
tâche (f.) : task, job, 5
tantôt : sometimes, 11
tapissier (m.) : paper-hanger, 7
tarif (m.) : rate, 14
tatouer : to tattoo, 9
taux (m.) : level; rate; proportion, 2, 6, 8, 13
teinte (f.) : tinge
teinture (f.) : dye, 2
tempêter : to rant and rave, 9
tenace : lingering, persistent, 7
tenant (m.) : advocate, 9
tendance : trendy, 9

tenter : to attempt, 11
terme (m.) : end, 14
terreau (m.) : leaf-mould, soil 4
tiers (m.) : third, 15
tireur *embusqué* (m.) : sniper, 2
titiller : to tease, 6
toile (f.) : canvas, 9
tôt : early, 6
tournant (m.) : turn, bend, 1
en tournée : on tour, 15
toutefois : however, 14
toxicomane (m./f.) : drug addict, 14
tracer : to open up, 11
trahison (f.) : betrayal, 15
traîner : to be left over, 8
trajet (m.) : route; journey, 11
travailleur(euse) *autonome* : self-employed,
    freelance worker, 5
traverser : to go across, through, 11
tribu (f.) : tribe, 9
trimer : to slave away, 14
tronçon (m.) : section, part, 11
trouvaille (f.) : discovery
truite (f.) : trout, 11

se rendre aux urnes : to go to the polls, 15
usine (f.) : factory, 14
vainqueur (m.) : victorious, 7
vécu (m.) : real-life experiences, 12
ventes (f. pl.) *publicitaires* : advertising
    sales, 2
vérifier : to check, to make sure, 3
vétuste : run-down, 7
vide (m.) : emptiness, void, 6
vider : to empty, 8
vif : heated, 14
vignette (f.) : label, 11
viol (m.) : rape, 2
virage (m.) : bend, 1; change in direction, 3
viser *à* : to aim at, 14
vivier (m.) : breeding ground, 15
voies détournées (f. pl.) : roundabout
    means
voiler : to cover, 6
voire : even, 13
vol (m.) : theft, robbery, 2
vol *à l'étalage* (m.) : shoplifting, 2
volant (m.) : driving wheel, 2

INDEX

Abréviations